马克思主义研究文丛

政治哲学视域中的马克思

李佃来◎著

中央编译出版社
Central Compilation & Translation Press

图书在版编目（CIP）数据

政治哲学视域中的马克思 / 李佃来著. —北京：中央编译出版社，2018.8
ISBN 978-7-5117-3585-0

Ⅰ. ①政⋯
Ⅱ. ①李⋯
Ⅲ. ①马克思主义－政治哲学－研究
Ⅳ. ①A811.64

中国版本图书馆 CIP 数据核字（2018）第 116508 号

政治哲学视域中的马克思

总 策 划：葛海彦
出 版 人：葛海彦
出版统筹：贾宇琰
责任编辑：杜永明
美术编辑：王洪广　吴成英
责任印制：刘　慧
出版发行：中央编译出版社
地　　址：北京西城区车公庄大街乙 5 号鸿儒大厦 B 座（100044）
电　　话：（010）52612345（总编室）　　（010）52612339（编辑室）
　　　　　（010）52612316（发行部）　　（010）52612346（馆配部）
传　　真：（010）66515838
经　　销：全国新华书店
印　　刷：三河市华东印刷有限公司
开　　本：710 毫米 × 1000 毫米　1/16
字　　数：352 千字
印　　张：23.75
版　　次：2018 年 8 月第 1 版
印　　次：2018 年 8 月第 1 次印刷
定　　价：89.00 元

网　　址：www.cctphome.com　　邮　　箱：cctp@cctphome.com
新浪微博：@中央编译出版社　　　　微　　信：中央编译出版社（ID：cctphome）
淘宝店铺：中央编译出版社直销店（http://shop108367160.taobao.com）
　　　　　（010）55626985

本社常年法律顾问：北京市吴栾赵阎律师事务所律师　闫军　梁勤
凡有印装质量问题，本社负责调换，电话：（010）55626985

五月五 🤝

前　言

近十年以来，我将主要学术精力投放于政治哲学特别是马克思主义政治哲学的研究，力图在以下三点上有所突破和推进。

第一，系统阐释和建构马克思主义政治哲学。针对"马克思没有规范性和实质性政治哲学"的传统学术见解，我希望在深度文本解读和对思想史进行全面梳理的基础上，挖掘出马克思哲学中可与西方主流政治哲学进行对话的思想资源和规范性理论要素，从而既为马克思拥有实质性的政治哲学和正义思想予以辩护，也在此基础上，进一步厘定和明确当代中国马克思主义政治哲学乃至全部政治哲学建构的理论基础、思想旨趣、价值基点等前提性问题。

第二，界划马克思主义政治哲学的传统。针对政治哲学研究中普遍以西方为样本、以自由主义为参照系的状况，我希望从思想范式、理论特质及开展方式等方面，明确区分、界划政治哲学的不同传统，特别是将马克思主义政治哲学传统与自由主义传统区分、界划开来，以此在一定意义上来克服马克思主义政治哲学研究始终难以走出和摆脱的"学徒状态"与"源头失语症"。

第三，建立政治哲学研究的思想史视域。针对政治哲学研究中的"非历史主义"和各说各话、一盘散沙的碎片化倾向，我希望在界划政治哲学不同理论和学术传统的同时，通过比较和融通研究，来建立理解、评价政治哲学人物及其思想观点的思想史视域，由此打通不同时代、不同脉络的政治哲学理论，为解决政治哲学研究中的相互隔膜状态，促进彼此间的有效对话和交流，以及促进各种政治哲学思想资源的创造性整合，提供一个可能性方案。

本书所进行的研究，就是以上三点的一个综合体现。本书的工作在于从政治哲学视域来理解和诠释马克思，实质在于建构马克思的政治哲学。从理论类型上说，本书所要建构的马克思政治哲学，并不是传统意义上以革命学说和阶级斗争理论为主干的那种政治哲学，而是以权利、自由、平等、公正等价值为中轴的规范性政治哲学。西方近代以来的主流政治哲学，就是规范性政治哲学。但本书绝不简单地套用西方主流政治哲学来加以立论，而是努力探索、发现马克思在规范性问题上的独异之处以及西方主流政治哲学所无法企及的地方。本书并不满足于仅仅通过解读马克思的历史性文本来建立叙事结构，而是在马克思的历史性文本、思想史以及当代现实这三个支点上，架起通向马克思政治哲学的桥梁。因而，本书虽然研究的是马克思，但中间又穿插进政治哲学发展史上那些彪炳史册的人物，如柏拉图、亚里士多德、霍布斯、洛克、休谟、卢梭、康德、黑格尔、穆勒、罗尔斯、诺齐克等等；本书的定位虽然看似是纯粹的"面向过去"，但究其根本，则既是以"立足当代"为前提的"面向过去"，也是以"面向过去"为基础的"立足当代"，是"面向过去"与"立足当代"之间的一种视域融合。

本书在内容上包括五个论题，分别是马克思政治哲学的合法性、马克思政治哲学的理论内容及其传统、马克思政治哲学与历史唯物主义、比较视域中的马克思政治哲学、马克思政治哲学与当代中国政治哲学建构。这五个论题不是以互为他者的散篇形式排列、呈现的，相反，它们是我探索、建构马克思政治哲学的五个逻辑关联点，彼此之间有一种由前而后的逻辑推递关系，组合起来则形成了一个完整的理论链环。

本书的研究内容，曾先后以论文的形式，在《中国社会科学》、《哲学研究》、《中国人民大学学报》、《南京大学学报》、《吉林大学社会科学学报》、《华中师范大学学报》、《云南大学学报》、《江海学刊》、《学术研究》、《山东社会科学》、《江汉论坛》、《东岳论丛》、《学术界》、《理论探索》、《湖北行政学院学报》、《中国社会科学报》等报刊上发表，有的在收入本书时，作了部分调整和改动。

近几年，有越来越多的人开始关注马克思主义政治哲学的研究，使之迅速成为一个具有蓬勃生机的热点领域。但总体来看，这个领域还没有走出开疆拓土的学术奠基和有待澄清前提的学术准备阶段。本书的研究只是这个阶段上的一个尝试性探索，它绝不在于提供一劳永逸的结论和盖棺定论的见解，而在于为进一步研究马克思主义政治哲学提供一种可能性的思路。

目 录
CONTENTS

第一篇
马克思政治哲学的合法性

追寻马克思哲学的道德基础 ················· 3
作为政治哲学家的马克思与马克思的政治哲学 ········· 20
理解马克思实践概念的政治哲学向度 ············· 31

第二篇
马克思政治哲学的理论内容及其传统

马克思政治哲学的理论主题及其开展 ············· 51
马克思政治哲学的理想性维度与现实性维度 ·········· 55
马克思权利平等思想辨析 ··················· 71
马克思正义思想的三重意蕴 ·················· 86
马克思在何种意义上开创了政治哲学的传统 ·········· 103
马克思政治哲学的传统及其推延 ················ 122

第三篇
马克思政治哲学与历史唯物主义

论历史唯物主义与政治哲学的内在会通 ············· 143
再论历史唯物主义与政治哲学的关系 ············· 161
历史唯物主义的"实践"维度与"理论"维度 ············· 183
关于历史唯物主义与正义兼容的三重辩护 ············· 197
历史唯物主义与马克思正义观的三个转向 ············· 216
历史唯物主义中的"自由"问题 ············· 234
重新理解历史唯物主义的理论起源 ············· 250

第四篇
比较视域中的马克思政治哲学

施特劳斯、罗尔斯、马克思：政治哲学的谱系及其内在关系 ············· 269
现代国家观的历史嬗变与马克思国家理论的构建 ············· 290

第五篇
马克思政治哲学与当代中国政治哲学建构

从马克思政治哲学看当代中国政治哲学建构 ············· 309
当代中国政治哲学建构的价值前提 ············· 324
当代中国政治哲学建构的三个重大理论问题 ············· 339

索　引 ············· 356

第一篇

马克思政治哲学的合法性

追寻马克思哲学的道德基础

政治哲学不同于认知性、描述性和实证性的科学,它追求的是应然的理想政治状态,关涉的是规范性问题,故而只有在坚实的规范性基础上,马克思政治哲学的学术开展和理论建构才是具有合法性的。目前的情况是,马克思政治哲学在中国学术界虽然已经成为显学和重要研究领域,但由于作为马克思哲学之核心的历史唯物主义长期以来始终被认定为是关于历史规律性的科学理论,故而规范性在马克思哲学中也始终是一个存在很大争议的问题。这种情况让马克思政治哲学的研究始终面对合法性的诘难,从而深深制约了这个领域的学术开展。鉴于此,在道德哲学的向度内阐释或重建马克思哲学的规范基础,就成为马克思政治哲学这个理论课题的一个前提性工作。

检阅学术史可以发现,人们在评论"马克思与道德"这个问题时,主要有两种倾向,即一是看得过低,一是抬得过高。就前者而言,人们认为马克思哲学由于过度强调"物"的基础意义,从而忽视了对"人"的价值的关注,所以在道德问题上,马克思根本无法与柏拉图、亚里士多德、休谟、康德、黑格尔以及孔子、孟子等彪炳思想史册的人物比肩而立,甚至于他根本就没有道德理论。就后者来说,人们则以为马克思是有道德理论的,不过这主要来自于共产主义这个高级界面,在其他地方谈道德,则会降低马克思的道德标准。平心而论,这两种评价倾向要么将马克思的道德思想遮蔽了起来,要么将之诠释为隔河相望、遥不可及的东西,所以在揭示马克思的道德思想上,都是不得要领的。这样来看,"马克思与道德"并非是一个可以盖棺定论的问题,而是一个开放性的、有待继续探究的话题。本文试图在廓清文本原初语境的基础上，循着马克思的思想脉络，追寻其哲学的道德根基，进而达到为马克思政治哲学奠立规范基础的目的。

一、马克思对康德道德观的批判

马克思与康德的关系，是一个蕴含着丰富思想史信息、极易引起人们学术兴趣的论题。而也正如学者们所指出的那样，马克思的很多理论见解，都是可以追溯到康德的。不过在道德这个问题上，我以为康德并未对马克思产生实质性的影响，相反，马克思是以批判康德为逻辑起点去奠立自己哲学的道德基础的。

众所周知，康德是在严格区分现象与物自体、知性与理性、客观与主体、必然与自由的前提下提出道德问题的。基于这个前提，康德在《纯粹理性批判》与《实践理性批判》中，对幸福原则和道德原则的不同作了充分的说明与论证，由此也阐明了他的道德观点。在《纯粹理性批判》中，康德指出："出自幸福动机的实践法则我们称之为实用的法则（明智规则）；但如果有这样一种实践法则，它除了配享幸福之外不以别的任何东西为动机，我就称它为道德的（道德法则）。前者建议我们，如果我们要享有幸福的话就应当做什么；后者则命令我们，我们应当如何行事以便配享幸福。前者建立在经验性原则之上；因为除了凭借经验之外，我既不知道有哪些要得到满足的偏好，也不知道什么是能导致其满足的自然原因。后者抽掉了偏好和满足它们的自然手段，仅仅考察一个一般理性存在者的自由和这种自由惟有在其下才与幸福按照原则的分配相一致的必要条件，因而至少能够以纯粹理性的纯然理念为依据，并被先天地认识。"① 在《实践理性批判》中，康德又进一步强调："在幸福学说中，经验性的原则构成了整个基础，但对于道德学说来说，它们却不构成其丝毫的附加，幸福学说与道德学说的区分在纯粹实践理性的分析论中是它的首要的和最

---

① ［德］康德：《纯粹理性批判》，李秋零译，中国人民大学出版社2004年版，第592—593页。

重要的职责性工作，它在这件工作中必须像几何学家在自己的工作中那样一丝不苟，甚至也可以说吹毛求疵地行事。"① 康德的这些论述表明，道德在他眼中就是一个摆脱了经验事物的困扰，并根据主体自由来立法的先天实践领域。而在康德看来，也只有这样来理解道德，才能够"使得你的意志的准则在任何时候都能同时被视为一种普遍的立法的原则"②，相反如果像功利主义者那样，将道德说成是幸福与满足幸福的东西，那么这个实践的法则不仅不会具有普遍效力，而且也会背离道德的宗旨。

平心而论，康德的这个别具一格的道德学说在逻辑上是自洽的，在动机上也是纯粹"善良"的。然而，在隔离了经验事物之后，谈论道德是否是可能的？应当说康德意识到了这个问题，所以他这样指出："幸福原则与道德原则的这一区分并不因此就马上是二者的对立，而且纯粹实践理性并不要求人们放弃对幸福的要求，而是仅仅要求只要谈到义务，就根本不考虑幸福。就某个方面来说，照管自己的幸福甚至也可以是义务，这部分地是因为幸福（技巧、健康、财富都属于此列）包含着履行他的义务的手段，部分地是因为幸福的缺乏（例如贫穷）包含着逾越他的义务的诱惑。只不过，促进自己的幸福，这永远不能直接是义务，更不用说是一切义务的原则了。既然意志的一切规定根据除了统一的纯粹实践理性法则（道德的理性法则）之外全都是经验性的，因而作为这样的规定根据属于幸福原则，所以，它们必须全都从至上的道德原理中分离出来，绝不作为条件被归并给道德原理，因为这会取消一切道德价值，正如对几何学原理的经验性掺杂会取消一切数学的自明性这个（按照柏拉图的判断）数学自身所拥有的最杰出的东西，而这种东西甚至比数学的一切用处都更重要。"③ 显而易见的问题就在于，康德虽然认为实践理性并不直接排斥人们对幸福的追求，但在关乎义务的道德问题上，他始终坚持对现象与物自体、知性与理

---

① [德]康德：《实践理性批判》（注释本），李秋零译注，中国人民大学出版社2011年版，第87页。
② [德]康德：《实践理性批判》（注释本），李秋零译注，中国人民大学出版社2011年版，第29页。
③ [德]康德：《实践理性批判》（注释本），李秋零译注，中国人民大学出版社2011年版，第87—88页。

性、客观与主体、必然与自由进行严格划界，因而还是要求将经验性的幸福原则从道德实践领域中剔除出去。这样来看，如果说康德的道德理论难免因为缺少经验世界的支撑而陷于抽象空洞的说教之中，那么这个缺陷在康德的理论范式之内是无法得到根本克服的。

  后来的黑格尔充分认识到了康德的问题，并对后者提出了深刻的批判。在《小逻辑》中，黑格尔这样说道："康德是最早明确地提出知性与理性的区别的人。他明确地指出：知性以有限的和有条件的事物为对象，而理性则以无限的和无条件的事物为对象。他指出只是基于经验的知性知识的有限性，并称其内容为现象，这不能不说是康德哲学之一重大成果。但他却不可老停滞在这种否定的成果里，也不可只把理性的无条件性归结为纯粹抽象的、排斥任何区别的自我同一性。如果只认理性为知性中有限的或有条件的事物的超越，则这种无限事实上将会降低其自身为一种有限或有条件的事物，因为真正的无限并不仅仅是超越有限，而且包括有限并扬弃有限于自身内。同样，再就理念而论，康德诚然使人知道重新尊重理念，但确证理念是属于理性的，并竭力把理念与抽象的知性范畴或单纯感觉的表象区别开。（因为在日常生活中，我们大家漫无区别地称感觉的表象为观念，也称理性的理念为观念。）但关于理念，他同样只是停留在否定的和单纯的应当阶段。"① 黑格尔的这段话是从思维前提上对康德的道德理论所作的一个批判，即在黑格尔看来，将知性与理性、有限的或有条件的事物与无限的或无条件的事物加以区分固然是康德的重大思想成果之一（黑格尔也是根据这个区分去建立其辩证逻辑的），然而他将这种区分推向极致的做法，却完全忽视了相互之间的内在关联，所以也就不能为理解理性、观念和无限提供一个可靠的起点。基于这个思维前提的批判，黑格尔进而指出，康德从道德层面所提出的实践理性"设定善这个普遍规定不仅是内在的东西，而且实践理性之所以成为真正的实践的理性，是由于它首先要求真正地实践上的善必须在世界中有其实际存在，有其外在的客观性，换言之，它要求思想必须不仅仅是主观的，而且须有普遍的客观

---

① ［德］黑格尔：《小逻辑》，贺麟译，商务印书馆1980年版，第127页。

性"①。黑格尔显然已经清楚地看到，康德所钟情的实践上的善即道德，其实只是无源之水、无本之木的东西，在现实生活世界中并不存在。

黑格尔对康德道德理论的批判给了马克思以很大启示。在《德意志意识形态》中，马克思循着黑格尔所指出的问题，对康德处在"真空"状态下的善良意志进行了更透彻的分析和批判："18 世纪末德国的状况完全反映在康德的'实践理性批判'中。当时，法国资产阶级经过历史上最大的一次革命跃居统治地位，并且夺得了欧洲大陆；当时，政治上已经获得解放的英国资产阶级使工业发生了革命并在政治上控制了印度，在商业上控制了世界上所有其他地方；但软弱无力的德国市民只有'善良意志'。康德只谈'善良意志'，哪怕这个善良意志毫无效果他也心安理得，他把这个善良意志的实现以及它与个人的需要和欲望之间的协调都推到彼岸世界。康德的这个善良意志完全符合于德国市民的软弱、受压迫和贫乏的情况，他们的小眼小孔的利益始终不能发展成为一个阶级的共同的民族的利益，因此他们经常遭到所有其他民族的资产阶级的剥削。"② 很显然，马克思在这里要指出的问题是，当法国人以政治革命的方式，以及英国人以经济革命的方式大踏步向前推进历史的时候，康德却在"世外桃源"中谈论道德，似乎震动欧洲的那些大事件与他完全无关。马克思的此一批判是从历史层面提出来的，而此一批判并不是要将道德本身置于被告席上，而是要揭示这样一个问题，即道德话语只有置于一定的历史关系中，并在现实层面上关照到人的需要和欲望，才既是有内容的，也是根本有效的，相反，如果一味地在完全隔离幸福原则的前提下讲述道德，则只能滑落到柏拉图主义的思维泥沼中，既与历史脱节，也无法在实际生活中兑现成真。就这一点而论，以边沁为代表的功利主义者从人的幸福的角度提出的道德观点，反而是有其不可否认的深刻性的，因为"功利论至少有一个优点，即表明了社会的一切现存关系和经济基础之间的联系"③。显而易见，马克思在历史层面对康德所作的批判，同样也是将矛头指向康德的二元划

---

① [德] 黑格尔：《小逻辑》，贺麟译，商务印书馆 1980 年版，第 143 页。
② 《马克思恩格斯全集》第 3 卷，人民出版社 1960 年版，第 211—212 页。
③ 《马克思恩格斯全集》第 3 卷，人民出版社 1960 年版，第 484 页。

界的。

仔细分析会发现，马克思从对康德道德观的批判中，实际引出了相辅相成的两个方面的问题：即一是从人的需要和欲望这个自然现实的层面讲述道德，二是从历史关系这个社会现实的层面阐述道德。可以说，马克思正是从这两个方面来构建其道德理论的，这既关涉到个人向度，又关涉到社会向度。

二、马克思道德理论的个人向度

如果说在康德眼中，作为绝对自由意志的道德实践是一个显性的道德问题，那么在霍布斯尤其是洛克以来的政治哲学史上，始终存在着一个康德所没有真正看到的隐性的道德问题。这个隐性的道德问题就是，只有在自然生存的层面上去考虑人的欲望和需要的满足，进而使人的权利和自由成为现实的东西，道德原则才是可以挺立起来的。这意味着道德不是仅以"行善"为标准，而同时也以实现人的基本生存权利为标准。如果说前者主要是从社会维度上凸显道德价值的，那么后者则主要是从个人维度上昭显道德意蕴的。由于人们在审视道德时，总是聚焦在社会规范意义上与义务相对应的"善"上，所以也就忽视了人的基本权利实现中的道德内涵。其实从西方近代以来的政治哲学史上看，这个隐性的以人的自然生存权利为支点的道德问题，才是一个道德的"根"问题，而那个显性的、以"行善"为标准的道德，是由这个隐性的"根"问题所衍生出来的，原因之一在于，只有将权利视为人的生命架构中最基础性的部分，我们才会要求人们去"行善"，即"行善"乃是为了增进或至少不伤害人的权利。在这个意义上，只谈义务而不谈权利的道德是残缺不全的。

从内涵上看，功利主义根据幸福来立论的道德观点自然从属于这个隐性的道德问题，但在更宽泛的意义上，这个隐性的道德问题又大大超出了功利主义的视野，成为几乎整个近现代政治哲学的最基本内容之一。在近现代政治哲学中之所以存在这样一个隐性的道德问题，与近现代人的现实关切是完全分不开的。正如我在之前研讨中所提出的，近现代人并不像古希腊或古罗马人那样，总是将目光投向遥不可及的超感性世界，而是开始关注经验世界中人的趋利避害的本性、人的自然需求与劳动、人对财产或财富的占有、人对快乐和幸福的追求，等等①。从这个近现代人的基本关切来看，霍布斯、洛克之后所发展起来的政治哲学，不仅不能回避感性和经验世界中人的自然权利和物质利益问题，而且只有将这样的问题纳入其中才是有合法性的。就此而论，即便哲学家们没有像休谟、康德及边沁那样明确地讨论道德问题，其实也已实质性地介入到这个问题中来了，这是因为近现代政治哲学立足于现实层面所进行的种种理论探讨，即已构成了对古代至高至上的德性王国的有力反拨，而这相当于将道德的标准从天上拉回到地下，从理念世界拉回到现实生活世界。以列奥·施特劳斯之见，现代人对古代人的"反叛"造成的结果是远离道德世界，因为一旦涉入到权利中来，道德就成了等而下之的东西，权利和道德处在一种两相对立的关系格局中。但是这个论见是以古代人为标准的，而如果以现代人为标准，那么现代人对古代人的"反叛"则意味着道德的真正实现，权利才是道德中最坚实的内容。可以说，近现代政治哲学中隐性的道德问题，就是在现代人与古代人的这种"较量"中确立起来的。康德由于没有洞见到这个问题在近现代政治哲学中的基础性意义，所以才走上了一条"离经叛道"甚至"倒行逆施"的柏拉图主义道路。

如果我们把这个隐性的道德问题视为霍布斯、洛克以来的近现代政治哲学中的一个根本问题，那么马克思是如何看待这个问题的？在《德意志意识形态》中批判康德的道德观点之前，马克思说过这样一段话："黑格尔把与古代哲学家相对立的近代哲学家的任务确定如下：古代人必须把自己从'自然的意识'中解放出来，'把个人从直接的感性方式中清洗出来并把个人变为被思维的和思维着的实体'（变为精神），而近代哲学必须'取消僵硬的、确定的、不动的思想'。"②需要注意的是，马克思在这里

---

① 参见李佃来：《〈资本论〉的叙事结构与马克思正义思想》，载《华中师范大学学报》2015年第4期。
② 《马克思恩格斯全集》第3卷，人民出版社1960年版，第211页。

实际是借用黑格尔的观点,来提出古代哲学和近现代哲学相区别的问题。马克思显然是从属于这里所指的近现代哲学家阵营的,因为他不仅没有像古代人那样"把个人从直接的感性方式中清洗出来",相反他正是以感性的人的活动即实践为基石去构筑其思想大厦的。过去学术界倾向于把马克思所讲的实践诠释为一个本体论概念,并由此去对其哲学作一种学术化的逻辑推衍,然而这样来理解,马克思就与"把个人变为思维着的实体"的古代人没有实质性区别了,所以真实的情况在于,马克思之所以强调感性的人的活动即实践的基础性意义,恰恰是因为他强调要以把握人的经验世界中的需求和物质性活动为端点去开展理论的活动。就此而论,马克思的哲学尤其是政治哲学是沿着霍布斯、洛克以来的路向建构起来的,因而他无疑也深刻洞察到了近现代政治哲学史中的上述隐性道德问题。

推进一步说,贯穿于近现代政治哲学史的这个隐性道德问题,在霍布斯、洛克、休谟、边沁及黑格尔那里是以权利和自由的主题展现出来的,而马克思对直接谈论权利和自由兴趣不大,毋宁说他主要是通由"人的解放"这个主题来确证权利和自由,并由此来指涉这个隐性道德问题的。众所周知,马克思在《论犹太人问题》中明确提出了一个"人的解放"的概念:"只有当现实的个人把抽象的公民复归于自身,并且作为个人,在自己的经验生活、自己的个体劳动、自己的个体关系中间,成为类存在物的时候,只有当人认识到自身'固有的力量'是社会力量,并把这种力量组织起来因而不再把社会力量以政治力量的形式同自身分离的时候,只有到了那个时候,人的解放才能完成。"[①] 人们在解读这个"人的解放"的概念时,往往将之与"政治解放"对立起来,而这似乎也符合马克思的指认,即"政治解放本身并不就是人的解放"[②]。然而我们要指出的是,马克思在这里所讲述的人的解放是一个整体性的境况,他只是强调政治解放还不是人的解放的最后完成,但并不是要求在完全超越政治解放的前提下去实现人的解放。这也就是说,人的解放在马克思看来,不仅不与政治解放相对立,而且它要以后者为坚实的踏脚石才是可以最终实现的。正是因

---

① 《马克思恩格斯文集》第1卷,人民出版社2009年版,第46页。
② 《马克思恩格斯文集》第1卷,人民出版社2009年版,第38页。

为如此，马克思才这样说道："政治解放当然是一大进步；尽管它不是普遍的人的解放的最后形式，但在迄今为止的世界制度内，它是人的解放的最后形式。不言而喻，我们这里指的是现实的、实际的解放。"① 这个论述显然告诉我们，人的解放中最基础性的内容恰恰来自于政治解放，直接越过政治解放去谈人的解放是不切实际的。

厘清了人的解放和政治解放的关系，现在问题已经一目了然：政治解放的直接意义是市民社会的解放，其重大的历史性价值在于使人从封建的政治依附关系中摆脱出来，进而使人作为人而享有基本的生命权、劳动权及所有权。在此意义上，马克思提出的"人的解放"这个主题，无疑就包含了对这些形式的权利的抽象肯定②，因而也实质性地接入到了近代以来的那个隐性道德问题中来了。关于这一点，我们可以从《1844年经济学哲学手稿》中找到明确答案。马克思在《手稿》中，对共产主义作出过这样一段令人印象深刻的描述："这种共产主义，作为完成了的自然主义，等于人道主义，而作为完成了的人道主义，等于自然主义，它是人和自然之间、人和人之间的矛盾的真正解决，是存在和本质、对象化和自我确证、自由和必然、个体和类之间的斗争的真正解决。"③ 需要注意的是，这里的"自然主义"不是从纯粹自然界的意义上来讲的，而是马克思基于对人的自然生命的基本理解而提出来的，它被马克思赋予了强烈的生命关怀和生存论意蕴，关涉到的就是人的吃、喝、生殖等基本自然需求，以及在这种自然需求基础上所形成的生命权、劳动权及所有权。这样来看，这种"自然主义"就必然是"人道主义"，而反过来说，"人道主义"也只有从这种"自然主义"角度来理解才可以得到根本彰显，否则便不容易打动人心。毋庸置疑，在自然主义和人道主义的这种等同性中，马克思为共产主义作了一个深厚的道德论奠基，使共产主义拥有了其坚实的现实性内容。

不过，人们过去在理解《1844年经济学哲学手稿》中的上述问题时，

---

① 《马克思恩格斯文集》第1卷，人民出版社2009年版，第32页。
② 参见李佃来：《〈资本论〉的叙事结构与马克思正义思想》，[德]《华中师范大学学报》2015年第4期。
③ 《马克思恩格斯文集》第1卷，人民出版社2009年版，第185页。

大都以为这只是马克思在走向历史唯物主义过程中所作的一个"不成熟"的道德判断,而到了《德意志意识形态》中,这个"不成熟"的道德判断也就被"成熟"的历史判断取而代之了。这个观点自然持之有据,因为马克思在《形态》中是这样描述共产主义的:"共产主义对我们来说不是应当确立的状况,不是现实应当与之相适应的理想。我们所称为共产主义的是那种消灭现存状况的现实的运动。这个运动的条件是由现有的前提产生的。"① 应当承认,从道德判断到历史判断,这的确是马克思创立历史唯物主义理论之后所形成的一个重大推进,这为马克思打开了走入社会存在之深处的根本通道,为他揭示公平正义等政治价值的本质及社会发展的规律作了根本奠基。然而我们需要立即指出,在马克思那里其实可以界划出两种截然不同的"道德":一是形式上的、作为历史观的道德,另一是内容上的、作为思想底蕴的道德。其中,后者所关涉的就是系于生命关怀的隐性道德问题,马克思在《1844年经济学哲学手稿》中为共产主义所作的道德论奠基,指的就是这种意义上的道德。相反,马克思从道德判断转向历史判断,是就前者而言的;马克思的下一段话,也是从前者的意义上来说的:"共产主义根本不进行任何道德说教,施蒂纳却大量地进行道德的说教。共产主义者不向人们提出道德上的要求,例如你们应该彼此互爱呀,不要做利己主义者呀等等;相反,他们清楚地知道,无论利己主义还是自我牺牲,都是一定条件下个人自我实现的一种必要形式。"② 如果看不到马克思道德理论的复杂性,不能够分辨出这两种迥然有异的"道德",那么我们则会很容易从马克思的研究转向中,得出其弃绝道德思想的基本论见。然而这个论见是站不住脚的,因为从《1844年经济学哲学手稿》到《德意志意识形态》,马克思抛弃的只是第一种意义上的道德,而第二种意义上的道德,即作为思想底蕴的道德则始终是马克思哲学中最基始性的内容之一。无论马克思在上段话中强调"无论利己主义还是自我牺牲,都是一定条件下个人自我实现的一种必要形式",还是他批判康德"把善良意志与个人的需要和欲望之间的协调推到彼岸世界",都是这个问题的

---

① 《马克思恩格斯文集》第1卷,人民出版社2009年版,第539页。
② 《马克思恩格斯全集》第3卷,人民出版社1960年版,第275页。

直接佐证。而与此同时，他在《形态》中的下述指认，也深刻地说明了这一点："当人们还不能使自己的吃喝住穿在质和量方面得到充分保证的时候，人们就根本不能获得解放。"① 甚至于马克思从不同向度对资本主义所展开的批判，也都是以这个隐性的、作为其思想底蕴的道德为基本理由的。

由于这个隐性的道德问题关乎的是人的自然性存在及由之而来的自然权利，所以它并没有先在地为道德套上一个"群体"和"社会"的外框，而是以实现个体的价值为基本旨趣的，其所展现的是道德的个人向度。从霍布斯、洛克一直到黑格尔，这一点是一目了然的，因为如果说马克思之前的政治哲学家们总是环绕权利的主题而开展理论的探讨，那么权利的原本意义就是"个体自由"。这个问题对于理解马克思是至关重要的。我们知道，长期以来，马克思理论的阐释者们常常认为他的共产主义学说以集体利益消解了个体利益，因而想要从马克思那里引申出一个系于个人价值的理论向度，是极其困难的。无疑，这个相沿成习的观点在否认马克思哲学的个体向度时，也否认了体现在其生命关怀中的道德内容。实际上，只要把握到马克思接着霍布斯、洛克以来的思想脉络所间接论述的道德问题，那么就应当承认，马克思首先是基于对个体人的生存处境的考索才去谈论共同体的利益的，这正如他在《共产党宣言》中所指出的："共产主义并不剥夺任何人占有社会产品的权力，它只剥夺利用这种占有去奴役他人劳动的权力。"② 不仅如此，在共产主义这个联合体中，"每个人的自由发展是一切人的自由发展的条件"③。所以概而言之，马克思在理解人的自然生命基础上所确立起来的道德思想，体现的是其道德理论的个人向度。

三、马克思道德理论的社会向度

当我们谈论道德时，既应将思维的触角伸向上述隐性的道德问题，也

---

① 《马克思恩格斯文集》第1卷，人民出版社2009年版，第527页。
② 《马克思恩格斯文集》第2卷，人民出版社2009年版，第47页。
③ 《马克思恩格斯文集》第2卷，人民出版社2009年版，第53页。

应将之伸向以"行善"为标准的显性的道德问题,这一则是因为我们通常就是在后者的意义上去理解道德的,这符合我们在此问题上的思维习惯;二则是因为在隐性的道德问题基础上,必然会衍生出显性的道德问题,即简单地说,有权利就会有义务。在西方近代以来的政治哲学史上,真正根据权利和义务的辩证关系而提出显性道德问题的第一人显然不是康德,而是休谟。在其代表作《人性论》中,休谟这样说道:"现在这个哲学体系在向前进展的过程中,会获得新的力量;而且我们关于道德学的推理会证实前面关于知性和情感所作的论述。道德比其他一切是更使我们关心的一个论题:我们认为,关于道德的每一个判断都与社会的安宁利害相关;并且显而易见,这种关切就必然使我们的思辨比起问题在很大程度上和我们漠不相关时,显得更为实在和切实。"① 休谟的这段论述告诉我们,道德之所以是一个他更关心的论题,倒不是因为只有道德实践才有资格配享高于知性的理性之名(这是康德的观点),而是因为关于道德的每一个判断都与社会的安宁利害相关。这就是说,休谟的道德学说不是基于理性的自我同一性,而是基于对社会安宁的考量而确立起来的。进一步追问我们会看到,休谟在这里所提出的就是以"行善"为准则的显性道德问题,原因很简单,只有要求人们去做善事,社会才会是安宁的。然而,这个显性道德问题在休谟那里不是独自生成的,而恰恰就是在以权利为内容的隐性道德问题基础上凸显出来的。为什么这么说呢?

其实,霍布斯、洛克以来的政治哲学家们基于现代人的关切(上文所述)而对权利予以种种辩护,以及由此而内在厘定系于权利的隐性道德问题,是对市民社会这个现实经济活动领域中的利益诉求所作的一种理论回应。亦即,在黑格尔所描述的作为需要的体系的现代市民社会中,财物获取上的权利即所有权(或财产权)始终是人的本位的诉求,而现代国家的制度安排与意识形态建构(包括道德观的建构)只有从市民社会的这个诉求出发,才是有合法性的。然而,西方政治哲学家们在把握这个利益诉求的前提下为权利提出道德辩护时,必然会面对一个难以克服的权利悖论,

---

① [英]休谟:《人性论》下册,关文运译,商务印书馆1980年版,第491页。

即权利虽然从一开始就被说成是现代社会赋予给每一个个体的生存资格，但在现实市民社会的利益角逐中，人与人之间的权利是很难达成平衡的，甚至于权利与权利之间的对抗，导致霍布斯所描述的那个"人人相互为战"的状态成为直接现实。这个悖论必然要求政治哲学家们在为权利作出辩护之后，还应面对为权利设限的道德问题，而休谟就是在这个语境中明确界划出一个道德的论域，并确立起系统的道德学说的。从这个理论的大背景来看，休谟的道德学说自然就是建立在近代以来的隐性道德问题基础上的，或者更准确地说，它是以解决后者所必然生成的问题为根本旨趣的。就此而论，休谟与康德相比，其道德理论无疑更根本性地切入到了历史的层面（甚至可以说，康德是在历史的外部确立其道德观念的），因为系于权利的隐性道德问题乃是从以现代市民社会为载体的历史层面折射出来的，即这不是一个纯然的理论问题，而是一个根本性的历史问题。这一点，对于进一步理解马克思的道德思想，意义是尤为显著的。原因在于，马克思对于道德问题的把握，实际也是在历史层面，从检视市民社会中的矛盾入手的。

在《论犹太人问题》中，马克思这样说道："在政治国家真正形成的地方，人不仅在思想中，在意识中，而且在现实中，在生活中，都过着双重的生活——天国的生活和尘世的生活。前一种是政治共同体中的生活，在这个共同体中，人把自己看做社会存在物；后一种是市民社会中的生活，在这个社会中，人作为私人进行活动，把他人看做工具，把自己降为工具，并成为异己力量的玩物。政治国家对市民社会的关系，正像天国对尘世的关系一样，也是唯灵论的。政治国家与市民社会也处于同样的对立之中，它用以克服后者的方式也同宗教克服尘世局限性的方式相同，即它同样不得不重新承认市民社会，恢复市民社会，服从市民社会的统治。"[①]马克思在这段论述中，实际深刻指出了这样一个情况，即现代市民社会与政治国家完成分野之后，人就具有了"公民"和"人"这双重身份，过上了"天国的生活"和"尘世的生活"这双重生活。然而从社会现实层

---

① 《马克思恩格斯文集》第1卷，人民出版社2009年版，第30—31页。

面来看，人的这双重身份和双重生活并不是等价的，毋宁说"人"的身份和"尘世的生活"主导着"公民"的身份和"天国的生活"，原因就在于政治国家不仅要承认市民社会，而且是服从于市民社会的统治的。这就意味着，"公民身份、政治共同体甚至都被那些谋求政治解放的人贬低为维护这些所谓人权的一种手段；因此，citoyen［公民］被宣布为利己的homme［人］的奴仆；人作为社会存在物所处的领域被降到人作为单个存在物所处的领域之下；最后，不是身为citoyen［公民］的人，而是身为bourgeois［市民社会的成员］的人，被视为本来意义上的人，真正的人。"①

显而易见，马克思所指认的上述情况，也就是休谟所看到的那个权利悖论问题，因为当公民的身份服从于人的身份、政治共同体中的生活被尘世中的生活所支配之后，人与人之间就必然要通过权利和利益来缔结相互之间的关系，而这种关系只能是竞争性的，而不是合作性的；只能是利己的，而不是利他的，用黑格尔的话说就是："个别的人，作为这种国家的市民来说，就是私人，他们都把本身利益作为自己的目的。"② 从文本内容来看，马克思对这个权利悖论问题的指认，不仅体现在早期的《论犹太人问题》中，而且也体现在后来的《资本论》及其手稿中。譬如在《1857—1858年经济学手稿》中，马克思就这样指出：古典经济学家们总认为"每个人追求自己的私人利益，而且仅仅是自己的私人利益；这样，也就不知不觉地为一切人的私人利益服务，为普遍利益服务。关键并不在于，当每个人追求自己私人利益的时候，也就达到私人利益的总体即普遍利益。从这种抽象的说法反而可以得出结论：每个人都互相妨碍别人利益的实现，这种一切人反对一切人的战争所造成的结果，不是普遍的肯定，而是普遍的否定。"③ 问题的关键在于，当马克思清晰指认出这个权利悖论问题之后，他也实质性地介入到了以"行善"为标准的道德问题中来了，虽然他并未像休谟那样以"道德学"为篇目去对这个问题展开讨论。概括

---

① 《马克思恩格斯文集》第1卷，人民出版社2009年版，第43页。
② ［德］黑格尔：《法哲学原理》，范扬、张企泰译，商务印书馆1961年版，第201页。
③ 《马克思恩格斯文集》第8卷，人民出版社2009年版，第50页。

地说，这个道德问题反映的是特殊利益与普遍利益、个体性原则与社会性原则之间的矛盾，因而对于马克思来说，他一方面要基于对人的自然生命的理解而去凸显道德的个人向度，另一方面又要像休谟、黑格尔及卢梭那样，基于对权利悖论的审理而去思考如何解决道德的社会向度问题。唯其如此，才能够实至名归地为"人的解放"这个根本主题奠立坚实的道德和规范基础。

不得不承认，在解决道德的社会向度问题上，马克思与休谟、黑格尔及卢梭等人的任务是大致相同的，这就是都要通过补入"社会性"原则，去克服唯我独尊的"个体性"原则，这个任务应当说也是现代社会为每一个有"共同体"观念的理论家所提出的一个难题。然而，我们切不可因为马克思与他之前的这些理论家的此一重合，而将他们的道德理论作为"同类项"加以合并。原因何在？马克思在《关于费尔巴哈的提纲》第十条中指出："旧唯物主义的立脚点是市民社会，新唯物主义立脚点则是人类社会或社会的人类。"①马克思的这个指认间接地告诉我们，无论是休谟、黑格尔还是卢梭，都是以市民社会为立脚点去审视权利悖论和理解社会性原则的，故而"社会性"在他们看来，无非就是市民社会除个体性原则之外应有的另一个原则。比如黑格尔在《法哲学原理》中，就直接阐述了这个观点："具体的人作为特殊的人本身就是目的；作为各种需要的整体以及自然必然性与任性的混合体来说，他是市民社会的一个原则。但是特殊的人在本质上是同另一些这种特殊性相关的，所以每一个特殊的人都是通过他人的中介，同时也无条件地通过普遍性的形式的中介，而肯定自己并得到满足。这一普遍性的形式是市民社会的另一个原则。"②黑格尔在这里所讲的"普遍性的形式"，就是他要为道德所补入的社会性原则，而这个原则根据他的论述，则显然就是市民社会中自生自长的一个东西。问题就在于，黑格尔、休谟、卢梭等人在市民社会的立脚点上去审视权利悖论，进而在市民社会内部去确立用以克服个体性原则的社会性原则，说明他们在道德问题上所作的种种理论阐说，最后都是为了修补或构建市民社会的价

---

① 《马克思恩格斯文集》第 1 卷，人民出版社 2009 年版，第 502 页。
② ［德］黑格尔：《法哲学原理》，范扬、张企泰译，商务印书馆 1961 年版，第 197 页。

值体系和行为规则，因而他们的道德学说无一不是在"规则伦理"的意义上建立起来的，这一点对于休谟来说是尤其明显的。然而，这种"规则伦理"却不是理解马克思道德思想的有效支点，即马克思道德理论的社会向度并非落实为一种"规则伦理"。情形何以至此？

在《论犹太人问题》中，马克思这样指出："政治革命把市民生活分解成几个组成部分，但没有变革这些组成部分本身，没有加以批判。它把市民社会，也就是把需要、劳动、私人利益和私人权利等领域看做自己持续存在的基础，看做无须进一步论证的前提，从而看做自己的自然基础。"① 马克思在这段论述中所深刻揭示的问题是，以法国大革命为代表的政治革命以及在此基础上建立起来的现代国家，既然是把市民社会看做是自己的存在理由和无须进一步论证的前提，那么，私人利益和私人权利则就定格为了私有财产制度中必然会有的东西。而这样来看，那个始终困扰着政治哲学家们的权利悖论问题，并不是由人的自然欲望的不断膨胀而导致的，而是由私有财产制度本身所导致的。这个根本性的洞见，让马克思在道德问题上与他之前的理论家彻底分道扬镳。具体而言，虽然马克思是置于市民社会的问题域来开展政治批判的，但他并没有在市民社会的界面上去思考道德之社会向度的问题，所以也从来没有主张去建立一种规则伦理，要求人们通过做善事方式去解决特殊利益与普遍利益、个体性原则与社会性原则之间的矛盾。毋宁说在马克思看来，只有以革命的方式去推翻私有财产制度，道德的社会向度才可以在一个全新的历史地平上挺立起来，特殊利益与普遍利益、个体性原则与社会性原则之间的矛盾也才可以得到根本解决。这样一来，那个从休谟那里所流传下来的以"行善"为标准的显性道德问题，最终在马克思这里转换为了一个制度批判和革命实践的问题，即如他在《德意志意识形态》中所主张的："实际上，而且对实践的唯物主义者即共产主义者来说，全部问题都在于使现存世界革命化，实际地反对并改变现存的事物。"② 从这个问题来看，如果像一些英美学者，如乔恩·埃尔斯特、威廉·麦克布莱德所认为的那样，《资本论》是

---

① 《马克思恩格斯文集》第1卷，人民出版社2009年版，版46页。
② 《马克思恩格斯文集》第1卷，人民出版社2009年版，第527页。

一个蕴含着深刻道德判断的理论文本,那么其道德判断倒主要不是由"征服"、"奴役"、"劫掠"、"杀戮"这些字眼而支撑起来的,而主要是由马克思对私有财产制度和资本主义生产结构的批判而支撑起来的。

概括起来,与休谟建立的规则伦理两相对照,马克思在批判和革命的语境中建立的乃是制度伦理。在政治哲学和道德哲学史上,大概只有马克思一人是真正从制度角度去思考道德和伦理问题的。罗尔斯虽然也曾声称作为道德规范的正义是社会制度的首要德性,然而他的社会制度是在形成"合力"的社会结构意义上来讲的,与代表不同社会形态的制度有着实质性的差异。或许是因为这个缘故,马克思的制度伦理思想总是很难"登堂入室",难以进入到人们的视野中来。然而,这是人们以西方通行的道德理论为范本去谈论道德问题的一个结果,如果转换了观察视角,回到马克思的理论文本中予以深度探析,则会看到马克思的制度伦理思想不但实至名归地介入到了道德问题中,而且还将这个问题推进到了更深的历史层面。

以上论述表明:马克思以批判康德为逻辑起点为自己的哲学所奠立的道德基础,既包括一个关涉人的自然生命和权利的个人向度,又包括一个关涉制度批判和革命的社会向度,而无论从哪一个向度来看,马克思都已打破了康德在现象与物自体、知性与理性、客观与主体、必然与自由之间所作的僵硬的二元划界。这启示我们根本不应在隔离具体的社会条件和历史语境的前提下去理解道德问题、践行道德原则,而应以深刻把握时代的现实问题为基础去为之,若非如此,本应包含着丰富精神意蕴的道德,则很容易滑落到黑格尔批评康德时所指出的"理论理性的最后观点——形式主义"[①] 中。

[①] [德]黑格尔:《小逻辑》,贺麟译,商务印书馆1980年版,第143页。

作为政治哲学家的马克思与马克思的政治哲学

毋庸讳言,在中国传统的马克思主义哲学学术版图中,政治哲学基本上是空缺的,所以,近几年马克思主义哲学界积极介入政治哲学问题域,进而使马克思主义政治哲学迅速成为一个前沿和热点领域,无论如何都是一件引人注目的学术大事。然而,在将马克思主义政治哲学研究向纵深推进的过程中,需要得到根本澄清的前提性问题是:马克思自己有没有政治哲学?或曰,从政治哲学的视角来解读马克思,在多大程度上是合法的?

我们知道,自19世纪末以来,马克思理论的诠释者们,不管是基于何种立场、出于何种意图,往往都相沿成习地在科学性和事实性的思维路数上来图绘马克思,结果长期以来,在人们心目中造成了马克思主义哲学缺乏规范性基础的刻板认识,致使马克思主义哲学在关涉权利、正义等的政治哲学论题和重大现实问题上失去了话语权,也由此而招来自由主义者的不断批评和围攻。20世纪七八十年代以来,以柯亨、埃尔斯特、麦克布莱德等为代表的一些英美学者虽然从规范性和政治哲学的视角对马克思的著作进行了这样那样的解读,并且也提出了不少发人深思的学术论见,但他们对马克思政治哲学的理解和阐释,总体来看却是零散的、不自觉的、非反思的,这主要表现为,他们只是通过甄别、挖掘《1844年经济学哲学手稿》、《资本论》等著作中的个别字句和论题中的规范性寓意而为马克思政治哲学(尤其是正义思想)的在场性予以辩护,而没有在整体上把握马克思理论研究的政治哲学意义,所以,作为政治哲学家的马克思形象并没有随着这些英美学者的阐释而树立起来。在我看来,这种非政治哲学和半政治哲学的解读,在理解马克思上都是极其不得要领的。我的观点是:马克思不仅有政治哲学,而且马克思哲学的实体性内容,基本上就是在政治哲学的问题域中得以展现的,这是马克思哲学的一个根本开展向度。情形何以如此?

一、近现代哲学的发生学原理与马克思政治哲学的在场

从思想史的视域来看,马克思不管在多大程度上革新了前人所确立的思想传统,他也正像施特劳斯、伯尔基、麦卡锡等人所指认的那样,是承接着近代哲学进行理论创造的,因而只有在打通马克思与前人(特别是近代人)的基础上,才能真正把握马克思哲学的理论内容及思想特质。其实从这一点,我们尤其能够看清马克思与政治哲学之间的根本相关性。

深层挖掘,马克思与近代人在一定意义上的"同宗同源",不单单是概念史和观念史的接续和推延,更根本来看,则是概念史和观念史背后的现实历史缔造了马克思哲学与近代哲学之间的高度关联。众所周知,黑格尔在《法哲学原理》中曾不无深刻地指出,哲学是思想中的时代,"妄想一种哲学可以超出它那个时代,这与妄想个人可以跳出他的时代,跳出罗陀斯岛,是同样愚蠢的"[①]。黑格尔的这个论断启示我们,要把握近代以来的哲学发展史,根本工作之一在于深刻领会近代以来的历史所揭示的时代问题。如果说西方近代以来的历史是随着资本主义商品经济的生成与不断发展而展开的,与商品经济具有对应和同构的关系,那么追根溯源,近代哲学的理论逻辑实际是从商品经济的土壤中生长出来的,这与古典哲学的形成机理具有本质的差异。问题的关键之处就在于,近代以来,经济层面的问题往往又是具有政治性的,因为在商品经济及以之为基础的市民社会中,恰恰蕴含着近代以来最深刻的政治哲学问题,即权利、自由、平等、

---

① [德]黑格尔:《法哲学原理》,范扬、张企泰译,商务印书馆1961年版,序言第12页。

民主、法治等问题。所以，真正主导近代哲学理论范式的哲学形态正是政治哲学，即政治哲学在近代哲学中实际扮演着"第一哲学"的角色。值得注意的是，人们通常会在认识论的层面上去概括、描述和理解近代哲学，并由此界划出经验论和唯理论两大分殊性的哲学传统。然而我们知道，认识论是伴随着主体性的出场和凸显而形成的哲学形态，而主体性这一从属于理论哲学的概念和原则，则是随着现代商品经济的定型和现代市民社会的历史形成而凸显出来的，所以这一概念和原则，往往最终又要落归于权利和自由等政治哲学问题，从而转化为实践哲学的范畴和原则。于是，考察近代哲学史不难发现，那些在认识论问题上树立了理论丰碑的哲学家，如洛克、休谟、康德以及黑格尔，无不把思维的触角根本性地伸向政治哲学领域，从而在不尽相同的路数和传统中推进了政治哲学的发展，由此将近代以来的资本主义历史实践提升到理论层面予以整体性反思、批判和规范，并因此而为资本主义的经济生活构建起以权利和自由为价值底色的政治伦理秩序。以我之见，这不仅是在商品经济获得自足性发展空间，政治国家与市民社会的关系得以重新建构的近现代社会中所必然会凸显的哲学主题，而且也代表了近现代哲学的根本理论范式。就此而言，只有进入政治哲学的问题域，才能够根本性地把握近代以来哲学的逻辑生长点及原生结构。对于马克思哲学的研究，情形也不外于此。

毋庸置疑，马克思从一开始就是在资本主义大工业和商品社会大踏步向前推进的历史背景下介入哲学的，所以从近代以来哲学的形成机理来看，马克思哲学的原生性逻辑恰恰就是植根于政治哲学问题域的，这一点与整个近现代哲学没有实质性差别。这意味着，在自由和平等的价值基点上对现代社会制度的正义性予以质询与批判，构成了青年马克思哲学理论探索的根本旨趣与核心问题。正是因为如此，当青年黑格尔派还在"前黑格尔"的水平上围绕"宗教批判"展开这样那样的争论时，马克思则在《〈黑格尔法哲学批判〉导言》中一针见血地指出："真理的彼岸世界消逝以后，历史的任务就是确立此岸世界的真理。人的自我异化的神圣形象被揭穿以后，揭露具有非神圣形象的自我异化，就成了为历史服务的哲学的迫切任务。于是，对天国的批判变成对尘世的批判，对宗教的批判变成对法的批判，对神学的批判变成对政治的批判。"① 马克思在这里是说，在现代社会，因人与神的关系而形成的传统矛盾结构已经解体，取而代之的是体现在法和政治关系中的世俗矛盾，所以现代哲学研究的中心任务，在于从宗教批判转向政治批判，进而揭露具有非神圣形象的自我异化，并由此确立此岸世界的真理。根据马克思的这一阐释，我们在政治哲学的维度内来概括其早期的哲学理论活动，应当是没有什么疑义的。

二、经济批判与马克思政治哲学的理论深化

人们在梳理、把握马克思哲学发展历程时，往往像阿尔都塞那样，认为以历史唯物主义的创立为界分点，马克思的思想形成了一个前期和后期的根本性变换甚至断裂。根据这种理解，马克思的政治哲学似乎只是存在于其前期的理论著作中，而后期著作似乎与政治哲学的论题渐行渐远，最终趋于消解这种哲学形态。然而，真实的情形恰恰相反，即创立历史唯物主义之后，马克思不仅没有远离政治哲学问题域，反而以一种更为深刻的方式考察、探析了政治哲学的相关理论问题，从而将霍布斯、洛克以来的政治哲学研究推进到一个新的理论反思水平。理由何在？

如果根据上述，近现代政治哲学（乃至全部近现代哲学）是在商品经济和市民社会的基础上形成和得以发展的，其所反映的是近代以来社会经济生活中的根本利益诉求，那么显而易见，只有保持着对现代市民社会和经济关系的高度敏感性，对经济活动领域中的矛盾予以深刻洞察，才有资格进入到政治哲学的问题域中，这是我们在解读洛克、休谟、边沁及黑格尔等的政治哲学思想时需要把握的关键问题，因为这些彪炳政治哲学思想史的理论家，无一不是在现代市民社会的历史地基上，在洞思现代社会经济生活关系的前提下提出政治哲学问题，进而发展政治哲学理论的。从这一点来看，对现代市民社会中的经济生产关系理解越深刻的哲学家，在政

---

① 《马克思恩格斯文集》第 1 卷，人民出版社 2009 年版，第 4 页。

治哲学的理论探索中越能够提出发人深省的见解。所以，我又认为，在马克思之前的近现代政治哲学史上，由于黑格尔比霍布斯、洛克、休谟等人更自觉地在理论层面对市民社会这个劳动和需要的体系进行了探析和反思，所以他在政治哲学的理论建构上所达到的高度是后者无法企及的，虽然人们在研究政治哲学史时通常会把黑格尔作为中间环节而非启端。这个问题，对于理解马克思的政治哲学富有启示性。

早在写作《黑格尔法哲学批判》时，马克思就认识到，在中世纪，市民社会由于是从属于政治国家的，因而它直接具有政治性质；而在现代社会，市民社会虽然因为与政治国家完成了二元分野从而不再具有直接的政治性质，但由于现代政治制度"本身只有在私人领域达到独立存在的地方才能发展。在商业和地产还不自由、还没有达到独立存在的地方，也就不会有政治制度"①，所以，市民社会实际成为了政治国家的内容，而政治国家本身则只是一种形式。马克思的这个认识无疑是准确而深刻的，因为西方现代政治制度与中世纪相比，在其建立的过程中的确是呈现出一种从下而上的倒序结构，政治的合法性并不是由政治本身给予的，而是由褪去政治光环的市民社会所给予的，即政治的内容不在政治本身，而在市民社会。这一看似像在逻辑上充满悖论、无法说通的问题，却真实地反映出近代之后政治社会结构的形成机制，如权力和权利之间所确立的契约关系，就从一个微观的层面深刻表明了这一点。与这种情况相对应，如果说根据自由、平等及正义的规范性要素来为现代民主制度予以辩护，构成霍布斯、洛克以来政治哲学家的根本理论追求和价值目标，那么这一理论追求和价值目标的原生利益结构，乃是随着商业、地产、私人领域、市民社会的"去政治性"而确立起来的。这意味着，近代以来的政治哲学也不是从直接的"政治性"出发，在对政治国家本身的考询中形成和发展起来的，相反这样的理论路数是无法洞察现代政治之内在本质的，毋宁说近代以来的政治哲学是以考察需要、劳动、财产、所有权等为路径而达及政治的本质性层面的。从这一点来看，马克思早期环绕市民社会所进行的理论探

---

① 《马克思恩格斯全集》第1卷，人民出版社1956年版，第283—284页。

索，无论如何都是置于政治哲学问题域的。不过，在 1844 年之前，由于缺乏系统而深入的经济学研究的支持，马克思对市民社会本身的把握毕竟还处在一个较浅层面，所以在宣告从宗教批判转向政治批判之际，他对现代政治的理解并未达到后来的高度。由此可说，马克思早期的哲学固然可归结为政治哲学，但这种政治哲学尚未实质性地超越过往的政治哲学。马克思与自霍布斯、洛克到黑格尔的政治哲学的分道扬镳，毋庸置疑是随着其经济学研究的逐步加深而发生的。

众所周知，自 1844 年开始，马克思从政治批判明确转向了经济批判，由此开启了其长达 30 多年的经济学理论探索之旅。从传统的学术视角来看，马克思的这一理论转向，不仅没有将其政治哲学思想推向纵深层面，反而是其规范性的政治哲学研究与科学的历史理论建构之间的根本界标，亦即，在马克思的经济学研究中，政治哲学并未占有一席之地。我们承认，要根本性地洞思现代政治哲学问题需要回到经济学的语境中，并不意味着任何经济学的理论都可归结为政治哲学，这是极其荒谬的一个逻辑推论，比如当代西方许多实证性的经济学理论，恰恰是反政治哲学的。然而，在马克思这里，却具有与实证性的经济学截然相反的情形。

在 1859 年《〈政治经济学批判〉序言》中，马克思这样说道："法的关系正像国家的形式一样，既不能从它们本身来理解，也不能从所谓人类精神的一般发展来理解，相反，它们根源于物质的生活关系，这种物质的生活关系的总和，黑格尔按照 18 世纪的英国人和法国人的先例，概括为'市民社会'，而对市民社会的解剖应该到政治经济学中去寻求。"① 根据马克思这里的说法，其政治经济学研究的理论旨趣之一，在于通过深入剖析市民社会而从根基上理解法的关系及国家的形式。由此可以看到，马克思 1844 年之后系统的政治经济学研究，实际是承接着早期以市民社会概念为核心的政治哲学理论探析而展开的，故而他从政治批判转向经济批判，并非是要求疏远政治批判，而是要求落归于物质生产关系这一实质性层面来开展政治批判。在此番意义上，马克思的政治经济学绝非代表着其

---

① 《马克思恩格斯文集》第 2 卷，人民出版社 2009 年版，第 591 页。

政治哲学的终结,相反是其早期所确立的政治哲学理论思路的一种根本性深化,故而也就代表着其政治哲学的推进和最后完成。其实,从近代以来政治国家与市民社会的关系以及政治哲学的形成机理来看,也只有在政治经济学的理论结构中,马克思才能够真正共享那些由洛克、休谟、康德、边沁及黑格尔等人所提出和反复申述的政治哲学论题,如需要、劳动、财产、所有权、道德、正义等等。所以,概而言之,在政治哲学研究上,政治经济学既没有偏题,又没有离题,而是真正回归本题。正是因为审思到了这一点,灵活运用思想史方法来研究马克思的麦卡锡才这样强调:"马克思的后期著作是他理解历史和社会关系的产物,此二者奠定了其伦理理论与社会正义理论的基础。"①

三、历史唯物主义与马克思政治哲学的独特开展

在确证马克思经济学研究之政治哲学意义之后,我们又需要立即指出,马克思既因为系统的经济学研究而实至名归地植入到了自近代以来一直延续着的政治哲学论域中,又因为其经济学的研究而根本性地超出了近现代政治哲学家的理论视野,从而与那些影响了他的先贤们划清了界限。这里的问题在于,如果正如上述,对经济生产关系理解得越深刻,越能在政治哲学的理论探索中提出发人深省的见解,那么,马克思经济学语境中的政治哲学整体性地超越过往的政治哲学,则是顺理成章的事情,因为道理很简单,在对现代经济关系的理解和把握上,无论是洛克之后的自由主义政治哲学家,还是亚当·斯密以来的英国古典经济学家,抑或者康德以来的德国古典哲学家,都无法与马克思比肩而立,虽然马克思的经济学理论知识是在研习这些前人著作的基础上获得的。需要特别注意的是,在这里,历史唯物主义对于政治哲学所具有的重大思想史意义显现出来了,原

---

① [美]麦卡锡:《马克思与古人》,王文扬译,华东师范大学出版社2011年版,第6页。

因就在于，马克思不仅通过经济学的艰辛理论探索而创立起历史唯物主义，而且其后期以《资本论》为核心的经济学研究，也是其历史唯物主义落脚于社会生产关系之后的一个必然归宿点。

但毋庸讳言，人们通常并不情愿根据历史唯物主义理论叙事来证立马克思的政治哲学，相反这一理论叙事却往往成为人们否定马克思政治哲学思想的最有力证辞，即在人们看来，作为一种基于事实的认知性和描述性理论，历史唯物主义必然是排拒政治哲学的。这貌似强有力的证辞，其实只是流于表层、不堪一击的偏蔽之见。且不论历史唯物主义是否只是一种认知性和描述性理论，它是否也包含了规范性的视角，仅就马克思落归于社会生产关系来开展经济学研究而言，历史唯物主义所具有的政治哲学意义就是显而易见的。因为根据历史唯物主义，开展经济批判的基本要求在于不是从经济事物和经济活动的表层出发，而是从其深层出发；不是从作为"物"的商品出发，而是从作为"社会关系"的商品出发，所以在历史唯物主义理论视域中，马克思的经济学必然不是在英国古典经济学的层面上展开的，而马克思所看到的那些由经济生产关系所生发出来的深层次的社会政治问题，也必然不可能一目了然地出现在英国古典经济学家的视野当中。正是因为如此，英国古典经济学就没有整体性地上升到政治哲学的高度，虽然斯密也曾论述过正义之类的政治哲学问题，而经过历史唯物主义深化之后的马克思经济学，则不仅将其早期的政治哲学推向一个新的位阶，而且也是霍布斯、洛克以来的政治哲学所达到的一个最高点，这充分印证了全部近现代政治哲学由社会而国家、由经济而政治的基本生成逻辑。就此而言，历史唯物主义大概是近代以来政治哲学所遵从的基本开展路径的最彻底形式。洛克、休谟、边沁、黑格尔等，虽然无一不是或隐或显地以市民社会为支点来提出权利、自由、正义等问题并由此构建政治哲学的，但他们显然都没有达到历史唯物主义的理论层面，至多只是处在一种"前历史唯物主义"的水平上。

进而论之，马克思政治哲学与他之前政治哲学之间的质性区别，无疑只有借助于历史唯物主义才能够得到豁然开朗的审视和理解。概括说来，由于并不懂得历史唯物主义，马克思之前的近现代政治哲学家只是基于自然个体在市民社会中的生活经验来进行推理的，其所确立的基本分析单位是"原子式的自然个人"，所以他们不忘宣说的权利和自由，只是原子式个人的权利和自由；他们所追求的正义，只是原子式个人在市民社会中的一种理想化的权利组合关系；他们心目中的社会，只是原子式个人的一种集合形式。然而，在现实生活中，人与人之间所形成的是一种比自然式的个人组合关系远为复杂的社会关系，所以将个体的生活经验固化之后的政治哲学，必然不能从根本上切中这种社会关系的实质，因而也必然不能真正把握现代社会中的基本矛盾，尤其在资本主义经过几百年的发展而定格为一种客观性的"结构"之后，这种在个体生活经验基础上所发展起来的政治哲学，在解释、解答现实复杂政治问题上就更是捉襟见肘了。在这种情况下，实际只有在真正"社会性"的意义上来阐释权利、自由、公正、道德等等论题，政治哲学才能够展现出其宽广的解释力和持久的洞察力，而这就是马克思历史唯物主义和政治经济学研究要解决的根本问题之一。直截了当地说，马克思在接续近代以来政治哲学基本论题的前提下，将政治哲学的立论支点由"自然人"置换为"社会人"，所以与过往政治哲学家不同，马克思所着重分析和揭示的是权利、自由、平等、公正、道德的社会和制度基础而非自然基础，这正如麦卡锡在阐释马克思的道德理论时所指出的，马克思把现代传统关于对与错、好与坏以及美好生活的本质与物质幸福这些道德问题的质疑，转换成了对现代社会制度结构的审查，也即转换成了政治经济学。社会阶级、权力关系、财富所有制以及社会生产关系变成了理解道德问题的整个大背景。①

上述情况意味着，马克思虽然是围绕着近代以来不断推延的权利、平等、公正、道德诸种论题而在历史唯物主义和政治经济学视域中建立政治哲学理论叙事的，然而，一旦将这些论题置于社会制度背景中予以质询与阐说，那么马克思的政治哲学又必然会以大异于西方通行的政治哲学的形式而展现出来，从而形成政治哲学理论与一般社会批判理论和历史哲学理论相互缠绕的复杂格局。就此而言，以我之见，社会阶级、权力关系、所

---

① 参见[美]麦卡锡：《马克思与古人》，王文扬译，华东师范大学出版社2011年版，第13页。

有制以及生产关系，这些统摄着马克思政治经济学研究的基本论题，不仅构成了理解马克思道德理论以及政治哲学的话语背景，而且其道德理论和政治哲学，最终又要落归于对这些问题的深刻检视和系统阐发，从而使这些从西方规范性政治哲学视角来看是"非政治哲学"的问题，成为了其关于权利、平等、公正、道德等的政治哲学理论得以展开的根本载体。应当说，这是政治哲学在历史唯物主义和政治经济学视域中所必然会具有的理论形式。

问题的关键就在于："马克思政治哲学"虽然是一个存在于马克思历史性文本中的命题，但出于其独特的问题意识和理论任务，马克思毕竟没有像后来的罗尔斯那样，去构建一种一目了然的、可供人们直接套用的政治哲学理论，所以无论是在西方学术界还是在中国学术界，"马克思政治哲学"又是一个在当代解释学的语境中所凸显出来的命题。这个情况决定了，人们对马克思政治哲学思想予以追寻和探析的逻辑起点在于当代而不在于马克思，亦即，从学术上来看，人们实际是以理解和把握当代政治哲学的理论命题和学术任务为前提来切近马克思的。然而我们知道，当代政治哲学是罗尔斯《正义论》发表发来，在自由主义、社群主义、民族主义及女权主义等意识形态的争鸣中迅速复兴的。所以，当人们置于所谓"当代政治哲学"理论语境来开展马克思政治哲学研究时，便会很容易将这些政治哲学形态作为范本和标准，进而据之来评析马克思是否持有政治哲学思想或在多大意义上持有政治哲学思想。可问题是：由于其开展形式的独特性，马克思历史唯物主义和政治经济学视域中的政治哲学，必然难以与这些作为"标准"的当代政治哲学形态相符合，所以显而易见，马克思是否持有政治哲学思想或在多大意义上持有政治哲学思想，也就会成为一个永远无法厘清和论明的问题。这一学术路数的根本缺陷在于只是注重在马克思哲学的"外部"来建立学术立论的支点，而忽视了对马克思政治哲学自身生成逻辑的理解和把握。在这一学术路数下，人们注定无法在马克思与政治哲学之间建立起实质性的关联，因而至多只能捕获到马克思政治哲学的"只言片语"，却很难达及马克思为政治哲学所开辟的广阔理论空间。不过，只要领会了整个近现代政治哲学的"发生学"原理，以及马克思政治经济学和历史唯物主义的重大政治哲学意义,我们就有理由宣称:马克思不仅从来就没有远离政治哲学,而且他始终行走在如何将政治哲学的理论思考推向纵深的路上。

理解马克思实践概念的政治哲学向度

众所周知,"实践"是马克思哲学中的一个核心概念,当人们试图去界划马克思哲学传统与其他哲学传统的异质性时,往往首先会想到这个概念。对于这个标示马克思哲学根本特质的实践概念,学术界虽然做了近乎汗牛充栋的研究,但其原本意蕴却在很大程度上被遮蔽了起来。因而,人们以为把握住了马克思实践概念的根本内涵,但实际上却离这个概念的内核渐行渐远。那么,"实践"在马克思哲学语境中的原意是什么?根本看来,它是一个政治哲学的范畴,连接到的是一个开阔的政治哲学的问题域,故此理解马克思的实践概念,需要凸显政治哲学的理论向度。

一、实践唯物主义的解蔽与再遮蔽

中国学术界对于马克思实践概念的系统研究,是随着"实践唯物主义"这个划时代的理论范式的确立而进行的,通过对这个范式的检视,我们大致可以梳理出20、30年以来人们在马克思实践概念探析中所遵从的基本路数。

回顾学术史我们不难发现,实践唯物主义是在批判、反转传统教科书体系的过程中提出来的,其肩负的重要学术使命之一,在于克服传统教科书体系中的物质本体论解释倾向,从而为马克思主义哲学开辟有思想活力的理论开展路向。作为一个在传统马克思主义哲学理解体系中被定于一尊的解释范式,物质本体论的基本运思套路就是以确立自然的逻辑优先性为前提，来形成对唯物论、辩证法、认识论、历史观这四大板块自成一体的阐释。这一基本运思套路固然可以让人们得心应手地建立起一个逻辑自洽的马克思主义哲学叙述框架，但其显而易见的偏蔽是将主体性、能动性及规范性向度驱逐在外，进而造成了疏离历史与人的现实生活的根本困难。与之相反，20世纪80年代以来中国学术界自觉确立起来的实践唯物主义理论范式，则唤醒了人们对主体性、能动性及规范性的重视和认知，从而在一定意义上解决了传统马克思主义哲学"见物不见人"的问题。不仅如此，这个理论范式也没有偏执地从物本一极走向人本一极，从而将客体性与主体性、受动性与能动性、事实性与规范性置于一种非此即彼、相互隔膜的关系当中，而是使它们成为相得益彰的一体之两面，由此比较成功地消除了它们之间的二元对立。实践唯物主义之所以能够做到这一点，究其内缘，主要是由于其所昭显的实践乃是一个与"现实的人的活动"等价的概念，而"现实的人的活动"则既会关涉到客观性又会关涉到主观性，因而并不存在一方压制和排拒另一方的问题。这正如马克思在《关于费尔巴哈的提纲》第一条中所指出的："从前的一切唯物主义（包括费尔巴哈的唯物主义）的主要缺点是：对对象、现实、感性，只是从客体的或者直观的形式去理解，而不是把它们当做感性的人的活动，当做实践去理解，不是从主体方面去理解。因此，和唯物主义相反，唯心主义却把能动的方面抽象地发展了，当然，唯心主义是不知道现实的、感性的活动本身的。"① 如果说马克思在这段人们耳熟能详的论述中，就是从客观性和主观性的双重向度来界定实践概念的，那么实践唯物主义阐释者们则几乎都是遵照马克思的界定来理解和发展马克思主义哲学的。从这番意义上讲，实践唯物主义这个中国人所发明的概念，不但拨云见日般地改换了马克思主义哲学的解释范式，同时也将马克思主义哲学研究引入到文本解读模式中来，从而大大开拓了马克思主义哲学的学术空间，推动了马克思主义哲学在学术层面上的纵深开展，进而催生出各种学术观点相互争鸣、相互促进这样一个别开生面的马克思主义哲学研究局面。就此而论，实践唯物主义大概是

---

① 《马克思恩格斯文集》第1卷，人民出版社2009年版，第499页。

中国马克思主义理解史上最具有分水岭意义的一个概念了。

然而，当人们过度地去强调一个东西的正面价值时，就很难发现这个东西所可能隐在的负面价值。就实践唯物主义而言，人们几乎从来不去对它做一个前提性的反思和追问，而是将其视为一个铁定无疑的"真"概念来直接使用。然而我们务必立即指出，这个已经深深内化在教科书体系之后的马克思主义哲学解释体系中的实践唯物主义概念，并没有真正使马克思主义哲学面对历史和现实问题，其主要工作是构建了一个学术化的马克思主义哲学理论体系，其所看重的主要还是马克思主义哲学学术化体系是否合理的问题。可是这样一来，马克思主义哲学非但没有因为实践唯物主义理论范式的确立而走出疏离历史与现实的窘境，相反因为这一范式的确立而重新陷入到一种新的概念游戏中，进而由于远离历史与现实而生机萎缩，很难取得实质性、突破性的理论进展。

追根溯源，实践唯物主义理论范式的确立之所以导致了上述新的问题，原因并不在于这个范式本身的确立，而是因为人们在使用这个范式时，自觉不自觉地对实践进行了一种本体化的处理，由此将过去系于自然的物质本体置换为了系于人的活动的实践本体。所以一个不容否认的事实是，人们即便没有意识到自己是在一个实践本体论的前提下进行学术推理的，但实际上也常常在强调实践的基础性意义时将其推到本体的位置上去了。表层地看，相比过去的物质本体，实践本体无论是在学术的解释力上还是在思想的洞察力上，都是前者所无法比拟的。然而问题的关键在于，一个东西一旦被视为本体，那么其所指涉的对象就不会是个别和具体的，而是一般和抽象的，因为只有一般和抽象的东西才有资格作为派生他者的本体。这也就是说，主宰实践唯物主义概念的实践本体论，实际上是在一种抽象的、超历史的意义上来描述作为"现实的人的活动"的实践的，而不是本着对具体的历史语境和历史活动的考察来确立阐释路线的。由于从抽象之物所开始的论证只能是逻辑主义的而不会是历史主义的，所以归根结底，实践唯物主义乃是在逻辑意义上而非在历史意义上，来界划和处理客体性与主体性、受动性与能动性、事实性与规范性之关系的，这就是说，人们即使不去探析投射在马克思文本深处的"活"的历史，也可以通过设置一个所谓"现实的人的活动"的逻辑端点，来顺理成章地对这些看似二元对置的关系按照相反的方向作出解说，以此纠正由物质本体论所造成的理论偏误。

但我们要予以追问的是，在马克思的文本语境中，到底有没有一个抽象的、可以本体化的、可在逻辑层面上加以立论的实践概念？单从《关于费尔巴哈的提纲》第八条的论述来看，答案似乎是肯定的："全部生活在本质上是实践的。凡是把理论引向神秘主义的神秘东西，都能在人的实践中以及对这种实践的理解中得到合理的解决。"① 然而，马克思在《1857—1858年经济学手稿》导言中强调："人体解剖对于猴体解剖是一把钥匙。反过来说，低等动物身上表露的高等动物的征兆，只有在高等动物本身已被认识之后才能理解。"② 马克思的这个形象比喻告诉我们，他是沿着"从资本主义历史实践到一般人类实践再到资本主义历史实践"这个路向，来探索政治经济学理论以及社会发展规律的。这个以资本主义历史实践为启端又以资本主义历史实践为落点的研究过程表明，如果说马克思在《关于费尔巴哈的提纲》及《德意志意识形态》中从一般性的人类活动这个抽象角度阐述了实践概念，那么这个看似抽象的实践概念，不仅是马克思通过考察资本主义经济生产这个鲜活具体的过程得出来的，而且最终还要落归于对这个鲜活具体的过程的再考究（这也就是马克思自《1844年经济学哲学手稿》一直到《资本论》及其手稿的整个研究历程的再现）。所以，实际情况在于，脱离了资本主义经济生产这个坚实的历史脚本，而仅仅停留在"一般人类实践"这个环节，我们只能与马克思的实践概念失之交臂，从而落入马克思所批判的概念形而上学，遮蔽、湮没马克思真正要去探讨和解决的问题。要言之，马克思并没有在本体论的意义上，按照逻辑主义的方式去构建一个实践概念，他所讲述的实践归根到底都是具体的、历史的。

由此可见，在本体和逻辑意义上证立起来的实践概念，对于物质本体论的克服只是形式上的而非实质上的，实践范畴在任何情形下固然都可以

---

① 《马克思恩格斯文集》第1卷，人民出版社2009年版，第501页。
② 《马克思恩格斯文集》第8卷，人民出版社2009年版，第29页。

兑换为"人的活动",但抽象一般的人的活动却只能是缺乏历史规定性的、空洞的东西,以之为轴心的所有阐释、界定及演绎,既不可能符合马克思的理论命意,也难以构成对物质本体论的真正超越。如果说这是学术界在开展实践唯物主义大讨论时没有去认真反思的一个问题,那么现在就应当责无旁贷地以深刻检视这个问题为起点,以切实把握马克思"人体解剖"的内容为主线予以新的学术探析。进而言之,一旦迈出了这坚实的第一步,我们就会在政治哲学的视域中得到一个全新的马克思实践概念。

二、从费尔巴哈批判到市民社会问题域

实践概念虽然是马克思哲学据以立论的一块坚固基石,但只要在其著作中检索一下就会发现,"实践"却不是作为一个高频词出现的,毋宁说马克思对这个词的使用,主要还是集中在《关于费尔巴哈的提纲》与《德意志意识形态》这两个文本中。人们往往以为,马克思在这两个文本中是通过对费尔巴哈所代表的旧唯物主义及康德和黑格尔代表的唯心主义的双重批判而提出并厘定实践概念的。这个观点大体来说不无道理(比如《关于费尔巴哈的提纲》的第一条就是一个例证),不过还需要进一步甄别其中的细微之处。一个直接的问题是,马克思并不是在同等程度上来批判这两种哲学传统的,实际情况是他对旧唯物主义的批判要远甚于对唯心主义的批判。所以在一定意义上,马克思实践概念的意蕴是在他的费尔巴哈批判中展现出来的。

在《关于费尔巴哈的提纲》第一条中,马克思以简洁的语言告诉我们,他是通过将费尔巴哈的"感性直观"转换为"感性的人的活动"来提出其实践概念的,即实践在一般意义上,就是一个不同于"感性直观"而等同于"感性的人的活动"的概念。这种界定虽然是清晰的,但也只有为这个不同于费尔巴哈"感性直观"的"感性的人的活动"找到一个现实的载体,才不至于滑落到抽象空洞的理解当中。如果根据上述,"感性的人的活动"即实践的现实载体应当是存在于马克思的"人体解剖",也

就是存在于他对资本主义经济关系的考察之中,那么,这个现实的载体具体而言是什么呢?

马克思在1859年《〈政治经济学批判〉序言》中回顾自己创立历史唯物主义的过程时指出:"为了解决使我苦恼的疑问,我写的第一部著作是对黑格尔法哲学的批判性的分析,这部著作的导言曾发表在1844年巴黎出版的《德法年鉴》上。我的研究得出这样一个结果:法的关系正像国家的形式一样,既不能从它们本身来理解,也不能从所谓人类精神的一般发展来理解,相反,它们根源于物质的生活关系,这种物质的生活关系的总和,黑格尔按照18世纪的英国人和法国人的先例,概括为'市民社会',而对市民社会的解剖应该到政治经济学中去寻求。我在巴黎开始研究政治经济学,后来因基佐先生下令驱逐而移居布鲁塞尔,在那里继续进行研究。我所得到的,并且一经得到就用于指导我的研究工作的总的结果,可以简要地表述如下……(下面就是那段关于历史唯物主义的经典表述——引者注)"①马克思在这段回忆性的文字中直截了当地告诉人们,他是在黑格尔的启示下,通过涉入政治经济学领域去解剖市民社会而得出历史唯物主义基本观点的。其实从时间点上来看,马克思写作《关于费尔巴哈的提纲》及《德意志意识形态》的第一手资料,应当也来自于他在巴黎与布鲁塞尔所从事的剖析市民社会的政治经济学研究。所以现在的问题就是,如果认为马克思在《提纲》及《形态》中通过批判费尔巴哈的"感性直观"而转向"感性的人的活动"的过程,也就是他通过批判后者的旧唯物主义而转向历史唯物主义的过程,那么这个"感性的人的活动"即实践的现实载体就是市民社会。

对于这个问题,我们也可以从马克思对"劳动"的论述中获得进一步说明。在人们的印象中,"感性的人的活动"即实践的重要形式之一就是劳动,甚至有时人们索性将实践直接等同于劳动。对于劳动,马克思在《德意志意识形态》中作过如下论述:"我们首先应当确定一切人类生存的第一个前提,也就是一切历史的第一个前提,这个前提是:人们为了能

---

① 《马克思恩格斯文集》第2卷,人民出版社2009年版,第591页。

够'创造历史',必须能够生活。但是为了生活,首先就需要吃喝住穿以及其他一切东西。因此第一个历史活动就是生产满足这些需要的资料,即生产物质生活本身,而且,这是人们从几千年前直到今天单是为了维持生活就必须每日每时从事的历史活动,是一切历史的基本条件。即使感性在圣布鲁诺那里被归结为像一根棍子那样微不足道的东西,它仍然必须以生产这根棍子的活动为前提。因此任何历史观的第一件事情就是必须注意上述基本事实的全部意义和全部范围,并给予应有的重视。大家知道,德国人从来没有这样做过,所以他们从来没有为历史提供世俗基础,因而也从未拥有过一个历史学家。法国人和英国人尽管对这一事实同所谓的历史之间的联系了解得非常片面——特别是因为他们受政治意识形态的束缚——,但毕竟作了一些为历史编纂学提供唯物主义基础的初步尝试,首次写出了市民社会史、商业史和工业史。"① 马克思在这段论述中,将劳动界定为"生产物质生活本身"的第一个历史活动。需要特别注意的是,他虽然使用了"一切人类"、"一切历史"以及"从几千年前直到今天"这样的字眼,但最后却将问题落脚到了市民社会史、商业史和工业史,认为法国人和英国人在这方面为历史编纂学奠立了唯物主义基础。这说明看似具有普泛指向的劳动,实际是一个系于市民社会的现代概念,亦即市民社会正是劳动的现实载体。

人们通常会认为,市民社会在马克思那里是一个与经济基础相对等的、抽象的概念,比如在《德意志意识形态》中,马克思就这样说道:"从直接生活的物质生产出发阐述现实的生产过程,把同这种生产方式相联系的、它所产生的交往形式即各个不同阶段上的市民社会理解为整个历史的基础,从市民社会作为国家的活动描述市民社会,同时从市民社会出发阐明意识的所有各种不同的理论产物和形式,如宗教、哲学、道德等等,而且追溯它们产生的过程。"② 然而,我们要指出的是,马克思在经济基础层面上使用"市民社会"概念,实际只是这个概念的一种衍生含义,其原本的意义,就是黑格尔在《法哲学原理》中所描述的以需要的体系和

---

① 《马克思恩格斯文集》第 1 卷,人民出版社 2009 年版,第 531 页。
② 《马克思恩格斯文集》第 1 卷,人民出版社 2009 年版,第 544 页。

劳动为介质、以财产关系为内容的资本主义经济活动领域。从其原本意义来看，市民社会概念刻画的是17世纪以来汹涌澎湃的资本主义历史，尤其是大工业历史的真实状貌，对应的是马克思实施"人体解剖"的那个鲜活具体的经济生产过程。市民社会作为实践的现实载体，显然是从其原本意义上来讲的。

在马克思的心目中，深谙英国工业革命和法国政治大革命的黑格尔，是德国古典哲学家中唯一有资格谈论市民社会的人，后者是他在这个问题上的启蒙老师。相比之下，费尔巴哈则由于没有像黑格尔那样对几个世纪以来的欧洲大事件予以深刻洞察，并对英国经济学理论作出深入研究，故而，他根本不可能知道在市民社会的地基上，通过考察资本主义生产领域中的内在矛盾来获得对感性存在的理解。正是因为此一缘故，马克思才这样指出："他（指费尔巴哈—引者注）从来没有把感性世界理解为构成这一世界的个人的全部活生生的感性活动，因而比方说，当他看到的是大批患瘰疬病的、积劳成疾的和患肺痨的穷苦人而不是健康人的时候，他便不得不求助于'最高的直观'和观念上的'类的平等化'，这就是说，正是在共产主义的唯物主义者看到改造工业和社会结构的必要性和条件的地方，他却重新陷入唯心主义。"① 马克思在这里所指出的"改造工业和社会结构的必要性和条件的地方"，作为"构成感性世界的个人的全部活生生的感性活动"的场域，其实就是成为现代历史之世俗基础的市民社会，而他对费尔巴哈的全部超越，也就是从这个地方开始的。这便是说，马克思是真正接着黑格尔而对市民社会作出深刻考察的人，他的"感性的人的活动"即实践这个概念就是以之为基础提出来的；而缺少实践思维的费尔巴哈，却只能直观地、碎片化地审视那个充满矛盾的市民社会，故此无法洞见到其内在的本质机理和架构，进而他也并不懂得像马克思那样在审理市民社会内在矛盾中为历史提供世俗基础。《关于费尔巴哈的提纲》第九条，即"直观的唯物主义，即不是把感性理解为实践活动的唯物主义，至多也只能达到对单个人和市民社会的直观"②，大致就是在这层意义上来讲

---

① 《马克思恩格斯文集》第1卷，人民出版社2009年版，第530页。
② 《马克思恩格斯文集》第1卷，人民出版社2009年版，第502页。

述的。

马克思对费尔巴哈的这种批评表明，他以"感性的人的活动"即实践来取代"感性直观"，的确不是打算在本体论上与费尔巴哈划清界限，而是要求将思维的触角从同质性的类群体移转到异质性的现代市民社会上来，进而通过政治经济学的研究去洞穿工业社会的生产结构，从而达到为历史提供世俗基础的目的，这就是市民社会作为实践之现实载体的真实意义。所以一言以蔽之，从费尔巴哈批判到市民社会问题域，这是我们在透析马克思实践概念时应当把握的一个极为根本的内在过渡。进而言之，当实质性地置于市民社会问题域来理解马克思的实践概念时，我们会看到这个概念所关涉的问题，几乎都是近代以来最为根本的那些政治哲学问题，因而也唯有从政治哲学的层面来予以创造性的阐释，历史的世俗基础方可能真正昭显，实践的意义也才可能根本"绽出"。情形何以如此呢？

众所周知，霍布斯、洛克以来的现代政治哲学主要是围绕权利和自由的主题而构建和向前推进的，政治哲学家们不管在视角和观点上存在多大分歧，相互之间在坚持这一理论主题上并不实质差异。进一步考索则会发现，在古代政治哲学中被大大贬抑的权利和自由之成为现代政治哲学的根本主题，不能仅仅归结为现代人在政治观念上的"哥白尼式革命"，同时更应该看到这个观念革命是在现代市民社会历史出场的大背景下才发生的。这意味着，将权利和自由视为根本价值的现代政治哲学家们在理论层面所进行的种种探讨，实际深刻反映的是人们在由契约关系所构成的市民社会中公平地占有和分配财产的现实问题。这样来看，政治哲学家们精心构建的现代权利体系中最核心的东西，就是市民社会中因占有和分配财产而来的所有权，脱离了所有权，是无法对权利和自由作出实质性的说明的。根据此一情况，我们进而可以这么说，现代政治哲学实际是在市民社会的地基上来予以立论的，其所关涉的基本理论问题，最后都可以归结到市民社会这个更为基始的问题上去。譬如说，黑格尔《法哲学原理》中各理论部分的关系，就鲜明地体现了这一点。在这部政治哲学的经典作品中，黑格尔虽然是将市民社会设定为伦理的一个环节，因而是将其置于伦理的篇目下加以阐述的，但其实这个概念在整部著作中起到了支配性的作用，即不管是所有权、法还是道德、伦理国家，这些或直接或间接地系于权利和自由的政治哲学论题，无一不是围绕市民社会这个根基性问题而延展开的。正是因为如此，黑格尔才这样指出："如果把国家想象为各个不同的人的统一，亦即仅仅是共同性的统一，其所想象的只是指市民社会的规定而言。许多现代的国家法学者都不能对国家提出除此之外任何其他看法。"① 马克思更加深刻地洞见到了市民社会就是现代政治哲学的根本母题，所以他反复重申这样的观点："完成了的政治国家，按其本质来说，是人的同自己物质生活相对立的类生活。这种利己生活的一切前提继续存在于国家范围以外，存在于市民社会之中，然而是作为市民社会的特性存在的。"② 并且，"即使在政治生活还充满青春的激情，而且这种激情由于形势所迫而走向极端的时候，政治生活也宣布自己只是一种手段，而这种手段的目的是市民社会生活。"③ 恩格斯在对18世纪的英国市民社会作出考察后也感慨地指出，英国的全部政治问题基本上都是社会性的④。

如果说围绕权利和自由而发展起来的现代政治哲学的"原"问题在于市民社会，那么反过来说，我们从市民社会出发所审视到的最本质的东西，也一定是政治哲学家们所关切的权利、自由、平等、公正诸种问题，因为人们虽然习惯于从经济层面去理解市民社会，但其实就这个概念而言，经济层面所折射出的更深层的内容恰恰是政治性的。与之相应，当马克思通过批判费尔巴哈而进入市民社会问题域中的时候，他的"感性的人的活动"即实践，毋庸置疑就是一个系于政治哲学的概念了。在此，我们可通过作为实践之重要形式之一的劳动的范例来予以具体说明。

如果正如上述，劳动是在市民社会这个现实载体上昭显其意义的，那么马克思的这个概念就既不是他自己独创的，也不是从古代人那里得到的（在古代人如古希腊人的眼中，这是一个等而下之的概念），而是沿着洛克以来的理论路向确立起来的。从洛克开始，劳动就已经被赋予了政治哲学

---

① [德] 黑格尔：《法哲学原理》，范扬、张企泰译，商务印书馆1961年版，第197页。
② 《马克思恩格斯文集》第1卷，人民出版社2009年版，第30页。
③ 《马克思恩格斯文集》第1卷，人民出版社2009年版，第43页。
④ 参见《马克思恩格斯文集》第1卷，人民出版社2009年版，第93页。

的意蕴，这个情况一直到马克思始终都没有发生变化。在《政府论》中，洛克这样说道："每人对他自己的人身享有一种所有权，除他以外任何人都没有这种权利。他的身体所从事的劳动和他的双手所进行的工作，我们可以说，是正当地属于他的。所以只要他使任何东西脱离自然所提供的和那个东西所处的状态，他就已经掺进他的劳动，在这上面参加他自己所有的某些东西，因而使它成为他的财产。"① 显而易见，洛克在段论述中，并没有在自然意义上将劳动界定为一般的生产物质资料的活动，而是直截了当地从政治哲学意义上将之诠证为了所有权的起点。人们很少注意到洛克的这个思想与马克思之间的关联，但其实从《1844年经济学哲学手稿》开始，马克思就已经自觉地按照洛克的思路来理解劳动范畴了。在《手稿》中马克思有一段著名论述："黑格尔的《现象学》及其最后成果——辩证法，作为推动原则和创造原则的否定性——的伟大之处首先在于，黑格尔把人的自我产生看做一个过程，把对象化看做非对象化，看做外化和这种外化的扬弃；可见，他抓住了劳动的本质，把对象性的人、现实的因而是真正的人理解为人自己的劳动的结果。"② 马克思在这里肯定的是黑格尔劳动观点的积极价值，但其实，黑格尔之所以能够在其精神哲学中运用辩证法而对劳动作出规定，从而"把对象化看做非对象化"，原因之一在于，他正是像洛克那样看到了劳动中超出自然的知性确定性、并关涉到人的社会政治存在的内容，在此问题上，其辩证逻辑的使用与他对市民社会之内在矛盾的把握是分不开的。马克思从中得到的深刻教益是要在人的生存意义上来看待劳动（其实"感性的人的活动"这个术语中就蕴藏着一种生存意义），即把人理解为自己劳动的结果，但这个"生存"并不是从后来海德格尔存在主义上来讲的，而是从洛克以来的所有权意义上来讲的。所以，这个理解劳动的生存论视角说到底也是一个政治哲学的视角。正是因为确立了这个理解劳动的独特视角，马克思才在《手稿》中为工人的劳动贴上了"异化"的标签，这其中的深刻旨趣在于以投射在劳动中的所有权为基点来批判资本主义生产关系。到后来，马克思在《资本论》及其手

---

① [英]洛克：《政府论》下篇，叶启芳、瞿菊农译，商务印书馆1964年版，第19页。
② 《马克思恩格斯文集》第1卷，人民出版社2009年版，第205页。

稿中按照商品的二重性，也对劳动作出了"活劳动"和"对象化劳动"这二重性的界定。这个界定让马克思透彻地审视到了资本主义生产结构中围绕所有权而发生的剥削和不公正问题，这正如他在《1857—1858年经济学手稿》中所指证的："工人丧失所有权，而对象化劳动拥有对活劳动的所有权，或者说资本占有他人劳动——两者只是在对立的两极上表现了同一关系——，这是资产阶级生产方式的基本条件，而决不是同这种生产方式毫不相干的偶然现象。这种分配方式就是生产关系本身，不过是从分配角度来看罢了。"① 可见，马克思始终是承接着洛克所建立的路向，将劳动安置在政治哲学的链环中来对之予以界定的。

以上论述表明，我们只有从政治哲学的维度，才可以为在市民社会问题域中所呈示出来的实践概念开辟出广阔的理解空间。

三、人类社会与马克思实践概念的政治哲学意义

在市民社会问题域中把握马克思的实践概念，我们不仅应当在打通思想史的前提下，对接到从洛克到黑格尔的理论思路中予以创造性阐发，同时也应当自觉地将马克思与对他产生影响的理论家界分开来，进而以之为基础去探询马克思的原创性思想论见，因为或非如此，我们起码会很容易落入到马克思所反对的理论思维的陷阱当中，从而根本背离其实践概念的终极旨趣。这倒不是说我们进入政治哲学论域之后，再从这个论域中抽离出来，回到"原"理解结构中作出论述，而恰恰是说我们要将对实践的政治哲学解读向前推进一步，在纵深层面上挖掘更多的内容，从而达到对这一概念之政治哲学意蕴的完整把握。

基于这一问题意识，我们来看马克思在《德意志意识形态》中的如下著名论断："实际上，而且对实践的唯物主义者即共产主义者来说，全部

---

① 《马克思恩格斯文集》第8卷，人民出版社2009年版，第208页。

问题都在于使现存世界革命化，实际地反对并改变现存的事物。"① 中国学术界对于这个论断并不陌生，因为人们常常围绕它来争论马克思哲学是否可命定为"实践唯物主义"，然而这种争论过多纠结于字词界说，从而忽视了对其中所包藏的实质性内容的理解。我们认为，这个论断中最值得反复回味的表述倒不是"实践的唯物主义者"，而是"使现存世界革命化"与"反对并改变现存的事物"。从后两个表述来看，马克思哲学是否可命定为"实践唯物主义"其实只是一个次级问题，根本问题在于马克思以一种相对间接的方式告诉人们，实践就是改变现存事物的革命性活动。一目了然的事实是，《德意志意识形态》中的这个论断，实际是在《关于费尔巴哈的提纲》的最后一条，即"哲学家们只是用不同的方式解释世界，问题在于改变世界"的基础上提出来的，它们之间在内容上存在一个前后相接的关系，而《提纲》最后一条前面的第十条又是这样讲的："旧唯物主义的立脚点是市民社会，新唯物主义立脚点则是人类社会或社会的人类。"② 如果我们认为《提纲》各条并非是随机和无序排列的，而是有一种内在的逻辑关系贯穿其中，那么马克思在改变世界即革命意义上来界定实践，实际也并没有越出于市民社会问题域，而是依然以这个问题域中的问题为其实质性内容的。所以进一步说，要从改变世界的革命性活动这个定义出发来推进对实践概念的理解，前提便是从政治哲学的向度，充分把握"市民社会"和"人类社会"的矛盾关系以及它们所关涉的背后叙事。

这里，我们要予以追问的是，马克思既然在批判费尔巴哈时要求置于市民社会问题域来考察人的感性存在，那么，他为何又强调市民社会只是旧唯物主义的立脚点，而他是站立在人类社会或社会的人类这个立脚点上的呢？这是否是一个不可调和的悖论？应当指出，对一个东西予以深刻考察是一回事，而以这个东西为立脚点是另一回事，两者往往存在不可同日而语的差距，甚至当以这个东西为立脚点时，恰恰是无法对之作出有深度的质询和考量，从而也就不可能窥见其"庐山真面目"的。现在对于市民社会这个问题来讲，情形就是如此，故而也可以说，马克思关于这个问题

---

① 《马克思恩格斯文集》第1卷，人民出版社2009年版，第527页。
② 《马克思恩格斯文集》第1卷，人民出版社2009年版，第502页。

的阐述是前后一致的，并无冲突和悖论可言。但问题是，马克思缘何会形成两个立脚点的见解？这与实践概念之间到底存在什么关联？

市民社会作为一个以财产关系为根本内容的经济活动领域，其始终不变的原则也就是自由和权利原则。在自由主义哲学家看来，这个原则虽然首先是针对个体的，但由于它并不是针对"这一个"或"那一个"个体，而是针对"每一个"个体的，所以说到底也是针对群体的。而这样来说，市民社会完全可以成为一个彼此依赖、和谐运转的需要的体系，而不必然存在特殊利益与普遍利益相互冲突的问题。这个观点在洛克那里其实就已经提出来了："权利和生活需要是并行不悖的；因为一个人有权享受所有那些他能施加劳动的东西，同时他也不愿为他所享用不了的东西花费劳力。这就不会让人对财产权有何争论，也不容发生侵及他人权利的情事。一个人据为己有的那部分是容易看到的，过多地割据归己，或取得多于他所需要的东西，这是既无用处，也不诚实的。"① 黑格尔在《法哲学原理》中，更加直截了当地表达了这个观点：在劳动和满足的依赖性和相互关系中，"主观的利己心转化为对其他一切人的需要得到满足是有帮助的东西，即通过普遍物而转化为特殊物的中介。这是一种辩证运动。其结果，每个人在为自己取得、生产和享受的同时，也正为了其他一切人的享受而生产和取得。在一切人相互依赖全面交织中所含有必然性，现在对每个人说来，就是普遍而持久的财富。"② 然而，不管是洛克还是黑格尔，其所构想的不过是一个理想化的市民社会模型，在资本主义历史行进的现实层面上，这个理想状况几乎从未出现过，相反，权利总是呈现为霍布斯所确认的"每一个人按其所愿、尽其所能来保全自己"的自由，故而个体利益始终是市民社会中支配性的诉求，它和群体利益始终是处在一个彼此对置、相互冲突的格局当中。在《论犹太人问题》中，马克思一针见血地指出了这个问题：在市民社会中，"任何一种所谓的人权都没有超出利己的人，没有超出作为市民社会成员的人，即没有超出封闭于自身、封闭于自己的私人利益和自己的私人任意行为、脱离共同体的个体。在这些权利中，人

---

① [英] 洛克：《政府论》下篇，叶启芳、瞿菊农译，商务印书馆1964年版，第33页。
② [德] 黑格尔：《法哲学原理》，范扬、张企泰译，商务印书馆1961年版，第210页。

绝对不是类存在物,相反,类生活本身,即社会,显现为诸个体的外部框架,显现为他们原有的独立性的限制。把他们连接起来的唯一纽带是自然的必然性,是需要和私人利益,是对他们的财产和他们的利己的人身的保护。"①

不仅是马克思,而且自由主义哲学家们也大都看到了现实市民社会中个人主义的大行其道及由之而造成的社会冲突的问题,然而,其解决之道是从"自然人的平等权利"这一大前提出发,借助于公平正义之类的价值而提出对人的思想规范和行为规则的修正与重构,试图以此接近或达至他们所不忘宣说的市民社会的理想状况。显而易见,无论就其大前提而言还是就其目标来说,自由主义哲学家并不可能站在市民社会之外来审理市民社会中的矛盾,进而也不可能看到超出市民社会的东西,所以市民社会在他们眼中,始终是最理想的人类活动的组合方式。这正如马克思所指出的:"政治革命把市民生活分解成几个组成部分,但没有变革这些组成部分本身,没有加以批判。它把市民社会,也就是把需要、劳动、私人利益和私人权利等领域看做自己持续存在的基础,看做无须进一步论证的前提,从而看做自己的自然基础。"② 需要注意的是,这既是马克思对以法国大革命为代表的政治革命与市民社会之关系的一个深刻指认,也是他对自由主义哲学家在市民社会问题上的非批判态度所作的一个深刻批判。实际上正是基于这个批判,马克思才提出了"旧唯物主义的立脚点是市民社会"的观点,当然需要廓清的是,旧唯物主义只是一个宽泛的所指,并不仅仅限于费尔巴哈"直观的"唯物主义,同时也包括在霍布斯、洛克之后自由主义路向上发展起来的唯物主义。

与自由主义哲学家判然有别,马克思真正站在了市民社会外部来思考解决这个世俗世界中矛盾的途径,而他之所以能够这样来做:一则可以追溯到其不同于自由主义哲学家的阶级立场上,二则可以归结到他对市民社会及其内在矛盾所作的独特解读上。在《1844年经济学哲学手稿》中,马克思这样指证:"在国民经济学家看来,社会是市民社会,在这里任何

---

① 《马克思恩格斯文集》第1卷,人民出版社2009年版,第42页。
② 《马克思恩格斯文集》第1卷,人民出版社2009年版,第46页。

个人都是各种需要的整体,并且就人人互为手段而言,个人只为别人而存在,别人也只为他而存在。正像政治家议论人权时那样,国民经济学家把一切都归结为人,即归结为个人,从个人那里他抽去一切规定性,把个人确定为资本家或工人。"①马克思对国民经济学家的这个指证,其实代表着他对一切自由主义的看法。这个指证的弦外之音是,从现实市民社会层面来看,自由主义哲学家所深信不疑的"自然人的平等权利"这个大前提是根本不存在的,因为人总是根据社会规定性来进行"编码",故而人的自然存在总是镶嵌在社会政治结构之中,即自然人总是以社会人的形象活在市民社会这个世俗世界中的。这说明,市民社会中个体与群体、特殊利益与普遍利益之间的矛盾,反映的是深层的社会阶级结构中的冲突,而不是自然人中的一种相互竞争关系,所以要想从根本上解决这个矛盾,就不能按照自由主义哲学家的套路,在不改变市民社会存在前提的基点上去构建或修补人世间的行为规则,实现所谓"个人只为别人而存在,别人也只为他而存在"的理想景况,而以人类社会取代市民社会,并以之为立脚点对支配市民社会的生产关系进行深刻批判,才是唯一行得通的道路。可以说,马克思就是在这个意义上提出人类社会概念的。

至关重要的问题是,人类社会并不是一个纯粹的观念之物,而是一个有强烈实践意蕴的概念。具体地说,马克思勾绘出人类社会这个理想模型的最重大意义,在于使他跳出了理论哲学的藩篱,进而建立起了从"实践"来理解哲学的新视角。对于自由主义哲学家来说,其对市民社会的非批判态度,决定了其所遵从的是古希腊以降理论哲学的思维路数,实践在他们眼中是一个并不高贵的领域。康德虽然将高贵的纯粹理性最终划归给了实践,但他所讲的实践不过是一个远离人的现实生活世界,甚至是处在"真空"状态下的道德命令,所以正如黑格尔在《小逻辑》中所指出的:"实践理性自己立法所依据的规律,或自己决定所遵循的标准,除了同样的理智的抽象同一性,即:'于自己决定时不得有矛盾'一原则以外,没有别的了。因此,康德的实践理性并未超出那理论理性的最后观点——形

---

① 《马克思恩格斯文集》第 1 卷,人民出版社 2009 年版,第 236 页。

式主义。"① 亦即，康德的道德实践并未超出于理论哲学的范围。黑格尔虽然对市民社会问题作出了深入研究，并指出"理论的东西本质上包含于实践的东西之中"②。但他所讲的实践由于是包裹在抽象思辨的绝对精神之中的，所以他最终仍是以柏拉图主义的方式，在理论哲学的界面上去规定实践。马克思以人类社会取代市民社会，则是要求打破资本主义私有财产制度结构，以现实革命的方式将政治解放推到人类解放的位阶，这样一来，他便顺理成章地以"解释世界"和"改变世界"来指认自己与过去哲学家的根本分野，从而不仅在革命的意义上提出了实践的问题，而且从整个哲学的思维范式上确立起了一条实至名归的实践哲学的新路线。由此可见，不但是革命活动意义上的实践概念是在市民社会问题域，具体地说是在从市民社会到人类社会这个政治哲学的问题式中确立起来的，而且从质的规定性上所说的实践思维方式或实践哲学，也是在这个政治哲学的问题式中确立起来的。这更加充分地表明，只有以深入解读马克思的政治哲学为端点，才有可能架起通往马克思实践概念的桥梁，进而也才有可能真正洞略马克思哲学的思想内涵与理论实质。

马克思在《〈黑格尔法哲学批判〉导言》中有一句名言："理论在一个国家实现的程度，总是取决于理论满足这个国家的需要的程度。"③ 马克思的这句名言启示我们，既应当从对马克思实践概念的政治哲学解读出发，去认真探询马克思哲学的阐释路径问题，也应当从这个地方出发，去认真思考当前马克思主义哲学的开展路向问题。从现实背景来看，上世纪八九十年代的实践唯物主义大讨论是随着改革开放这一历史大幕的拉开而进行的，为人们解放思想、从"以阶级斗争为纲"转到"以经济建设为纲"提供了理论武器。如果说过去围绕"实践"所进行的种种理论研究主要是从经济层面来回应、回答重大的社会现实问题，那么随着当今市场化改革的全面推进，经济层面的问题越来越具有了政治和社会性质，公平、正义、权利、自由、道德、法治等越来越成为理论工作者需要重点关注的

---

① ［德］黑格尔：《小逻辑》，贺麟译，商务印书馆1980年版，第143页。
② ［德］黑格尔：《法哲学原理》，范扬、张企泰译，商务印书馆1961年版，第13页。
③ 《马克思恩格斯文集》第1卷，人民出版社2009年版，第12页。

问题。这要求我们应以检思实践唯物主义理论范式为基础，以把握马克思实践概念的政治哲学意义为契机，自觉地调整当前马克思主义哲学的研究方向，将理论的聚光灯转向公平正义这样的重大政治哲学问题，而唯其如此，才能够使马克思主义哲学始终扎根于现实土壤，不至于因为缺少现实土壤的滋养而枯萎。

第二篇

马克思政治哲学的理论内容及其传统

马克思政治哲学的理论主题及其开展

毫无疑问,我们只有廓清一个术语或概念所指涉和涵盖的具体问题,才能够准确地、有的放矢地使用这个术语或概念。同理,我们也只有廓清一个学术领域所指涉和涵盖的理论主题,才真正有资格进入这个领域。这个问题对于马克思政治哲学的研究来说,具有特别重要的意义。这是因为马克思的政治哲学虽是当前学术界受到普遍关注的一个热点领域,但人们却未尽能够清楚地说出这个领域所关涉的理论主题究竟是什么。而要实质性地将马克思政治哲学的研究推向纵深,前提工作之一就是阐明这个基础性的问题。

在我看来,马克思的政治哲学主要包含两个理论主题:一是现实性层面上以权利平等为前提的"社会公正",二是理想性层面上以人的自我实现为主旨的"自由"。马克思政治哲学的独特之处,倒不在于它是围绕这两个理论主题构建起来的,而在于它是以根本不同于其他政治哲学的方式,来切入这两个理论主题的。

一、马克思深刻揭示权利平等的历史基础

社会公正是近代以来尤其是20世纪70年代以来西方规范性政治哲学最核心的一个理论问题,人们在谈到政治哲学时,往往会立即想到这个问题。作为一位社会批判理论家,马克思自始至终都在关注和思考社会公正问题。马克思的社会公正思想,并不像有些英美学者所认为的那样,仅仅

是一种情感上的体认和表征，或者仅仅体现在"杀戮""劫掠""奴役""征服"等字眼中，而是关联到一个整体性的理论结构。追根溯源，这个理论结构存在一个立论和推理前提，这就是权利平等。这也就是说，马克思是通过确立和阐述"权利平等"这个价值原则，来整体性地阐发和构建其社会公正思想的。实际上，扩而论之，上至霍布斯、洛克下至罗尔斯、诺齐克的西方规范性政治哲学，基本都是以"权利平等"为立论和推理前提，来论述社会公正问题的。亦即，社会公正是一个构成性的"二级"规范和问题，而权利平等则是一个基础性的"一级"规范和问题。认定一个政治哲学家是否持有社会公正思想，关键看他（或她）是否持有权利平等观念。

权利平等是一个现代社会的价值原则，体现了现代人对政治的一种基本理解和期待。身为一个现代人的马克思，虽然没有像洛克或诺齐克那样去系统地证立并辩护这个价值原则，但他显然接受了这个价值原则，并认真思考了在何种条件、何种情形下才能使这一价值原则得到完整实现的问题。总体来看，马克思是在两种语境下来思考这个问题的：第一是针对资本主义生产关系的批判性语境，第二是针对共产主义初级阶段产品分配的建构性语境。在第一种语境下，马克思是根据历史唯物主义原理，通过资本批判来阐述其权利平等及社会公正思想的。马克思政治哲学的这一开展路数看似歧出了近代以来规范性政治哲学的大轨道，但实质上构成了近代以来政治哲学的一个最重大推进。根据就在于，权利平等及社会公正并不是在现实历史结构之外所独立生成的东西，而是深深植根于现代商品社会和经济生产关系的政治观念和价值诉求，所以追索它们的社会历史基础，乃是使其在现实社会层面上得以落实的一个根本前提。洛克以来的西方政治哲学家在契约论的框架中，特别是运用自然法来证成权利平等和社会公正思想时，有意无意地忽视和遮蔽了这个历史基础，而马克思的伟大之处，则就在于通过剖析固化和包藏在资本主义生产关系和阶级结构中的所有权，深刻揭示了这个历史基础。所以，马克思在《资本论》等著作中，是从历史根基处来思考和构建其权利平等和社会公正思想的，而在此意义上，其政治哲学与其历史唯物主义必然是相融通的。在第二种语境下，马克思通过论定"按劳分配"原则而直接支持了权利平等观念,这正如他在《哥达纲领批判》中所指出的:"每一个生产者,在作了各项扣除以后,从社会领回的,正好是他给予社会的。他给予社会的,就是他个人的劳动量。"不过,与此同时,马克思又从结果平等的角度,对"权利平等"提出了一个更进一步的思考,由此认为"权利不应当是平等的,而应当是不平等的"。马克思的这个说法绝非表明他的思想存在矛盾,即一边支持权利平等观念,一边又竭力去推翻这个观念。实际上,马克思是因为充分考虑到了结果不平等给权利平等所造成的反向制约,才提出这个说法的,所以这个说法恰恰表明马克思是在一个综合性的视域中来思考权利平等及社会公正问题的。马克思的这个思想影响了后来的罗尔斯,罗尔斯用"差异原则"(第二个正义原则)来补充和修正"自由和权利原则"(第一个正义原则),与马克思的想法具有很大的相似性。综合这两种语境,我们既有理由认为马克思拥有一个在逻辑上完整而自洽、成系统的社会公正思想,同时也有理由认为马克思的政治哲学不仅能够与西方主流的规范性政治哲学相对话,而且又比后者远为深刻。

二、马克思通过考察世俗世界 深刻分析了自由问题

我们所讨论的自由,不是近代以来规范性政治哲学意义上的自由,后者是与权利、平等相类通的价值,而前者则是一个后者所根本无法容纳的价值,其在马克思那里的意蕴,是指人的自我实现。在西方规范性政治哲学家的眼中,这个以人的自我实现为主旨的自由并不构成一个合法的理论主题,所以罗尔斯等人干脆将之界划为一个超越正义的问题。但实质上,从柏拉图所开创的理想性政治哲学传统来看,马克思所讲的这个自由,就是一个实至名归乃至极端重要的政治哲学问题。我们都知道,具有形上意义的德性、目的是柏拉图政治哲学的最高政治理念和价值诉求,这与近代以来的政治哲学有着天壤之别。近代以来的政治哲学致力于证明和阐述人

世间的政治价值,而将德性、目的以及所有形而上学的问题统统从政治哲学中剔除了出去。马克思作为一位解构传统形而上学的实践哲学家,虽然没有再去重述柏拉图的政治理念,但他最后落脚于自由来表达其政治理想,却显然又接续或者以一种全新的方式复活了柏拉图的政治哲学传统。在这一点上,马克思的政治哲学应当成为每一个立足于现代社会来建构政治哲学的人需要重视的思想标本,虽然事实上并不是这样。这倒不是要求政治哲学不合时宜地退回到古典模式,而是因为政治哲学家们如果只是一味地强调与现实利益分配相关的政治价值,政治哲学就必然会从本有的思想高度上跌落下来,甚至于成为与政治哲学的精神实质相背离的东西。与此同时,我们也应当看到,马克思也没有在现代社会大踏步向前推进时"倒行逆施"般地回到柏拉图传统,他与柏拉图相比的独特之处,在于他不是在隔离世俗世界的前提下提出自由这个高位的价值理念的,而是以对世俗世界的深刻考察和批判来为之的,用他自己的话说,就是"在批判旧世界中发现新世界"。这不仅说明马克思以自由为主题的政治哲学必然是一个现代版本的理想性政治哲学,而且也说明自由这个理想性层面上的政治哲学主题,与社会公正这个现实性层面上的政治哲学主题之间是完全可以打通的。

当前研究马克思政治哲学的一个重要目标,是为建构当代中国马克思主义政治哲学提供思想资源和理论支撑。我认为,当代中国马克思主义政治哲学应当是一种能够适应和引导以市场经济为基础的社会生活的理论,具体一点说,这种政治哲学应当具备两个功能:一是能够为市场经济中的平等权利和公正予以辩护,二是能够对市场经济中的工具性原则及由之而造成的非正义进行批判。而从以权利平等为前提的"社会公正"和以人的自我实现为主旨的"自由"这两个理论主题来看,马克思的政治哲学无论如何都是我们构建当代中国马克思主义政治哲学需要重视的思想资源。

马克思政治哲学的理想性维度与现实性维度

政治哲学虽然是一个有着明确的理论边界和理论特质，很容易与其他学科门类从外部区分开来的学科门类。但从内部来讲，政治哲学却又不是不可再分的铁板一块，而是可以根据多种标准得到进一步的界分。比如，可以根据所处时代界分出古典政治哲学与现代政治哲学，也可以根据学术传统界分出自由主义、社群主义、女权主义、文化多元主义，甚至还可以进一步在自由主义传统内部界分出自由至上主义、功利主义、平等的自由主义，如此等等。除了这些为人们所熟知的界分标准，还有一个界分标准容易被人们所忽视，这就是可以根据与现实政治生活的关联程度，将古往今来的政治哲学界分为理想性政治哲学与现实性政治哲学。虽然在政治哲学史上，大部分政治哲学要么是理想型或理想主导型的，要么是现实型或现实主导型的，但这并不意味着我们在审视和认定一种政治哲学时，应当一律采取一种非此即彼的排他性态度，而应当看到有些政治哲学是兼理想性与现实性于一体的复合型的。马克思政治哲学就是这样一种类型的政治哲学，即它不仅包含了一个理想性维度，同时也包含了一个现实性维度。毋庸置疑，我们只有同时看到这两个维度，才能够完整地理解和把握马克思政治哲学独特的思想结构与理论特质，也才能够在一种真正宽广的视域中来把握马克思主义政治哲学的当代构建这一重大理论问题。

一、马克思政治哲学的理想性维度

作为一门探求好的政治生活的学问,政治哲学会在规范性层面关涉到一定的价值理念。由于政治哲学所关涉到的价值理念往往具有超拔于现实政治生活的祈向和特质,所以在宽泛的意义上,一切政治哲学都包含着一个理想性维度。然而,如果一种政治哲学的价值理念完全是在经验生活的限度内确立起来的,那么无论它具有怎样的超拔性,也并未真正构造出一个指向未来的理想生活空间,而在这种情况下,政治哲学就只是一种理想性维度从属于现实性维度,或者缺少理想性维度的现实性政治哲学。我认为,在严格的意义上,一种政治哲学是否包含了理想性维度并成为理想性政治哲学,并不在于它是否关涉到一个明确的价值理念,而在于它所关涉到的价值理念是处于何种位阶的。具体一点说,只有在完全异质于日常经验生活的位阶上来确立价值理念,政治哲学才会上升到一个理想性的维度,进而才会成为一种理想性政治哲学。从政治哲学史来看,柏拉图以"理想国"为模型所构建的政治哲学,就是一种比较典型的理想性政治哲学,这是因为作为超感性世界的"理想国",不仅不是在作为感性世界的日常尘世生活的基础上建立起来的,而且反过来还要作为后者的一个终极样本,这说明前者虽然与后者在时间上是并列存在的,但却显然处在一个后者远未达及的位阶。与之相反,近代以来以自由主义为代表的西方主流政治哲学,就是一种比较典型的现实性政治哲学,原因是这种类型的政治哲学虽然包含着一个罗尔斯所讲的"现实主义的乌托邦",但这个"现实主义的乌托邦"的重心在于对日常尘世生活的原则进行确证与抽象,并在此基础上来追求一种更加合理的尘世生活,所以归根结底,它并没有超出日常经验生活的范围。

与近代以来的西方主流政治哲学不同,马克思的政治哲学包含着一个显而易见的理想性维度。之所以如此,主要是因为马克思是在一个根本不同于近现代西方主流政治哲学家所处的历史位阶上阐发政治哲学思想的。

追根溯源，从霍布斯、洛克到罗尔斯、诺齐克，近现代西方主流政治哲学家们不管从属于何种学术传统，他们实质都是在与商品经济和市场经济相对应的市民社会这一历史位阶来构建政治哲学的，虽然"市民社会"未必成为他们政治哲学的一个核心术语或显性论题。马克思政治哲学研究所取得的重大理论突破之一，则在于在市民社会这一历史位阶的对置面上，确立起了人类社会的历史位阶。相对于市民社会，人类社会是一个在现代人的生活经验之外的历史位阶，代表的是人类未来的生活样态和历史发展阶段，所以与此相应，马克思以这一历史位阶为基点所构建的政治哲学，必然是一种实至名归的理想性政治哲学。

在市民社会的历史位阶上，政治哲学家们所关注的理论问题，归根结底都是政治解放视域内的问题。作为一个由宗教改革、启蒙运动和资产阶级大革命等多个历史和思想事件所一体带来的结果，政治解放的重大意义，就在于使人从过去奴隶和封建时代的人身依附状态中摆脱出来，进而使权利和自由成为现代人的生命结构中不可或缺的要素和构件。然而，根据马克思的审视，政治解放只是人类在实现自身解放过程中的一个中间阶段而非终点，这注定其局限性与其进步性是同时存在的。政治解放的局限性主要在于：它一方面将共同体和个体、公民权和人权、身为"公民"（citoyen）的人和身为"市民社会成员"（bourgeois）的人一分为二；另一方面却又使共同体从属于个体、公民权从属于人权、身为"公民"的人从属于身为"市民社会成员"的人，即"公民身份、政治共同体甚至都被那些谋求政治解放的人贬低为维护这些所谓人权的一种手段；因此，citoyen［公民］被宣布为利己的homme［人］的奴仆；人作为社会存在物所处的领域被降到人作为单个存在物所处的领域之下；最后，不是身为citoyen［公民］的人，而是身为bourgeois［市民社会的成员］的人，被视为本来意义上的人，真正的人。"① 在政治哲学史上，马克思之前的卢梭和黑格尔，应当说也都看到了政治解放的这个局限性，但他们并未在政治解放之外来思考如何克服这个局限性的问题，而只是通过重新调整和平衡共同体

---

① 《马克思恩格斯文集》第1卷，人民出版社2009年版，第43页。

与个体、公民权与人权、身为"公民"的人与身为"市民社会成员"的人的关系，来克服这个历史局限性。与此不同，马克思则是在完全相异于"政治解放"的"人的解放"这个思想层面上，来思考如何克服前者的历史局限性问题的。以马克思之见，"只有当现实的个人同时把抽象的公民复归于自身，并且作为个人，在自己的经验生活、自己的个体劳动、自己的个体关系中间，成为类存在物的时候，只有当人认识到自身'固有的力量'是社会力量，并把这种力量组织起来因而不再把社会力量以政治力量的形式同自身分离的时候，只有到了那个时候，人的解放才能完成。"① 这个情况表明，在人类社会的历史位阶上，马克思所构建的理想性政治哲学所关注的理论问题，是"人的解放"而非"政治解放"视域内的问题。

在政治解放的视域内，政治哲学是围绕权利、自由、平等之类的价值原则而开展的，其核心工作，要么在于为这些价值原则作辩护，要么在于以这种辩护为基础，来制定公正的社会制度之构建的可能性方案。马克思提出人的解放的思想范畴，其旨趣之一虽然在于克服政治解放之不可自解的历史局限性，但这并不意味着他是以一种不同于洛克、卢梭、罗尔斯、诺齐克等政治哲学家的方式，来把握政治解放视域内的问题的。所以至关重要的一点是，马克思政治哲学的理想性维度，并不关涉权利、自由、平等、公正等价值原则和理论问题，无论怎样对这些价值原则进行排列组合，无论以何种路数来阐释这些理论问题，也都不可能从根本上解决政治解放的历史局限性问题，进而也不可能达到人的解放的终极目标。情况毋宁是，在人的解放的视域内，马克思关注的核心问题，是如何在"推翻使人成为被侮辱、被奴役、被遗弃和被蔑视的东西的一切关系"② 的基础上，实现人的自由而全面发展的问题。毫无疑问，人的自由而全面发展的一个基本前提，就是人与人之间身份和地位上的平等。但这个"平等"已经远远超出了权利和义务意义上的平等的内涵，即它不是简单地指权利和义务的一种分配规则，而主要是指人的本性的一种实现状态。马克思和恩格斯在《德意志意识形态》中提出"按需分配"这一未来共产主义的分配原则时，对这个问题作过明

---

① 《马克思恩格斯文集》第1卷，人民出版社2009年版，第46页。
② 《马克思恩格斯文集》第1卷，人民出版社2009年版，第11页。

确说明:"共产主义的最重要的不同于一切反动的社会主义的原则之一就是下面这个以研究人的本性为基础的实际信念,即人们的头脑和智力的差别,根本不应引起胃和肉体需要的差别;由此可见,'按能力计报酬'这个以我们目前的制度为基础的不正确的原则应当——因为这个原理是仅就狭义的消费而言——变为'按需分配'这样一个原理,换句话说:活动上,劳动上的差别不会引起在占有和消费方面的任何不平等,任何特权。"①

显而易见,根据马克思和恩格斯在这段话中的论述,如果说消除任何不平等和任何特权的"按需分配"原则,既是实现人的自由而全面发展的一个基本保证,也是它的题中应有之义,那么,这个原则并不是要达到权利和义务的公正分配,而是达到人的本性的实现。权利和义务的公正分配是近代以来的现实性政治哲学所着重思考和反复争论的一个主要问题,而人的本性的实现则是马克思在人类社会的位阶上、在人的解放视域内为其理想性政治哲学所赋予的一个特定的问题。两者之间的一个重大区别在于,前者并不涉及形而上学、人类学及美学等方面的问题,而后者则已涉入到这些具有终极意义的问题中来了。前者固然是当代政治哲学研究中需要认真对待的一个重大理论与现实问题,但后者也是将政治哲学推向纵深的一个几乎是不可或缺的视角。

然而,值得注意的问题是:从中外学术史来看,"马克思的政治哲学"作为一个研究对象和学术领域,是随着20世纪70年代以来当代规范性政治哲学的理论复兴而确立起来的。所以与此相应,当代规范性政治哲学既成为了人们理解马克思政治哲学的一个逻辑起点,也成为人们阐释后者的一个合法性样本。概括起来,不管是自由主义还是社群主义,不管是自由主义家族内部的自由至上主义还是平等的自由主义,当代规范性政治哲学关涉的都是个体与共同体、自由与平等、基于权利的正义与基于公平的正义等现实性政治哲学的话语和论题,所以,人们也经常自觉不自觉地将马克思的政治哲学整体性地置于这些话语和论题的谱系当中加以考察和分析。这一学术路数虽然有助于促进马克思主义政治哲学与当代西方规范性

---

① 《马克思恩格斯全集》第3卷,人民出版社1960年版,第637—638页。

政治哲学的对话，但却容易将马克思政治哲学理想性维度所具有的独特意义遮蔽起来。在这方面，罗尔斯的研究和评论比较具有代表性。在《政治哲学史讲义》中谈到马克思共产主义高级阶段的正义思想时，罗尔斯曾这样说道："我们应如何理解'各尽所能，按需分配'的原则？我认为，它不是一条正义的原则，它也不是一条正当的原则。只是一个描述性的概念或原理，可以准确地描述共产主义高级阶段的社会变革以及社会的运行机制……共产主义社会似乎是一个超越了正义的社会……对我而言，正义的逐渐消失既是不值得欲求的，也是在实践中难以实现的。我认为，正义的制度不会自发地产生，而是需要在某种程度上依赖于——当然不是仅仅只依赖于——具有某种正义感的公民；这些公民是通过正义的制度背景来习得这种正义感的。对正义的关注的缺失之所以是不值得欲求的，乃是由于，具有某种正义感以及具有与正义感相关的各种理念是人类生活的一个部分，是理解其他人、承认其他人的权益的一个组成部分。总是随着我们自己的心愿去行动，从不担心或意识不到他人的权利——这种生活将会是这样一种生活，它完全意识不到体面的人类社会所必须的根本条件。"① 从这段评述来看，罗尔斯应当说注意到了马克思政治哲学的理想性维度所包含的不同于西方规范性政治哲学的独特内容，但他显然没有上升到人的解放和人的本性的思想层面，高屋建瓴地把握这个内容所具有的意义，而是孤注一掷地用现实性政治哲学的正义标准来对之进行评价，由此才会认为权利始终是体面的人类社会的一个根本条件。这不仅容易将马克思政治哲学理想性维度的意义遮蔽在现实性政治哲学的视界之中，而且也不利于从一种反思性视角来完整地理解现实性政治哲学的理论问题。

二、马克思政治哲学的现实性维度

在马克思政治哲学的研究中，一个令人深长思之的问题是，不仅其政

---

① ［美］罗尔斯：《政治哲学史讲义》，杨通进、李丽丽、林航译，中国社会科学出版社2011年版，第384—386页。

治哲学的理想性维度得不到恰如其分的评价，而且对其政治哲学现实性维度的认识也存在明确不足。因为人们通常会认为，现实性政治哲学是随着近代以来商品经济和市民社会的出场而整体性地形成和确立起来的，其目的之一在于为商品经济和市民社会中人的自由、权利和正义关系提供辩护，而马克思对商品经济和市民社会始终采取的是一种批判的态度，所以马克思的政治哲学既不存在一个实质性的现实性维度，进而也无法为我们在当代语境中构建一种现实性的马克思主义政治哲学提供有效的思想资源。实际上，这是一种片面而肤浅的学术认识。人们之所以会得出这种认识，主要是没有把握市民社会和人类社会、政治解放和人的解放的辩证关系。

在柏拉图那里，作为两个不同的位阶，日常尘世生活与"理想国"是一种共时性的关系结构。正因为如此，后者才可以在越过前者的基础上得到独立构建，并反过来为前者提供一个理想性的样本。在这个意义上，柏拉图的理想性政治哲学并没有为现实性政治哲学开辟出合法的领地，他以彼岸世界的法则来改造此岸世界的设想和努力，只是其理想性政治哲学的一个推演和实现。与此大不相同，在马克思这里，市民社会与人类社会作为两个不同的位阶，则是一种一前一后的历时性的关系结构，它们分别对应着马克思在《1857—1858年经济学手稿》中所界划的人的三个发展阶段中的第二个和第三个阶段，即"以物的依赖性为基础的人的独立性"阶段与"建立在个人全面发展和他们共同的、社会的生产能力成为从属于他们的社会财富这一基础上的自由个性"阶段。这一关系结构决定了，马克思不是在无视或越过市民社会位阶，而是在充分肯定这一位阶之积极要素的前提下，推进到人类社会这一更高历史位阶的。也正因为如此，马克思才指出人的发展的第二个阶段为第三个阶段创造了条件。与此相应，在政治解放和人的解放之间，马克思虽然深刻洞察到前者的历史局限性并力图在后者的思想界面上来加以克服，但他并没有由此而以后者为视点来否定前者所具有的历史进步意义，相反对这种进步意义给予了充分肯定。这正如他在《论犹太人问题》中所指出的："政治解放当然是一大进步；尽管它不是普遍的人的解放的最后形式，但在迄今为止的世界制度内，它是人的解放的最后形式。不言而喻，我们这里指的是现实的、实际的解放。"①从这一点来看，马克思尽管在阐发其理想性政治哲学思想时，并没有直接动用权利、自由、平等、公正等与政治解放相呼应的价值，但他也并没有把这些在现代社会中凸显出来、为现代人所普遍认同和接受的价值一体性地放在被告席上加以批判。真实的情形在于，马克思只是批判资产阶级国家利用这些价值来掩盖实际的剥削关系，而对于这些价值本身，他则始终采取的是一种"抽象肯定"的态度。就此来讲，除了理想性维度，马克思的政治哲学无疑也包含着坚实的现实性内容，亦即也存在一个不容否认的现实性维度。从整体的文本和理论语境来看，马克思政治哲学的现实性维度，具体展现为两种形式的话语，即一是批判性的话语，一是建构性的话语。

首先是批判性的话语。人们往往会认为，现实性政治哲学的一个标志性特征就是理论建构而非政治批判，所以一种批判性的话语，往往代表的是一种理想性而非现实性的政治哲学。但实际上，一种政治哲学是理想型的还是现实型的，关键在于它所借助或辩护的价值是在理想界面上还是在现实界面上确立起来的，或者说它是以在理想界面上所确立起来的价值还是以在现实界面上所确立起来的价值为出发点的。根据这个标准，既存在以理论建构为目标的现实性政治哲学，也存在以政治批判为目标的现实性政治哲学。具体地说，如果一种政治哲学旨在借助于从现实界面上所确立起来的价值原则来维护和修缮既定的社会关系，那么它就是一种以理论建构为目标的现实性政治哲学；而如果一种政治哲学旨在借助于从现实界面上所确立起来的价值原则来揭示和批判既定的社会关系，那么它就是一种以政治批判为目标的现实性政治哲学。在政治哲学史上，霍布斯、洛克以降的近现代西方主流政治哲学属于前一种类型，而马克思以资本批判为落点所发展的政治哲学，就属于后一种类型。这便是说，马克思政治哲学的现实性维度在批判的意义上，具体展现为马克思借助于从现实界面上所确立起来的价值原则而对资本主义社会关系所进行的政治批判。

---

① 《马克思恩格斯文集》第1卷，人民出版社2009年版，第32页。

进一步来讲，马克思对资本主义社会关系进行批判所借助的价值原则，宽泛地说，也就是近代以来现实性政治哲学始终遵循的权利、自由、平等、公正等原则，而集中来看，则主要是这些原则的内核——所有权原则。在洛克、斯密、诺齐克等政治哲学家的视野中，作为最重要的价值原则之一，所有权原则不仅意味着人身的自由，也同时意味着人与人之间的平等和社会的公正，所以生活在现代社会中的人，应当无条件地拥有由自己的劳动而确立起来的所有权。马克思自然会在抽象的意义上肯定所有权原则的正面价值，同时也认为每个人都应当占有自己的劳动产品即拥有所有权。然而，马克思并不可能由这个见解而走向对所有权原则的一味辩护，而是必然会以之为逻辑端点来形成对资本主义生产关系的深刻批判。因为马克思敏锐地洞察到，在资本主义社会中，所有权是一个与私有财产制度紧密关联在一起的原则，所以这个原则看似意味着自由、平等与公正，但实则包藏着最为复杂的社会关系和最为隐蔽的剥削关系。具体来看，这里包括相互关联的两个问题：一是工人作为法律上的自由人，虽然始终拥有自己劳动力的所有权，但由于劳动和资本是彼此分离而非相互统一的，所以除了自己劳动力的所有权，工人并不可能真正拥有因自己的劳动而带来的所有权；二是单个工人和单个资本家在交换环节所发生的劳动力买卖行为，虽然符合所有权原则及等价交换原则，但从连续性的资本主义商品生产环节来看，资本家阶级却因为剩余价值的剥削而占有了工人阶级的所有权，由此使商品生产的所有权规律，决定性地转变为资本主义占有规律。这两个问题一并表明："工人丧失所有权，而对象化劳动拥有对活劳动的所有权，或者说资本占有他人劳动——两者只是在对立的两极上表现了同一关系——，这是资产阶级生产方式的基本条件，而决不是同这种生产方式毫不相干的偶然现象。"① 由此可见，马克思以所有权原则为逻辑起点而建立的政治批判，主要是从整体上来揭示资本主义生产方式的不正义性，而不是某个资本家对某个工人的不正义剥削关系。如果说这就是马克思政治哲学的现实性维度在批判的意义上所涉及的关键问题，那么这

---

① 《马克思恩格斯文集》第 8 卷，人民出版社 2009 年版，第 208 页。

个问题不仅没有歧出于政治哲学的基本理论视域，而且代表了近代以来现实性政治哲学的一种最深刻的思维水平，因为只有在生产方式的层面来审视以所有权为核心的政治和生活原则，才可能洞穿其外在现象并把握其内在本质。

其次是建构性的话语。我们都知道，马克思设想的共产主义包括初级和高级这两个前后相接的历史阶段，而其所讲的人类社会的历史位阶，在严格的意义上，对应的只是共产主义的高级阶段，而并不涵盖初级阶段。所以，马克思也只是在思考共产主义高级阶段的原则和问题时，才厘定其政治哲学的理想性维度的，而就共产主义初级阶段而言，他所关注的仍然是现实性政治哲学问题。之所以如此，内在地看，则是由于共产主义初级阶段还没有达到理想性政治哲学存在的必要条件。概括地说，理想性政治哲学的必要条件包含两个方面：一是物质财富的无限涌流，二是人与人之间利益竞争关系的根本消除和互助友爱关系的普遍建立，原因是只有具备了这两个条件，才可能在权利、自由、平等、公正等价值原则之外，来谈论人的自由而全面发展的问题。根据马克思的设想，这两个条件只有在共产主义高级阶段才能实现，而无论在资本主义阶段还是在共产主义初级阶段，它们都不可能实现。这就意味着，与共产主义初级阶段相对应的政治哲学，必然是涉入权利、自由、平等、公正等问题域的现实性政治哲学。不过，由于先前资本主义社会中的那种剥削关系在共产主义初级阶段已经不复存在，所以马克思以这个阶段为背景所发展的现实性政治哲学，不再展现为政治批判的话语形式，而是展现为理论建构的话语形式。

在理论建构的意义上，马克思政治哲学的现实性维度所关注和思考的中心问题，就是如何以所有权原则为基点，来公正地分配社会基本善品的问题。对于这个问题，马克思在《哥达纲领批判》中作出了明确的说明：共产主义初级阶段的"每一个生产者，在作了各项扣除以后，从社会领回的，正好是他给予社会的。他给予社会的，就是他个人的劳动量。例如，社会劳动日是由全部个人劳动小时构成的；各个生产者的个人劳动时间就是社会劳动日中他所提供的部分，就是社会劳动日中他的一份。他从社会领得一张凭证，证明他提供了多少劳动（扣除他为公共基金而进行的劳动），他根据这张凭证从社会储存中领得一份耗费同等劳动量的消费资料。他以一种形式给予社会的劳动量，又以另一种形式领回来……至于消费资料在各个生产者中间的分配，那么这里通行的是商品等价物的交换中通行的同一原则，即一种形式的一定量劳动同另一种形式的同量劳动相交换。"① 在这段说明性文字中，马克思讲的分配原则，就是我们通常所说的"按劳分配"原则，在西方规范性政治哲学中，被称作是"应得"原则。这个原则的主旨，就是要求根据人们的禀赋、抱负和贡献等要素来分配社会的基本善品。由于每个人的禀赋、抱负和贡献都是体现其所有权的东西，所以这个原则归根结底，也就是一个所有权原则。马克思的真实想法应当是，这个原则在资本主义社会中带来的是私有财产制度，但在共产主义初级阶段，则应当成为社会分配的主导原则。在这个意义上，马克思虽然没有更多的文字上的说明，但他显然已在慎重地思考如何以所有权原则为基点来分配社会基本善品这个重大的理论和现实问题了。

洛克、诺齐克等以"自由"为立论前提的政治哲学家认为，社会的分配应当完全遵照这个以"应得"为基准的所有权原则进行，因为唯有如此，人与人之间才是真正平等的。然而从现实层面来看，由于人与人之间在禀赋、抱负和贡献上各不相同，所以这个"平等的"原则只是意味着权利上的平等，而在结果上却总是意味着不平等。所以，如何以"平等"（主要是结果上的）这个价值来中和"自由"这个价值，就成为了规范性政治哲学的一个重要问题。在政治哲学史上，卢梭、罗尔斯等人都是基于这个问题来进行理论建构的。而马克思在思考社会主义初级阶段的分配问题时，实际也把这个问题纳入了他的理论视野。在《哥达纲领批判》中讲完以所有权原则为基点的社会分配方案后，马克思又这样指出，由于人们劳动能力和家庭状况上的差异，"某一个人事实上所得到的比另一个人多些，也就比另一个人富些，如此等等。要避免所有这些弊病，权利就不应当是平等的，而应当是不平等的。"② 马克思在这里实际就是要求以结果上的平等，来克服权利上的平等的弊病，亦即以"平等"来克服"自由"

---

① 《马克思恩格斯文集》第 3 卷，人民出版社 2009 年版，第 434 页。
② 《马克思恩格斯文集》第 3 卷，人民出版社 2009 年版，第 435 页。

所可能带来的弊病。这表明马克思是在统合"自由"与"平等"的整体性视域中,而不是仅仅以"自由"为价值前提,来思考社会主义初级阶段以所有权原则为基点的社会分配问题的。马克思的这种思考不仅代表了政治哲学史上的一个伟大的思想,而且也能够为我们今天探讨公正问题以及构建一种符合社会主义初级阶段的政治哲学理论提供重要借鉴。

三、理想性维度与现实性维度的分野与融通

马克思政治哲学的理想性维度与现实性维度,类似于20世纪政治哲学史上两种分殊性的理论思路:一是由施特劳斯所确立的回归古典,凸显德性、卓越、永恒等形上价值的理论思路;二是由罗尔斯所确立的立足现代,强调权利、自由、平等、公正等现实价值的理论思路。前一理论思路代表的是20世纪的一种典型的理想性政治哲学,后一理论思路则代表的是20世纪的一种典型的现实性政治哲学。我们都知道,施特劳斯学派与罗尔斯学派虽然都是以政治哲学为志业的,但他们却不仅不去认真思考对方的观点和主张,而且都将对方视为政治哲学的"异类"和"怪胎"加以排斥。这个有趣的现象,一方面可能是源于双方自命不凡的排他性心态;另一方面,则源于他们所确立的两种理论思路之间的根本异质。马克思政治哲学的理想性维度与现实性维度之间的关系,就如同20世纪的这两种理论思路之间的关系,即它们关涉的是互不相同乃至具有重大差异的理论问题,彼此之间存在明显分野。在这个意义上,将这两个维度区分开来而不是把它们混在一起,不仅对于我们完整地理解马克思的政治哲学,而且对于我们构建和发展马克思主义政治哲学理论,都具有重大意义。

然而,更为重要的问题是,上述20世纪的两种政治哲学理论思路不管从外部来看多么不同,从内部来看,它们则既存在关联性也存在互补性,因为它们实质是从不同的角度和层面,来思考如何确立现代人的生存和生命结构这样一个共同的政治哲学问题。这个情况启示我们,在把握马克思政治哲学的理想性维度与现实性维度时,既应当看到它们之间的差异

性，也应当看到它们之间的融通性，两者之间存在差异和两者之间存在融通，不是相互矛盾、非此即彼的两个问题。进而论之，如果说理想性维度与现实性维度之间存在某种不可否认和不可遮蔽的融通性，那么这种融通性不仅源自于理论逻辑上的一种完满和自洽，同时也源自于历史发展上的一种衔接和照应。之所以如此，是因为马克思政治哲学的这两个维度分别对应着两个不同的历史位阶——理想性维度对应着人类社会的历史位阶，现实性维度对应着市民社会的历史位阶。作为具有一前一后的历时性关系结构的两个位阶，市民社会与人类社会之间既存在某种断裂性和非连续性，也存在某种衔接性和连续性，因为道理不难理解，历史发展中的"每一代都立足于前一代所奠定的基础上，继续发展前一代的工业和交往，并随着需要的改变而改变他们的社会制度。"① 作为一种实至名归的历史主义理论，马克思哲学的每一个重大思想探索，都是对历史中最深刻关系的一种反思和展现，所以市民社会和人类社会在历史层面所具有的衔接性和连续性，必然同时反映在马克思政治哲学的理想性维度与现实性维度的关系中。这不仅意味着马克思在思考理想性政治哲学问题时，也不忘关注现实性政治哲学问题，而且意味着这两个维度中的问题一定是相互贯通而非彼此隔膜的。概括地说，两者之间的这种相互贯通主要体现在两个方面：一是现实性维度为理想性维度提供了立论前提，二是理想性维度为现实性维度提供了价值标准。

其一，现实性维度为理想性维度提供了立论前提。在马克思哲学的研究中，长期以来存在一种错误的理解，这就是认为人类社会或共产主义社会以大写的人消解了小写的人，以共同体的价值消解了个体的价值。根据这种理解，马克思政治哲学的理想性维度所阐述的人的自由而全面发展的问题，则指的是作为类存在的人的一种生活状态，因而并不关乎每个个体的生存结构。然而我们知道，马克思和恩格斯在《共产党宣言》中曾郑重指出，在共产主义社会中，"每个人的自由发展是一切人的自由发展的条件"②。这句简洁明了的话告诉我们，人的自由而全面的发展既是指一种整

---

① 《马克思恩格斯文集》第1卷，人民出版社2009年版，第528页。
② 《马克思恩格斯文集》第2卷，人民出版社2009年版，第53页。

体性的生活状况，也是指每个个体的生活状况，而且后者还构成前者的基本条件。如果这个情况说明，人的自由而全面的发展实际指的是平等的个体的一种均衡的生活状态，那么，马克思政治哲学的理想性维度虽然并不涉及现实性政治哲学的那些基本问题，但它却是建立在"个体的平等"这个现实性政治哲学的价值诉求基础上的，如果不是以这个价值诉求为基础，人的自由而全面的发展则只能是一个飘荡无根的说法。罗尔斯在解读马克思共产主义高级阶段的政治哲学思想时，比较清楚地看到了这个问题，由此这样指出："共产主义等同于没有强制的、激进的平等主义。这一理念仍然是站得住脚的；它包含：（a）所有的人都拥有平等获得和使用社会生产资料的平等权利。（b）所有的人都拥有与其他人一起共同参与到制定经济计划的公开而民主决策中去的平等权利。（c）所有的人都应——我设想——平等地分担那些任何人都不想去承担的必要的工作，如果存在这类工作的话（可以肯定会存在许多这类工作）。"①

这个情况，要求我们在阐释马克思政治哲学的理想性维度时，又需要回过头来考察其在现实性维度上所进行的论述。而毋庸置疑，无论在政治批判的意义上还是在理论建构的意义上，马克思政治哲学的现实性维度所蕴含和表达的一个基本价值诉求，就是个体的平等。所以，我们可以据此认为，马克思正是由于在阐述现实性政治哲学问题时，将每个人看作平等的个体来加以对待，才能够在阐发理想性政治哲学问题时，顺理成章地提出人的自由而全面发展这个涉及人的本性的问题。现实性维度为理想性维度提供了立论前提，就是在这个意义上讲的。

其二，理想性维度为现实性维度提供了价值标准。与市民社会这个业已定格的历史位阶不同，人类社会是一个在马克思的视野中尚未到来的历史位阶。这个情况，倒不是使马克思关于理想性政治哲学问题的思考变成了一种遥不可及的悬想，而是为马克思在考察现实性政治哲学问题时提供了一种反推的可能。这意味着，马克思不仅以现实性维度中的问题为基石来提出和厘定理想性维度的问题，而且也反过来站在理想性维度的制高点

---

① ［美］罗尔斯：《政治哲学史讲义》，杨通进、李丽丽、林航译，中国社会科学出版社2011年版，第384页。

上来审视现实性维度中的问题，从研究方法的层面来看，这类似于他所提出的独具特色的"从后思索"方法。具体论之，马克思在理想性维度中确立起人的自由而全面发展的目标，意味着他在阐释现实性维度中的政治哲学问题时，必然又是站在一种"以自由为前提的平等"和"以平等为前提的自由"的价值立场上的，因为如果是在自由和平等这两个价值之间作出一种二选一的决定，那么就很容易由一个极端走向另一个极端，人的自由而全面的发展同样成为一种无根的想象。其实正因如此，马克思在为共产主义初级阶段设想和制定分配方案时，才要求将"自由"与"平等"统合起来加以整体考量。杰拉斯、柯亨及罗尔斯等政治哲学家，其实都看到了这个问题，用罗尔斯在《政治哲学史讲义》中概括的话说就是："马克思不仅把按需分配原则排列在资本主义的规范之上，而且还排列在社会主义（共产主义社会的第一个阶段）的按劳分配原则之上。在这么做的时候，马克思实际上假设了一种客观的、非历史性的正义标准，按照这种标准，生产方式以及相应的社会形态都可以依据它们接近该客观标准的程度而得到评判。"[①] 罗尔斯等人虽然错误地将马克思在理想性维度中所确立起来的正义标准指示为一种非历史性的政治哲学标准，但他们却显然注意到了马克思利用这个标准来作一种反向思考和推导的"从后思索"逻辑。理想性维度为现实性维度提供了价值标准，则正是在这个意义上说的。

扩而论之，马克思政治哲学的理想性维度和现实性维度不仅是相互贯通的，而且也是互为补充的。如同施特劳斯的政治哲学和罗尔斯的政治哲学，马克思政治哲学的这两个维度，也都是在思考如何确立现代人的生存和生命结构这样一个共同的问题。如果认为施特劳斯所主张的"善优先于权利"和罗尔斯所主张的"权利优先于善"，能够形成互补并由此克服每一方所可能存在的缺陷，那么，对于马克思政治哲学的理想性维度所确立的形上标准与现实性维度所确立的现实标准来讲，这一点同样是成立的。这种互补性不仅仅意味着一种理论上的圆融无碍，同时更重要的是，它对于我们今天构建一种既与市场社会相呼应、又能为之提供价值引导的马克

---

① ［美］罗尔斯：《政治哲学史讲义》，杨通进、李丽丽、林航译，中国社会科学出版社 2011 年版，第 356 页。

思主义政治哲学或更广义的政治哲学理论，具有重要意义。毋庸置疑，从权利、平等、道德、正义的规范向度构建一种现实性的、能为社会主义市场经济及全部社会生活作辩护的政治哲学，是当今中国马克思主义政治哲学乃至全部政治哲学研究的一个重要理论任务。然而，如果仅从现实性层面来理解马克思主义政治哲学及全部政治哲学的理论特质和理论要求，又有可能导致一种以牺牲价值理性为代价的经验化倾向，这既会疏离政治哲学特有的超越性品格，也难以为现实生活树立一个理想性的目标。所以，当突出基于权利的正义性问题、社会伦理规则的构建问题以及社会秩序的整合问题等现实性政治哲学的基本问题时，政治哲学的理想性诉求无论对于理论还是对于现实，都将是不可或缺的。当然与此同时，我们也不能因为强调理想性政治哲学的意义而否定现实性政治哲学的意义，因为我们不仅正处于而且还将长期处于马克思所界划的共产主义初级阶段，如果在这个阶段一味地追求那种未来的目标，则难免会让人产生马克思主义政治哲学乃至全部政治哲学不能贴近现实生活的刻板和错误认识。

马克思权利平等思想辨析

"权利平等"历来是西方规范性政治哲学的一个重要理论前提和具有轴心意义的范畴，就连功利主义这一看似并不愿公开承认人们拥有平等权利的政治哲学分支，也在某种意义上支持权利平等观念。如果说这个情况隐在地提示人们，是否拥有权利平等思想，是判断一个理论家是否进入到政治哲学领域的一个重要标准，那么当遵照这个标准来解读马克思时，人们就未必会承认其规范性政治哲学的基本在场，原因是根据人们的通常理解，马克思在《哥达纲领批判》等著作中，是将"平等的权利"作为意识形态的呓语来加以反对和批判的。只要承认这种理解既会从根本上动摇马克思政治哲学这个在当前方兴未艾的学术领域的合法性基础，也与我们对马克思"普罗米修斯"式的救世形象的直觉认识相违背，那么就应当看到，本着一种求真意识来辨析马克思是否持有权利平等思想，是一项不仅关系到如何把握马克思政治哲学的学科立论前提，也关系到如何理解其理论定位和思想实质的重要学术工作。

一、马克思反对的是何种"平等的权利"？

从文本来看，人们对马克思反对和批判"平等的权利"的理解，主要依据于其在《哥达纲领批判》中的如下著名论述："这个平等的权利总还是被限制在一个资产阶级的框框里。生产者的权利是同他们提供的劳动成比例的；平等就在于以同一尺度——劳动——来计量。但是，一个人在体力或智力上胜过另一个人,因此在同一时间内提供较多的劳动,或者能够劳动较长的时间;而劳动,要当做尺度来用,就必须按照它的时间或强度来确定,不然它就不成其为尺度了。这种平等的权利,对不同等的劳动来说是不平等的权利。它不承认任何阶级差别,因为每个人都像其他人一样只是劳动者;但是它默认,劳动者的不同等的个人天赋,从而不同等的工作能力,是天然特权。所以就它的内容来讲,它像一切权利一样是一种不平等的权利。权利,就它的本性来讲,只在于使用同一尺度;但是不同等的个人(而如果他们不是不同等的,他们就不成其为不同的个人)要用同一尺度去计量,就只有从同一个角度去看待他们,从一个特定的方面去对待他们,例如在现在所讲的这个场合,把他们只当做劳动者,再不把他们看做别的什么,把其他一切都撇开了。其次,一个劳动者已经结婚,另一个则没有;一个劳动者的子女较多,另一个的子女较少,如此等等。因此,在提供的劳动相同,从而由社会消费基金中分得的份额相同的条件下,某一个人事实上所得到的比另一个人多些,也就比另一个人富些,如此等等。要避免所有这些弊病,权利就不应当是平等的,而应当是不平等的。"[1]

在这一大段论述中,马克思毋庸置疑是对"平等的权利"这个语词予以了激烈批评,但我们是否就应当据此论定马克思并非持有权利平等思想?

我们注意到,马克思在这里批评平等权利的理由在于,人们因为在禀赋、家庭等自然性和社会性因素上存在巨大差异,所以平等的权利这个前提所导致的恰恰是不平等的结果,在此意义上,平等的权利说到底是不平等的权利。从这个理由来看,马克思所批评的"平等的权利",实质是基于"按劳分配"原则的权利,用西方政治哲学更具规范性的用语,就是基于"应得"的权利。在持有这种权利观念的政治哲学家们看来,一个人在分配结构中得到多少社会基本善品(如机会、荣誉、财富等),应当完全取决于其贡献及影响贡献的资质、禀赋、抱负等因素,而在此意义上,权

---

[1] 《马克思恩格斯文集》第3卷,人民出版社2009年版,第435页。

利就必然也必须是一种通过道德奖励来实现的"应得"权利。

检索政治哲学史会发现，这种应得权利观在古典政治哲学中就已被提出来了，亚里士多德在《政治学》中的如下论述，就是一个典型例证："政治权利的分配必须以人们对于构成城邦各要素的贡献的大小为依据。所以，只有人们的具有门望（优良血统）、自由身份或财富，才可作为要求官职和荣誉（名位）的理由。"① 不过，由于古代人总体上将权利视为一种次级性的政治原则，所以与此相应，这种应得权利观也并未成为古典政治哲学的一个核心观点。但近代特别是洛克以来，随着权利在现实社会层面和学术理论层面的不断凸显，这种应得权利观也逐渐成为一个对政治哲学发展起支配作用的观点，原因是近代以来的政治哲学主要是在自由主义的范式内建立并向前推进的，而经典自由主义由于在权利问题上的一个基本主张，就是让每个个体在获得独立人格的前提下，完全按照"自我决定"原则，在自己所拥有的条件范围内去过自己的生活，所以显而易见，其所论定的权利就是一种不允许外部力量介入的应得权利。无论在经典自由主义的起点即洛克处，还是在高点即诺齐克处，这种应得权利观都有一目了然的界定和说明。比如，诺齐克在《无政府、国家和乌托邦》中就曾强调："特殊的人对特殊的事物拥有特殊的权利……对事物的特殊权利充满了权利的空间，没有为存在于某种物质条件下的一般权利留有余地。"② 如果说诺齐克在此论及的"特殊的人"是指每一个人（现实生活中的每一个人与他人相比都是特殊的），那么，其所论及的"特殊的权利"就是指应得的权利，因为认定每一个人都拥有特殊的权利，无非是强调每一个人的权利都是由其特定的资质、禀赋、抱负、贡献等因素所等价兑换来的，即从这些因素来看都是应得的。

不管在古典政治哲学还是在近现代政治哲学中，应得的权利往往也被认定为是平等的权利，因为依亚里士多德、洛克、诺齐克等人的意见，只有当一个社会总是根据人们的资质、禀赋、抱负、贡献等来分配自由、机

---

① ［古希腊］亚里士多德：《政治学》（节选本），吴寿彭译，商务印书馆2006年版，第46页。
② ［美］诺齐克：《无政府、国家和乌托邦》，姚大志译，中国社会科学出版社2008年版，第286页。

会、荣誉、权力及财富等基本善品时,这个社会才没有将利益的天平有意向什么人或什么群体倾斜,因而也才是真正平等而公正的。平心而论,与中世纪根据人的出身及社会地位等先决性因素而确立起来的权利相比,应得权利是一种更具平等主义倾向和进步意义的权利形式,其平等主义的基本标志,即在于将出身及社会地位等不可选择的、不应得的、对人身依附关系起维系作用的压迫性因素从社会分配结构中剔除出去。然而,因为应得原则是要使资质、禀赋、抱负、贡献等要素在社会分配中起决定性作用,而人们又因为在这些要素上总是千差万别、不尽相同的,所以,应得权利不管在多大程度上被认定为一种平等权利,它也容许了一种分配结果不平等的存在,甚至于这种分配结果的不平等就是其题中应有之义。对于这个情况,洛克在《政府论》中就作过明确说明。洛克强调:"所有的人生来都是平等的,却不能认为我所说的包括所有的各种各样的平等。年龄或德性可以给一些人以正当的优先地位。高超的才能和特长可以使另一些人位于一般水平之上。出生可以使一些人,关系或利益使另一些人,尊敬那些由于自然、恩义或其他方面的原因应予尊敬的人们。凡此种种都与所有人们现在所处的有关管辖或统治的主从方面的平等相一致。这就是与本文有关的那种平等,即每一个人对其天然的自由所享有的平等权利,不受制于其他任何人的意志或权威。"① 洛克在此所指的 "每一个人对其天然的自由所享有的平等权利",实际就是指应得权利,而在他看来,这种应得权利作为一种平等权利,就是以结果的不平等为必然前提而建立起来的。

站在应得权利观的视点上,我们自然会认为,以结果不平等为前提的应得权利才是正宗的平等权利。但不争的事实是,在现实生活层面上,社会分配及权利的落实是一个连续性的事件,人们在前端分配上的不均衡虽然相对于前端的权利而言能够体现平等原则,但它作为一种既定结果,由于会直接影响到人们在后面分配中的资质、贡献及应得的份额,所以相对于后端的权利而言,它就未必能够体现平等原则。在这种情况下,结果不

---

① [英] 洛克:《政府论》下篇,叶启芳、瞿菊农译,商务印书馆1964年版,第34页。

平等不但不是平等权利的前提和题中应有之义，反而成为了一个对权利平等起制约作用的因素。就此而言，应得权利就不是一种平等的权利，而是一种不应得的、不平等的权利。这个问题对于我们解读马克思富有启发。具体而言，在《哥达纲领批判》中，马克思之所以批评和反对基于"应得"的"平等的权利"，原因之一就在于，他看到了结果不平等对权利平等所形成的实际制约，进而看到了应得权利之不应得和不平等的问题。就此来讲，马克思实际并没有因为批评和反对基于"应得"的平等权利，而导向对权利平等这一政治哲学的立论前提的根本否弃，相反，在这种对应得权利的批评和反对中，恰恰蕴含了一种对平等权利的真诚而执着的追求。在这个问题上，加拿大学者威尔·金里卡的如下理解值得重视：如果权利平等意味着把人当作平等者来予以对待，强调每个公民都有获得平等关照和尊重的权利，那么，这种平等理念"既出现在诺齐克的自由至上主义中，也出现在马克思的共产主义中。"①

马克思借助于结果不平等来反向地质询应得权利和权利平等的做法，在后来的罗尔斯那里得到了回应和响应。我们知道，罗尔斯《正义论》的中心思想之一，即是以公平的正义的观点来反对应得权利的观点。如在第17节"平等的倾向"中，罗尔斯就这样指出："认为有较高天赋能力和使自己优越性能够发展的人对合作体系有一种权利，使他们能够获得甚至更大的利益而不必对他人的利益有所贡献的观点是不正确的。我们并不应得自己在自然天赋的分布中所占的地位，正如我们并不应得我们在社会中的最初出发点一样——认为我们应得能够使我们努力培养我们的能力的优越个性的断言同样是成问题的，因为这种个性在很大程度上依赖于幸运的家庭和早期生活的环境，而对这些条件我们是没有任何权利的。"② 至关重要的问题是，罗尔斯虽然对应得权利提出了批评与反对意见，但这绝不意味着他疏离了权利平等这个政治哲学的坚实规范论前提，相反平等权利原则

---

① ［加］威尔·金里卡：《当代政治哲学》上卷，刘莘译，上海三联书店2004年版，第7—8页。
② ［美］罗尔斯：《正义论》（修订版），何怀宏、何包钢、廖申白译，中国社会科学出版社2009年版，第79页。

被他直截了当地命定为正义的第一个原则,这便是,"每个人对与其他人所拥有的最广泛的平等基本自由体系相容的类似自由体系都应有一种平等的权利"①。如果说这个情况进而表明,罗尔斯反对应得权利不仅不在于疏远权利平等,而且正在于更好地促进和实现权利平等,那么他的这一旨趣所关涉的理由之一就是,由应得权利所导致的结果不平等,会使社会较不利者无法与社会较有利者公平地分享本该享有的基本权利,故而只有在消解应得原则的基础上,才能够使"每个人所应有的平等的权利"在社会分配结构中确立起来。如果我们有理由认为罗尔斯在一定意义上受到了马克思的影响,那么前者的范例,无疑为马克思支持权利平等观念提供了一个有力附证。

二、马克思对"平等的权利"的前提性批判

与在一个平面上得以开展的西方主流政治哲学不同,马克思政治哲学的理论叙事关涉到资本主义、共产主义初级阶段及共产主义高级阶段这三个历史位阶。在《哥达纲领批判》中,马克思主要是从后两个历史位阶来予以立论的,所以与此相应,由分配结果的不平等所造成的应得权利的"不应得"和"不平等",亦是他站后两个历史位阶上来思考权利平等时所审视到的主要问题。然而,这并非意味着从第一历史位阶即资本主义历史位阶看,马克思是认同基于"应得"的"平等的权利"的,相反,以马克思之见,这种应得权利的"不应得"和"不平等"不仅同样存在于这个历史位阶,而且追根溯源,这还是一个主要由应得权利的存在前提而非分配结果所决定的问题,所以也是一种更加实质和更为根本的"不应得"和"不平等"。这关涉到马克思对基于"应得"的"平等的权利"的前提意义上的批判,而这一批判,对于我们从整体上把握马克思的权利平等思想是不可或缺的。对于此,应当如何理解?

---

① [美]罗尔斯:《正义论》(修订版),何怀宏、何包钢、廖申白译,中国社会科学出版社2009年版,第47页。

如果说近代以来的应得权利观就是在资本主义的历史位阶上建立起来的，那么深入追索，这种在资本主义历史位阶上所建立起来的应得权利观，又是以"权利"和"自由"为理论前设和价值基点的，这是因为从社会分配的角度来看，权利和自由就体现在每个人的资质、禀赋、抱负、贡献等具体要素当中，完全遵照这些要素来分配社会基本善品，无异于让权利和自由成为社会分配的唯一有效准则和指令。进而言之，根据这种以"权利"和"自由"为理论前设和价值基点的应得权利观，当每个人在社会分工中各就其位、得其应得，从而使其权利和自由得到充分落实时，这个社会就是平等而公正、和谐而稳定的，权利（及自由）在此意义上，也就必然呈现为一种应得的、平等的权利。从表面来看，我们似乎不能在近代以来政治哲学家所证立的应得权利的存在前提中，发现不应得和不平等的问题。然而，社会分配和权利分布是否体现平等原则，在很大程度上取决于在其中是否包裹了某些压迫性的、不应得的因素。比如，在西方中世纪封建社会中，社会分配和权利分布就是由种姓制度、出身、人的依赖关系等先决的、压迫性的因素所支配的，而在这种情况下，就根本不存在应得的和平等的权利。现在，关键的问题是，近代以来在资本主义历史位阶上、凭借权利和自由的价值而得到合法性证明的"应得权利"，是否依然包裹了某些压迫性的、不应得的、不平等的因素？根据应得权利论者的理论逻辑，答案当然是否定的。而根据马克思的检视与审理，答案则是肯定的，因为以他之见，政治解放的完成和现代市民社会的形成，虽然在很大程度上消解了在人的依赖关系中所存在的压迫性因素，但恰恰又在权利和自由的名下制造了更为隐秘的社会压迫，所以看似应得的权利，恰恰就是一种植入了不应得的压迫性因素，因而在前提上就注定不会达及平等的权利。马克思因何会得出这样一个与应得权利论者完全相左的观点？以洛克以来的自由主义哲学家之见，在资本主义历史界面上落地生根的权利和自由并非植根于现实社会关系，而是由自然法所赋予的、具有先天合法性的东西。在此意义上，每个人的权利和自由都是其应得之物，相对于他人来说也能体现平等原则。然而，毋庸讳言，由于应得原则的一个基本要求是每个人对其劳动成果拥有一种几乎不可撼动的所有权，所以在资本主义历史条件下,应得权利归根结底乃是一种由私有财产所维系的权利形式,私有财产构成其实体和内核。这个问题虽然常常被自由主义哲学家遮蔽起来,但在马克思这里却得到了深刻的揭示和说明。在《论犹太人问题》中,马克思这样指出:"自由这一人权的实际应用就是私有财产这一人权……私有财产这一人权是任意地(à son gré)、同他人无关的、不受社会影响地享用和处理自己的财产的权利;这一权利是自私自利的权利。"① 亚当·斯密及其后继者们在描述和理解社会经济生活法则时,虽然注意到了私有财产现象及其运动,但他们往往遵照洛克所开启的应得权利观的思维路线,把私有财产解释为个体的应得之物,把私有财产的运动解释为相互竞争的个体之间的利益博弈及他们的权利和自由的实际展开。根据这种解释,以私有财产为实体和内核的应得权利并不包藏着某种压迫性因素,因而也不会在前提上存在"不应得"和"不平等"的问题。在《1844年经济学哲学手稿》中,马克思批评英国经济学家在这种解释中只是看到了事物的现象,而没有把握到事物的本质,即:"国民经济学从私有财产的事实出发。它没有给我们说明这个事实。它把私有财产在现实中所经历的物质过程,放进一般的、抽象的公式,然后把这些公式当做规律。它不理解这些规律,就是说,它没有指明这些规律是怎样从私有财产的本质中产生出来的。国民经济学没有向我们说明劳动和资本的分离以及资本和土地分离的原因。"② 马克思的这个批评是要告诉人们,私有财产的关系在本质上是劳动与资本的关系,所以私有财产的运动并不是一种应得权利的实际展开过程,而是一个包含着劳动和资本及资本和土地的分离这一深刻社会矛盾的关系性在场。如果说这一关系性在场是隐存于权利和自由中的压迫性因素,那么资质、禀赋、抱负、贡献等非压迫性因素,实际只是在前者的统摄之下发生作用。在这种情况下,所谓应得的、平等的权利,既不符合"应得"的精神实质,也与平等的要求相去甚远。

马克思主要是在政治经济学的视域中,对基于"应得"的"平等的权利"作出前提性批判的。而我们知道,从马克思政治经济学研究的全过程

---

① 《马克思恩格斯文集》第1卷,人民出版社2009年版,第41页。
② 《马克思恩格斯文集》第1卷,人民出版社2009年版,第155页。

来看，《1844年经济学哲学手稿》（也包括《论犹太人问题》）还处在理论准备和思想实验阶段。所以，马克思虽然在私有财产关系中发现了劳动和资本的分离这一社会经济矛盾，并由此看到了应得权利在前提上所存在的"不应得"和"不平等"问题，但他并没有清晰地揭示和说明这个问题究竟是如何发生的。不过，随着政治经济学研究的逐步推进和深化，马克思在后来的著作尤其是《资本论》及其手稿中，对这个问题作出了透彻的分析和阐释。根据洛克以来应得权利论者的解释，应得原则之所以是一个平等原则，一个很重要的原因就是，作为这个原则的价值前提的"权利"和"自由"并未与社会化的权力要素纠缠在一起，而是完全从属于没有外部力量介入的纯粹个人。但在马克思看来，"在资产阶级社会里，资本具有独立性和个性，而活动着的个人却没有独立性和个性"①。所以，权利和自由就不是纯粹个人所拥有的应得之物，而是以资本这种社会力量为中介而建立起来的东西。如果我们可由此笼统地认为，正是资本力量的介入，才使得洛克及斯密等人所讲的"应得权利"与应得原则及平等要求渐行渐远，那么进一步来看，这个情况的最终秘密恰恰也就隐藏于以自由为前提的"应得权利"当中。为什么？

在《资本论》第一卷中，马克思这样指出："有了商品流通和货币流通，决不是就具备了资本存在的历史条件。只有当生产资料和生活资料的占有者在市场上找到出卖自己劳动力的自由工人的时候，资本才产生；而单是这一历史条件就包含着一部世界史。"② 如果说马克思的这个指认是要挑明，工人出卖自己的劳动力是资本产生的一个必要条件，那么这个必要条件，实际是建立在所谓"应得权利"基础上的，用马克思的话说就是："劳动力占有者要把劳动力当做商品出卖，他就必须能够支配它，从而必须是自己的劳动能力、自己人身的自由所有者。"③ 根据应得权利观，工人拥有对自己劳动力这种特殊商品的所有权，不仅意味着其与资本家在劳动力买卖中所发生的是一种不包含任何压迫性因素的等价交换，而且进一步

---

① 《马克思恩格斯文集》第2卷，人民出版社2009年版，第46页。
② 《马克思恩格斯文集》第5卷，人民出版社2009年版，第198页。
③ 《马克思恩格斯文集》第5卷，人民出版社2009年版，第195页。

来看，也意味着工人得其工资、资本家得其利润都是各自权利和自由的具体实现，并无不平等的情况存在。然而，在马克思看来，资本的实现过程既包括资本家和工人在简单流通领域或商品交换领域的劳动力买卖环节，也包括资本家在生产领域利用劳动力来创造剩余价值，以及用剩余价值来购买新的劳动力继续投入生产的环节。单从第一个环节来看，不管是对于资本家还是对于工人，权利都可归结为应得的和平等的权利，因为他们彼此是作为法律上平等的人，遵从所有权规律和等价交换规律而在商品市场上发生关系的。可是，将后两个环节合并进来，情形则就截然相反，原因是在这两个环节中起支配作用的不再是所有权规律和等价交换规律，而是资本主义占有规律，即"所有权对于资本家来说，表现为占有他人无酬劳动或它的产品的权利，而对于工人来说，则表现为不能占有自己的产品"[1]。如果说马克思在这种分析中已经清楚地揭示出，在应得权利中为什么存在不应得的压迫性因素并由此走向"应得"和"平等"的反面，那么，马克思的这种分析与《1844年经济学哲学手稿》时期的一个重大不同，就在于利用应得权利的预设、前提和旨归，来论明应得权利之"不应得"和"不平等"的问题。直截了当地说，根据马克思的分析，正是因为工人作为法律上的自由人拥有对自己劳动力应得的所有权，才会发生其与资本家之间以剩余价值的生产为实质的雇佣劳动关系；而也正是因为这种雇佣劳动关系的发生，应得权利才在资本统治中成为了一种无论对工人阶级还是对资本家来说都不应得的权利。马克思的这个分析手法绝不意味着他向洛克、斯密等人所代表的自由主义的某种退让和妥协，而是意味着他是以一种更具有历史主义的眼光，本着一种更为辩证和科学的态度来批判资本主义现实的权利关系，并由此反拨自由主义的理论主张的。

以上就是马克思对基于"应得"的"平等的权利"的前提性批判，这一批判不仅充分表明马克思是支持权利平等观念的，而且充分表明他所支持的乃是一种实质性的而非形式性的权利平等观念。

---

[1] 《马克思恩格斯文集》第5卷，人民出版社2009年版，第674页。

三、马克思两个位阶的权利平等思想

马克思的政治哲学既是一种批判性的理论,也是一种建构性的理论。在权利平等问题上,马克思对资本主义历史位阶上应得权利的前提性批判虽然让我们看到了前者的内容,但还不足以向我们展示后者的内容。毋宁说,马克思在这个问题上的建构性内容,主要涉及他对共产主义初级阶段和共产主义高级阶段这两个历史位阶上"平等的权利"的理解和阐发。所以,要全面把握马克思的权利平等思想,就需要切实回到这两个历史位阶上来。

首先,马克思关于共产主义初级阶段的权利平等思想。

马克思与恩格斯在《共产党宣言》中写道:"共产主义并不剥夺任何人占有社会产品的权力,它只剥夺利用这种占有去奴役他人劳动的权力。"① 马克思与恩格斯的这句话间接地告诉我们,虽然在资本主义历史位阶上,由于剥削关系和压迫性因素的现实存在,应得权利在前提上就已注定只是一种不应得和不平等的权利,但是在奴役他人劳动的权力被剥夺,即剥削关系和压迫性因素消除之后的共产主义初级阶段,应得权利却应当是理解社会分配和权利平等的一个不可或缺的维度,因为应得权利的直接价值前提就是"权利"和"自由",如完全否定了应得权利的合理性,就容易使"权利"和"自由"本身蜕变为可边缘化的东西,进而既难以将权利平等证成为政治哲学的有效理论前提,也难以使权利平等落实为现实分配中的有效价值依据。在《哥达纲领批判》中,马克思对这个问题进行了直截了当的论述:在共产主义初级阶段,"每一个生产者,在作了各项扣除以后,从社会领回的,正好是他给予社会的。他给予社会的,就是他个人的劳动量。例如,社会劳动日是由全部个人劳动小时构成的;各个生产者的个人劳动时间就是社会劳动日中他所提供的部分,就是社会劳动日

---

① 《马克思恩格斯文集》第 2 卷,人民出版社 2009 年版,第 47 页。

中他的一份。他从社会领得一张凭证，证明他提供了多少劳动（扣除他为公共基金而进行的劳动），他根据这张凭证从社会储存中领得一份耗费同等劳动量的消费资料。他以一种形式给予社会的劳动量，又以另一种形式领回来。"①毋庸置疑，马克思在这段论述中，就是根据应得原则来理解和说明社会分配及权利平等问题的，因为依他的想法，每一个生产者都要从社会储存中，领得一份与其所耗费的劳动量相对等的消费资料。

不过，我们需要立即指出，就共产主义初级阶段而言，马克思虽然认同应得原则在社会分配中的基础性意义，但在思想意识深处，他并不认为这一原则就是理解权利平等问题的唯一合法性支点，而是认为应同时将结果不平等对权利平等所形成的实际制约（上文所述）纳入进来作整体性把握。换言之，马克思既要求在共产主义初级阶段按照应得原则来实施社会分配，也要求在考虑结果不平等对权利平等的制约基础上来限制应得原则。这个情况并不表明马克思的思想是相互矛盾的，而恰恰表明其思想的辩证性、全面性和深刻性。从政治哲学发展史来看，这个问题更是一目了然地呈现在我们面前。我们知道，"自由"和"平等"在近代以来的政治哲学史上，通常被认定为是两个相互牵制、彼此对置的价值，所以，政治哲学家们在这两个价值之间，往往作出的是一种非此即彼的选择，要么站在"自由"的价值立场上，要么站在"平等"的价值立场上。洛克之后的应得权利论者，都是站在"自由"这个价值立场上来论定平等权利的，故而，其所论定的"平等权利"中的"平等"二字并非指涉一个独立价值，"自由"才是"平等权利"的落点、旨趣和价值内核。与此不同，马克思实质是在综合"自由"和"平等"这两大价值的基础上，来论定共产主义初级阶段的平等权利的，因为以限制应得原则的方式来确立应得原则，既兼顾到了自由，也兼顾到了平等。马克思的这一做法不仅打破了将自由和平等这两个价值对立看来的僵化局面，而且也为理解权利平等开辟了一个综合性的理论视角，在政治哲学史上具有里程碑式的意义。受马克思的影响，后来的罗尔斯虽然在任何意义上都不支持应得原则，但也是在

---

① 《马克思恩格斯文集》第 3 卷，人民出版社 2009 年版，第 434 页。

综合自由和平等这两个价值的基础上,阐释权利平等并厘定正义原则的。罗尔斯综合式的研究既克服了洛克以降经典自由主义传统由于强调自由的价值而忽视平等价值的弊端,也克服了卢梭等人由于强调平等价值而对自由价值有所贬抑的弊端,成就了其在当代政治哲学史乃至整个政治哲学史中不可漠视和无法绕开的地位。由于历史背景、学术志趣、关注重点、叙述方式等方面的原因,马克思没有像他身后的罗尔斯那样构建一种一目了然的政治哲学话语体系,而是以相对隐晦的方式来阐述政治哲学问题和表达相关见解。所以,人们虽然很容易注意到罗尔斯的理论成就,但却很少挖掘马克思在政治哲学上的思想创见。而实际上,至少在共产主义初级阶段的权利平等这个问题上,马克思的思想在政治哲学史上具有不可替代的理论性价值,对于我们理解当前权利、自由、平等、公正等现实重大问题,也具有重要启示。

其次,马克思关于共产主义高级阶段的权利平等思想。

根据马克思的界定,共产主义初级阶段和共产主义高级阶段,虽然都因为剥削关系的消灭而根本不同于资本主义历史位阶,但它们却并不可以合并在一起加以认识。因为共产主义高级阶段是标识人类社会发展终极目标的历史位阶,而共产主义初级阶段则就是向此目标过渡的历史位阶。马克思的这个界定告诉我们,既不能想当然地以其初级阶段的权利平等思想来概括其高级阶段的权利平等思想,也不能反过来,以其高级阶段的权利平等思想来同化其初级阶段的权利平等思想,它们之间的差异是不可不计的。那么,如何认识马克思共产主义高级阶段的权利平等思想?

众所周知,政治哲学是一个由规范论所维系的学科方向,任何政治哲学理论都需要针对其研究对象来确立一个价值评判标准,并围绕此标准来构筑相关话语体系。共产主义高级阶段是马克思政治哲学所关涉的最高历史位阶。马克思为这个历史位阶的政治哲学所确立起的价值标准,就是以人的自我实现为根本旨趣、具有超越性特质的人性标准,用马克思具有高度概括性的话来表述,就是"各尽所能、按需分配"。这个人性标准看似与马克思的权利平等思想没有任何关系,但实则是通向马克思共产主义高级阶段权利平等思想的一座桥梁。因为道理很简单,人与人之间只有在拥有平等权利的条件下，才可能做到"各尽所能、按需分配"，而在一部分人拥有特权、另一部分人不能享有实质性权利的条件下，这个目标就无法实现。进而言之，如果说在这个人性标准中蕴含了一个"权利平等"的价值前提，那么这个价值前提与应得原则必然是相互排斥、难以兼容的。原因主要在于，如按资质、禀赋、抱负、贡献等应得要素来分配社会基本善品，那么如上所示，就会使人们在社会财富占有以及劳动分工上产生明显差异，而根据以人的自我实现为旨趣的人性标准，生活在共产主义社会中的每一个人，都不能因为分工的制约和社会财富占有上的多寡而影响自己自由个性的发展。由此而论，马克思借助于分配结果的不平等来反向质询应得权利的做法，既是要求通过综合"自由"价值与"平等"价值来界定共产主义初级阶段的权利平等问题，也是要求基于以人的自我实现为旨趣的人性标准来批评应得权利的不平等性。对于后者，马克思与恩格斯在《德意志意识形态》中给予过直截了当的说明："共产主义的最重要的不同于一切反动的社会主义的原则之一就是下面这个以研究人的本性为基础的实际信念，即人们的头脑和智力的差别，根本不应引起胃和肉体需要的差别；由此可见，'按能力计报酬'这个以我们目前的制度为基础的不正确的原则应当——因为这个原理是仅就狭义的消费而言——变为'按需分配'这样一个原理，换句话说：活动上，劳动上的差别不会引起在占有和消费方面的任何不平等，任何特权。"① 如果说马克思与恩格斯在这段说明性文字中，亦是从分配结果不平等的角度来对应得权利提出了反拨，那么，这种反拨无疑就是建立在以人的自我实现为旨趣的人性标准上的，因为以"按需分配"来取代"按能力计报酬"，反映的是"以研究人的本性为基础的实际信念"而非其他信念。

进而言之，需要重视的问题是，自古希腊以来，就存在一个理想性政治哲学与现实性政治哲学相分殊的问题。比如，柏拉图在德性、目的、卓越的基点上，通过构筑理想国而发展的政治哲学，就是理想性政治哲学。而近代之后，霍布斯、洛克、罗尔斯及诺齐克等人在权利、自由、平等的

---

① 《马克思恩格斯全集》第3卷，人民出版社1960年版，第637—638页。

基点上，通过探讨社会分配和法律制度安排等问题而发展的政治哲学，则就是现实性政治哲学。马克思的政治哲学也包括一个理想性维度和一个现实性维度，其所厘定的上述人性标准就对应着前者。人们通常是在现实性层面上，在类似于罗尔斯、诺齐克等的意义上来理解权利平等问题的，一般不会上升到理想性维度。但这恰恰透射出近代以来政治哲学研究的一个重大思想缺陷。如果说理想性政治哲学具有形而上的思想祈向和终极价值意味，那么，近代以来的现实性政治哲学则趋向于消解这种思想祈向和终极价值。马克思的深刻之处在于，他并没有像康德界划现象与物自体那样，将政治哲学的理想性维度和现实性维度严格界分开来，而是会站在理想性维度上来审视和思考现实性维度上的问题。这一点启示我们，上述具有超越性特质的人性标准虽然看上去遥不可及，但它却能够充当现实性政治的思想样本，有助于我们从更高的思想界面，来思考从现实性层面所凸显出来权利平等及其他政治哲学问题。

综上所述，马克思虽然对"平等的权利"进行过质疑、反拨与批评，但这并不意味着他由此消解了"权利平等"这个政治哲学的理论前提，相反，他不仅始终如一地执守这个理论前提，而且还从不同的历史位阶和不同的理论层面，阐发和构建了既能与西方主流政治哲学开展对话又比后者更具有思辨张力的权利平等思想。

马克思正义思想的三重意蕴

与自由主义政治哲学家不同，马克思并未在纯粹伦理主义的路向上提出正义问题，进而循此路向构建正义理论。毋宁说，马克思是在系于革命的总体性视阈内，是在批判私有财产制度和资本主义生产关系的前提下，是在阐发市民社会与人类社会之辩证关系的维度中，介入正义论题并厘定正义思想的。这一独特的正义运思语境和路数，决定了马克思讲的正义，不是一个单向度的价值原则，而是一个包含了多层面内涵的规范概念。之所以如此，是因为马克思对资本主义的批判，本身就是在物质、文化、精神等多个层面上展开的，同时也涉及现在与未来、现实与理想等不同位阶之价值的排序。基于此种基本理解，我进一步明确提出如下观点：马克思在革命和批判的语境中厘定的正义思想，铺展开来看，呈现为一个包括"个人所有权"、"分配正义"以及"人的自我实现"在内的自下而上、层层递进的立体性结构，因而也就包含了这三重既不同又相关的意蕴。只有把捉到这三重意蕴及其内在关系，才有可能避免马克思正义研究中不必要的纠纷，从而解开"马克思与正义"之争的死结，参透马克思正义观的根本要义，并在更高界面上开掘马克思正义理论的当代性思想资源。

一、个人所有权及其许可

马克思之前，休谟、斯密、康德以及黑格尔等，都曾或直接或间接地对正义问题予以探询，并由此建立起近代正义理论的基本构架。概括地说，这些彪炳思想史册的理论家，全都是在市民社会历史出场的大背景下启动正义讨论的，而他们并非完全同质的正义研究，也有一个共同的理论前提，这就是对人的权利尤其是财产所有权的肯定与确认。而实质上，只有当黑格尔所描述的标识着"人格独立"的市民社会在历史行进中无可争辩地拥有了一席之地，进而人的权利尤其是财产所有权占取了合法性的伸展空间后，理论家才有可能、也有必要提出现代意义上的正义问题，并根据自己的立场、旨趣和学思传统构建正义理论。因为如果我们接受麦金太尔对正义的基本界定，即"正义是给每个人——包括给予者本人——应得的本分"①，那么，正义之探讨，无疑就要建立在对人的权利之认肯的基础上，权利乃是应得的资格，甚至于权利本身就是一种应得之物，若没有对权利的肯定，"应得的本分"也便无从谈起。其实，检阅当代西方诸种主流正义话语也可以发现，像诺齐克这样的政治哲学家，就是明确地以辩护个人的自由和权利为目标来表达正义观点的；而像罗尔斯这样的政治哲学家，虽然追求的是一种平等主义的正义目标，但这也是为了给个体权利设限而保证共有权利的实现。在此意义上，在近代以来的西方政治哲学中，正义与市民社会以及以财产所有权为核心的权利体系，始终处在一种相互勾连、相互融贯、相互助长的关系中，这使权利原则直接成为正义理论的一条基本规则，决定着正义讨论的基本方位和旨趣，即此种讨论至少要在理论层面为合法权利提出辩护。

可是，从权利原则来看，人们未必愿意承认马克思正义思想的基本在场，因为打开马克思的书卷可知，当他参透了市民社会之不可自解的内在矛盾与冲突后，他力图在超越市民社会的前提下检思现代社会的基本政治法则，所以他在许多场合，对由市民社会之形成所催生的自由和权利，是采取了一种批判的态度。比如在《论犹太人问题》中，马克思就指证说："所谓的人权……无非是市民社会的成员的权利，就是说，无非是利己的人的权利、同其他人并同共同体分离开来的人的权利。"② 不少人根据马克

---

① ［美］阿拉斯戴尔·麦金太尔：《谁之正义？何种合理性？》，万俊人等译，当代中国出版社1996年版，第56页。
② 《马克思恩格斯文集》第1卷，人民出版社2009年版，第40页。

思对权利的这种批判态度指出，由于否定了正义的权利原则，马克思也就在根基上消解了正义的基本理念。这是在质疑马克思正义思想上一种比较激进的观点，但却只是浮于表层的皮相之见。毋庸置疑，马克思批评权利，并不表明权利在他的眼中本然就是消极的东西，恰恰相反，他在思想意识深处是高度认可人的自由和基本权利的，否则，他也不会将人的解放视为一生的理想追求。毋宁说，马克思如此为之乃是要指出：写入到资产阶级法典中的权利宣言，虽然常被自由主义者认定为摆脱了私有财产束缚的政治原则，但这种所谓恒久不变的自然法式的政治原则，却正是以私有财产制度为根本前提的，会因为人们出身、等级、私有财产的差异而各有分别，所以在资本主义生产关系下，不是权利之确证一无是处，而是普遍的权利完全无法实现。从马克思的这一深层次指认来看，他针对权利的那些批判性话语，最终通向的是对权利之社会和历史基础的深度揭示，这是其政治经济学研究的根本问题意识之一。然而，也正是在政治经济学研究和对权利之基础的揭示中，马克思站在无产阶级的立场上，肯定了与正义息息相关的个人所有权原则，这既为他批判资本主义剥削关系提供了一个重要支点，也相应地彰示出其正义思想的基础性意蕴。对于此，需要从洛克说起。

洛克在《政府论》中论述财产时强调："每人对他自己的人身享有一种所有权，除他以外任何人都没有这种权利。他的身体所从事的劳动和他的双手所进行的工作，我们可以说，是正当地属于他的。所以只要他使任何东西脱离自然所提供的和那个东西所处的状态，他就已经掺进他的劳动，在这上面参加他自己所有的某些东西，因而使它成为他的财产。"① 洛克在这段极其重要的话中，提出了个人对自己的劳动和劳动成果的正当占有问题，而这个问题又在其政治哲学的整个语境中上升为所有权原则，为后来的正义研究提供了重要的推理基础或对照坐标，甚至也启发了古典经济学家对于劳动价值论的构建。就此而论，洛克式的所有权原则虽然启引了个体主义的大行其道，并由之造成了特殊价值与普遍规范的日渐分裂，

---

① [英]洛克：《政府论》下篇，叶启芳、瞿菊农译，商务印书馆1996年版，第19页。

但如果放置于一种并非强调制度差异的、普泛的现代性语境中，不能不说是一个伟大的理论创见，包含了不少积极的成分。对于马克思而言，他一方面自然是要批判洛克以降的政治哲学家所确立起来的权利概念；但另一方面，洛克式的所有权原则中的积极成分，也以一种独有的方式接入到其哲学和经济学的研究中，这也就形成了他同样强调个人对自己的劳动和劳动成果的支配权利，但又由之衍推出批判雇佣劳动关系和剩余价值生产基本尺度的"个人所有权"原则。在这个问题上，美国学者伊安·夏皮罗的说法，自然是发人深省的："不管是何种规范性，剥削理论来源于对洛克的产品理想世俗版本（a secular variant of Locke's workmanship ideal）的暗自认同：人们对自己生产的产品有权占有，他们的权利被拒绝的程度就是他们受剥削的程度。"①

马克思的这个本乎于资本主义生产关系之批判因而内置于剥削理论，同时又连接着正义判断的特定的"个人所有权"原则，从《1844年经济学哲学手稿》开始呈现，中经《雇佣劳动与资本》的提升，在《资本论》及其手稿中达到了高点。在《1844年经济学哲学手稿》中，马克思认识到了劳动和资本由起初统一到后来分离的事实，指出资本作为积累的劳动已不再属于从事具体劳动的工人，即工人的劳动受制于他人，成为外在的东西，工人对其没有自己基本的支配权，而劳动产品也毫无例外地被他人所占有。这也就是马克思所指证的劳动异化，而从异化之指证的前定预设来看，马克思实质上已经开始隐在地确立用以批判劳资关系的"个人所有权"原则。在《雇佣劳动与资本》中，马克思对这个问题的说明，开始从异化劳动论所固有的思辨哲学中淡出，进而向更为严谨的政治经济学的批判集中，这使马克思触及到了劳动力价格和劳动价值之间不对等的隐秘剥削关系，在为后来的剩余价值理论绘制构图的过程中，使"个人所有权"原则建立在了内含规范性的事实性基础上。在《资本论》及其手稿中，马克思全面揭示了工人的劳动所创造的价值远远大于其劳动力价格的剩余价值生产之剥削实质，由此也彻底看清了活劳动被对象化劳动所占有的资本

---

① ［美］伊安·夏皮罗：《政治的道德基础》，姚建华、宋国友译，上海三联书店2006年版，第118页。

生产的性质："活劳动被对象化劳动所占有——创造价值的力量或活动被自为存在的价值所占有——，这种包含在资本概念中的占有，在以机器为基础的生产中，也从生产的物质要素和生产的物质运动上被确立为生产过程本身的性质。"①根据对剩余价值生产之实质，以及活劳动与对象化劳动之对立的生产性质的揭示与说明，马克思将资本同雇佣劳动的关系直接表述为"所有权的关系"②。具体而言，"工人并不占有他自己劳动的产品，这个产品对他来说表现为他人的财产，反过来说，他人的劳动表现为资本的财产"③。而根据对这种所有权关系的认定，马克思干脆指出，所有现实的、现有的资本，所有现代社会的财富，都是依靠盗窃他人的劳动而逐步积累起来的，即不经交换、不支付等价物就占有了他人的劳动。这样一来，"个人所有权"原则，就在马克思全面展开的资本批判中完全确立了起来，并在事实性与规范性相结合的维度中得到了最高的规定。依托于"个人所有权"原则，马克思甚至于提出了在未来共产主义"重新建立个人所有制"④的想法。

　　洛克之后自上而下的政治哲学家，在正义与所有权之间建立起了一种近乎本然的勾连和推导关系，即维护所有权或至少不损害其他人所有权的行为，才是正义之举。在马克思对剥削关系的批判中，这种勾连和推导关系显然也是存在的：在资本主义大生产中，工人的劳动及劳动产品既然被他人所占有，其个人所有权既然被大大侵犯，那么资本主义条件下的劳动关系或产品占有关系就是不正义的。马克思虽未像近代政治哲学家那样在所有权的基点上构建完备的正义理论，但他绝不是像伍德等否认马克思持有正义理念的人所认为的那样，没有将资本主义生产关系批判为非正义，因为至少从文本上说，在《政治经济学批判（1857—1858年手稿）》中，马克思就曾直截了当地指出过："认识到产品是劳动能力自己的产品，并断定劳动同自己的实现条件的分离是不公平的、强制的，这是了不起的觉

---

① 《马克思恩格斯文集》第8卷，人民出版社2009年版，第185页。
② 《马克思恩格斯文集》第8卷，人民出版社2009年版，第119页。
③ 《马克思恩格斯文集》第8卷，人民出版社2009年版，第120页。
④ 《马克思恩格斯文集》第5卷，人民出版社2009年版，第874页。

悟，这种觉悟是以资本为基础的生产方式的产物，而且也正是为这种生产方式送葬的丧钟。"① 而从更大的意义上讲，只要有了所有权的概念，确立了所有权的原则，就已经开始与正义问题建立起了难以隔绝的交涉关系。就此论之，马克思对其个人所有权的认定，展示了他对于正义的初始期许，构成其正义观念的一个基础性层面；而反过来说，马克思在资本和私有制批判中的许多正义判断，如资本积累的非正义性、剩余价值生产的非正义性等等，就是在个人所有权的意义上给出的。实质上，柯亨、埃尔斯特、金里卡等人，都在马克思政治哲学的解读中，梳理出了所有权与正义之间的对应关系，所以他们关于马克思正义观的许多理解，都是在所有权层面上作出的。

不过，言及柯亨、埃尔斯特众人的理解，我们在此务必澄清一个重要问题：马克思虽像近代政治哲学家那样，给予了所有权以正义性的判断，但正如本文开篇所指，他却完全没有沿着后者纯粹伦理主义的路向来为之，而是彻底改换了正义研究的基本方式，即将正义问题变成了一个批判私有制、进而改变世界的政治和历史问题，这也就是为何，马克思在大多数情况下，不正面使用"正义"、"公平"之类的术语，甚至对这些术语的使用多有指责（这和他对权利的批评，显然基于同样的考虑）。因此，我们对马克思系于个人所有权之正义思想的理解，应当更多收缩到其对资本主义剥削关系的批判中，而不应在一般伦理学的意义上，作出太多扩展的解读，否则，我们不仅会将马克思正义研究之批判和革命的问题意识遮蔽起来，而且也会不可避免地制造出一些无法化解的逻辑矛盾。比如，如果认为马克思在纯粹伦理主义的维度内确认了个人所有权原则，那么这个原则就一定具有普遍性的指涉，至少不是专门针对工人的，也针对资本家，而这样一来，资本家榨取剩余价值无疑是不正义的剥削，但若是资本家将劳动的全部价值返还给工人，工人则无疑又不正义地侵犯了资本家的所有权（因为工人起码利用了资本家提供的生产条件），从而构成了对资本家不正义的剥削，这在道德上也是要受到谴责的。这个难以克服的逻辑

---

① 《马克思恩格斯文集》第 8 卷，人民出版社 2009 年版，第 112 页。

矛盾显然是不真实的，因为马克思从来没有作出过这种道德上的假定与推演，即个人所有权并不是一个单向度的道德概念。在这个问题上，柯亨、埃尔斯特等的理解，既是很深刻的，也是有失误的。柯亨曾有过如下解析："你只能从某个人那里偷走正当地属于他的东西。因此，马克思主义对资本主义的不正义所作的批判意味着工人是自己劳动时间的正当所有者：是他自己，而不是其他任何人，有权利决定如何使用自己的劳动时间。但是，如果工人没有权利决定如何使用自己的劳动能力——劳动力，那么他就不会拥有这种权利。因此，资本家从工人那里偷走了劳动时间这种主张就意味着工人是自己能力的正当所有者。但马克思主义者不可能认为工人是自己能力的正当所有者，除非他们认为所有人都是自己能力的正当所有者。所以，资本家剥削了工人这个马克思主义主张就取决于如下命题：人们是自己能力的正当所有者。我将此称为自我所有权命题。"① 柯亨这段解析的深刻之处，就在于用分析哲学的方法，还原到了"所有权"问题，这提醒人们应回溯到马克思政治哲学容易被遮蔽的原初内容，挖掘"权利认定"对于马克思正义研究的基础性意义。但他用的是从自由至上主义者诺齐克那里借贷来的"自我所有权"概念（虽然他对这个概念总体上持批判态度），而从这个概念的使用来看，柯亨显然又没有把捉住马克思处理正义问题的独特性，从而作出了伦理主义的诠释。可"自我所有权"在诺齐克伦理主义的语境中，是一个为不平等作辩护的概念，而马克思则是在反对不平等上走得最远的哲学家。这个错位同时也导致了上述逻辑矛盾，而柯亨只能将这个逻辑矛盾强加给马克思。

二、分配正义的可能性论域

马克思虽然通过认定"个人所有权"原则而谴责了资本主义不正当的占有关系，但我们却不宜将此原则理解为一个批判的中介，因为马克思既

---

① 吕增奎编：《马克思与诺齐克之间：G. A. 柯亨文选》，江苏人民出版社2007年版，第159页。

然如上所述，提出过在未来社会"重新建立个人所有制"的想法，那么这一原则显然有其实质性精神内涵，即马克思的的确确认为，工人应当得到他们劳动的成果，甚至于他也会认为，在特定历史条件下，每个人都应当得到他所应得。这就由此生发出了分配正义的问题。

分配正义是柏拉图以来的西方政治哲学家，尤其是近代和当代政治哲学家论述正义的一个最主要维度。然而，那些在分配正义上有过精心论述从而对此把有话语权的人，大多倾向于否认马克思持有分配正义基本理念，其主要依据，就是《哥达纲领批判》中的这样一段论述："生产者的权利是同他们提供的劳动成比例的；平等就在于以同一尺度——劳动——来计量。但是，一个人在体力或智力上胜过另一个人，因此在同一时间内提供较多的劳动，或者能够劳动较长的时间；而劳动，要当做尺度来用，就必须按照它的时间或强度来确定，不然它就不成其为尺度了。这种平等的权利，对不同等的劳动来说是不平等的权利。它不承认任何阶级差别，因为每个人都像其他人一样只是劳动者；但是它默认，劳动者的不同等的个人天赋，从而不同等的工作能力，是天然特权。所以就它的内容来讲，它像一切权利一样是一种不平等的权利。权利，就它的本性来讲，只在于使用同一尺度；但是不同等的个人（而如果他们不是不同等的，他们就不成其为不同的个人）要用同一尺度去计量，就只有从同一个角度去看待他们，从一个特定的方面去对待他们，例如在现在所讲的这个场合，把他们只当做劳动者，再不把他们看做别的什么，把其他一切都撇开了。其次，一个劳动者已经结婚，另一个则没有；一个劳动者的子女较多，另一个的子女较少，如此等等。因此，在提供的劳动相同，从而由社会消费基金中分得的份额相同的条件下，某一个人事实上所得到的比另一个人多些，也就比另一个人富些，如此等等。要避免所有这些弊病，权利就不应当是平等的，而应当是不平等的。"①

马克思在这一大段论述中，集中批评了正义理论中的"贡献"原则，也即"按劳分配"原则，理由就是，不同的人由于禀赋、家庭背景等存在

---

① 《马克思恩格斯文集》第 3 卷，人民出版社 2009 年版，第 435 页。

许多差异，因而如果按照这一原则来进行分配，那么最终的分配结果将是十分不平等的。马克思的这一批评容易让人以为，他已完全溢出了分配正义的基本理论传统，甚至彻底否决了分配正义基本理念，因为自古希腊一直到 20 世纪的政治哲学家，大多都是在麦金太尔所说的"应得"意义上来谈论分配正义的，而"贡献"原则几乎又构成所有应得正义论全都承认的黄金规则，所以这一原则自然而然地成为几乎所有分配正义理论的一个"重叠共识"，而对这一有着悠久历史积淀的正义规则予以激进的批评，似乎也就意味着马克思根本不会抱持哪怕是最为初始的分配正义想法，这也正如他所指出的："我较为详细地一方面谈到'不折不扣的劳动所得'，另一方面谈到'平等的权利'和'公平的分配'，是为了指出这些人犯了多么大的罪。"①

但真实的情形是这样的：马克思的正义观是在不同层面和不同位阶上得以呈现的，他经常以高标准正义原则来审理低标准正义原则，这是他在处理正义问题上与众不同的手法。只要洞略到马克思正义观的这种特质，以及他处理正义问题的此种手法，我们就不宜在此匆匆下定论，认为马克思完全没有分配正义的基本想法。其实，回到《哥达纲领批判》的文本语境可知，马克思上段论述是针对共产主义社会来讲的，其所诉求的乃是超越了"按劳分配"的"按需分配"，因此，马克思的批评是在一高一低两个位阶之标准的对照中作出的，而回到低位阶上，马克思不仅没有否认"贡献"原则的合理意义，而且在认可这一原则之基础上，开辟出了一条论述分配正义的独特路径，即将分配正义的论述与对资本主义生产关系的批判结合在了一起，这与"个人所有权"原则的确立方式完全一致，而且也正是这一原则的一个自然推演。

问题之实质在于：马克思认定个人所有权之后，他也一定会对环绕劳动及劳动成果而发生的正当分配予以关切，如若不然，他对个人所有权的认定也终将失却其规范意义。进而言之，马克思既然在资本主义生产关系的批判中确立的是"个人所有权"原则，那么，他也一定会在这种批判中

---

① 《马克思恩格斯文集》第 3 卷，人民出版社 2009 年版，第 436 页。

认可分配正义之"贡献"原则,因为"个人所有权"原则强调劳动与劳动成果、劳动的主观条件与客观条件的统一,而这正是"贡献"原则的要旨所在。从这一点完全可以推知,"贡献"原则在马克思的意识中,比起资本主义的分配关系要好得多,因为正如恩格斯所指,"现代资本家,也像奴隶主或剥削农奴劳动的封建主一样,是靠占有他人无偿劳动发财致富的,而所有这些剥削形式彼此不同的地方只在于占有这种无偿劳动的方式有所不同罢了"①。与资本家"不劳而获"相比,"按劳分配"更能体现公正性,这一点马克思应当心知肚明。而只要在资本主义生产关系的批判中接受了"贡献"原则,那么,马克思就已经实至名归地进入到了分配正义的问题域中。

可是,马克思始终告诫人们,不要把目光总投放在分配上,而应重点关注生产,因为在他看来,"消费资料的任何一种分配,都不过是生产条件本身分配的结果;而生产条件的分配,则表现生产方式本身的性质。"②马克思的这种告诫,看似仍在通向对分配正义的否决,但其实却完全不然。正像柯亨所理解的,马克思为了让人注意到"生产"而蔑视"分配"时,实质是把"分配"当成"消费资料的分配"之缩写。他不会宣称生产方式比任何类型的分配更根本,因为生产方式也要依赖某种分配。因而,"马克思不是说'放弃你对公正分配的迷恋',他是在说:'致力于你对根本层面上的适当分配的关心。'"③柯亨的这个理解,是经得起精察洞问之推敲的,因为既然马克思论述正义的基本路径,是切入到政治经济学的批判中,通过审阅、权衡现实的生产关系和生产方式,来昭示什么是正义的、什么不是正义的,那么对于生产这一"根本层面"的正当分配,马克思无论如何都不会漠然视之。正因如此,马克思在申诉工人丧失其所有权时直接说道:"工人丧失所有权,而对象化劳动拥有对活劳动的所有权,或者说资本占有他人劳动——两者只是在对立的两极上表现了同一关系——,这是资产阶级生产方式的基本条件,而决不是同这种生产方式毫

---

① 《马克思恩格斯全集》第 19 卷,人民出版社 1963 年版,第 125 页。
② 《马克思恩格斯文集》第 3 卷,人民出版社 2009 年版,第 436 页。
③ 吕增奎编:《马克思与诺齐克之间:G. A. 柯亨文选》,江苏人民出版社 2007 年版,第 49 页。

不相干的偶然现象。这种分配方式就是生产关系本身，不过是从分配的角度来看罢了。"① 从这里，我们不仅没有看到马克思对分配正义的放低，相反的确能够发现，他已不再局限于消费领域来讲述分配正义，而是将视野推进到了生产领域。这一看似一小步的推进，却是正义研究之思路的一次重大切换，这使马克思在正义研究中思入到历史的深处，也标志着一个新的分配正义之问题域的开显。

马克思在资本主义生产关系之批判中展现其分配正义思想，实质也就是在与共产主义高级阶段这一高历史位阶相比的低历史位阶上，对分配正义原则予以认可。而与共产主义高级阶段这一高历史位阶相比的低历史位阶，除了资本主义社会，还有刚从资本主义社会产生出来的共产主义社会第一阶段。而在这一历史位阶上，马克思同样肯定"贡献"原则，因而也同样持有分配正义基本理念，因为他在《哥达纲领批判》中，批评了"贡献"原则后马上又指出，"贡献"原则的种种弊病："在经过长久阵痛刚刚从资本主义社会产生出来的共产主义社会第一阶段，是不可避免的。权利决不能超出社会的经济结构以及由经济结构制约的社会的文化发展。"②

从这些论述可知，马克思对"贡献"原则的批评与他对这一原则的肯定之间，并不存在必然的矛盾。这不仅是因为，这两者对应着不同的历史位阶，因而采纳不同的衡量标准，而且也是因为，相互之间在精神实质上有相通之处，即都追求分配上的平等主义。由马克思对"贡献"原则的批评可见，马克思在分配上的最终诉求，就是结果上的平等，即如他在《德意志意识形态》中所说："共产主义的最重要的不同于一切反动的社会主义的原则之一就是下面这个以研究人的本性为基础的实际信念，即人们的头脑和智力的差别，根本不应引起胃和肉体需要的差别；由此可见，'按能力计报酬'这个以我们目前的制度为基础的不正确的原则应当——因为这个原理是仅就狭义的消费而言——变为'按需分配'这样一个原理，换句话说：活动上，劳动上的差别不会引起在占有和消费方面的任何不平

---

① 《马克思恩格斯文集》第 8 卷，人民出版社 2009 年版，第 208 页。
② 《马克思恩格斯文集》第 3 卷，人民出版社 2009 年版，第 435 页。

等，任何特权。"① 人们头脑和智力的差别不应引起胃和肉体需要的差别，而劳动上的差别也不应引起在占有和消费方面的任何不平等，正是这种彻底的平等主义祈向，使马克思在批判雇佣劳动关系时，接受了以高标准来看并不正确的"按能力计报酬"即"贡献"原则，因为在"按需分配"还无法实现的历史条件下，"贡献"原则无疑是最能体现平等精神的分配标准。这应当就是马克思在分配正义问题上的真实想法，而由此似乎可以看到，马克思对"贡献"原则的批评及其彻底的平等主义祈向，恰恰可能是他的分配正义的一个隐在的思想和逻辑起点。

不过，从《德意志意识形态》的这段话来看，这个思想和逻辑起点的建立，却又使马克思从一开始，就在超越分配正义的基本理论构架，从而走向一种更为高绝的正义标准，因为马克思在此指出，其彻底的平等主义祈向，是"以研究人的本性为基础的实际信念"，这无非是说，正义的表达也与人的本性链接在一起，除"个人所有权"和"分配正义"，还存在一个系于人之本性的正义规范。这个正义规范，从马克思的相关论述来看，就是"人的自我实现"。

三、人的自我实现与超越性的正义

马克思在批判私有财产关系的语境下处理正义问题，实际也表明，他总体上是站在市民社会之外，是在人类社会的视野内从事这一工作的。而马克思在人类社会的视野内所提出的那些政治价值，往往都具有超越性的精神品格，甚至具有形而上学的思想意味，所以我们对于马克思正义思想的理解，又应当超越习见的正义概念，即超越以物质所得为中心的正义概念，否则，我们可能无法洞观马克思的全部正义思想，甚至可能会将其大大矮化。而在超越于习见正义概念的基点上，我们发现，马克思正义思想最高层面的内容，就是"人的自我实现"。系于个人所有权以及分配正义，

---

① 《马克思恩格斯全集》第3卷，人民出版社1960年版，第637—638页。

不能不说也承载着人的自我实现的精神意蕴，因为人的自我实现少不了对基本权利的认可，以及对基本生存条件的获取。但我们在此所指的人的自我实现，乃对应着马克思所讲的"人的自由而全面发展"，它包含了比权利和物质生存条件更多的内容，而且本身构成了对个人所有权的批判和提升。

这里应当说明，近代自由主义政治哲学家在市民社会的限度之内，在所有权的基点上来开辟正义的研究路径，决定了其所发展的正义概念，及与之相勾连的自由、权利、义务等等概念，大致都与商品生产及物质财富相对应，大致都要依据于所有物和财产的占有关系，来呈示自身的价值意蕴。这一思想史信息，在休谟下面的论述中得到了传达："在人们缔结了戒取他人所有物的协议、并且每个人都获得了所有物的稳定以后，这里立刻就发生了正义和非义的观念，也发生了财产权、权利和义务的观念。不先理解前者，就无法理解后者。我们的财产只是被社会法律、也就是被正义的法则所确认为可以恒常占有的那些财物。"① 休谟在这里，显然就是基于所有物和财产关系，来赋予正义、权利、义务等术语以内容的，这在建立起所有权与正义内在关系之同时，也使立足于财产所有权的正义，成为一个"物权"意义上的法权概念。在罗尔斯那里，正义看似已不能用"物权"概念来概括了，因为在他为可分配的基本有用品开列的清单中，不仅包括收入和财富，也包括权利和自由、机会和权力，但在一个市场社会中，后两组有用品经常与经济利益勾挂在一起，因而其正义并未在实质上超出物权范围。马克思意义上的个人所有权虽然不同于自由主义的财产所有权或自我所有权等范畴，但基本上也可归入到"物权"之列，因为马克思经常批判的是资本家无偿占有工人的"劳动产品"。

问题的关键之处在于：从总体性范式出发来理解现代社会政治价值的马克思，最终要求在超越市民社会的思想范式内，批评"以物的依赖性为基础的人的独立性"。之所以如此，很大意义上是因为，"物性"结构基础上的政治价值在马克思看来是单向度的、贫瘠的，不足以表达人之生存

---

① ［英］休谟：《人性论》下册，关文运译，商务印书馆1996年版，第531页。

结构的全面性和丰富性。马克思自然重视人的基本物质生存条件，这促成他对个人所有权的许可，但自提出"人类解放"概念之后，他更看重的，乃是"建立在个人全面发展和他们共同的、社会的生产能力成为从属于他们的社会财富这一基础上的自由个性"①，这讲的就是人的自我实现而非个人所有权，这是马克思政治哲学最高层面的价值，它实现了由"物权"向"人权"、由"物本"向"人本"的转换。可问题在于：将人的自我实现认定为马克思的一个高位政治价值，从马克思的多处论述来看，应当是没有疑问的；但将之认定为其正义的一个内在范畴，这是否是合法的？答案是肯定的。

在《哥达纲领批判》中，马克思着重提出"各尽所能，按需分配"。我接受埃尔斯特的概括，即这是一个正义的"需求"原则。对于这个原则的理解，我以为，不能围绕着所得物的分配而进行。因为"按需分配"是对体现个人全面发展的共产主义社会高级阶段的一种图绘，而这一社会阶段，是对"以物的依赖性为基础的人的独立性"的最终克服，是要完成对"物权"意义上的正义的最后超越。所以，这个原则讲的恰恰就是"人的自我实现"，这和上文《德意志意识形态》涉及"按需分配"的论述基本一致。金里卡对此，有过类似解读："如果需求被理解成对纯粹的生活必需品的需求，这个原则就不太具有吸引力……事实上，对于马克思而言，人的需求是由于他们'无限可塑的本性'决定的，因此，人的需求包括'在生产和消费上全面展现自己的丰富个性'。"② 如果说我们在此有两个推理条件，即一是直接接受的"这是一个正义原则"，二是"这个原则是讲人的自我实现的"，那么我们自然可以说："人的自我实现"就是一个正义原则。

有人可能会提出质疑，即"需求"原则作为一个正义原则，本身就需要得到证明。若是如此，我们可链接到《资本论》中的下段论述，来进一步给出论证："在劳动强度和劳动生产力已定的情况下，劳动在一切有劳动能力的社会成员之间分配得越平均，一个社会阶层把劳动的自然必然性

---

① 《马克思恩格斯文集》第 8 卷，人民出版社 2009 年版，第 52 页。
② [美] 威尔·金里卡：《当代政治哲学》上卷，刘莘译，上海三联书店 2004 年版，第 342 页。

从自身上解脱下来并转嫁给另一个社会阶层的可能性越小，社会工作日中用于物质生产的必要部分越小，从而用于个人的自由活动，脑力活动和社会活动的时间部分就越大。从这一方面来说，工作日的缩短的绝对界限就是劳动的普遍化。在资本主义社会里，一个阶级享有自由时间，是由于群众的全部生活时间都转化为劳动时间了。"① 马克思在这段论述中并未使用"人的自我实现"这样的术语，但这段论述显然直接涉及"人的自我实现"的内容，即对于强制性劳动的摆脱及由之而来的对于自由活动时间的享用，这类似于马克思提出"按需分配"时所讲的一个情况——强制性分工以及脑力和体力劳动之对立的消失。而摆脱强制性劳动并享用自由活动时间，以马克思之见，有赖于社会劳动的平均分配。无可争辩的事实是，马克思是运用了分配正义的原则来说明"人的自我实现"，由此可推出的结论是，在资本主义社会中，劳动没有在有劳动能力的成员之间平均分配，因而这是不正义的，也就是违背"人的自我实现"之规范的。从这番论证可见，马克思是把"人的自我实现"当成了一个正义范畴。

在上面两个论证中，"人的自我实现"容易被理解成一个"分配"正义的范畴，这是由于第一个论证讲的是按需"分配"，第二个论证中马克思是用分配正义的原则来予以说明的。但我并不同意这种理解，这将会使基于人的自我实现的正义发生降格。马克思以分配正义的原则提供说明是一回事，其本身是否是分配正义的原则是另一回事。人的自我实现是一个超越了物权的高位正义范畴，而分配正义则还是在低一位上来讲的物权正义范畴。放大一点说，人的自我实现作为一个正义范畴，表达的是对人本身的尊重，这是在马克思人类解放的视野内昭显出来的一种规范性内涵，而这种内涵用相沿成习的理解正义的方式，则根本无法理解。

人的自我实现作为一个正义范畴，其实早在马克思写作《1844年经济学哲学手稿》时，就被他用来当作批判资本主义生产非正义性之前设了。马克思这样指出："异化既表现为我的生活资料属于别人，我所希望的东西是我不能得到的、别人的占有物；也表现为每个事物本身都是不同

---

① 《马克思恩格斯文集》第5卷，人民出版社2009年版，第605—606页。

于它本身的另一个东西，我的活动是另一个东西，而最后，——这也适用于资本家，——则表现为一种非人的力量统治一切。"① 马克思在此批判的是异化，而从其对正义的判断上说，则可理解为马克思是在批判资本生产的非正义性，因为这里起码包含了个人所有权原则，即"我的生活资料属于别人"。值得注意的是，马克思并没有仅仅以所得物的不正当占有为据来指出问题，因为异化也包括资本这种非人力量的统治，这也适用于资本家。这也就是类生活的丧失，而这种异化最为根本。因而，如果说马克思批判了资本生产的非正义性，那么其非正义性不仅在于侵犯了个人所有权，而且更在于资本和物质财富遮蔽了类生活，遮蔽了人的独立性和个性，这也就是马克思后来在《共产党宣言》中所直接指出、在《资本论》中也不忘指控的事情："在资产阶级社会里，资本具有独立性和个性，而活动着的个人却没有独立性和个性。"② 很显然，后面一种非正义，即是以"人的自我实现"之规范来判定的。

基于人的自我实现的正义，作为马克思正义结构的最高层次，展示的是马克思正义思想超越性的一面。自由主义者不管是以什么路数来探索正义，都没有超出"应得"的范围。马克思自己系于个人所有权的正义与分配正义，也可按照"应得"的方式来加以理解。对于应得什么，人们自然可以做出多种解释，但在现实性层面上，物质主义的解释毋庸讳言是具有支配性的。基于人的自我实现之正义的超越性就在这里。这个层次的正义根本不能放在"应得"的框架中，以物质主义的方式来解释。它是在马克思政治哲学的总体性视阈内构造起来的，突破了单面的物质主义和单面的伦理道德主义。它传达的是一种理想性的价值观念，具有厚重的精神祈向和深长的形而上学意味，有点接近于柏拉图讲的正义，但比柏拉图讲的远为深刻。

这种高位的正义虽然超越了低位正义原则，但并未消解后者，而是对其进行了提升与转化，所以，不会因为讲人的自我实现就不讲人的权利了，人的自我实现不会将人的基本权利排放在外，而是使人的基本权利在

---

① 《马克思恩格斯文集》第 1 卷，人民出版社 2009 年版，第 233 页。
② 《马克思恩格斯文集》第 2 卷，人民出版社 2009 年版，第 46 页。

内涵上变得更加丰厚。马克思在《共产党宣言》中说的"每个人的自由发展是一切人的自由发展的条件"①，其实也包含着类似的思想，即"一切人的自由"并未消解"每个人的自由"，相反要以它为条件，同时也使它克服了单独讲人的自由时所可能有的缺陷。这说明，系于人的自我实现的高位正义，不仅与系于权利和分配的低位正义完全可以会通在一起，而且会使后者获得一种更具思想穿透力的理解。这是马克思处理正义的高超之处，西方种种正义理论却难以做到这一点。这不但为正义的研究提供了一种别出心裁的理论视角，也有助于我们以一种更为高远的思想眼界，来看待社会发展中的正义事业。

从上文论述可知，马克思正义思想的这三个层次，即个人所有权、分配正义与人的自我实现，虽然处在不同的位阶上，内容也各有分殊，但其本身却不是互为他者、相互隔绝的，而是有一种会通、包容、推递、提升、助长的内在关系。这就使马克思的正义思想成为一个由多重意蕴有机组合而成的立体结构，其内涵丰富而又不失辩证的张力。从这一点来看，马克思虽未像他之前的休谟和之后的罗尔斯那样构建系统的正义理论，但其正义思想却已上升到了比自由主义更高的界面上，更具有理论的解释力和穿透力，其当代的实践性价值更加不可估量。当前政治哲学界，正义研究甚至是马克思主义正义研究，已经出现用西方主流正义话语来作标准的趋势，这不仅会严重遮蔽马克思真实的正义思想，以及其在正义理论史上的独特贡献，而且也注定会影响对马克思政治哲学之当代性思想资源的开发。鉴于这些情况，我们以为，当前的正义研究特别是马克思主义正义研究，应走出西方人所划定的理论图谱，切切实实地回到马克思的语境中，解读其关于正义的基本观点，并在此基础上，思考如何以马克思主义理论为坐标，构建当代中国正义学术话语，关照中国市场化改革的历史进程。

---

① 《马克思恩格斯文集》第 2 卷，人民出版社 2009 年版，第 53 页。

马克思在何种意义上开创了政治哲学的传统

一般而言，我们只有先在地确立一个外部参照系，并与这个参照系进行充分比较，方能辨识出一个理论自成一系、独善其身的要素与特质，从而才有资格将其指示为这种或那种"传统"。现在的问题是：如果认为马克思开创了一种独具特色的政治哲学理论传统，这是就何种参照系而言的？毋庸置疑，这个参照系主要是近代霍布斯、洛克以来所发展起来的以自由主义为代表的西方主流政治哲学，因为从思想史来看，马克思既顺接着自霍布斯、洛克到黑格尔的学术脉络涉入政治哲学问题域，从而与后者在理论兴趣与研究对象上形成不少交集，但又以全然不同于后者的路数和范式来创建其政治哲学，从而在政治哲学史上形成了一次根本性的深化与推进。如果只是注意到马克思政治哲学与西方主流政治哲学之间的理论共享而意识不到它们的差异，则很容易参照后者的理论样本来对前者予以解读，从而不仅无法使马克思政治哲学研究摆脱依傍他者的"附庸"状态，而且也注定会将马克思的真实思想命意遮蔽起来。就此来说，从理论传统的视角，全面揭示马克思政治哲学相对于西方主流政治哲学的异质性理论思路与超越性关系，不仅是一个关涉到如何准确把握思想史关系的一般学术性问题，更是一个关涉到如何准确理解马克思政治哲学乃至全部哲学的思想实质，以及如何开显其当代性价值的重大理论与实践性问题。

一、从市民社会到人类社会

我们虽然可将近代以来的西方主流政治哲学界分为功利主义、自由至上主义、平等的自由主义以及共和主义等各不相同的学思传统与理论流派，但概括地说，这些不同的学思传统和理论流派，大致又都是以权利和自由为价值基点开展政治哲学研究的，权利和自由在此意义上成为西方主流政治哲学的理论中轴。一个值得注意的问题是，人们实际很容易根据这种情况，陷入到对权利和自由的形而上学理解中，由此要么像契约论政治哲学家那样将之证成为由自然法所给定的先验性价值，要么将它们诠释为从自身来获得合法性的独立政治原则，这样便遗忘了对它们的发生学本源和生成基础的追索与探析。进而言之，就发生学本源和生成基础而言，权利和自由并非像边沁所认定的那样，是由成文法所规定和给予的①。情况毋宁是，这些在霍布斯、洛克以来的近现代政治哲学中凸显出来的价值原则和政治规范，正如前文所示，深深植根于市民社会这个现代新生事物之中，故而市民社会才是权利和自由的发生学本源和生成基础。

这里的问题在于，作为一个随着现代商品经济而形成的人类生活组合模式，市民社会的根本利益诉求之一即在于确立人的生存权、劳动权与所有权。所以，只是当市民社会真正从古代和中世纪的那种依附状态中脱颖出来，进而生成为一个不以政治国家为根据、相反政治国家以它为根据的领域之后，权利和自由才会顺理成章地进入到政治哲学家的视野之中，成为他们所普遍关注的最重大论题。这一点，从洛克开始就一目了然地展现在政治哲学的理论叙事当中。在《政府论》中，洛克所着力论证和辩护的

---

① 人们在日常生活中也往往习以为常地认为，权利是法律所赋予的东西，因而是先有法再有权利。但实际上，这两者恰恰构成的是一种相反的关系，即先有权利再有法，权利构成法的基础和内容。这正如黑格尔在《法哲学原理》中所洞见到的那样，"人格一般包含着权利能力，并且构成抽象的从而是形式的法的概念、和这种法的其本身也是抽象的基础。所以法的命令是：'成为一个人，并尊敬他人为人'。"（[德]黑格尔：《法哲学原理》，范扬、张企泰译，商务印书馆1961年版，第46页。）

权利并不是一个抽象的所指,而是具体指涉作为现实市民社会利益诉求的生存权、劳动权与所有权,这也是洛克之后直到黑格尔的政治哲学家以及经济学家们讨论的首要权利。从后来的情况来看,无论是19世纪的功利主义代表人物穆勒,还是当代政治哲学家罗尔斯和诺齐克,他们所论述的权利和自由的覆盖面虽然比之前大了很多,但这只是表明生活在市民社会中的人们对权利和自由的要求随着资本主义国家和法律制度的建立与逐渐完善而在不断向外扩展,市民社会依然是权利和自由的最坚实社会历史基础。

由此观之,近现代西方政治哲学绝不是在一种单纯的概念史和观念史的前后相接与渐次分化中向前推进的,而是基于市民社会的出场与经验性在场这一现代社会历史结构的重大变迁而建构起来并不断发展的。推进一步说,这里所包含的关键信息在于,霍布斯、洛克以降自上而下的政治哲学家不仅是在市民社会的历史与文化背景下,而且也是以市民社会为根本立足点来从各自所属的传统和视界来予以推理的,这是近现代政治哲学研究中容易被人们所忽视、但实则极为重要的一个问题。情形何以如此?

从现实层面来看,市民社会由于是一个以个体的经验性存在为基础的社会组合体,所以借用黑格尔的话来说,生活在这个组合体中的人无不"把本身利益作为自己的目的"①,无不根据主体性或特殊性、为我主义或利己主义的精神性原则来安排自己的各项事务。照此来说,我们自然可以顺理成章地将经典自由主义传统中的洛克、斯密、穆勒及诺齐克等推认为以市民社会为立足点的政治哲学家,原因在于,他们几乎都从"个体自由"这个始源性的逻辑起点出发,遵从严格的"自我决定"原则来构建其各极其致的理论学说,这一做法不仅与市民社会的精神性原则相符合,而且还从理论上对这种原则作出了强有力的辩护。然而,卢梭、黑格尔及罗尔斯等对经典自由主义的理论主张提出反拨的政治哲学家,是否也应被一体划归在以市民社会为立足点的阵营当中?答案无疑是肯定的。因为问题在于:主体性或特殊性、为我主义或利己主义的精神性原则,使得市民社

---

① [德]黑格尔:《法哲学原理》,范扬、张企泰译,商务印书馆1961年版,第201页。

会从一开始就没有展现出洛克所勾绘的那种风平浪静、井然有序的理想性图景，而是使之成为了一个充满各种竞争性和博弈性的利益关系，将自由与平等、个体与群体、特殊性与普遍性等矛盾推向极致的一个领域。这样来看，卢梭、黑格尔、罗尔斯等人相继用"公意""国家伦理"及"公共理性"来克服唯我独尊的主体性或特殊性原则，其旨趣并不在于构建一种根本超越于市民社会经验性存在的理性法则，而是在于用一个统合了自由与平等、个体与群体、特殊性与普遍性的较完整理论框架，从一种较高的理论反思水平来审视和把握市民社会的经验性存在。这说明，他们并没有疏离市民社会的精神性原则，而只是以一种在他们看来更符合道德直觉的理性方式，来补充、修缮和提升这种原则。对于此，我们可以从卢梭的理论文本中找到明确答案。在《社会契约论》中，卢梭这样说道："把我们与社会体联系在一起的那些约定之所以是必须履行的，完全是由于它们是相互关联的，是由它们的性质所决定的：一个人在履行这种约定时，就不可能不是在为他人效力的同时也是在为自己效力。如果不是因为大家把'每个人'这个词理解为他自己，都想到为大家投票也就是在为自己投票，公意又怎么会总是公正的，而且大家又怎么会都希望他们当中的每一个人都幸福呢？这就证明权利平等和它们所产生的正义观念是由于每个人的偏私所产生的，因而也是由于人的天性所产生的。"① 卢梭的这段论述充分表明，他并非像人们通常所理解的那样，是在一个完全不同于洛克的基点上来提出其公意概念并阐发其平等主义的思想观点的。相反，以他之见，"人的偏私的天性"这种在市民社会中起支配作用的东西，恰恰是公意、平等和正义的最坚实前提，所以他所着重思考的问题之一，是如何将自由与平等、个体利益与群体利益很好地整合起来，由此构建一个"人人为我、我为人人"的理想化的社会。由卢梭的范例，我们可以清晰地看到，那些在近现代西方主流政治哲学中具有叛逆品格和批判性精神的理论家，同样站在了经典的自由主义哲学家所持守的市民社会这个立足点上。由此来说，自霍布斯、洛克直到罗尔斯、诺齐克，不管是哪种运思进路和学术

---

① ［法］卢梭：《社会契约论》，李平沤译，商务印书馆2011年版，第35页。

传统中的政治哲学，其工作的最终目标，都在于竭力构建一套契合市民社会的精神性原则和商业社会运作模式的伦理规范和行为规则，进而以此来协调和安顿生活在其中的人们的社会关系。

对于马克思而言，其政治哲学的理论创制则体现出截然不同于西方主流政治哲学的情形。众所周知，在《关于费尔巴哈的提纲》中，马克思是这样表述第十条的内容的："旧唯物主义的立脚点是市民社会，新唯物主义立脚点则是人类社会或社会的人类。"[①] 人们在理解这一表述时，往往以为马克思只是根据市民社会和人类社会来指认新旧两种唯物主义的区别和分野，而一般不会将思维的触角伸向政治哲学问题域。但一则是由于市民社会首先是一个政治哲学的基础性概念，其次才衍生出其他含义，二则是由于马克思的政治哲学与其唯物主义形成的是一种彼此会通而非互为他者的关系，所以与此相应，马克思不但从市民社会对置面上的人类社会这个立足点来建立其历史唯物主义的叙事结构，而且也从这个立足点来确立其政治哲学的思想框架。

这里需先在论明的问题是：不仅近代以来的政治哲学是在市民社会问题域中发展起来的，马克思也是通过研究市民社会而进入政治哲学领域的，市民社会概念亦是通向他的政治哲学的桥梁。比如，当马克思在《〈政治经济学批判〉序言》中强调要根据市民社会来理解法的关系与国家的形式等政治哲学论题时[②]，这一信息就清晰可见地透射了出来。然而，就像研究宗教与信仰宗教是完全不同的两码事情一样，通过研究市民社会来涉入政治哲学，与以市民社会为立足点来为之也是完全不同的两回事情，前者大致来说是一个事实判断，而后者主要是一个价值判断。从事实判断上说，马克思无疑是把市民社会论定为他的政治哲学的一个至关重要的"根"问题，而从价值判断上说，他则要求把政治哲学甚至全部哲学的立足点由市民社会更改为人类社会。不过，这个事实判断与价值判断所指涉的问题虽然并不等同，但却存在一种隐在的因果关系。具体一点说，马克思正是因为在纵深层面上对市民社会予以了探究，他才决然地将政治哲

[①] 《马克思恩格斯文集》第1卷，人民出版社2009年版，第502页。
[②] 《马克思恩格斯文集》第2卷，人民出版社2009年版，第591页。

学及唯物主义建立在了人类社会的价值基点上。

众所周知，马克思对市民社会的研究始自1843年的《黑格尔法哲学批判》。不过，在这部著作中，马克思重点是从本体论上来证立市民社会相对于国家的优先性，而基本没有对市民社会的内在矛盾予以剖析，所以，他此时还不可能提出以何者为立足点的问题。然而，当在《论犹太人问题》《1844年经济学哲学手稿》及《1857—1858年经济学手稿》中对市民社会作出批判性审查并将之推向被告席后，马克思与以自由主义为代表的西方主流政治哲学家在立足点上必然会发生真正分野。具体说来，西方主流政治哲学家们之所以相沿成习地以市民社会为立足点来发展其理论学说，是因为他们始终相信，市民社会是既能满足自我需求、又能满足他人需求，从而实现人与人互利共赢的最佳社会组合模式。不能不说，探寻一个人与人互利共赢的社会组合模式，不仅是西方主流政治哲学各个理论流派的共同旨趣，也是马克思政治哲学的一个重大课题。但在马克思看来，在市民社会的视域和框架内寻求一种人人互利的组合形式，只不过是一个天方夜谭、没有答案的迷梦，原因就在于，市民社会归根结底乃是一个由私人利益所织就、只能形成竞争性与对抗性而非协作性关系的领域，即在市民社会中，"每个人都互相妨碍别人利益的实现，这种一切人反对一切人的战争所造成的结果，不是普遍的肯定，而是普遍的否定"[1]。由此来说，只有跳出市民社会的理论框架，并进入到人类社会的思想界面，才能够实质性地探索出解决个体价值与共同体价值、特殊利益与普遍利益之矛盾的方案，因而也才能够从根本上把握到何为人人互利的最佳社会组合模式及如何通达这一模式的问题，否则，这一问题将永远是无解的。进而论之，在人类社会中之所以能够实现人与人的互利共赢，并非因为这个社会组合模式消解了个体价值而仅仅维护了共同体价值（相反这种情况不是人人互利的生活形式的题中应有之义），而是因为个体价值与共同体价值在其中达到了真正的统一，用马克思的话说就是，"每个人的自由发展是一切人的自由发展的条件"[2]。不过，马克思在这里提到的"每个人"，绝

---

[1] 《马克思恩格斯文集》第8卷，人民出版社2009年版，第50页。
[2] 《马克思恩格斯文集》第2卷，人民出版社2009年版，第53页。

不等同于市民社会中的那个"私利化的每一个人",前者蕴含了比后者远为丰富的思想内容,而这也正是人类社会与市民社会最为关键的界分点。可以说,马克思就是在对市民社会与人类社会的这番审视和比较中,坚定地将后者当作其政治哲学及唯物主义的立足点的。

综合起来,如果将市民社会与人类社会这两个不同的政治哲学立足点视为前后相接的两个不同历史位阶,那么这两个历史位阶之间的关系,就如同黑格尔逻辑学中知性和理性的关系,后者并非构成对前者的全盘否定,而是以前者为坚实的踏脚石到达新位阶的。这种关系直接表明,人类社会既具有超越于市民社会的特质,也具有与市民社会相通的地方。从后一方面来看,马克思确立起来的是一种与西方主流政治哲学在论题上相重合,但在论证方式和理论内核上根本相异的现实性政治哲学话语;从前一方面来看,马克思确立起来的则是一种在西方主流政治哲学视野中完全缺失的超越性政治哲学理论叙事。这就涉及马克思所开创的政治哲学传统的另外两个问题,即一是从自然论证到社会论证,一是从此岸价值到彼岸价值。

二、从自然论证到社会论证

从人类社会与市民社会相通的一面,我们不难发现,近代以来政治哲学反复申述的那些基本价值和论题,如权利、自由、平等、公正等等,也都同样进入马克思的理论视野,成为其政治哲学的研究对象和关键词。仅就这一点而言,马克思政治哲学似乎与西方主流政治哲学并无实质性分歧,故此相对于后者,前者似乎也难以构成一种新的"传统"。但我们要立即指出,对于这些在现代社会中凸显出来的价值和论题,马克思是在一个与西方主流政治哲学完全不同的理论结构中,通过完全不同于后者的方式来进行论证的。具体言之,西方主流政治哲学普遍遵从的是一种自然论证的理论思路,而马克思政治哲学遵从的则是一种社会论证的理论思路。这个情况告诉我们,这两种政治哲学绝不是可以任由人们随意合并的同类项，它们之间的差异在某种意义上说，要远远大于相同之处。

对于西方主流政治哲学的自然论证，我们应当如何理解？如上所述，霍布斯、洛克以来的政治哲学家们之所以将市民社会作为理论创制的立足点，乃是因为市民社会在他们眼中，是实现人人互利共赢的最佳社会组合模式。进一步追索，他们之所以认为在市民社会这个组合模式中，能够实现人与人之间的互利共赢，则是由于权利和自由在他们看来，不是专属这个人或那个人的，而是对每个人来说都是普遍有效的。就此而言，"平等的权利"不仅是洛克、诺齐克等人所代表的经典自由主义的一个立论前提，同时也是全部近现代西方主流政治哲学的一个立论前提。比如说，作为具有显著平等主义倾向的自由主义理论家，罗尔斯所推定的第一个正义原则就是平等权利原则，即"每个人对与其他人所拥有的最广泛的平等基本自由体系相容的类似自由体系都应有一种平等的权利"①，而其推定的第二个正义原则即差异原则，从理论位阶上看则从属于或服务于这个平等权利原则。问题在于，每个人都是以社会人的角色生活在这个世界上的，而且无论是权利、自由还是平等，也都是在人与人的社会关系中提出来的一些价值和原则，它们对于独白或孤立的个人来讲是没有任何意义的。所以，权利本身就是一个复杂的社会政治问题，并且常常会受到一些复杂多变的社会因素的影响，这使得人们在享有或行使权利上未必能够达及平等。为了在理论研究中绕开这个问题，从而使平等的权利成为一个可靠的立论前提，西方主流政治哲学家的通行做法就是将有差别的社会人还原为同质性的自然人，原因是大概只有从同质性的自然人的视点来看，平等的权利才可成为一个不加任何限制或背景性说明就能成立的立论前提。这个做法在霍布斯、洛克以降的契约论传统中体现得尤为明显，因为契约在政治哲学中的本意，是指人们在一个虚拟的原初状态下订立一个一致同意和接受的合约，以便共同确定建构理想的政治和法律制度所需遵循的原则。而从契约的这一本意我们便可推知，政治哲学家们除了将人预设为有共同政治取向和理性能力的、无差别的自然人之外，是没有任何办法来让人信

---

① ［美］罗尔斯：《正义论》（修订版），何怀宏、何包钢、廖申白译，中国社会科学出版社2009年版，第47页。

服，一个关乎政治和法律制度之根本、且又能反映群体意志的原则何以能够在一个虚拟状态下被确定下来。这一点从罗尔斯对原初状态的假定中可以看得一清二楚，因为他在《正义论》中反复重申这样的观点，即处在原初状态中的人们不仅都是有理性的，并且人们的理性认识也基本上是均衡的，所以在正义原则的选择上人们很容易形成"重叠共识"，而不至于出现不可调和的重大分歧。显而易见，罗尔斯的这个观点就是从高度同质化的自然人的角度提出来的，而并未真正将社会历史背景及其牵涉的诸种复杂因素计量进去，虽然他的正义理论在一定意义上，是为了解决自由与平等之间的冲突这个复杂的社会问题。正是在如此这般的意义上，我们认为近代以来的西方主流政治哲学是通过自然论证的方式来建立其理论框架的。

平心而论，这个以自然人为视点、以平等的权利为立论前提的自然论证手法，除了在技术上具有便于演绎、易于推理的好处之外，也蕴含了有进步意义的价值取向和规范性诉求，这主要表现在，人固然总是生活在一定的社会关系之中，由于种种现实社会性因素的渗入，人们也未必能够使平等的权利兑现为一种真实状态，但这绝不意味着不可以将人们置于同等价值标准上予以同等对待，相反，这样做的意义之一在于为修正现实的不平等提供了一个至少是理想性的尺度，而西方政治哲学的自然论证显然就包含了这种意义，原因是它作为一种论证方式，在前提上实际遵从了"平等待人"的基本理念。这个问题从历史性的向度来看则更是一目了然：在西方古代及中世纪存在人身附属关系的社会中，不同的人由于其出生这一不可选择的因素而被先天地安放在不同的社会地位上，所以，不但平等的权利无法成为一个普泛性的政治口号，甚至于连权利都被视为是等而下之的东西。与之两相对照，近代以来政治哲学所奉行的自然论证，即便是在一个虚设的情境中来申述平等的权利这一价值论主张，对于人们深刻检思近代之前具有明显等级关系的社会秩序，进而对于构建符合现代社会价值准则和政治原则的伦理规范体系，也都是一个极为重要的突破口。然而，我们务必指出，如果说自然论证的进步性集中来看主要体现为在理论前提上设立了一个规范性的基准，那么一旦超出这个范围，其进步性就会十分有限乃至会走向其反面。究其原因，是因为权利既然如上所述，本身就是一个复杂的社会政治问题,那么只有从自然论证转向社会论证,在关涉具体社会历史问题的坐标系中研究权利以及自由、平等、公正,才有可能对它们予以通透彻底的理解与把握。否则,不仅无法对这些在现代社会中挺立起来的政治原则和政治价值作出具有历史规定性的解释和说明,而且也注定会使自然论证所蕴含的规范性基准蜕变为毫无效力甚至为相反的东西作隐性辩护的东西。而近代以来以自由主义为代表的政治哲学家们,虽然大都触及到了十分敏感的社会历史问题,甚至于其理论工作的旨趣之一,就在于以同质性的自然人为前设来解决那些敏感的社会历史问题,但由于他们通常是以一种先验的方式,根据某种模式化的程序来处理这些敏感的社会历史问题的,而并没有在一个类似于社会存在论或社会本体论的基础上,从马克思所讲的社会生产关系的视角,去拷问这些社会历史问题所由以形成的历史性背景和制度性原因,所以归根结底,在他们的阐释逻辑中,并不真正存在一个从自然论证向必要的社会论证过渡的环节,而这无疑是其政治哲学在方法论和理论设置上最致命的缺陷之一。

实际上,既然如上所述,近代以来的几乎全部政治哲学都是在市民社会问题域中发展起来的,市民社会问题构成政治哲学的"总"问题或"根"问题,那么能否实现从自然论证到社会论证的革命性转换,从而使后者成为政治哲学的根本学术方法和主导理论思路,在很大程度上取决于政治哲学家们是如何理解市民社会问题的。对于市民社会,马克思在《1857—1858年经济学手稿》中作出过如下著名论述:"我们越往前追溯历史,个人,从而也是进行生产的个人,就越表现为不独立,从属于一个较大的整体:最初还是十分自然地在家庭和扩大成为氏族的家庭中;后来是在由氏族间的冲突和融合而产生的各种形式的公社中。只有到18世纪,在'市民社会'中,社会联系的各种形式,对个人说来,才表现为只是达到他私人目的的手段,才表现为外在的必然性。但是,产生这种孤立个人的观点的时代,正是具有迄今为止最发达的社会关系(从这种观点看来是一般关系)的时代。"①

---

① 《马克思恩格斯文集》第8卷,人民出版社2009年版,第6页。

根据马克思在这里的论述，我们可以看到，市民社会的历史出场与在场，虽然使人摆脱了过去的从属于一个较大整体的依附性关系和不独立状态，并使社会联系的各种形式表现为人们实现私人利益的手段，但这只是市民社会及其所表征的历史时代的一个外在表象而非内在本质，其内在本质毋宁说是由迄今为止最发达的社会联系所指示出来的。以市民社会为立足点的西方主流政治哲学家们，由于并不注重对市民社会问题本身进行反思性探究（当然黑格尔是个例外），所以，他们只能把握到市民社会及其所表征的历史时代的外在表象，而无论如何都到达不了其内在本质的层面。进而论之，他们之所以始终不能从自然论证的理论路数中抽脱出来，与其对市民社会滞留于表象的直观式研究不无相关，这是因为仅从外在表象来看，生活在市民社会中的人无非就是孤立的自然个人而非处在相互联系中的社会人，故而在市民社会的历史地平上所凸显出来的权利、自由、平等、公正等等，牵涉到的也无非就是自然人之间的关系而非真正的社会性政治关系。与西方主流政治哲学家判然有别，马克思则正是在对蕴藏于市民社会中的发达的社会关系及其所指示的内在本质的深刻考索与揭示中，将政治哲学的自然论证理论思路根本性地改换为了社会论证理论思路，并由此大尺度地改写了近代以来政治哲学的学术传统。

不过，推进一步说，马克思将政治哲学的自然论证思路改换为社会论证思路，其对蕴藏于市民社会中的发达社会关系及其所指示的内在本质的揭示只是一个笼统的理由。而如果仅仅局限于这个笼统的理由，我们似乎还不足以将马克思与西方主流政治哲学家完全界分开来，原因是如果由个体利益与群体利益的冲突所造成的竞争性与对抗性关系，乃是市民社会中发达的社会关系的根本表现形式，那么像霍布斯、卢梭、休谟、斯密及黑格尔这样的政治哲学家，实际也都看到了市民社会中个体利益与群体利益的冲突及由此而来的竞争性与对抗性关系。所以，需要追问的更深刻的问题是：马克思与他之前的这些政治哲学家们，分别是如何来解读市民社会中的竞争性与对抗性关系的？可以这么说，马克思之前的这些站在市民社会立足点上的政治哲学家，由于总是将人的利己本性作为一个重要的立论前提和研究的出发点，所以，他们无不将市民社会中的竞争性与对抗性关系解读和解释为人的利己本性的一个自然释放和必然表现形式，并认为国家所应当做的事情，就是从制度上引导或校正人的这种利己本性，使之能够与社会的整体利益相协调。这种解读和解释虽然看似已接入到社会论证的理论思路中来，但实际与这种思路渐行渐远，原因之一在于，人的利己本性归根结底乃是一个人的自然生存层面的问题，而非社会生产关系中维度中的问题。正是因为如此，马克思在《1857—1858年经济学手稿》中，对这种解读方式予以了激烈批评："把竞争看成是摆脱了束缚的、仅仅受自身利益制约的个人之间的冲突，看成是自由的个人之间的相互排斥和吸引，从而看成是自由的个性在生产和交换领域内的绝对存在形式。再没有比这种看法更错误的了。"①

马克思的这个批评实际是要告诉人们，市民社会中的竞争性与对抗性关系的始作俑者，如果不是人的利己本性及因之而来的个体自由这个自然性因素，那么就一定是比这个自然性因素远为深刻的社会性因素。这个社会性因素是什么？根本来看，这个社会性因素就是在市民社会中起支配作用的资本。对于此，马克思是这样指出的："在自由竞争中自由的并不是个人，而是资本。只要以资本为基础的生产还是发展社会生产力所必需的、因而是最适当的形式，个人在资本的纯粹条件范围内的运动，就表现为个人的自由，然而，人们又通过不断回顾被自由竞争所摧毁的那些限制来把这种自由教条地宣扬为自由。自由竞争是资本的现实发展。"②

马克思在此不仅挑明，市民社会中的竞争性与对抗性关系归根结底是由资本所造成的，而且还挑明，由资本所造成的自由竞争又总是以个体自由这个具有欺骗性的形式所表现出来的。这相互粘连的双重信息进而告诉我们，西方主流政治哲学家们如果是因为仅仅抓住了这个外在表现形式才总是以自然个体为支点来论述权利、自由、平等、公正以及道德、伦理等问题，那么，这些显性政治哲学问题实际都与资本这个隐在的权力形式存在本质性而非偶然性的关联，后者才是前者的全部"谜底"，虽然西方主流政治哲学家们并不承认这个事实。

---

① 《马克思恩格斯文集》第8卷，人民出版社2009年版，178页。
② 《马克思恩格斯文集》第8卷，人民出版社2009年版，179页。

由上述问题，我们能够推知，如果说马克思与近代以来的西方主流政治哲学家一样，也对权利、自由、平等、公正等基本命题给予了积极关注和研究，那么他与后者的分野之处就在于，他并不是拘泥于这些政治哲学命题本身来关注和研究这些命题的，而是在政治经济学的视域中，根据历史唯物主义理论方法，借助于"资本批判"这一特定的话语形式来做这项工作的。前一研究方式和学术路数归根到底只是自然论证的一个表现形式，而后一研究方式和学术路数才是马克思确立社会论证理论思路的根本标志。这个独具特色的社会论证方法，既使马克思政治哲学与以自由主义为代表的西方主流政治哲学形成了"划界"，也表明近代以来的全部政治哲学在马克思这里实现了最重大、最根本的学术突破，并取得了最深刻、最彻底的理论形式，因为一旦认识到蕴藏于市民社会中的发达的社会关系的实体性内容即是资本关系，那么"资本批判"这个看似与政治哲学完全无关的话语形式，恰恰就成为了近代以来滥觞于市民社会的政治哲学理论向纵深层面推进时所无法绕开的一个最重要问题。

三、从此岸价值到彼岸价值

如果说从人类社会与市民社会相通性来看，马克思开创政治哲学新传统的一个重要标识就在于实现了从自然论证到社会论证的根本性转换，那么，从人类社会对市民社会的超越性来看，马克思开创政治哲学新传统的重要标识则就在于实现了从此岸价值到彼岸价值的根本性提升。对此，我们应当如何理解？

我们都知道，政治哲学不同于实证性科学，它追求的是"应然"的政治生活状态，因而在本质上它是一种由价值判断所证立起来的规范性理论，疏离了价值判断，它就只能蜕变为政治哲学之外的东西了。从这一点来看，自古代到近现代再到当代的政治哲学并没有实质性的分歧和差异，因为它们都建立在价值论和规范性证明的基础之上。但显而易见，仅仅看到这种同质性，对于深入研究政治哲学是远远不够的，原因是政治哲学的多样化形态及其丰富复杂的理论内容,恰恰展现在不同时代理论家申述价值和规范问题的差异性视界和思路中。现在的问题是,人们一般都会把西方政治哲学的源头追溯到古希腊,但在古希腊时代所建立起来的古典政治哲学与近代之后的政治哲学实际存在不可同日而语的差别。概而言之,前者由于是在一个尘世所不能参与的超感性世界层面上勾绘理想政治图景的(柏拉图的《理想国》是个突出的例子),故此其所申述的都是人们的日常经验所难以把握和达及的价值,如德性、智慧、卓越、崇高、永恒、目的等等。根据其特点,我们可以把这些价值统称为彼岸价值。这些彼岸价值因为具有真理般的不可替代性,所以它们也相应地具有形而上学的意味。它们虽然不是从感性世界中得来的,但可以作为一个母版而为复杂多变的感性世界提供规导(这也是柏拉图的基本想法)。然而,近代以后的西方政治哲学几乎全部颠覆了古典政治哲学的价值及其论证方式,原因是随着商品经济及其质的规定性的市民社会的形成与不断延展,近现代人开始将目光从遥远的理想国转到最直接的经验和感性世界,所以正如卢卡奇所洞见到的,这时"社会存在的所有问题都失去了它们的人的彼岸性"①。与这个状况相顺应,近现代政治哲学不仅不再讲述为古典政治哲学家所尊崇的那些彼岸价值,而且还将之视为怪异的东西予以抛弃,相反,那些反映和表达人们在现实经济、政治、社会生活层面上的利益诉求的价值,如自由、平等、公正、民主等等,成为了政治哲学家们的主要研究对象。这些价值既然是以人们的日常生活为启端并且又要借助于政治和法律制度的中介而落归于人们的日常生活,所以毋庸置疑,它们可被一体归列在此岸价值的范围之内。虽然近现代政治哲学家们常常通过形而上学的方式来证成这些此岸价值,但它们已基本没有了形而上学的神圣性和为他者立法的绝对资格。

虽然古典政治哲学与近现代政治哲学代表了政治哲学史上两种截然不同、各有合法性的阐述价值和规范性问题的路数,但由于人们现在基本上是在罗尔斯《正义论》发表以来所激荡起的学术语境中开展政治哲学研究

---

① [匈]卢卡奇:《历史与阶级意识》,杜章智、任立、燕宏远译,商务印书馆1999第版,216页。

的，所以在理解何为价值和规范问题时，往往又不会联想到古典政治哲学，于是造成了似乎只有霍布斯、洛克以来的西方主流政治哲学才有价值和规范基础的片面认识。① 这种片面认识，不仅不利于从政治哲学史上全面开掘我们在今天可资借鉴与取用的思想资源，也严重影响到对马克思政治哲学的理解，因为人们从人类社会这个立足点上并未发现一种能够将政治哲学证立起来的价值基础和规范性话语，故而也据此否认了马克思政治哲学的基本在场。但很显然，这只是一个用近代以来立足于市民社会的西方规范性政治哲学作标准、基于此岸价值而形成的理解，而如果换用古典政治哲学的标准、基于彼岸价值来加以判断，我们则会得出完全相反的观点，因为在马克思与古典政治哲学之间存在着一种隐微的思想史关联，而这种关联是阐释马克思政治哲学的一个极为重要的突破口。

阿伦特是比较早地认识到马克思与古典政治哲学思想史关联的人。在《马克思与西方政治思想传统》中，阿伦特深刻地指出："我们政治思想传统的发轫显然是从柏拉图和亚里士多德的学说开始的，而且这一传统很明显是在马克思的理论中迎来了它的终结……只是在其发轫和终结时期并不伴有什么变奏。"②

显而易见，阿伦特在此一方面认为马克思终结了从柏拉图和亚里士多德所开始的政治哲学传统，另一方面又认为他实际依然身处这个传统当中，即在这个传统发轫和终结时并不伴有什么变奏。阿伦特这一指认的与众不同与深刻之处，就在于打破了只是根据德国古典哲学、法国政治思想及英国古典经济学来阐释马克思的思维定式，并由此揭示出了从古希腊的肯定到近现代的否定再到马克思的否定之否定的"三段式"思想演进历程。实际上，翻检《资本论》及其相关手稿，我们并不难发现马克思借助于古代人的观点来批判现代人时所折射出的这一"三段式"思想演进历程。比如说，在《1857—1858年经济学手稿》中，马克思就曾这样说道：

---

① 其实，罗尔斯本人也是从霍布斯开始讲述政治哲学的，而古典政治哲学并没有在他所认定的政治哲学谱系中占有一席之地。
② [美] 阿伦特：《马克思与西方政治思想传统》，孙传钊译，江苏人民出版社2012年版，第90—91页。

"古代的观点和现代世界相比,就显得崇高得多,根据古代的观点,人,不管是处在怎样狭隘的民族的、宗教的、政治的规定上,总是表现为生产的目的,在现代世界,生产表现为人的目的,而财富则表现为生产的目的……古代世界是从狭隘的观点来看的满足,而现代则不给予满足;换句话说,凡是现代表现为自我满足的地方,它就是鄙俗的。"① 从这段话我们可以看到,如果现代人将生产作为人的目的及将财富作为生产的目的,已经完全背叛了古代将人作为生产的目的的崇高思想,那么马克思则并非像施特劳斯所以为的那样,在一条所谓"历史主义"的道路上将现代人的做法推向深远,相反,他在这里提出的要求就是通过回归古代而纠正现代人永不满足的鄙俗。

马克思与古典政治哲学的这一思想史关联启示我们,不能像一些当代政治哲学家(如罗尔斯)那样,仅仅从现实性层面上、参照此岸价值来把握人类社会概念,而应当看到这一概念所实际蕴含着的深刻的超越性思想和彼岸价值。如果只是停留在前一思维阶段,我们将缺少把马克思与西方主流政治哲学家区隔开来的充足理由,而只有将思维推进到后一阶段,才有可能再次在"传统"的意义上,洞见到其政治哲学的独特理论见识和卓尔不群的思想气质。问题是,人类社会概念所蕴含的彼岸价值是什么?

阿伦特将这一彼岸价值主要解读为一种与亚里士多德所提的"闲暇"相类比的未来社会的"闲暇"。不过,这个"闲暇"并不是一个具有高度概括性的价值论范畴,它主要指涉一种生活样态,比之更具有概括性的应是与近代以来西方主流政治哲学中的权利和自由完全不同的"自由"概念。理由是,人类社会作为一个马克思所憧憬的未来理想社会形式,换用其他说法,就是"自由人的联合体"或"建立在个人全面发展和他们共同的、社会的生产能力成为从属于他们的社会财富这一基础上的自由个性的历史阶段"等等,而这些说法显然都将自由命定为了核心价值。其实从《1844年经济学哲学手稿》到《资本论》及其手稿,马克思对于这一自由之价值的强调是始终如一的。用作为西方主流政治哲学理论基石的自由概

---

① 《马克思恩格斯文集》第8卷,人民出版社2009年版,第137—138页。

念，自然无法理解马克思所强调的这一自由，因为前者关涉到人们现实权利的获得，是从人们的实际生活经验中直接引申出来的，而后者指涉到人的自我实现的诉求，是对人的解放这一理想性目标的一个综合判断，是高于人们的实际生活经验的。这一自由与古典政治哲学中的德性、智慧、卓越、崇高等虽然具有不同的链接对象，但它们在思想命意上却是基本相通的，都具有超越性的祈向和彼岸价值的共同特征。人们可能以为，如果说古希腊哲学家都是在一种显性的政治哲学层面上来向人们讲述德性、智慧、卓越、崇高的，那么马克思实际并没有植入到政治哲学问题域，或至少以政治哲学所特有的话语和方式来阐发自由这一超越性的彼岸价值，换言之，并不能因为自由与古典政治哲学的超越性价值具有相似性或相通约性，而认为马克思在人类社会的理想性界面上发展了政治哲学。但正如上文所示，市民社会是近代以来几乎全部政治哲学的一个"总问题"，而人类社会虽然根本不同于市民社会，但它是从市民社会问题式中衍推出来的一个处在更高位阶上的概念，所以，我们不仅应当对这个概念作出一种政治哲学的解读，而且应当看到，马克思以其独特的自由为价值基点来诠释这一概念，并非意味着他在与西方主流政治哲学相平行的理论层面来确立政治哲学思想叙事，而是意味着其政治哲学的理论反思水平达到了近代以来的最高点。

我们要着重阐明的问题在于：以此岸价值为落脚点的近现代西方主流政治哲学，大致说来，是以经验主义为前提，并遵从经验主义的思维路数和推理原则而得以开展的。正如黑格尔在《小逻辑》中所指认的："经验的原则，包含有一个无限重要的规定，就是为了要接受或承认任何事物为真，必须与那一事物有亲密的接触，或更确切地说，我们必须发现那一事物与我们自身的确定性相一致和相结合……简言之，在于求得关于当前事物的思想。"① 由黑格尔的这个指认可以推知，建立在经验主义思维前提下的近现代西方主流政治哲学，实际只能达到对有限世界之政治现象和政治事物的解析和说明，而对于马克思所讲的自由及古典政治哲学所讲的德性

---

① ［德］黑格尔：《小逻辑》，贺麟译，商务印书馆1980年版，第45页。

等从属于无限世界的对象，它则是无法把握的。然而，毋庸讳言，一种理论一旦与无限的东西相疏远，其思想性维度就很容易很高处跌落下来。所以，近现代西方主流政治哲学虽然克服了古典政治哲学轻视甚至忽视日常复杂政治的固有缺陷，但也暴露出其在意义世界、终极关怀等问题上的先天不足。对于此，阿伦特也有一个类似的指证：近代以来的政治哲学理论"是一种操作的假说，根据其产生的结果而变化，它的有效性不在于它的启示，而是关系到'它在何种程度上起作用'这样的问题……相对于行动，理性优先，对人类活动作出规则的精神的优先性都丧失了……这个世界及其生活中，无论是哪里，因为人被功能化了，让人惊叹的人的原先最基本的一个特征被完全剥夺了"①。这种情况"以前所未有的程度把我们的生活当做几乎是无意义的东西，把判断作为不能确定的东西，把思维作为浅薄的东西"②。由此来说，自霍布斯、洛克到罗尔斯、诺齐克的政治哲学家们虽然普遍将基于平等权利的公正话语论定为政治哲学的最高知识形式，但与马克思通由终极性的自由这个价值而达到的理论反思水平相比，前者则还处在一个需要提升的较低学术层面。

当然，我们承认，建立一个比近代以来经验性和操作性的政治哲学思维更高的思维界面，进而提升政治哲学的理论反思水平，不仅是马克思，而且也是康德以来德国古典哲学家的一个重大理论课题。比如，康德的物自体概念在某种意义上，就是要解决这个课题。但由于康德在理论理性的界限内否定了物自体的可把握性，所以从这个概念几乎不能推出类似于马克思自由的高位价值。康德虽然在实践理性领域赋予了道德以一种高于经验原则的地位，但正如阿伦特所指出的，这个道德只是一种封闭的"驾驭和限制人类自身理性精神的力量"③，所以也并不能真正为经验原则树立一个标尺，从而有效克服后者所可能具有的偏蔽与不足。黑格尔借助于辩证

---

① ［美］阿伦特：《马克思与西方政治思想传统》，孙传钊译，江苏人民出版社2012年版，第112—113页。
② ［美］阿伦特：《马克思与西方政治思想传统》，孙传钊译，江苏人民出版社2012年版，第127页。
③ ［美］阿伦特：《马克思与西方政治思想传统》，孙传钊译，江苏人民出版社2012年版，第112页。

法推进了康德所提出的问题,认为"再也没有比物自体更容易知道的东西"①,并由此把握到了与马克思的自由相通约的自由以及精神、上帝等无限世界的对象。但我们知道,政治哲学是探寻"什么是最好的政治秩序"的学问,所以在本质上它从属于创造性的实践哲学而非认知性的理论哲学,构造的是朝向未来而非面向过去的理论空间。而黑格尔由于将理论活动视为"黄昏到来才会起飞的密纳发的猫头鹰",故此,其所讲的自由、精神与上帝等只是在认识论领域超越了经验性知识,在实践哲学领域我们则看不到这种超越。康德与黑格尔的范例说明,即便是德国古典哲学不无深刻的批判性和反思性理论进路,也并没有将近代以来的政治哲学实质性地引向更高的思维水准,并由此独辟蹊径地进行政治哲学的理论创制。与康德和黑格尔相比,马克思的自由是针对人在世俗市民社会中的生存结构而提出来的一个高位价值,它既具有物自体超凡脱俗的精神性意义,也并非神秘莫测、不可把握的东西;它绝不仅仅是历史存在中供人们认知的理性法则,更是改造现实政治秩序和塑造未来理想政治生活的模板。从这个情况来看,近代以来的政治哲学毋庸置疑也只是到马克思这里才得到了根本性的改写,由此上升到了一个前所未有的理论至高点上。

从市民社会到人类社会,从自然论证到社会论证,从此岸价值到彼岸价值,这三个重大转换一体表明,马克思在政治哲学史上的确开创了一种与以自由主义为代表的西方主流政治哲学迥然有异的理论传统,并由此打开了政治哲学研究的全新学术空间。如果说人们在开展马克思政治哲学研究时,往往不太重视考究不同政治哲学的理论殊异与传统归属这个前提性问题,而是习惯于套用罗尔斯、德沃金、诺齐克等主流政治哲学家所提供的现成理论模版来注解马克思,那么,只有廓清马克思所开创的政治哲学传统的边界、论域及其牵涉的重大学术和实践意义,才能够使马克思主义政治哲学成为一个在研究对象、学术问题及理论方法上皆趋于明朗的研究领域。

---

① [德] 黑格尔:《小逻辑》,贺麟译,商务印书馆1980年版,第126页。

马克思政治哲学的传统及其推延

只要对政治哲学的发展历史稍作检视就会看到，各种政治哲学理论之间无论存在什么样的勾连和同质，它们也往往是在互不相同的情境和传统中形成和推进的，正是彼此的殊异，才使得每一种政治哲学都能够在思想史的链环上凸显出来，不至于掩蔽在他者的范式之下而失去光芒。既然如此，从事政治哲学研究的一个重要前提，就应当是像麦金太尔在描绘正义的理论图谱时所做的那样，保持一种相对清晰的"划界"意识，即厘清研究对象的传统归属，确定研究对象的理论边界。这种划界对于马克思主义政治哲学的研究而言，似乎是尤为迫切的，因为一个毋庸讳言的事实是，既往的学术探讨未必自觉地在马克思与其对话者乃至对置者之间加以区分，这在实质上造成了视线混乱，遮蔽了由马克思所开辟的政治哲学传统的独特思想意义，限制了理论阐发向纵深推进的可能性。

一、自由主义界域之外的马克思政治哲学

麦金太尔指出，当代社会中的每一种政治哲学传统，"都明确地或含蓄地提出它们的主张，在一个制度化的框架之内，它们大部分由自由主义的假设明示，这使得自由主义的影响超出其明确倡导的效果之外……自由主义当然以许多伪装形式出现在当代的论战之中。而在这样做的时候，它们通常是在论战中先发制人，通过重新阐述与自由主义发生的各种争吵和冲突而取得成功。因此，这些争吵和冲突似乎已经变成了自由主义内部的

论战。"① 麦金太尔所指证的情况，也就是将马克思的政治哲学与他者的政治哲学加以混淆的最主要范例。这一范例的基本定式，即在于自觉不自觉地将马克思的政治哲学安放于自由主义的理论框架内予以判断和审理，使自由主义的话语体系覆盖在马克思的理论之上，使其成为马克思主义政治哲学"披挂"出场的合法外衣。比如说，分析的马克思主义之代言人柯亨，就是借着当代西方自由主义尤其是自由至上主义的基本话语系统及论证路径来诠释马克思的正义理论的，因为柯亨从马克思的正义理论中解读出的"自我所有权"，实质是他从诺齐克那里得来的一个命题，虽然他常常基于一种平等主义的立场来批评诺齐克。② 柯亨的做法不是个案，20世纪70年代以来直到今天的政治哲学讨论，在很多时候都是这样做的，因为这些讨论很大程度上就是在西方新自由主义及其对话者的影响、引导下开展的。即便像美国学者布雷克特所说，当代政治哲学的蓬勃发展除广泛的正义研究的驱促之外，还受动于人们对马克思理论的兴趣，但是人们所使用的概念、所运用的基本推理手法，却始终被自由主义政治哲学之手所牵动。我们就此试问：这样的学术定式对于理解马克思的政治哲学，在多大程度上是合法的？

从哲学史上看，马克思是接着近代自由主义理论家来讲述政治哲学问题的，所以在马克思与近代自由主义之间予以打通，就可以防范马克思政治哲学研究中的"突兀"与"非此即彼"，进而有助于我们在蕴涵着丰富思想质料的"历史性"维度内来深层次地理解这一学术对象。不过应注意的是，马克思对于近代自由主义的承接，更多是在问题本身上，而并非是在对于问题进行阐发的路向和思想范式上。从对于问题进行阐发的路向和思想范式上说，马克思的政治哲学与近代自由主义的政治哲学形成了根本性的分殊，以至于它们在很多节点上是难以通约的。例如，近代自由主义在政治哲学层面讨论的"自我"问题，到了马克思这里没有戛然而止，而

---

① [美]阿拉斯戴尔·麦金太尔：《谁之正义？何种合理性？》，万俊人等译，当代中国出版社1996年版，第511页。
② 参见李佃来：《"正义"的思想谱系及其当代构建——从马克思到分析的马克思主义》，载《学术月刊》2012年第11期。

是依然为马克思所关注、所思索，但毋庸置疑，马克思在激进政治理论层面对于"自我"所作的批判性审视，与近代自由主义要么眷注于个体感官，要么眷注于私己财产而对其作出的阐述，是大相径庭、分道扬镳的，这在一个微观的断面上折射出马克思政治哲学与近代自由主义政治哲学的根本分殊。诚恳地讲，但凡对西方哲学史有一定了解的人，是不难发现这两者之间的根本分殊的。中心的问题是：马克思为何要以不同于自由主义者的方式和范式来创构政治哲学？

说起来，近代自由主义的政治哲学是一个很大、很宽泛的范畴，涉及个体与群体、权利与义务、自由与平等、特殊性与普遍性等凡此种种的诸多理论命题。这些命题似乎难以用一个统一的理论框架来予以概括，但从深层的问题意识看，它们基本上都是围绕着个人与政府、社会与国家之关系而提出来的。或者反过来说，正是因为个人与政府、社会与国家之关系在近代西方社会的彰显，才使得洛克、康德、休谟、斯密以及黑格尔等人，在己所认定的思想维度内，对上述理论命题作出不尽相同甚至截然相反的判断与回答。由于个人与政府、社会与国家之关系的形成与彰显，反映的乃是近现代西方市民社会的重大历史出场，所以浓缩地看，涵盖诸多理论命题、包含诸多理论扇面的近代自由主义政治哲学，实质是在市民社会这一现实的依托点上得以建构起来的，实质是以哲学的方式来回应市民社会的历史出场及由之而形成的历史转折。

在这一理论与现实的呼应上，近代自由主义理论家并非是以对市民社会釜底抽薪式的诘难与批判为旨归来进行政治哲学创造的，毋宁说，他们创造政治哲学的根本旨趣，在于顺乎近现代市民社会历史出场的基本趋势，为市民社会的历史出场所催生的社会新秩序构建新的思想教义和价值体系，为市民社会在经济上的对应形式即商业社会之发展鸣锣开道。这一政治哲学的旨趣，既鲜明地体现在霍布斯、洛克为人的"自我保存"以及"生命、自由、财产"等权利所作的论证中，也鲜明地体现在边沁、密尔为人的"最大幸福"所作的辩护中，因为这些契约论哲学家和功利主义理论家，从各不相同的向度强化了市民社会的内生性原则，为市民社会的合法性在理论上提供了强有力的证明，这是有利于资本主义商品经济的发展的。而休谟、卢梭、康德以及黑格尔等哲学家，虽然强调对人的利己心和自然权利的约束，崇尚正义、公意、公共权利以及普遍伦理，但他们这样做的目的，乃在于通过为个体自由和个体权利设限而保障普遍自由和普遍权利的实现。这是对市民社会狂热的利己主义的克服，从理论上说就是修缮市民社会的价值体系，推动市民社会价值体系的内在转化，而不是要从根本上触动、置换这种价值体系。显然，这也没有脱离上述政治哲学的根本旨趣。所以一言以蔽之，近代自由主义是在市民社会的限度之内来提出政治哲学的问题，进而在这一限度之内来构造政治哲学的理论体系的。

到了马克思这里，情形发生了质的变化。马克思毋庸置疑是非常注重对市民社会进行研究的。根据他自己的记述，市民社会是他创立历史唯物主义的一个重要起点和支点；而他的政治哲学的研究，应当说也是依托于对市民社会之矛盾的审理与把握，这呈现出从近代自由主义政治哲学到马克思政治哲学的连续性。但这种状况并不表明马克思像自由主义那样，是在市民社会限度之内来提出和检思政治哲学问题的，因为在一个矛盾丛生的现代市民社会的历史地基上进行哲学的创造是一回事，是否将市民社会的资本生产作为一个静止的抽象物来看待，是否依从于与市民社会相呼应的那些历史和政治原则是另一回事，它们并不等同。《黑格尔法哲学批判》的写作使马克思从直接的政治批判转向社会批判之后，他就开始在对现实生活和经济生产的历史思入中检阅、反诘市民社会中的悖结与冲撞。被黑格尔描述为"个人私利的战场"的市民社会，在马克思看来，是一个"把他人和自己都降低为工具"的领域。在这个领域中，"任何一种所谓人权都没有超出利己主义的人，没有超出作为市民社会的成员的人，即没有超出封闭于自身、封闭于自己的私人利益和自己的私人任意行为、脱离共同体的个体。在这些权利中，人绝对不是类存在物，相反，类生活本身，即社会，显现为诸个体的外部框架，显现为他们原有的独立性的限制。把他们连接起来的唯一纽带是自然的必然性，是需要和私人利益，是对他们的财产和他们的利己的人身的保护。"[①] 面对这样一个充满分化与异化的市民

[①] 《马克思恩格斯文集》第1卷，人民出版社2009年版，第42页。

社会，黑格尔试图通过构建理性的伦理国家来实现古典城邦与现代自由的融合，这至多是一种运用精神现象学来大尺度地缝合市民社会之价值裂痕的方案，并未在资本现象学的意义上洞思商品生产的社会与权力本质，因而并未在制度的驳难上向前多走一步，为激进的青年黑格尔左派以及马克思主义者留下了批判的空间；而马克思则要求在揭示商品生产之内在机密的前提下消灭市民社会的私有财产制，要求"在批判旧世界中发现新世界"，这与黑格尔隐秘的非批判的实证主义，与其隐在地捍卫资本主义生产关系形成了鲜明对照，这也构成马克思政治哲学的根本问题意识之一。这一问题意识说明，马克思虽然依傍着对于市民社会的考察来说明现代人的政治生存、揭示现代社会的政治机理，但他又是在超越市民社会的前提下，是站在市民社会之外来对现代人的政治生存和现代社会的政治机理予以说明与揭示的，这与近代自由主义的政治哲学研究定式显然发生了根本分野。

推进一步看，马克思政治哲学与自由主义政治哲学发生分野，关涉到马克思在激进批判的路向上实现的从政治解放到人类解放的重大超越。政治解放表征的是市民社会的解放，它使自由、权利、平等、正义等成为掷地有声的价值理念，使人的政治生命构架与古代社会以及中世纪相比更加完善，这激发了自由主义者的理论兴趣，使自由主义者始终拘泥于政治解放的视阈去进行政治哲学的推理。马克思关注的最高层面的价值，是人的自我实现、人的自由而全面发展。但因为政治解放并非消灭市民社会的私有财产制，相反拥立并保存了它，所以自由、权利、平等、正义等自由主义者津津乐道的、系于政治解放的诸种价值理念，基本上是围绕着以财产权为核心的所有权提出来的，例如，休谟在构建正义之规则时就说过："我们的财产只是被社会法律、也就是被正义的法则所确认为可以恒常占有的那些财物……正义的起源说明了财产的起源。"① 进而论之，在所有权的基点上构建正义之类的价值规则，从马克思讲述的人之历史发展的阶段来看，只是与"以物的依赖性为基础的人的独立性"相对应，甚至只是反

---

① ［英］休谟：《人性论》下册，关文运译，商务印书馆1996年版，第531页。

映了"资本的独立性和个性",而完全没有接合到"人的独立性和个性"上来,这离马克思关注的价值层面还很遥远。所以马克思强调,应将政治解放推进到消除人的全面异化、实现人的全面发展的人类解放,应从人类社会的视野来反观市民社会的局限并对其予以批判,唯其如此,政治哲学的研究才是充分的、深入的、有穿透力的。这也就是马克思在《〈黑格尔法哲学批判〉导言》、《论犹太人问题》等早期文本中提出的重大理论课题,而马克思1844年之后的政治哲学研究,其实就是环绕这一理论课题而开展的,这使其政治哲学的理论建构,始终处在一个超越于近代自由主义的思想视域内。

马克思既然是在超越于近代自由主义的思想视阈内建构政治哲学,那么其政治哲学理论就不会止于"构建"、"补充"、"修缮"现代市民社会的价值体系,毋宁说,这一理论的基本思想求取,链接于"批判"、"革命"以及"重建"的历史叙事,因而它具有自由主义政治哲学并不具有的批判精神、实践品格和形而上的思想特质。马克思在政治经济学的研究中指证异化与剥削,以及将自由主义所鼓吹的平等、正义诸理念置放在被告席上予以诘难与挞伐,就体现了其政治哲学强烈的批判精神;马克思将自己的新唯物主义指定为"改变世界"的哲学理论,又将这种哲学理论看成是无产阶级的强大思想武器,就将其政治哲学的实践品格淋漓尽致地展现出来。马克思通过批判旧世界而去发现新世界,以及通过预设新世界的思想意识而去扬弃旧世界的政治法则,就是其政治哲学形上特质的一个有力佐证。马克思政治哲学由于兼批判精神、实践品格和形上特质于一体,所以将理想与现实、理论与实践、彼岸与此岸、形上与形下贯通起来。这不仅昭显了马克思政治哲学作为一种理论形态在政治哲学史上"独善其身"的要素与特点,使其与近代自由主义政治哲学明显地区隔开来,而且也钦定了20世纪马克思主义政治哲学发展的特定路径,使列宁以及西方马克思主义等的政治哲学创造,与马克思的理论活动自上而下地衔接为一体。因为如果浓缩起来,马克思在市民社会之外、在人类解放的高度上所开创的政治哲学传统,始终存在理论维度与实践维度的张力,那么后来的马克思主义哲学家在这二重维度内所作的努力,就会与马克思的政治哲学形成

"代际呼应",从而将这一哲学之传统推延下去。

二、列宁与政治行动主义

马克思在自由主义界域之外所创立的政治哲学,随着第二国际理论家对马克思著作或经济决定论或修正主义的诠释而被遮蔽了起来。因为,考茨基、拉法格等人从经济决定论的向度来诠释马克思,导致了对马克思理论话语之规范性和超越性的打压乃至删除,这使人们难以将马克思的哲学确证为一种政治哲学;而人们即便要从政治哲学的维度来对马克思的思想作出理解,也很容易受到经济决定论的诱导,从而误以为马克思是在经济生产和物质财富的座架内来提出问题的。至于在经济决定论的对立面上表达另类观点的第二国际理论家伯恩施坦,虽然在其对马克思经济学著作所作的道德解释中,隐藏着一种将政治哲学释放出来的理论冲动,但实质上他使马克思的政治哲学歧变为了指向社会改良、与自由主义相会通的理论范式,从而以一种"修正主义"的方式,改写了马克思政治哲学的思想逻辑。这两种情况,都使原本意义上的马克思政治哲学处于一种蔽而不显的状态之下,于是如何激活、彰显马克思政治哲学的内在要素,进而推动这一哲学之传统的再创生、再运演,就成为了20世纪初期马克思主义的一个极其重大的理论与实践课题。

最早明确意识到这一课题之重要性,从而突破了第二国际的思维定式、开显了马克思政治哲学之传统的人是列宁。列宁在这方面的贡献主要体现为他在政治行动主义的意义上释放并推动了马克思政治哲学的实践之维,这是其辩证法研究、其对于主体能动性之凸显的一个重大创获。但值得深长思之的是,人们在理解列宁哲学时,常常没有注意其辩证法研究中的这一重大创获,而是相沿成习地从前苏联物质本体论的预设出发,突出列宁在《唯物主义和经验批判主义》中所阐发的唯物主义反映论,突出他所确证的"物质给定性"之于认识过程的主导地位。这种研究定式从《唯物主义和经验批判主义》的内在理论取置来看,可能是妥当的,因为列宁在这一文本中的确隐含地命定了"直观的"、"镜子式的"反映论,而且这一点也遭到过西方马克思主义者的尖锐批评。柯尔施就曾这样批评,列宁及其追随者"把认识仅描绘成主观意识对客观存在的被动的镜子式的反映。这样一来,他们既破坏了存在和意识的辩证的相互关系。而且作为一个必然的结果,又破坏了理论和实践的辩证的相互关系。"①

不过,一味地从本体论和认识论的向度来理解列宁哲学,其哲学的独特性则很有可能进入不了我们的视线之内,这是由于其哲学的独特性不是因其本体论和认识论而凸显出来的,根本地说,是由作为革命家和实践者的列宁所具有的问题意识创生出来的。列宁作为革命家和实践者的中心问题意识,就是如何唤起无产阶级的阶级和革命意识,激活被第二国际的理论阐释所封存的革命的可能空间,使马克思政治哲学的实践品格在新的历史境遇中活化成具体的革命行动。正是出于对列宁这一问题意识的洞察,葛兰西才不止一次明示,在列宁的思想意识深处,有一种强烈的"叛逆",这使列宁一方面在其认识论逻辑中消解主体能动性,另一方面还要去开发这种主体能动性,这才造就了列宁哲学的行动主义之倾向。实质上,在《唯物主义和经验批判主义》中,除了一种消解主体能动性的逻辑构架外,又有一种冲破这种构架,从而显现主体能动性和历史性原则的隐在诉求。列宁的下述说法就清楚地印证了这一点:"马克思和恩格斯和他们的著作中特别强调的是**辩证**唯物主义,而不是辩证**唯物主义**,特别坚持的是**历史**唯物主义,而不是历史**唯物主义**。"② 列宁在这里突出"辩证"和"历史"之措辞,说明他已经开始认识到辩证法和历史性原则在界分马克思创立的新唯物主义和以费尔巴哈的哲学为代表的旧唯物主义中的重要性,开始意识到哲学研究朝向由辩证法开引的主观世界和历史境地所具有的实践性价值。列宁这种重要的认识,随着他对俄国革命情势的审视与把捉而愈加强化,这促成了他1914年前后开始的辩证法研究,最终的成果即是《哲学笔记》。

---

① [德]柯尔施:《马克思主义和哲学》,王南湜、荣新海译,重庆出版社1989年版,第82页。
② 《列宁专题文集》(论辩证唯物主义和历史唯物主义),人民出版社2009年版,第115—116页。

列宁对辩证法的研究,在某种意义上说,是从研习黑格尔的哲学开始的。列宁指出:"如果我没有弄错,那么黑格尔的这些推论中有许多的神秘主义和空洞的学究气,可是基本的思想是天才的:万物之间的世界性的、全面的、活生生的联系,以及这种联系在人的概念中的反映——唯物地颠倒过来的黑格尔;这些概念还必须是经过琢磨的、整理过的、灵活的、能动的、相对的、相互联系的、在对立中统一的,这样才能把握世界。要继承黑格尔和马克思的事业,就应当辩证地探讨人类思想、科学和技术的历史。"① 在这段论述中,列宁既然认为黑格尔以及马克思辩证法的基本思想是"天才的",对于探讨人类思想、科学和技术的历史具有重要意义,那么,这种"天才性"和"重要性"相对于普列汉诺夫和考茨基等人的理论观点来说,就尤为突出。"辩证法也就是(黑格尔和)马克思主义的认识论:正是问题的这一'方面'(这不是问题的一个'方面',而是问题的实质)普列汉诺夫没有注意到,至于其他的马克思主义者就更不用说了。"② 普列汉诺夫、考茨基等第二国际理论家"落后"于黑格尔和马克思的根本方面,在列宁看来,首先也就在于对辩证法的漠视。大部分第二国际理论家着重从自然规律和客观经济结构中寻求历史的动力,而对黑格尔的辩证思维结构少有问津,以考茨基自己的话说就是,马克思和恩格斯"是从黑格尔出发的,我是从达尔文出发的。我所研究的首先是达尔文,后来才是马克思;首先是有机体的发展,后来才是经济的发展,首先是物种的生存斗争,后来才是阶级斗争。"③ "我很早就开始探索一种历史观,但是对于我来说,这种历史观首先是与自然科学思想相联系的,并不是与经济学思想相联系的。当然,社会主义的文献很快就使我意识到了经济因素的意义。随着我的经济学知识的进步,我也一步一步认识到了经济因素对于历史发展的意义,但是我仍然保留着对于历史中的自然因素的兴趣,继续把历史的发展与有机体的发展联系起来。"④

---

① 《列宁专题文集》(论辩证唯物主义和历史唯物主义),人民出版社2009年版,第134页。
② 《列宁专题文集》(论辩证唯物主义和历史唯物主义),人民出版社2009年版,第151页。
③ [德] 考茨基:《唯物主义的历史观》第二分册,上海人民出版社1965年版,第37页。
④ [德] 考茨基:《唯物主义的历史观》第二分册,上海人民出版社1965年版,第26页。

其实，无论是从自然进化论的向度，还是从经济主义的向度来构造历史观，考茨基只要远离了一种辩证的思维，就不可能对主体与客体、能动性和规律性之互动性和张力关系进行精当处理。结果就是，当客观规律之绝对支配地位被无限放大后，主体能动性在历史推动中所能发挥的巨大作用力就被忽略了。列宁对考茨基的批评，实际上就是抓住了这一点。列宁认为辩证法的一个重要维度，即在于讲述了自在之物向为他之物的转化，而这一点是异常深刻的："自在之物一般地是空洞的、无生命的抽象。在生活中，在运动中，一切的一切总是既'自在'，又在对他物的关系上'为他'，从一种状态转化为另一种状态。"①"自在之物"向"为他之物"的转化，是主体对于既在的自然之物的一种克服，因此也就是主体能动性的显现和绽放。这种识见，大概就是列宁辩证法研究最为重要的心得了。主体能动性，在一般意义上就展开为对于世界的创造，也就是，"人的意识不仅反映世界，并且创造世界。"而主体对于世界的创造，从列宁所在的20世纪初的政治语境上说，就是释放革命能动性、进而推进社会主义运动的重大实践问题。从这个视点上说，当考茨基以及普列汉诺夫等人禁锢于一种自然主义的历史观而看不到革命辩证法所蕴涵的政治意义时，社会主义就成了一种宿命，革命实践就变得举步维艰，甚至成了口头上的说辞。列宁、卢森堡以及稍后登场的西方马克思主义者，与第二国际的一个重要界分点也就在此。列宁辩证法研究的伟大贡献之一，就是破解了第二国际所设下的自然进化论的困局，弱化了经济事实在革命中的绝对支配性，凸显了革命主体的自我推动和打破宿命论的可能。列宁之所以能够提出社会主义革命首先会在一国胜利的论见，显然与他对辩证法的深刻理解是分不开的。而十月革命的成功，在实践上证明了列宁论见的正确性，也证明了他的辩证法研究所具有的难以估量的政治实践价值。

我们确认列宁辩证法研究及由之而来的对主体能动性之开掘的意义，乃是为了从一个常被掩蔽起来的视角来彰明并突现列宁政治哲学中实践性

---

① 《列宁专题文集》（论辩证唯物主义和历史唯物主义），人民出版社2009年版，第132页。

的一面，这可能也在一定意义上对有关列宁政治哲学的学术研究作了一种补进，因为人们在论及列宁的政治哲学时，常常是在一种"静时态"中陈述其国家、民主等显在概念，却未必意识到这些概念所背负的深重的实践意蕴，这很容易使列宁的政治哲学变成一种无鲜明问题意识和立场的依附性理论，也看不到从马克思到列宁在哲学传统上的一脉相承。在这一问题上，卢卡奇对列宁的直率总结可以说是无不精到的："简单地说，列宁的这幅肖像可以描绘如下：他的理论力量在于，无论一个概念在哲学上是多么抽象，他总是考虑它在人类实践之中的现实涵义，同时，他的每一个行动总是基于对有关情况的具体分析之上，他总是要使他的分析能够与马克思主义的原则有机地、辩证地结合在一起……他是一位深刻的实践思想家，一个热情地将理论变为实践的人，一个总是将注意力集中于理论变为实践、实践变为理论的关节点上的人。"①

如果说第二国际理论家从实证主义和修正主义的双重路向阻止了马克思开创的政治哲学传统的向前推进，甚至将之直接拉回到近代自由主义政治哲学的水平上，而列宁又通过研究辩证法、释放主体能动性而在实践的路向上解除了第二国际所设下的双重阻碍，使马克思政治哲学的内在要素重新运动起来，那么毋庸置疑的是，列宁的政治哲学不管在多大程度上呈现了 20 世纪和苏俄的特定问题，它也没有脱开马克思开创的政治哲学传统之链环，它在实质上是沿取并推进了马克思政治哲学由于超越自由主义思想范式而确定的革命和实践的维度，这是一种自上而下的实践思维的铺展。用葛兰西的话说，这体现了马克思主义政治哲学从"科学的世界观"到"实际的革命运动"的递进，这是两个相辅相成、并非完全互为他者的部分："对比马克思和伊里奇（指列宁——引注）以造成一种等级差别，这是愚蠢且无用的。他们分别表现了两个阶段：科学和行动，这两个阶段既是同质的，又是异质的。"②

---

① ［匈］卢卡奇：《历史与阶级意识》，杜章智、任立、燕宏远译，商务印书馆 1992 年版，第 29 页。
② ［意］葛兰西：《狱中札记》，曹雷雨、姜丽、张跣译，中国社会科学出版社 2000 年版，第 294 页。

根据这种情况我们可以说,列宁虽然不再像马克思那样通过与自由主义的直接对话乃至对峙来发展政治哲学,因而也不再以肯定或否定的方式来回答环绕市民社会的那些问题,但既然列宁的政治哲学构成了对马克思政治哲学的跟进,那么当20世纪的政治哲学依然以强大的自由主义范式来切入的时候,列宁系于革命实践和政治行动主义的政治哲学理论叙事,实质上还是作为自由、权利、公平、正义等话语的对置面而出场与在场的。这一点,在当代西方从列宁出发的政治哲学探索者那里更为明显地体现出来,因为这样的探索者已不满足于20世纪70年代以来新自由主义、自由至上主义以及社群主义并非关乎制度改造的政治哲学讨论,他们要求"回到列宁",重新开发列宁政治哲学的思想遗产,以此来批判风头劲猛的自由主义政治哲学及其部分回应者,并由此来切近西方国家层出不穷的政治危机导致的民主、革命、工人运动等方面的论题。照此说来,当我们将马克思主义政治哲学研究的视线从19世纪移转到20世纪时,不同政治哲学传统之间的"划界"依然是十分必要的,这起码有助于我们从一个他者的坐标系来参透列宁政治哲学的特定祈向。

三、西方马克思主义与政治形而上学

在20世纪,不仅列宁在激活马克思政治哲学的内在要素上作出了巨大贡献,西方马克思主义也以全面的方式开显了这一被实证主义解释模式所蒙蔽的理论[①]。不过,与列宁侧重于实践维度不同的是,西方马克思主义更主要是从理论维度彰明了政治哲学的内蕴,并由此证成了政治哲学的形而上学,这是西方马克思主义在推进政治哲学的发展上所取得的最重大成果之一。

西方马克思主义这一成果的取得,如同列宁对政治哲学之实践性维度的开掘与推进那样,是反诘、批评实证主义马克思解释学的一个结果。从

---

① 参见李佃来:《西方马克思主义与马克思政治哲学的开显》,载《哲学研究》2012年第10期。

西方马克思主义哲学逻辑的实际运演来看,西方马克思主义哲学家在群体意义上批评实证主义时的根本推论支点,即是总体性范式。卢卡奇、萨特等西方马克思主义哲学家认识到,马克思政治哲学的逻辑是在理论与实践、思想与现实的总体性视阈内厘定的,而不是仅仅系于一种纯粹的政治行动主义。可实证主义的马克思解释者们却不理解这一点,因而执迷不悟地在一种单向度的思维中处理理论与实践、思想与现实的关系,这也就使关系的两方面始终处于一种分解的状态。这很容易让人联想到萨特在批评苏联模式的马克思主义时所指证的情况,即在苏联模式的马克思主义之中,"发生了一种真正的分裂,把理论扔到一边,把实践扔到一边……理论和实践分离的结果,是把实践变成一种无原则的经验论,把理论变成一种纯粹的、固定不变的知识。"①

卢卡奇、萨特等西方马克思主义哲学家强调,实证主义解释者割裂理论与实践、思想与现实的总体性关系,实质是使理论屈从于教条的实践、使思想歧变为僵固的现实。实证主义解释者之所以会犯这样一个错误,在卢卡奇看来,根本上是因为他们纷纷陷入到了"物性"思维结构中,仅仅"在经济生活中的每一个情况、每一个统计数字、每一件素材中都能找到对他说来很重要的事实……他们求助于自然科学的方法,即自然科学通过观察、抽象、实验等取得'纯'事实并找出它们的联系的办法"②。一旦陷入到如此这般的"物性"思维结构中,这些目光短浅的马克思哲学解释者,就完全不可能领会马克思名言的深刻寓意,即"光是思想力求成为现实是不够的,现实本身应当力求趋向思想"③。

从卢卡奇的检思与辩难大致可以洞悉他的这样一种隐微之辞:马克思从来没有粗率地停滞在资本主义静态的经济层面,而是在思想与现实、理论与实践、事实与价值、现在与未来、完成性与未完成性、现实性与非现

---

① [法]萨特:《辩证理性批判》上卷,林骧华等译,安徽文艺出版社1998年版,第22页。
② [匈]卢卡奇:《历史与阶级意识》,杜章智、任立、燕宏远译,商务印书馆1992年版,第52—53页。
③ 《马克思恩格斯文集》第1卷,人民出版社2009年版,第13页。

实性①等张力结构中，揭示作为社会关系和作为权力的资本之实质，这使他的政治哲学理论能够穿透资本主义的经济表象，体察到"通过占有他人劳动而使自己的价值增殖"的资本生产之奥秘，最终提出资本逻辑作为一个活生生的矛盾从确立到解体的辩证法。这样一种隐微之辞，与马克思站在市民社会之外来建构政治哲学的实际进路基本上是相吻合的：当马克思将市民社会及与之相呼应的价值原则当作"被告席"上的陈列品来加以检阅时，他是不会如同古典经济学家那样借助于"显微镜"和"化学试剂"来审视琳琅满目的商品世界的，而是充分运用其"抽象力"来为之，这体现了"理论引导实践"、"思想创制现实"的充分可能性，进而也展示了其政治哲学超越性的一面。反过来说，正是基于这样一种从理论到实践、从思想到现实的超越性运思结构，马克思才实至名归地站在了市民社会之外、推进到了人类解放的制高层面，他也才不顾一切地使用"解构"的手法来处理自由主义者的权利、自由、平等、正义诸种话语。

　　如果说西方马克思主义哲学家在总体性视阈内对理论与实践、思想与现实之关系的重新梳解，大体上昭显了马克思政治哲学中常遭到实证主义者排拒的理论沉思的部分，使马克思政治哲学的理论维度从一种隐在的状态渐变为一种显在的状态，那么我们似乎可以认为，西方马克思主义哲学家已经清楚地意识到，马克思在与市民社会相对置的人类社会高度上、与政治解放相抗衡的人类解放的视阈内提出基本价值理念及基本社会法则，正表明其政治哲学暗含着一种理论沉思、一个理论维度，虽然从第二国际经济决定论到前苏联物质本体论链条上的实证主义者们未必愿意承认这一点。假若情形如此，那么沿取马克思批判精神、跟进马克思哲学的西方马克思主义者，也一定会在理论之凸显的意义上来提炼 20 世纪马克思主义政治哲学的问题，推动 20 世纪马克思主义政治哲学的发展，这也就有一个理论的再创造、再推进的问题。

　　追问起来，这个理论的再创造与再推进，对应着政治形而上学的证立

---

① 参见李佃来：《总体性视阈中的马克思主义政治哲学》，载《武汉大学学报》人文科学版 2012 年第 6 期。

乃至重构，因为正像哈贝马斯说的那样："任何一种具有世界影响的宗教都描绘出一条拯救个体灵魂的特殊途径，比如，佛教提倡苦行，基督教要求遁世。哲学则把沉思的生活，即理论生活方式（bios theoretikos）当作拯救途径。理论生活方式居于古代生活方式之首，高于政治家、教育家和医生的实践生活方式。由于成为了一种示范性的生活方式，理论本身也深受感染；它替少数人打开了真理的大门，对大多数人而言，这扇门却一直都是关闭的。理论要求放弃自然的世界观，并希望与超验事物（Ausseralltae-gliche）建立起联系。"① 可以说，高于实践、具有示范性、起拯救作用、与超验事物建立起联系的理论，与形而上学尤其是祈求政治生存的形而上学是有对等意义的，这也是哈贝马斯在这段话中所要说明的问题。这种理论活动与形而上学追求的对等性，自然不会仅仅适应于古代哲学，也适应于现代哲学，适应于从革命实践的直接关注转向理论运思的西方马克思主义。其实正是在这里，我们看到了海德格尔为马克思主义奠立某种形上基础的良苦用心，也由此获悉了西方马克思主义的这番用意。海德格尔在理解马克思讲的"改变世界"时曾说："在马克思那里谈到的是哪样一种改变世界呢？是生产关系中的改变。生产在哪里具有其地位呢？在实践中。实践是通过什么被规定的呢？通过某种理论，这种理论将生产的概念塑造为对人的（通过他自身的）生产。因此，马克思具有一个关于人的理论想法，一个相当确切的想法，这个想法作为基础包含在黑格尔哲学之中。"② 海德格尔的这种理解，与西方马克思主义对马克思政治哲学之理论沉思的昭显，自然是相暗合、相一致的。于是一个相当可信的推断是，如果说海德格尔一生都在思考形而上学的思想大业、构造形而上学的思想大厦，其对于马克思的理解即是要彰明马克思主义的形上基础，那么这应当也是西方马克思主义的一种群体性理论思路，因此形而上学同样在西方马克思主义的题域中被澄明。所以，只要认真反思一下卢卡奇、萨特以及霍克海默等对理论与实践之关系的界定，只要仔细体会一下柯尔施、哈贝马斯等对

---

① ［德］哈贝马斯：《后形而上学思想》，曹卫东等译，译林出版社 2001 年版，第 31—32 页。
② ［法］F. 费迪耶等辑录：《晚期海德格尔的三天讨论班纪要》，丁耘摘译，载《哲学译丛》2001 年第 3 期。

哲学的执着辩护，就不难发现政治形而上学的诉求对于西方马克思主义而言是无处不在的。① 这大概是西方马克思主义在政治哲学的探索上最具有普泛性因而也体现出高度重合性的理论关切，而这个普泛性的理论关切也反过来维系着政治哲学的确当名分（政治哲学一旦丢却了形上的价值关怀，可能也就变异为政治社会学了），使那些批判的西方马克思主义者始终能够根据自己的论题及眼界开启政治哲学的空间，而不至于将理论思路接入到他者的谱系中，这无形中也就为马克思所开辟的政治哲学传统在20世纪的传布与伸展提供了隐在的但却强大的助力。

四、余论

上文种种论述表明，列宁与西方马克思主义在推进政治哲学上的努力，分别从实践与理论、政治行动与政治形而上学的维度，开显、承续、推延了马克思所开辟的区隔于自由主义的政治哲学传统，使20世纪的政治哲学同样不独以自由主义的方式展现出来，丰富了广义上的政治哲学的理论内涵。这进一步表明，在列宁与西方马克思主义所专注的实践和理论的断面上开展20世纪马克思主义政治哲学的研究，对于摆脱自由主义范式的束缚，对于构筑新的政治哲学讨论平台，以及对于开显、挖掘马克思主义哲学独特的当代性价值等，其意义都是不可限量的。

但与此同时，我们要提出的一个问题是，如若仅仅只是从或实践或理论的向度来理解独辟蹊径的马克思主义政治哲学，可能也会存在极大的局限。这是因为：一方面，将马克思的政治哲学与实践、与革命的理论叙事

---

① 关于柯尔施与政治形而上学的论述，参见李佃来：《"柯尔施问题"的政治哲学求解》，载《马克思主义与现实》2012年第6期。哈贝马斯对于哲学的辩护，集中体现在这样一段论述中："在马克思的理论传统中，每当人们倾向于压制哲学问题，而有利于科学的科学理解时，滑入拙劣的哲学中去的危险就特别大。早在马克思的著作中就已经出现了历史哲学的遗产有时不加反思就起作用的现象；这种历史客观主义首先渗透在第二国际的进化论中，例如在卡尔·考茨基的著作中，以及在辩证唯物主义中。因此，当我们今天重新接受历史唯物主义的社会进化的基本观点时，须特别谨慎。"（［德］哈贝马斯：《重建历史唯物主义》，郭官义译，社会科学文献出版社2000年版，第4页）

连接起来加以考量，从目前人们对马克思的谈论来看，应当说是一件非常容易上手的事情，因为人们早已习惯于在"实践"的名下来描绘马克思的哲学；而马克思的形象正像恩格斯反复告诫人们不要忘记的那样，"首先是一个革命家。他毕生的真正使命，就是以这种或那种方式参加推翻资本主义社会及其所建立的国家设施的事业，参加现代无产阶级的解放事业，正是他第一次使现代无产阶级意识到自身的地位和需要，意识到自身解放的条件。斗争是他的生命要素。很少有人像他那样满腔热情、坚忍不拔和卓有成效地进行斗争。"① 但是，看到马克思政治哲学的实践性、革命性，并不意味着把握到了其深刻的思想性，相反在此问题上的偏执，可能会使学术理解与本真的状况渐行渐远。不得不说的是，当实践、阶级、斗争、革命等被当作经验主义、实用主义术语来加以认定的时候，我们不仅无法洞悉马克思超越自由主义的根据因而也无法质询其政治哲学与近代自由主义政治哲学的分野，而且也很容易让他的政治哲学背负上"恶名"，从而限制对其思想意义的开发。另一方面，马克思政治哲学的旨趣既然不在于构建、修缮市民社会的价值体系，而在于解构、倾覆这种价值体系，那么它深刻的思想性一定是在社会关系批判、资本逻辑批判中展现出来的，其形而上学也一定是在把握现实市民社会的冲突、现实生产关系的矛盾基础上构造起来的，正如人类解放是针对政治解放的限度而提出来的。这样一来，只是一味地突出理论悬思和形而上学冥想而忽略马克思社会生产关系和资本逻辑批判的重大意义，则也可能像实证主义者那样埋没马克思政治哲学深刻的问题意识，使马克思在历史性视阈内提出的价值原则歧变为超历史的政治理念，使马克思的实践思维蜕化为理论思维，使马克思混同于他所批评的那些只知道解释世界的哲学家，自然也包括一心想为现代商业社会确立价值原则、编构思想体系的自由主义政治哲学家。

基于这两方面的情况，我们以为，要真正领略马克思在自由主义边界之外开创的政治哲学传统的思想技艺，就应当在哲学史的整体意义上而不是在分门别类的意义上，来理解20世纪列宁与西方马克思主义的政治哲

---

① 《马克思恩格斯文集》第3卷，人民出版社2009年版，第602页。

学创获。唯其如此，我们才可能实至名归地对接到马克思实践与理论、形下与形上相互兼合的政治哲学逻辑中来，获知其与近代自由主义划定"楚河汉界"的原由与界标；也只有这样，我们才可能在解读前贤的基础上开引出一条精巧的、并非被流习的学术话语所左右的政治哲学探发进路。舍此，我们可能自以为本着明确的"划界"意识辨识出了马克思那异质于自由主义、具有范式转折意义的政治哲学，但却会在不经意间将马克思的政治哲学又拉回到近代自由主义的老路上去，使其深邃的"内部反思"变成轻描淡写的"外部反思"；我们可能自以为站在了自由主义政治哲学的大门之外，不再被自由主义"正义之论"所随意牵引，但却会不知不觉地重新迈入自由主义的门槛，依旧援用西方话语体系中"自由"、"平等"的基本参数来建立政治哲学的理论坐标。

第三篇

马克思政治哲学与历史唯物主义

论历史唯物主义与政治哲学的内在会通

在传统马克思主义哲学理解体系中，历史唯物主义是以自然主义为逻辑基始建构起来的，这导致历史唯物主义只强调历史规律的基础性意义，而忽视了自由、权利、平等、道德、公正等政治哲学问题的价值。中国学术界近些年通过批判传统马克思主义哲学理解体系，将这些过去被忽视的政治哲学问题推向了学术前台，从而开创了别开生面的马克思主义政治哲学的研究，但有不少学者认为，历史唯物主义与政治哲学是马克思哲学中互不相关的两个部分，并不能将它们作为同类项合并在一起。其实，之前的做法和之后的观点殊途同归，都将历史唯物主义与政治哲学分隔开来，甚至于将它们对立起来。但是，深入考索马克思的历史性文本会发现，历史唯物主义与政治哲学并不是互为他者乃至相互对立的，而是内在会通在一起的。澄明这两者之间的内在会通关系，既能加深对马克思政治哲学的理解，又能推动对其历史唯物主义的研究。

一、历史唯物主义与政治哲学以自然为共同起点

在《在马克思墓前的讲话》中，恩格斯不无恳切地指出："正像达尔文发现有机界的发展规律一样，马克思发现了人类历史的发展规律，即历来为繁芜丛杂的意识形态所掩盖着的一个简单事实：人们首先必须吃、喝、住、穿，然后才能从事政治、科学、艺术、宗教等等；所以，直接的物质的生活资料的生产，从而一个民族或一个时代的一定的经济发展阶

段，便构成基础，人们的国家设施、法的观点、艺术以致宗教观念，就是从这个基础上发展起来的，因而，也必须由这个基础来解释，而不是像过去那样做得相反。"① 恩格斯在这段话中集中指认了马克思的第一大发现，即他发现了人类历史的发展规律。众所周知，马克思这一发现上升到理论层面，也就形成了历史唯物主义。而根据恩格斯这里的指认，马克思之所以能够创立历史唯物主义，是因为他揭示出了在过去被各种各样的意识形态所遮蔽的一个简单道理，即人们首先必须吃、喝、住、穿，然后才能从事其他活动。这也就是说，马克思的历史唯物主义是从人们的吃喝住穿等基本的生活需求开始讲起的。马克思和恩格斯在《德意志意识形态》中创立历史唯物主义时，其实就反复重申过这一点。比如，他们曾这样指出："我们首先应当确定一切人类生存的第一个前提，也就是一切历史的第一个前提，这个前提是：人们为了能够'创造历史'，必须能够生活。但是为了生活，首先就需要吃喝住穿以及其他一些东西。因此第一个历史活动就是生产满足这些需要的资料，即生产物质生活本身，而且，这是人们从几千年前直到今天单是为了维持生活就必须每日每时从事的历史活动，是一切历史的基本条件。"② 我们知道，人们需要吃喝住穿是人的自然属性，因而，历史唯物主义从人们的吃喝住穿开始讲起，也就意味着它是从人的自然属性开始讲起的，自然也便构成了历史唯物主义的逻辑起始点。马克思的下段论述，实际就比较明确地表达了这一观点："全部人类历史的第一个前提无疑是有生命的个人的存在。因此，第一个需要确认的事实就是这些个人的肉体组织以及由此产生的对其他自然的关系……任何历史记载都应当从这些自然基础以及它们在历史进程中由于人们的活动而发生的变更出发。"③

厘清了自然作为历史唯物主义的逻辑起始点之后，我们接下来要指认的观点是，马克思不仅以自然为逻辑起始点创立了历史唯物主义，同时，他也以此为逻辑起始点开引出了政治哲学，因而在马克思那里，历史唯物

---

① 《马克思恩格斯文集》第3卷，人民出版社2009年版，第601页。
② 《马克思恩格斯文集》第1卷，人民出版社2009年版，第531页。
③ 《马克思恩格斯文集》第1卷，人民出版社2009年版，第519页。

主义与政治哲学是在同一个起点上发展起来的理论内容。在此先要说明的问题是，马克思和恩格斯虽然反复指认过去的理论家都掩盖了人们首先必须吃喝住穿然后才能从事其他活动这一简单事实，但实际从思想史上看，马克思之前的近现代政治哲学家，恰恰就是从类似于吃喝住穿等的自然要求开始阐述其理论观点的，马克思在建构政治哲学上，和他们遵循的是大致相同的思路。追溯起来，以自然为起点发展政治哲学理论，从霍布斯、洛克这些早期契约论哲学家就开始了。众所周知，霍布斯与洛克提出了自然状态理论，而自然状态理论的中心思想，便是认为人们追求快乐和获取利益都是自然正当的，这充分反映了人的自然要求，昭显了人的自然属性。在阐述这一思想的基础上，霍布斯与洛克引申出了权利、自由等近现代政治哲学的基本主题，即在他们看来，既然现代人的这些自然要求都是正当合理的，那么人们也应当无条件地拥有以劳动权和财产权为核心的各种现代权利，这是现代社会自由主题的根本内容。在理论史上，霍布斯与洛克的观点决定性地开启了近现代政治哲学的基本理论逻辑。在他们之后，休谟、黑格尔乃至大部分英国古典经济学家，也都从人的自然需要出发阐述了权利和自由的问题。例如，黑格尔在《法哲学原理》中就着重论述了所有权这个政治哲学概念，而以他之见，所有权是在作为需要和劳动体系的市民社会中生成的，即所有权起源于人们在市民社会中的吃喝穿等需要以及为了满足这些需要而从事的劳动，这个观点几乎就是从洛克及英国古典经济学家那里直接复制过来的。不仅如此，黑格尔还将由需要和劳动而来的所有权提升到人的意志和人格的高度："取得所有权即达到人格的定在……人把他的意志体现于物内，这就是所有权的概念，下一步骤才是这一概念的实在化。"①

对于马克思而言，虽然总体上是在与他之前理论家的对置中来阐发其政治哲学思想的，但洛克、黑格尔等人从自然需求中引申出权利及自由的观点，却在相当大的程度上启发了他。马克思认识到，人们的吃喝住穿等自然需求不仅对于历史发展具有基础性意义，同样对于维系现代人的政治

---

① ［德］黑格尔：《法哲学原理》，范扬、张企泰译，商务印书馆1961年版，第59页。

生命也具有基础性价值。早在《1844年经济学哲学手稿》中，马克思就指出，吃、喝、生殖、居住以及修饰等等，都是真正人的机能，而人们只有在运用这些机能时，才觉得自己是在自由活动。① 在《德意志意识形态》中，马克思甚至这样强调："当人们还不能使自己的吃喝住穿在质和量方面得到充分保证的时候，人们就根本不能获得解放。"② 这些看似简单的指认，却蕴含着马克思的一个巨大的政治发现，此即，从人的自然需求，大致可以梳理出现代人的基本生命要素，进而也可以看到人在政治上所应具有的基本构件。其实，马克思的权利和自由的概念，就是从这个地方开始提出来的。如果说马克思政治哲学的最高问题就是自由问题，那么其所讲的自由不能加以抽象理解，而应看到它至少连接到从满足人的自然需求而开始的劳动、劳动权、财产权等等，即人们是否正当地拥有其劳动权和财产权，是人的自由的基本内核。如果认为马克思的自由概念包含了多个层次的内容，那么这就是其基础层次的内容，我们大致可称之为基础性的自由。不过，很多人并不承认马克思拥有这样一个基础性的自由概念，根据就在于马克思在《论犹太人问题》中，对以财产权为核心的权利和自由予以了激烈批评，如马克思就这样批评道："私有财产这一人权是任意地、同他人无关地、不受社会影响地享用和处理自己的财产的权利；这一权利是自私自利的权利。这种个人自由和对这种自由的应用构成了市民社会的基础。这种自由使每个人不是把他人看做自己自由的实现，而是看做自己自由的限制。"③ 不过细心的研究者会很容易发现，马克思在这里看似是在批评财产权和自由本身，但其实，他是将矛头指向自由主义哲学家以原子式的、自私自利的个人为支点来论述权利和自由的方式，而从人的正当的自然需求衍推出来的财产权，他则是予以认可的。不然，他也不会在《政治经济学批判（1857—1858年手稿）》中这样说道："认识到产品是劳动能力自己的产品，并断定劳动同自己的实现条件的分离是不公平的、强制的，这是了不起的觉悟，这种觉悟是以资本为基础的生产方式的

---

① 参见《马克思恩格斯文集》第1卷，人民出版社2009年版，第160页。
② 《马克思恩格斯文集》第1卷，人民出版社2009年版，第527页。
③ 《马克思恩格斯文集》第1卷，人民出版社2009年版，第41页。

产物，而且也正是为这种生产方式送葬的丧钟。"① 认识到产品是劳动能力自己的产品，既然在马克思看来是一种了不起的觉悟，那么显而易见，财产权的概念在这里已经内在地确立了起来。而这个内在确立起来的财产权概念，又显然是从作为历史唯物主义逻辑起始点的自然范畴中得来的。

　　进一步说，马克思从人的自然需求而衍推出来的这样一个基础性的权利和自由的概念，在他的政治哲学中具有双重功能，即一是批判的功能，一是建构的功能。就批判的功能而言，当马克思看到，在资本主义社会中工人的基本生活需求无法得到满足，包括生存权、劳动权、财产权在内的这些权利无不被剥夺时，马克思就用"异化"、"剥削"这些耳熟能详的字眼来描绘资本主义生产关系，进而也就形成了他对资本主义社会的深刻批判。马克思是在多个层面上批判资本主义的，而指向自然需求及权利的批判，则是最基础层面的批判，同时也是其对资本主义批判中最实质性的内容之一。基于这个层面的批判，马克思认为工人阶级的解放斗争，应该从夺取经济权利开始，即"工人阶级的解放斗争不是要争取阶级特权和垄断权，而是要争取平等的权利和义务……劳动者在经济上受劳动资料即生活源泉的垄断者的支配，是一切形式的奴役的基础，是一切社会贫困、精神沉沦和政治依附的基础；因而工人阶级的经济解放是伟大的目标，一切政治运动都应该作为手段服从于这一目标。"② 就建构的功能来说，马克思是在比政治解放和市民社会更高的人类解放和人类社会的位阶上，来指认未来社会的发展方向与价值原则的，这涉及他对一个理想的政治模式中哪些价值要素予以确证的问题。在这个问题上，马克思首先明确指出，人类解放和人类社会虽处在一个比政治解放和市民社会更高的位阶上，但这却并不意味着前者要越过后者来加以理解，相反，后者所包含的那些积极的要素，对于前者恰恰也不可缺少。或者更准确地说，人类解放和人类社会是以政治解放和市民社会为基础性阶梯上升到更高位阶上去的，这就好比人们要登上更高的楼层，就必须要经过低一级的楼层一样。而我们都知道，政治解放和市民社会在价值原则上，对应的就是近现代政治哲学家在

---

① 《马克思恩格斯文集》第8卷，人民出版社2009年版，第112页。
② 《马克思恩格斯文集》第3卷，人民出版社2009年版，第226页。

自然的基点上所引申出来的权利和自由,所以据此可知,马克思对于理想政治模式的建构,也是从确证权利和自由开始的(当然不是特殊的权利和自由,而是普遍的权利和自由),因而马克思所描绘的共产主义社会,容纳了由人的自然需求而衍生出来的政治原则。

现在,我们的问题已经一目了然:马克思既然一方面以自然为逻辑起始点发展了历史唯物主义,另一方面又以之为逻辑起始点发展了政治哲学,那么,在同一个逻辑起始点上发展出来的这两种理论,在内容上就根本不可能是相互疏离的,而是彼此之间存在一个很高的思想关联度。过去,人们只将思维的触角从自然的起始点伸向历史唯物主义,而没有看到由之延伸出的政治哲学向度,这无疑会限制人们对这两者之关系的理解。只要我们同时也将思维的触角伸向政治哲学,那么它们之间本然的关系,在我们的视线中就清晰可见了。

二、市民社会概念将历史唯物主义与政治哲学融聚为一体

1859年,在写作《〈政治经济学批判〉序言》时,马克思曾有这样一段记述:"为了解决使我苦恼的疑问,我写的第一部著作是对黑格尔法哲学的批判性的分析,这部著作的导言曾发表在1844年巴黎出版的《德法年鉴》上。我的研究得出这样一个结果:法的关系正像国家的形式一样,既不能从它们本身来理解,也不能从所谓人类精神的一般发展来理解,相反,它们根源于物质的生活关系,这种物质的生活关系的总和,黑格尔按照18世纪的英国人和法国人的先例,概括为'市民社会',而对市民社会的解剖应该到政治经济学中去寻求。我在巴黎开始研究政治经济学,后来因基佐先生下令驱逐而移居布鲁塞尔,在那里继续进行研究。我所得到的,并且一经得到就用于指导我的研究工作的总结果,可以简要地表述如下:人们在自己生活的社会生产中发生一定的、必然的、不以他们的意志为转移的关系,即同他们的物质生产力的一定发展阶段相适合的生产关

系。这些生产关系的总和构成社会的经济结构，即有法律的和政治的上层建筑竖立其上并有一定的社会意识形式与之相适应的现实基础。物质生活的生产方式制约着整个社会生活、政治生活和精神生活的过程。不是人们的意识决定人们的存在，相反，是人们的社会存在决定人们的意识。社会的物质生产力发展到一定阶段，便同它们一直在其中运动的现存生产关系或财产关系（这只是生产关系的法律用语）发生矛盾。于是这些关系便由生产力的发展形式变成生产力的桎梏。那时社会革命的时代就到来了。随着经济基础的变更，全部庞大的上层建筑也或慢或快地发生变革。"①

马克思的这段记述对人们来说或许并不陌生，因为这在学术界，被称为是马克思关于历史唯物主义的"经典表述"。而颇有戏剧性意味的是，正是这个闪亮的"经典表述"的字眼，引诱人们在看到这段话时，总是不由自主地从前往后读，从而将目光聚焦于马克思所提到的"一经得到就用于指导我的研究工作的总的结果"，似乎这样也能直接捕获到历史唯物主义的内容。然而，对于认识历史唯物主义而言，这段记述的"经典"部分，并不在于后半段马克思所表述的"总的结果"，即关于生产力、生产方式、经济基础、上层建筑等的关系的指认，而在于前半段他所回顾的得到这个"总的结果"的研究历程。根据马克思的回顾，他从探询市民社会开始，继而进入政治经济学的领域，最后得到了研究的"总的结果"。因而倒过来解读，马克思历史唯物主义探索之旅的起点，就是对市民社会的研究。这样来看，历史唯物主义的创立不仅如上所示，是从考察人的自然需要开始的，而且也是从考察市民社会开始的，在此意义上，市民社会通达到了历史唯物主义中。市民社会通达历史唯物主义的道路，其实在《德意志意识形态》中马克思早已指认，他甚至在这本创立历史唯物主义的典范作品中直截了当地说，"市民社会是全部历史的真正发源地和舞台"②，并指出，唯物主义历史观"从直接生活的物质生产出发阐述现实的生产过程，把同这种生产方式相联系的、它所产生的交往形式即各个不同阶段上的市民社会理解为整个历史的基础，从市民社会作为国家的活动描述市民

---

① 参见《马克思恩格斯文集》第 2 卷，人民出版社 2009 年版，第 591—592 页。
② 《马克思恩格斯文集》第 1 卷，人民出版社 2009 年版，第 540 页。

社会，同时从市民社会出发阐明意识的所有各种不同的理论产物和形式，如宗教、哲学、道德等等，而且追溯它们产生的过程。"① 马克思的这些论述表明，要把握历史唯物主义的内涵及实质，不能绕过对市民社会概念的考察，市民社会概念是理解历史唯物主义的桥梁。而在这里，我们又会洞悉到历史唯物主义和政治哲学之间的内在会通关系。

问题是这样的：如果仅仅根据马克思上面在《德意志意识形态》中的论述，市民社会看上去，则只不过是历史唯物主义理论体系中的一个内在范畴，就其内涵而言，大致相当于经济基础，而且其所指涉的具体对象，存在于各个不同的历史阶段。如果这样来认识，那么我们并不能从市民社会概念中得到新鲜灵感，进而由此突破对历史唯物主义的传统理解，因为这样来看，马克思只是用"市民社会"这个词汇来代替"经济基础"加以使用而已，而这种词汇的换用，却不会改变历史唯物主义各要素之间的关系。然而，对于马克思文本的解读，在任何时候都应警惕"寻章摘句"所可能导致的偏蔽，因而一定要从总体性的理论语境出发来予以全面把握。由马克思上面在《〈政治经济学批判〉序言》中的记述可知，他的市民社会概念是从黑格尔那里得来的，而在黑格尔那里，市民社会却显然不是一个历史唯物主义的范畴，而是一个纯粹的政治哲学的范畴。黑格尔在其《法哲学原理》一书中，以市民社会范畴为中心，阐述了所有权、意志、人格、道德、伦理、法以及国家等等概念，并由此建立起了一个充满内在张力的政治哲学问题域。化繁为简地说，这个充满内在张力的政治哲学问题域，集中指涉的乃是相互关联的这样两个问题，即一是如何为个体权利和个体自由予以立言，二是如何为普遍伦理和普遍价值加以辩护。放大来看，黑格尔环绕市民社会范畴所提出的这两个政治哲学问题，也大致可以概括整个近现代政治哲学的几乎全部内容。黑格尔之前的近现代政治哲学家，虽然没有提出市民社会这个概念，但其实他们都早已在市民社会的界面上进行理论创造了。如果说市民社会的历史形成，标志着个体权利和个体自由在现代社会的全面出场，那么从霍布斯、洛克一直到黑格尔的

---

① 《马克思恩格斯文集》第 1 卷，人民出版社 2009 年版，第 544 页。

几乎所有自由主义哲学家,都不遗余力地从各个角度,在理论上为个体权利和个体自由提供合法性证明,比如洛克建构财产权理论,就是要做这项工作,这也便回到了上文所指的由人的自然要求引申出权利和自由这个问题上去了。然而与此同时,卢梭、休谟包括黑格尔等哲学家,也深刻认识到了个体利益与普遍利益之间的冲突问题,也正是基于这种认识,他们才分别提出了公意、正义、普遍伦理这些概念,试图以此在理论上,思考如何解决这两者之间的冲突问题。比如,休谟在《人性论》中就曾这样指出,"因为性情和外界条件方面的任何重大变化既然同样地消灭正义和非义,而且这样一种变化所以有这种结果,只是由于改变了我们自己的和公共的利益。因此,必然的结果就是:正义规则的最初确立是依靠于这些不同的利益的。但是,人们如果是自然地追求公益的,并且是热心地追求的,那么他们就不会梦想到要用这些规则(指正义规则—引者注)来互相约束。同时,如果他们都追求他们自己的利益,丝毫没有任何预防手段,那么他们就会横冲直撞地陷于种种非义和暴行。"①

毋庸置疑,从问题所指向的具体现实来看,洛克、休谟等政治哲学家的理论建构,折射出了市民社会这个既隐在又显在的现代事物中的内在矛盾。而当黑格尔明确提出市民社会概念,从而对霍布斯、洛克以降自上而下凸显出来的上述两方面的问题(即证立个体权利和维护普遍利益)予以整体性审视后,市民社会概念的政治哲学意蕴便一览无余地显现出来了。可以说,要理解整个近现代乃至当代政治哲学中的权利、自由、平等、道德、正义诸问题,是无法回避市民社会这个覆盖面更大的基础性政治哲学概念的。问题的关键在于:马克思通过研习黑格尔的法哲学而得到市民社会这个政治哲学的概念之后,虽然在《德意志意识形态》等著作中将之转换为一个与经济基础对等的范畴,但这只是市民社会概念在马克思这里的一种含义,除此之外还有另一种含义,因为尽人皆知,他在《关于费尔巴哈的提纲》中也曾明确指出,旧唯物主义的立脚点是市民社会,而新唯物主义的立脚点是人类社会或社会的人类,而这个作为旧唯物主义立脚点的

---

① [英]休谟:《人性论》下册,关文运译,商务印书馆1980年版,第533页。

市民社会，显然不是一个与经济基础对等的范畴，旧唯物主义不可能以经济基础为立脚点，这是说不通的。毋宁说，这个被马克思视为旧唯物主义立脚点的市民社会，指的是资本主义的生产关系，而这正是整个近现代政治哲学据以立论的那个根本支点，因为当我们说洛克、休谟、黑格尔等人在市民社会的界面上阐述政治哲学问题时，即是指他们在资本主义生产关系这个界面上来为之的。所以，马克思的市民社会概念依然保留了政治哲学的含义，并且更重要的是，这种含义还渗透到对等于经济基础的市民社会范畴中，使之具有了比人们通常所理解的更为丰富的内涵，因为马克思提炼经济基础这个范畴，是通过考察资本主义生产关系而实现的，这体现了马克思所说的那个通过考察现在来理解过去的历史研究的方法，即"人体解剖对于猴体解剖是一把钥匙。反过来说，低等动物身上表露的高等动物的征兆，只有在高等动物本身已被认识之后才能理解。"[①]

这样来看，当马克思指认市民社会是其创立历史唯物主义的起点时，我们无论如何都不能脱离政治哲学的语境来理解这一指认。而只要进入到政治哲学的语境中，我们就会发现，近现代政治哲学家所讲的权利、自由、平等及正义诸问题，也以一种全新的方式出现在了历史唯物主义理论中，因而历史唯物主义已经在最本质的内容上，关涉到了资本主义生产关系中最深刻的矛盾。恩格斯在1877撰写的马克思传略中，其实就婉转地讲述了这一点："这种新的历史观（指唯物主义历史观—引者注），对于社会主义的观点有极其重要的意义。它证明了：至今的全部历史都是在阶级对立和阶级斗争中发展的；统治阶级和被统治阶级，剥削阶级和被剥削阶级是一直存在的；大多数人总是注定要从事艰苦的劳动而很少能得到享受。为什么会这样呢？这只是因为在人类发展的以前一切阶段上，生产还很不发达，以致历史的发展只能在这种对立形式中进行，历史的进步整个说来只是成了极少数特权者的事，广大群众则注定要终生从事劳动，为自己生产微薄的必要生活资料，同时还要为特权者生产日益丰富的生活资料。对历史的这种考察方法通过上述方式对至今的阶级统治作了自然而合

[①] 《马克思恩格斯文集》第8卷，人民出版社2009年版，第29页。

理的解释，不然这种阶级统治就只能用人的恶意来解释；可是这同一种考察方法还使我们认识到：由于现时生产力如此巨大的发展，就连把人分成统治者和被统治者、剥削者和被剥削者的最后一个借口，至少在最先进的国家里也已经消失了；居于统治地位的大资产阶级已经完成了它的历史使命，它不但不能再领导社会，甚至变成了生产发展的障碍，如各国的商业危机，尤其是最近的一次大崩溃以及工业不振的状态就是证明；历史的领导权已经转到无产阶级手中，而无产阶级由于自己的整个社会地位，只有完全消灭一切阶级统治、一切奴役和一切剥削，才能解放自己；社会生产力已经发展到资产阶级不能控制的程度，只等待联合起来的无产阶级去掌握它，以便建立这样一种制度，使社会的每一成员不仅有可能参加社会财富的生产，而且有可能参加社会财富的分配和管理，并通过有计划地经营全部生产，使社会生产力及其成果不断增长，足以保证每个人的一切合理的需要在越来越大的程度上得到满足。"①

恩格斯在这一大段话中，集中讲述了唯物主义历史观在解释社会主义上的意义，实质也是对历史唯物主义的内容所作的一次深刻阐释。在这种阐释中，恩格斯既然将"阶级"、"剥削"、"奴役"、"特权"、"财富分配"以及"每个人的一切合理的需要"等词汇和表述嵌入进来，那就说明历史唯物主义在内容上，既通向了对资本主义最深层矛盾的揭示，也涉及了对理想政治模式的建构问题，这大概是历史唯物主义最本质的理论关切了。而从这个理论关切来看，在历史唯物主义所揭示的必然律中，恰恰蕴藏着一种强烈的冲破必然律的自由。马克思政治经济学的研究，其实尤其能够说明这个问题。如果说马克思的政治经济学是其历史唯物主义理论衍生出来的一个部分，那么在他的《资本论》的写作中，不仅是那些看似是历史唯物主义决定论式的关系起着支配作用，而且权利、平等、正义等政治哲学的话语也起着支配作用，我们甚至可以断定，后者所起的支配作用是超过前者的，因为马克思一切理论创造的旨趣，不在于解释世界，而在于改变世界，如果仅是以决定论式的关系与规律来理解资本主义生产关系

---

① 《马克思恩格斯文集》第 3 卷，人民出版社 2009 年版，第 459—460 页。

及整个历史,那就与只知道解释世界的理论家没有差别了。只有进入到政治哲学的问题域,进而开引出"自由"这一理论维度,改变世界才是可能的。这就是整个《资本论》写作的最后落点,也是历史唯物主义研究的最终指向。理解了这一点,我们就会发现,不仅历史唯物主义在整体上通向了政治哲学,而且其各个构成要素,也完全不像阿尔都塞所说的那样,全都是一些无主体的、结构性的、事实性的东西,而是也都链接到系于价值判断的政治哲学问题上去了。比如说生产力,我们就不能将之理解为一个纯粹事实判断的物的东西,而应看到它是一个带有价值判断的所指,当一种生产方式不但不能促进、反而会阻碍生产力的发展时,生产力的问题就变成政治问题了。正是在这种意义上,马克思才在《德意志意识形态》中说:"没有蒸汽机和珍妮走锭精纺机就不能消灭奴隶制;没有改良的农业就不能消灭农奴制。"①

由这番论述可见,马克思在考察市民社会基础上所创造的历史唯物主义,实质与政治哲学是融为一体的。

三、马克思政治哲学的全部奥秘在于唯物主义历史观

如果说根据市民社会概念来理解历史唯物主义时,需要看到其政治哲学的内容,那么,我们要把握马克思政治哲学的内容及特质,也需要深入领会唯物主义历史观。这是为什么?

在《社会主义从空想到科学的发展》中,恩格斯指认了这样一个情况,即18世纪法国启蒙理论家,曾试图借助于永恒理性和永恒正义的观念,来建构理想的社会政治模式,然而,"这个永恒的理性实际上不过是恰好那时正在发展成为资产者的中等市民的理想化的知性而已。因此,当法国革命把这个理性的社会和这个理性的国家实现了的时候,新制度就表

---

① 《马克思恩格斯文集》第1卷,人民出版社2009年版,第527页。

明，不论它较之旧制度如何合理，却决不是绝对合乎理性的。理性的国家完全破产了。卢梭的社会契约在恐怖时代获得了实现，对自己的政治能力丧失了信心的资产阶级，为了摆脱恐怖时代，起初求助于腐败的督政府，最后则托庇于拿破仑的专制统治。早先许诺的永久和平变成了一场无休止的掠夺战争。理性的社会的遭遇也并不更好一些。富有和贫穷的对立并没有化为普遍的幸福，反而由于调和这种对立的行会特权和其他特权的废除，由于缓和这种对立的教会慈善设施的取消而更加尖锐化了；现在已经实现的摆脱封建桎梏的'财产自由'，对小资产者和小农说来，就是把他们的被大资本和大地产的强大竞争所压垮的小财产出卖给这些大财主的自由，于是这种'自由'对小资产者和小农说来就变成了失去财产的自由；工业在资本主义基础上的迅速发展，使劳动群众的贫穷和困苦成了社会的生存条件。"①

恩格斯在这里的指认，对于理解近现代政治哲学的理论实质，对于理解马克思政治哲学与近现代政治哲学的分野，进而对于理解马克思政治哲学与历史唯物主义的关系，都是富有启发的。众所周知，伏尔泰、孟德斯鸠、卢梭等18世纪法国启蒙理论家，都是那个时代最杰出的政治哲学家。如果说他们的政治哲学思想，集中反映在永恒理性与永恒正义这些观念当中，那么放大来看，这些观念也为16世纪以来几乎所有自由主义政治哲学家以及空想社会主义者反复申说。然而，正如恩格斯在此所指出的，这些美妙动听的政治观念，最后在无休止的掠夺战争中统统落空，这其实并不是因为近现代政治哲学家的理论设计不够精细，就政治哲学而言，在理论设计的精细程度上，应当说马克思远逊于他们，毋宁说原因出在他们没有从根基上去思考理性及正义等观念，这个问题充分暴露了自由主义政治哲学的理论实质及弱点，也使马克思的政治哲学与之界分开来。

人们在学术研究中总是相沿成习地认为，马克思自从与青年黑格尔派决裂之后，就走上了批判理性、正义等的不归道路，因而其思想深处，是拒斥这些观念与概念的，甚至有些人还据此指出，马克思是没有政治哲学

---

① 《马克思恩格斯文集》第3卷，人民出版社2009年版，第526—527页。

的。这些观点看似有文本依据，但实际是十分偏颇，乃至十分错误的。其实马克思素来就重视理性与正义的价值取向，这与自由主义哲学家看上去并无根本不同。他与自由主义哲学家分野之处首先在于，自由主义哲学家是以自然的、抽象的、无差别的、原子式的个人为立论前提，来构设理性、正义这些价值观念的；而马克思则是在考察"处在现实的、可以通过经验观察到的、在一定条件下进行的发展过程中的人"①的基础上，来阐释这些价值原则的。进而言之，自由主义哲学家从来没有想到深入生产关系背后来对这些价值观念予以质询；而马克思则提出，这不仅是考询这些价值观念的唯一正确路径，而且也是理解全部政治哲学问题的唯一正确方式。显而易见，马克思与自由主义哲学家的此番分野，直接涉及的乃是唯物主义历史观所要揭示的问题："唯物主义历史观从下述原理出发：生产以及随生产而来的产品交换是一切社会制度的基础；在每个历史地出现的社会中，产品分配以及和它相伴随的社会之划分为阶级或等级，是由于生产什么、怎样生产以及怎样交换产品来决定的。所以，一切社会变迁和政治变革的终极原因，不应当到人们的头脑中，到人们对永恒的真理和正义的日益增进的认识中去寻找，而应当到生产方式和交换方式的变更中去寻找；不应当到有关时代的哲学中去寻找，而应当到有关时代的经济中去寻找。对现存社会制度的不合理性和不公平、对'理性化为无稽，幸福变成苦痛'的日益觉醒的认识，只是一种征兆，表示在生产方法和交换形式中已经不知不觉地发生了变化，适合于早先的经济条件的社会制度已经不再同这些变化相适应了。"②可以说，正是由于马克思提出了唯物主义历史观，从而厘定了考察历史的正确方法，即通过经济基础来说明上层建筑，到生产方式和经济关系中去寻找社会变迁和政治变革的终极原因，所以他才决定性地开启了考索政治哲学问题的全新道路，并与所有近现代政治哲学家分道扬镳。

经过这般论述，我们实际已经揭开了马克思政治哲学的全部奥秘：马克思之所以在他的著作中，不止一次对理性、道德、公平、正义这些概念

---

① 《马克思恩格斯文集》第1卷，人民出版社2009年版，第525页。
② 《马克思恩格斯文集》第3卷，人民出版社2009年版，第547页。

进行批评，是因为根据唯物主义历史观，"不是意识决定生活，而是生活决定意识"①，而自由主义政治哲学家并不懂得这种历史观，故此误将理性、道德、公平、正义这些并不保留独立外观的概念，说成是永恒的、独立存在的、能够直接改变政治方向和社会走向的意识形态。实质上，就停留于口头的所谓永恒公平来说，"不仅因时因地而变，甚至也因人而异，这种东西正如米尔柏格正确说过的那样，'一个人有一个人的理解'。"② 公平说到底，"则始终只是现存经济关系的或者反映其保守方面，或者反映其革命方面的观念化的神圣化的表现。"③ 因而一言以蔽之，马克思对理性、道德、公平、正义等等进行批评，是针对自由主义哲学家流于表层来申述这些价值规范的非历史主义做法，而显然不是针对这些价值规范的精神旨向。基于这种批评，马克思将自由主义哲学家考辨政治哲学问题的伦理主义视角，顺理成章地转换为历史主义视角，于是马克思政治哲学的全部问题，已经不是要不要理性、道德、公平、正义，而是拷问这些价值规范如何可能，以及怎样将其实现出来的问题了。就此而论，马克思虽然没有像自由主义哲学家那样，精致地构造政治哲学的理论体系，精心地阐述政治哲学的理论概念，但借助于唯物主义历史观，他却在最本质的层面上把握了政治哲学的问题，从而开辟出了政治哲学研究的新理路，开创出了政治哲学研究的新传统。

厘清唯物主义历史观对于深化政治哲学的重大意义，不仅使我们更加清楚地看到了历史唯物主义与政治哲学这两个理论板块相激互融、彼此会通的关系，而且也让我们由此发现了研究马克思政治哲学的正确路径。这就是，只有深刻领会唯物主义历史观对把握意识形态上层建筑的基础性价值，细致考询马克思的政治经济学话语，我们才有可能真正理解他关于权利、自由、平等、理性、道德、正义等的基本观点，明辨他的政治哲学理论的根本特质，否则，不管我们在"马克思政治哲学"的名下进行多少讨论，也可能始终与原本的马克思政治哲学思想失之交臂，甚至于造成讨论

---

① 《马克思恩格斯文集》第1卷，人民出版社2009年版，第525页。
② 《马克思恩格斯文集》第3卷，人民出版社2009年版，第323页。
③ 《马克思恩格斯文集》第3卷，人民出版社2009年版，第323页。

越多,离其原本思想就越远的学术困难。

　　进而论之,这条研究马克思政治哲学的路径,对应到马克思的历史性文本中,我们则就需要指出,探知马克思的政治哲学观点固然不能脱离其早期著作,但马克思转向政治经济学的研究,走上创立历史唯物主义道路之后的著作,才是探究他的政治哲学思想最绕不过的文献。不过人们通常认为,如要了解马克思的政治哲学思想,就只能依托于他的早期著作,后期著作对这项学术工作的意义不大,因为在《黑格尔法哲学批判》、《〈黑格尔法哲学批判〉导言》及《论犹太人问题》等早期著作中,马克思的确重点讨论了政治问题,这是有据可查的。但1844年之后,随着理论兴趣点的转移,马克思从政治批判中抽脱出来,继而转向了经济批判,于是政治哲学的理论逻辑随之退隐,而经济哲学的理论逻辑则随之凸显。所以,与其要从1844年之后的著作中探寻政治哲学,不如从中探寻经济哲学。这种观点貌似依据确凿,因而也不无道理,但其实,却只是一种浮于表面、缺少分析的见解。写作《1844年经济学哲学手稿》伊始,马克思自然开始从政治批判转向了经济批判,但这却并不意味着,马克思已经不再关注政治问题,而只关注经济问题了。我们上文循着市民社会这个概念,已经洞察到马克思《资本论》中的"自由"维度及隐在的政治哲学话语,而这一点,从马克思的研究发生转向的问题意识及唯物主义历史观的启示来看,则更加清晰地呈现出来。

　　马克思明确提出政治批判的任务,是在《〈黑格尔法哲学批判〉导言》中。马克思说道:"真理的彼岸世界消逝以后,历史的任务就是确立此岸世界的真理。人的自我异化的神圣形象被揭穿以后,揭露具有非神圣形象的自我异化,就成了为历史服务的哲学的迫切任务。于是,对天国的批判变成对尘世的批判,对宗教的批判变成对法的批判,对神学的批判变成对政治的批判。"① 马克思在这里是说,德国哲学完成对宗教的批判之后,就应转向对法和政治制度的批判,而这种转向的中心任务,即是揭露具有非神圣形象的自我异化,并由此确立此岸世界的真理。这样来看,马

---

① 《马克思恩格斯文集》第1卷,人民出版社2009年版,第4页。

克思此处所提到的政治批判的实质,就是这种批判的中心任务。可后来马克思发现,非神圣形象的自我异化并非由直接的政治问题所造成,因而此岸世界的真理也不能到直接的政治领域中去寻找;非神圣形象的自我异化毋宁说是由社会经济关系导致的,故此也必须到经济领域中去探寻此岸世界的真理。这自然就是唯物主义历史观要告诉人们的真理,而这也就是马克思转向政治经济学研究的最根本动因。从马克思的这种转向中我们可以洞悉,经济批判的根本目标的确不在于发现客观的规律,而依然在于揭露具有非神圣形象的自我异化,并确立此岸世界的真理,而这不但又回到先前政治批判上来了,而且还根本性地切入到了政治问题中来。因而毋庸置疑,马克思政治经济学研究的主导性理论逻辑,无论如何不可能是经济哲学逻辑,而是政治哲学逻辑。所以反过来说,梳理马克思政治哲学的理论逻辑,不仅应从解读他早期政治批判的文本入手,更应从解读他后来经济批判的文本入手。

从理论史上看,以考茨基为代表的一些第二国际理论家,由于没有理解历史唯物主义与政治哲学之间的关系,没有把握到马克思《资本论》及其手稿中的政治维度,所以将马克思哲学解释为一种经济决定论,由此将政治哲学的理论逻辑严严实实遮蔽了起来;西方马克思主义倒是通过批判经济决定论而全面开显了马克思理论中的政治哲学向度,但大部分西方马克思主义哲学家,也没有认真思考唯物主义历史观的重大启示意义,所以相继从政治经济学的研究中退出,从而执着于意识形态的批判,这又导致他们在对马克思政治哲学的理解上越走越偏。英美学界20世纪60、70年代以来围绕"马克思与正义"问题展开的学术大讨论,第一次在理论史上使马克思主义政治哲学迅速成为显学。但参与和推动这场学术大讨论的学者,无论是否定马克思正义思想的塔克、伍德,还是肯定马克思正义思想的胡萨米、柯亨,也都未看穿政治哲学与历史唯物主义及经济学之间的融通关系,这也制约了他们在"马克思与正义"这个问题上的学术探讨,从而也在不同程度上误读了马克思。

澄明历史唯物主义与政治哲学的内在会通,不仅仅是一个关涉如何在历史文本中理解马克思哲学的重大问题,同时,也是一个关涉如何在当代语境中看待马克思主义哲学各理论内容的关系，从而整体性地推动马克思主义哲学发展的重大问题。如果遵从学术界通常的思维定式，将历史唯物主义与政治哲学看作是互不相关，甚至截然对立的两个部分，那么，当我们说马克思主义哲学的实质是历史唯物主义，或者直接说马克思主义哲学就是历史唯物主义时，马克思主义政治哲学应当摆放于何处，就成了需要着重说明的问题了。其实，这不仅会使马克思主义政治哲学在场的合法性受到挑战，而且也会使包容性很强的历史唯物主义，变成一个排他性的理论，这显然也是极不恰当的。只有将历史唯物主义与政治哲学视为马克思主义哲学中互通互补的两个部分，进而根据每一个部分来理解另一部分，才既能够保证历史唯物主义的理论空间始终向当代的社会实践敞开，从而避免退变为贫瘠干瘪的实证主义话语；又能保证马克思主义政治哲学的理论开展始终坐落于最坚实的历史地平，从而避免歧变为漂浮无根的伦理主义学说。

  不过，进一步说，我们虽然无论从事实上还是从价值上，都应当将历史唯物主义与政治哲学看作是内在互通的两个部分，但却又不能将这内在互通的两个部分看成是一个部分。实际上，两个东西有内在联系是一回事，而将这两个有内在联系的东西当成是一个东西是另一回事，这两者之间的差距是不可不计的。无论是历史唯物主义还是政治哲学，都是当前马克思主义哲学研究中极其活跃的领域，每一领域都应建立起相对独立的理论结构，确立起相对独立的问题界域，形成相对独立的言说方式。所以，不管是将历史唯物主义完全置放于政治哲学的框架中，还是把政治哲学完全置放于历史唯物主义的框架中，都会制约每一理论内容的学术开展，对马克思主义哲学的整体性发展，自然也是极其不利的。

再论历史唯物主义与政治哲学的关系

马克思主义政治哲学是近十年来中国学术界形成的一个前沿和热点领域，相关研究成果如雨后春笋般地涌现出来。我本人也在这个领域做了一些工作，在理解、阐释和构建马克思政治哲学上用力颇多。在推进这个领域的研究中，我与段忠桥教授在"历史唯物主义与政治哲学的关系"这个重大学术问题上存在分歧。我认为历史唯物主义与政治哲学并非互为他者、彼此无关的两个东西，而是存在一种内在互补和会通的关系。在《马克思主义政治哲学研究的两个前提性问题》[①]、《论历史唯物主义与政治哲学的内在会通》[②]等先前的论文中，我提出和论述了这个学术观点。段忠桥教授就《马克思主义政治哲学研究的两个前提性问题》所提出的四点质疑，归根结底就是针对我的这个学术观点。为了进一步论明我的观点，并回应段忠桥教授的质疑，进而将马克思主义政治哲学及历史唯物主义的探究向纵深推进，我在本文讨论四个相互粘连在一起的基础性问题：（1）历史唯物主义的理论实质是什么？（2）何为市民社会？（3）如何理解市民社会与历史唯物主义的关系？（4）为何要从政治哲学视角阐释历史唯物主义？

一、历史唯物主义的理论实质是什么？

段忠桥教授通过界定新世界观、新唯物主义、历史唯物主义等范畴而

[①] 具体参见李佃来：《马克思主义政治哲学研究的两个前提性问题》，载《马克思主义哲学研究·2010》，湖北人民出版社2010年版。
[②] 具体参见李佃来：《论历史唯物主义与政治哲学的内在会通》，载《中国人民大学学报》2015年第1期。

对我提出的质疑,总体关涉到如何把握历史唯物主义的理论实质这个根本问题。我与他之所以对历史唯物主义与政治哲学的关系作出了分歧性的理解,原因之一就在于我们在对历史唯物主义理论实质的把握上存在重大差异。那么,历史唯物主义的理论实质是什么?

众所周知,虽然一提到马克思,人们会立即想到他的历史唯物主义理论,但马克思却从来没有写过一部专门论述历史唯物主义的著作。不过,毋庸讳言的事实是,人们在理解何为历史唯物主义时,通常又会想到马克思在《〈政治经济学批判〉序言》中的如下著名论述:"人们在自己生活的社会生产中发生一定的、必然的、不以他们的意志为转移的关系,即同他们的物质生产力的一定发展阶段相适合的生产关系。这些生产关系的总和构成社会的经济结构,即有法律的和政治的上层建筑竖立其上并有一定的社会意识形式与之相适应的现实基础。物质生活的生产方式制约着整个社会生活、政治生活和精神生活的过程。不是人们的意识决定人们的存在,相反,是人们的社会存在决定人们的意识。社会的物质生产力发展到一定阶段,便同它们一直在其中运动的现存生产关系或财产关系(这只是生产关系的法律用语)发生矛盾。于是这些关系便由生产力的发展形式变成生产力的桎梏。那时社会革命的时代就到来了。随着经济基础的变更,全部庞大的上层建筑也或慢或快地发生变革。"① 由于这段论述长期以来被称为马克思关于历史唯物主义的"经典表述",所以人们也总是根据这段论述来理解历史唯物主义的理论实质。恩格斯在为马克思《政治经济学批判。第一分册》所写的书评中,将这段"经典表述"所阐发的原理进一步概括为"人们的意识取决于人们的存在而不是相反"②,这在人们看来也正是历史唯物主义的理论实质之所在,段忠桥教授显然也是这样来理解的。然而以我之见,这种理解并没有真正把握历史唯物主义的理论实质。

我们知道,前苏东马克思主义解释模式的一个最大缺陷,就是将历史唯物主义作了自然本体论或物质本体论的理解。根据自然本体论或物质本体论,历史唯物主义只是自然唯物主义在历史领域中的推广和运用,所以

---

① 《马克思恩格斯文集》第 2 卷,人民出版社 2009 年版,第 591—592 页。
② 《马克思恩格斯文集》第 2 卷,人民出版社 2009 年版,第 598 页。

重点不是历史而是唯物主义。实际上，如果仅仅停留在"人们的意识取决于人们的存在而不是相反"这个层面来界定历史唯物主义，我们就依然没有摆脱自然本体论和物质本体论的思维定式，因为这种界定必然将思维的触角伸向唯物主义而不是历史。可是，马克思和恩格斯在《德意志意识形态》中批评费尔巴哈时曾这样指出："当费尔巴哈是一个唯物主义者的时候，历史在他的视野之外；当他去探讨历史的时候，他不是一个唯物主义者。"① 列宁在《唯物主义和经验批判主义》也曾指出："马克思和恩格斯的学说是从费尔巴哈那里产生出来的，是在与庸才们的斗争中发展起来的，自然他们所特别注意的是修盖好唯物主义哲学的上层，也就是说，他们所特别注意的不是唯物主义认识论，而是唯物主义历史观。因此，马克思和恩格斯和他们的著作中特别强调的是**辩证**唯物主义，而不是辩证**唯物主义**，特别坚持的是**历史**唯物主义，而不是历史**唯物主义**。"② 马克思、恩格斯以及列宁的这些话直截了当地告诉我们，历史唯物主义的理论实质在于历史而不在于唯物主义，人们通常重视的"社会存在决定社会意识"这一唯物主义原则，实际是随着马克思和恩格斯对历史的深入探究而确立起来的，所以，只有把握住了"历史"这个环节，历史唯物主义的实体性内容及理论实质才有可能展现出来，相反，如果仅仅抓住"唯物主义"一词而遮蔽了历史，历史唯物主义则就很容易被曲解为与之格格不入甚至截然相反的东西。关键是：如何理解历史唯物主义中的"历史"？

毋庸讳言，人们往往会从字面上，将历史唯物主义中的"历史"理解为与自然领域不同的社会历史领域。遵照这个理解，历史唯物主义实际就被先在地界定为"社会历史领域中的唯物主义"，而这个界定显然没有将历史唯物主义与自然唯物主义根本区分开来，因为其所突出的是与自然唯物主义相重合的部分即"唯物主义"，真正从属于"历史"的东西却无法得到凸显。所以在我看来，这里的"历史"主要不是指社会历史领域，而是指社会历史领域的本质。人们是否或在多大程度上理解了历史，自然取

---

① 《马克思恩格斯文集》第1卷，人民出版社2009年版，第530页。
② 《列宁专题文集》（论辩证唯物主义和历史唯物主义），人民出版社2009年版，第115—116页。

决于是否或在多大程度上揭示了历史的本质。在近代以来的经验主义者看来，一个事物的本质也就是在直观经验范围内能够得到确证的东西，所以，历史也就是可以通过直接的事实性材料得到证实的过去人物和过去事件的集合，除此之外的所谓历史都是值得怀疑的。这个观点虽然符合人们对历史的直觉认识，但由于经验主义往往缺少对研究对象的反思性探究，因而，其所看到的历史通常只是一些历史现象而非历史本质。黑格尔在思想史上率先从辩证思维的角度，运用集认识论和本体论于一体的逻辑学来重新理解和建构历史，由此在很大程度上把握到了历史中蕴藏着的丰富复杂的关系，大大推进了对于历史之本质的科学性认知。恩格斯高度评价了黑格尔在认识历史问题上所取得的重大推进，认为黑格尔的思维方式不同于所有其他哲学家的地方，就在于以巨大的历史感做基础。[①] 不过，黑格尔以逻辑来规定历史的做法不管在多大意义上超越了经验主义的历史观，也还无法真正达及历史的本质层面，因为其逻辑学建立的是一种思维与存在的同质性认识结构，故而其所讲述的历史，归根到底是一种由思维和概念所确立起来的精神性的东西，与历史的本质依然相距甚远。马克思和恩格斯实际是在克服经验主义和以黑格尔为代表的唯心主义的基础上理解历史的，所以他和恩格斯在《德意志意识形态》中指认，历史既不是抽象的经验主义者所认定的那种"僵死的事实的汇集"，也不是唯心主义者所认定的那种"主体的想象活动"[②]。如果说马克思和恩格斯的这个指认是要告诫人们，既不能凭借抽象直观、也不能凭借纯粹主观想象来捕获和把握历史的本质，那么在他们的心目中，就只能借助于实践思维这一工具来做这项工作。这不仅是因为实践思维一方面能够克服经验主义和旧唯物主义的抽象直观，另一方面也能够克服唯心主义的纯粹主观，同时也是因为人们总是通过感性实践活动而非其他东西来创造自己的历史并赋予其本质，实践构成了历史的真实发生学本源。马克思和恩格斯在《德意志意识形态》中批评费尔巴哈时，曾反复阐述过这个观点。比如，他们在下面一段批评费尔巴哈的话中，就阐述了这个观点："费尔巴哈特别谈到自然科学

---

① 参见《马克思恩格斯文集》第2卷，人民出版社2009年版，第602页。
② 参见《马克思恩格斯文集》第1卷，人民出版社2009年版，第525—526页。

的直观，提到一些只有物理学家和化学家的眼睛才能识破的秘密，但是如果没有工业和商业，哪里会有自然科学呢？甚至这个'纯粹的'自然科学也只是由于商业和工业，由于人们的感性活动才达到自己的目的和获得自己的材料的。这种活动、这种连续不断的感性劳动和创造、这种生产，正是整个现存的感性世界的基础，它哪怕只中断一年，费尔巴哈就会看到，不仅在自然界将发生巨大的变化，而且整个人类世界以及他自己的直观能力，甚至他本身的存在也会很快就没有了。"①

进一步说，如果正像马克思和恩格斯所指示的那样，只有借助于实践思维这一工具，才能够根本揭示和把握历史的本质，那么实质也只有借助于这一工具，才能够提出并厘定生产力、生产关系、经济基础、上层建筑以及社会发展形态等一系列历史唯物主义的基本范畴，也才能够发现并确立起"社会存在决定社会意识"这一历史唯物主义的基本原理。因为不管是这些历史唯物主义的基本范畴，还是此一历史唯物主义的基本原理，都不是摆在历史平面上的、触手可及的东西，而是只有在历史的本质得以揭示之后才可被把握的东西。经验主义者和唯心主义者之所以都不能提出历史唯物主义的理论观点，原因之一就在于，他们都没有从实践的角度来切近历史，从而都没有真正把握历史的本质。在此意义上，"实践"不仅是通向历史的有效桥梁，而且也是理解历史唯物主义的一个重要切入口，疏离了实践及以实践为中介和本源的历史，我们并不能达到历史唯物主义的思维水平。从这个情况来看，历史唯物主义与其说是一个以"人们的意识取决于人们的存在而不是相反"为原理的理论，倒不如说是一个"从实践来理解历史之本质"的理论，这是因为前一界定只是向我们讲述了一个历史唯物主义的结论性观点，而后一界定却向我们呈示了历史唯物主义的理论前提及理论实质。

从文本的关联性来看，马克思和恩格斯在《德意志意识形态》中所提出的"从实践来理解历史之本质"的理论主张，直接来自于马克思在《关于费尔巴哈的提纲》中所提出的"把感性理解为实践活动"的理论观点。

---

① 《马克思恩格斯文集》第1卷，人民出版社2009年版，第529页。

由此来讲，马克思在《关于费尔巴哈的提纲》第十条中所提到的"新唯物主义"，实际就是他与恩格斯正在创立的历史唯物主义，而不是像段忠桥教授所认为的那样，它是指涉一个与历史唯物主义并不相同的理论。因为如果正如段忠桥教授从《关于费尔巴哈的提纲》第九条和第十条的关系中所推导出的，新唯物主义就是"把感性理解为实践活动的唯物主义"，那么这个新唯物主义，与"从实践来理解历史之本质"的历史唯物主义又有什么区别呢？与此同时，我还认为，恩格斯虽然将《关于费尔巴哈的提纲》指认为包含新世界观的"萌芽"的第一个文件，但由于马克思在这个文件中正式提出了"把感性理解为实践活动"这个极为重要的理论观点，所以这个提纲式的文件，实际已经把新世界观即历史唯物主义最核心的原则提出来了。就此而言，在理解历史唯物主义时，我们就不能仅仅将学术的视线投向《〈政治经济学批判〉序言》中的所谓"经典表述"及与之相类似的结论性话语，而更应当回溯到《关于费尔巴哈的提纲》乃至更早的理论文本，这是从"根"上来把握历史唯物主义的题中应有之义。

二、何为市民社会？

在段忠桥教授对我提出的四点质疑中，包含了一个极其重要的学术概念，这就是"市民社会"。我们之间在历史唯物主义与政治哲学之关系上的学术分歧，在很大程度上也是源自于对市民社会概念的不同理解和界定。

毋庸置疑，在马克思的理论著作和思想结构中，市民社会是一个至关重要的概念，但也是一个复杂多义的概念。追根溯源，市民社会之所以是一个复杂多义的概念，不仅是因为马克思是在不同层面上使用这一概念的，而且更是因为从原本意义来讲，这个概念并非指涉抽象的、实体化的对象，而是关涉和链接到了丰富复杂的历史性叙事与历史性关系，即它原本是一个非实体化的、包含多种意义的历史性概念。学术界在理解和阐释这个概念时，虽然大都注意到了其复杂多义这一点，但往往都没有认识到其与历史之间的关联，由此产生的结果，就是将这个概念不由分说地从具体的历史语境中抽离出来并对其作出实体化的解释，从而将其所牵涉的丰富复杂的历史性内容严严实实地遮蔽了起来。学术界对马克思市民社会概念进行实体化解释的一个通行观点，就是在"物"的意义上或"唯物主义"的视域内，将这个概念所指涉的对象确认为"社会物质关系"或"经济基础"。从段忠桥教授对我的质疑来看，他就是这样来理解和界定的，因为以他之见，市民社会指的就是使社会意识形态得以产生和存在的社会物质关系，具体地说，就是体现资产阶级社会的物质关系。

当然，人们并非无缘无故地在"社会物质关系"或"经济基础"的意义上来理解马克思的市民社会概念，毋宁说这样做是有一定文本依据的。比如说，在《德意志意识形态》中，马克思和恩格斯就曾这样说道："受到迄今为止一切历史阶段的生产力制约同时又反过来制约生产力的交往形式，就是市民社会……从这里可以看出，这个市民社会是全部历史的真正发源地和舞台，可以看出过去那种轻视现实关系而局限于言过其实的重大政治历史事件的历史观是何等荒谬。"① 再比如说，在 1846 年 12 月 28 日写给帕·瓦·安年科夫的信中，马克思还曾这样说道："在人们的生产力发展的一定状况下，就会有一定的交换［commerce］和消费形式。在生产、交换和消费发展的一定阶段上，就会有相应的社会制度形式、相应的家庭、等级或阶级组织，一句话，就会有相应的市民社会。有一定的市民社会，就会有不过是市民社会的正式表现的相应的政治国家。"② 单从马克思和恩格斯的这些话来看，他们的确是在"社会物质关系"或"经济基础"的意义上使用过市民社会这一术语。然而，我始终认为，"社会物质关系"或"经济基础"只是从市民社会的原本含义中所衍生出来的含义，而我们要透彻地理解市民社会概念，无论如何都不能仅仅拘泥于其衍生性含义，而应把握其作为非实体化的历史性概念的原本含义。

要把握市民社会作为一个非实体化的历史性概念的原本含义，就不能仅仅停留在马克思这一个节点上，而应将思维的触角切实伸向关联到马克

---

① 《马克思恩格斯文集》第 1 卷，人民出版社 2009 年版，第 540 页。
② 《马克思恩格斯文集》第 10 卷，人民出版社 2009 年版，第 42—43 页。

思哲学的思想史。从思想史来看，马克思是接着黑格尔来讲述市民社会的，所以要透彻理解马克思的市民社会概念，就不能不深入考察黑格尔对市民社会所作出的界定。

众所周知，黑格尔主要是在《法哲学原理》一书中界定和阐释市民社会概念的。在这部著作中，黑格尔所使用的主要研究方法是辩证逻辑的方法，因而他主要是在其所建立的逻辑学框架中，来界定和阐释包括市民社会在内的一系列理论概念的。需要特别注意的是，由于黑格尔所讲的逻辑并非形式逻辑，而是承担着本体角色和规定着事物之存在的思想逻辑，所以逻辑与历史必然是高度统一而非相互脱节的，逻辑的东西在一定意义上也就是历史的东西。这个情况决定了，黑格尔在《法哲学原理》中所指认和界定的市民社会，从一开始就不是一个抽象的实体化概念，而是一个与历史紧密关联和对接的历史性概念。这一点，从黑格尔对市民社会的如下指认和界定中可以看得一清二楚："市民社会是处在家庭和国家之间的差别的阶段，虽然它的形成比国家晚……此外，市民社会是在现代世界中形成的，现代世界第一次使理念的一切规定各得其所。"[①] 根据黑格尔的这个指认和界定，市民社会虽然从逻辑上说处在家庭和国家之间的差别阶段，但它在形成时间上却是晚于国家，具体一点说，就是在现代世界中才最终形成的。如果说黑格尔在这里是从历史的角度来指认和界定市民社会概念的，那么这个概念所实际表征和刻画的，就是16世纪以来在英法等国所实际展开的资本主义历史，因为黑格尔是在洞观英法资本主义历史进程，以及提炼这一历史进程之内在精神性原则的基础上写作《法哲学原理》并由此提出市民社会概念的，他在上述指认和界定中所提到的"现代世界"，主要就是指走在欧洲历史前列的英法资本主义世界。进而言之，根据黑格尔的界定，这个表征和刻画英法资本主义历史的市民社会，具体是指在现代商品经济中所建立起来的、以需要和满足需要的劳动为起点和中介、以财产关系为根本内容的资本主义生活和生产领域，而这才是市民社会概念的原本含义。从这个含义中，我们所看到的市民社会并不是一个实体化的

[①] [德] 黑格尔：《法哲学原理》，范扬、张企泰译，商务印书馆1961年版，第197页。

"物",而是一种具有历史大跨度的复杂关系性在场、一个标志现代社会之生成的宏大历史性叙事。这说明,市民社会虽然在内容上主要指涉社会物质关系,但这种物质关系所折射出的,却又是在商品经济的浪潮中大踏步向前推进的现代历史及其鲜活生动的历史构件。这样说来,就像历史唯物主义的重心不是唯物主义而是历史一样,市民社会概念的重心也不是物质关系而是历史,后者才是我们理解这一概念时应着力把握的东西。正是在此这般的意义上,我将市民社会认定为一个非实体化的历史性概念。

进一步讲,作为一个非实体化的历史性概念,市民社会又是一个政治哲学的概念。因为在我看来,由市民社会所表征的现代历史,既是一种在商品经济中所凸显出来的"经济的"历史,也是一种关涉到现代伦理观念和政治秩序之构建的"政治的"历史,原因就在于,这个在古代社会并不存在的"经济的"历史的到来,不仅会带来现代社会政治结构的重大变迁,而且也必然会引发人们在政治观念上的重大变革,促使人们不断反思和建立符合现代商品经济之内在要求的政治原则和伦理规则。就此而论,近代以来的各种具有异质性思路的政治哲学理论,如功利主义、自由至上主义、平等的自由主义等等,从来就不是在纯粹学理层面予以建构和向前发展的非历史性的理论,而恰恰是在现代商品经济和市民社会的历史土壤上所孕育出来的历史性的理论,市民社会才是这些理论所共同关涉的一个"根"问题和"原生"问题,而权利、自由、平等、正义、道德、伦理以及法等问题,却是以这个"根"问题和"原生"问题为基础的"次生"问题。这说明,市民社会概念虽然看似与政治哲学关系不大或完全外在于政治哲学,但其所蕴藏的历史性内涵,则注定它在近现代政治哲学中是占据轴枢位置的,即使有些政治哲学家并未直接论及或使用这一概念。

对于上述情况,英国学者伯尔基在梳理近现代自由主义的发展时作过一个指认。如果概括地说,近现代政治哲学的主要理论形式就是自由主义,那么以伯尔基之见,自由主义包含了三个核心概念:一是市民社会概念,二是劳动力概念,三是私有财产概念①。由于伯尔基所指认的"劳动

---

① 参见[英]伯尔基:《马克思主义的起源》,伍庆、王文扬译,华东师范大学出版社2007年版,第67—68页。

力"和"私有财产"并不是与"市民社会"平行存在的概念,毋宁说前两者是从属于市民社会概念的,所以在伯尔基的眼中,市民社会才是以自由主义为主要形式的近现代政治哲学的最核心概念。伯尔基所看到的这个情况,也充分体现在黑格尔的《法哲学原理》中。作为一部政治哲学的著作,《法哲学原理》在篇章结构上包括三个部分:一是抽象法,二是道德,三是伦理,而市民社会则与家庭和国家共同处在伦理篇中。从这种结构安排来看,市民社会似乎并不占据特别显要的位置,至多与抽象法、道德以及伦理篇中的家庭和国家处在同等地位上。然而根据我的解读,在这部政治哲学著作中,最具有轴心意义的概念就是市民社会概念,其他概念实际只有借助于市民社会概念才可得到根本理解。比如说,黑格尔在谈到抽象法时指认:"人格一般包含着权利能力,并且构成抽象的从而是形式的法的概念、和这种法的其本身也是抽象的基础。所以法的命令是:'成为一个人,并尊敬他人为人'。"① 黑格尔的这个指认表明,抽象法的基础和实质在他看来,就是人格和由人格所规定的权利。由于黑格尔所讲的人格和权利并不是跨越历史的绝对抽象普遍的东西,而是近代以来随着市民社会的历史形成而凸显出来的生存原则和政治法则,所以追根溯源,在黑格尔的语境中,抽象法也是以市民社会为历史前提而凸显出来的概念,市民社会概念在此意义上,也便成为通向抽象法的基石。

对于马克思而言,他既然是承接着黑格尔讲述市民社会的,那么在他那里,市民社会首先也是一个非实体化的历史性概念和政治哲学概念,其次才衍生出其他含义。这一点,淋漓尽致地体现在《论犹太人问题》以及《1857—1858年经济学手稿》中。众所周知,贯穿于《论犹太人问题》这个马克思早期思想文本的一个中心概念就是市民社会概念。马克思在其中谈到市民社会时曾这样说道:政治革命"把市民社会分割为简单的组成部分:一方面是个体,另一方面是构成这些个体的生活内容和市民地位的物质要素和精神要素……政治革命把市民生活分解成几个组成部分,但没有变革这些组成部分本身,没有加以批判。它把市民社会,也就是把需要、

---

① [德]黑格尔:《法哲学原理》,范扬、张企泰译,商务印书馆1961年版,第46页。

劳动、私人利益和私人权利等领域看做自己持续存在的基础,看做无须进一步论证的前提,从而看做自己的自然基础。"① 从这段话来看,马克思并未在抽象的"社会物质关系"或"经济基础"的意义上来使用市民社会这一术语,相反他完全是在黑格尔的意义上来使用这一术语的,因为他在这段话中实际是将市民社会认定为"需要、劳动、私人利益和私人权利的领域"。这不仅表明马克思所讲的市民社会是一个指示资本主义之到来的非实体化的历史性概念,同时也一并表明它是一个政治哲学的概念,因为显而易见,从私人利益和私人权利的角度来认定市民社会,表明马克思已经切入到近代以来以所有权为为显性论题的政治哲学理论叙事中(当然,我们不能由此认为马克思是完全遵照近代以来西方主流政治哲学家的路数来论述政治哲学问题的),市民社会在此意义上,也便成为了马克思阐发其政治哲学理论见解的一个关键支点。

在后来的《1857—1858 年经济学手稿》中,马克思再一次谈到了市民社会:"在社会中进行生产的个人,——因而,这些个人的一定社会性质的生产,当然是出发点。被斯密和李嘉图当做出发点的单个的孤立的猎人和渔夫,属于 18 世纪的缺乏想象力的虚构。这是鲁滨逊一类的故事,这类故事决不像文化史家想象的那样,仅仅表示对过度文明的反动和要回到被误解了的自然生活中去。同样,卢梭的通过契约来建立天生独立的主体之间的关系和联系的'社会契约',也不是以这种自然主义为基础的。这是假象,只是大大小小的鲁滨逊一类故事所造成的美学上的假象。其实,这是对于 16 世纪以来就作了准备、而在 18 世纪大踏步走向成熟的'市民社会'的预感。在这个自由竞争的社会里,单个的人表现为摆脱了自然联系等等,而且在过去的历史时代,自然联系等等使他成为一定的狭隘人群的附属物……我们越往前追溯历史,个人,从而也是进行生产的个人,就越表现为不独立,从属于一个较大的整体:最初还是十分自然地在家庭和扩大成为氏族的家庭中;后来是在由氏族间的冲突和融合而产生的各种形式的公社中。只有到 18 世纪,在'市民社会'中,社会联系的各

---

① 《马克思恩格斯文集》第 1 卷,人民出版社 2009 年版,第 44—46 页。

种形式，对个人说来，才表现为只是达到他私人目的的手段，才表现为外在的必然性。但是，产生这种孤立个人的观点的时代，正是具有迄今为止最发达的社会关系（从这种观点看来是一般关系）的时代。"[1] 显而易见，马克思在这一大段话中所谈到的市民社会，同样不是指抽象的、实体化的"社会物质关系"或"经济基础"，而是指由孤立的个人所直接表征，但却蕴含着迄今为止最发达的社会关系的资本主义历史时代。需要指出的是，马克思对市民社会的这一认定与写作《论犹太人问题》时相比的一个变化，就是明确补入了一个审视市民社会的"资本"的视角，即虽然从外部表象来看，生活在市民社会中的人都是具有独立性和个性的个人，但实质上"在资产阶级社会里，资本具有独立性和个性，而活动着的个人却没有独立性和个性"[2]，所以，市民社会中的关系归根结底就是一种资本关系。由于在资本主义时代，固化为一种客观社会结构的资本既是历史的本质之所在，也是权利、自由、平等、公正等政治哲学问题的全部奥秘之所在，所以马克思在审视和认定市民社会上的这个变化，不仅不表明他在全面开展政治经济学批判时期已从历史和政治哲学的视域中抽离了出来，相反，这个变化一方面表明由市民社会所表征的现代历史只是到他这里才得到了根本揭示，另一方面也表明近代以来以市民社会问题为"根"问题和"原生"问题的政治哲学，也只是到他这里才获得了最深刻的学术表达和理论言说。

如果由上可见，市民社会在马克思的语境中始终保持着其作为历史性概念和政治哲学概念的原本含义，那么毋庸置疑，我们只有在思想史的维度中厘清其原本含义，才能够倚重于这个概念来对马克思哲学的相关理论问题予以透彻的理解、阐释和说明。我对于历史唯物主义和政治哲学之关系的理解、阐释和说明，在一定意义上就是基于这一点来进行的。

---

[1] 《马克思恩格斯文集》第8卷，人民出版社2009年版，第5—6页。
[2] 《马克思恩格斯文集》第2卷，人民出版社2009年版，第46页。

三、如何理解市民社会与历史唯物主义的关系?

进一步说,当我基于对市民社会之原本含义的把握来阐释历史唯物主义与政治哲学的关系时,我所着重反思的一个重要问题,就是历史唯物主义的生成路径问题。在对这个问题的理解上,我与段忠桥教授存在一目了然的差异和分歧:以段忠桥教授之见,历史唯物主义的创立是基于马克思对"物质的生活关系"或"经济事实"在社会历史中的决定作用的认识,而不是基于他对市民社会的研究和批判。而根据我的理解,历史唯物主义绝非马克思用费尔巴哈式的一般唯物主义观点来审视和认识社会历史的一个结果,在很大意义上,则正是他探析市民社会问题的一个结果,亦即市民社会问题才是历史唯物主义理论生成的一个真正原点。为什么?

马克思在《1857—1858年经济学手稿》中曾这样说道:"资产阶级社会是最发达的和最多样性的历史的生产组织。因此,那些表现它的各种关系的范畴以及对于它的结构的理解,同时也能使我们透视一切已经覆灭的社会形式的结构和生产关系。资产阶级社会借这些社会形式的残片和因素建立起来,其中一部分是还未克服的遗物,继续在这里存留着,一部分原来只是征兆的东西,发展到具有充分意义,等等。人体解剖对于猴体解剖是一把钥匙。反过来说,低等动物身上表露的高等动物的征兆,只有在高等动物本身已被认识之后才能理解。"① 人们通常会认为,马克思的这段话是对其政治经济学研究所采用的"从后思索"方法的一个形象说明,目的是要告诉人们,他是通过研究资本主义社会中的经济关系来探索一般性的经济规律的。不过以我之见,这个"从后思索"方法不仅向我们呈示了马克思政治经济学研究的一般逻辑进程,也向我们呈示了其历史唯物主义之形成的一般逻辑进程。因为如果正如上述,历史唯物主义是马克思通过探

---

① 《马克思恩格斯文集》第8卷,人民出版社2009年版,第29页。

询历史而创建起来的,那么毋庸置疑,他所首先面对和探询的历史,并非跨越一切时代、抽象普遍、没有具体所指的历史,而是随着现代市民社会的形成而不断延展开来的资本主义历史。这便是说,马克思正是在对资本主义历史之在场性关系的深入考察和探析中,揭示了历史的普遍性本质,并由此发现了生产力、生产关系、经济基础、上层建筑等客观性的社会构件及相互之间的联系,具有普泛指导意义的历史唯物主义才由此创立了起来。进而言之,如果说这就是历史唯物主义之形成的一般逻辑进程,那么在这个历史唯物主义之形成的逻辑进程中,马克思关于市民社会的研究和批判并非一个无关紧要的节点,而是这整个进程的最关键部分和最重要载体,原因是马克思对资本主义历史的考察和探析不是一个空泛的说法,而正是以研究和批判市民社会为基本切入口和坚实踏脚石的。如何理解这个问题?

从解剖学的角度来看,由资本主义所表征的现代历史在静态结构上包括两个部分:一是与政治相对应的国家,二是与经济相对应的市民社会。根据洛克之后经典自由主义哲学家的审视,国家与市民社会在价值排序上并非完全对等,毋宁说市民社会总是优先于国家的。虽然这个观点的主旨在于从规范的层面为权利和自由等现代社会的政治原则予以辩护,但也反映了现实的国家和现实的市民社会在发生学上的真实关系,即在现代资本主义历史中,国家是以市民社会为历史基础而构建起来的,市民社会构成了国家的真实发生学本源。国家与市民社会的这一发生学关系不仅反映在经典自由主义哲学家的理论审视中,也反映在像黑格尔这样对经典自由主义提出反拨的哲学家的理论考察中。比如说,黑格尔在《法哲学原理》中考察市民社会时曾这样指认:"如果把国家想象为各个不同的人的统一,亦即仅仅是共同性的统一,其所想象的只是指市民社会的规定而言。许多现代的国家法学者都不能对国家提出除此之外任何其他看法。"[①] 黑格尔的这一指认表明,他虽然将代表普遍伦理的国家命定为一个在价值位阶上高于市民社会的领域,但他同时也认为,资本主义历史时代的政治国家归根

---

① [德] 黑格尔:《法哲学原理》,范扬、张企泰译,商务印书馆1961年版,第197页。

结底乃是一个在市民社会的历史地基上所重新建构并获得合法性的领域。

对于国家与市民社会之间的这种发生学关系，马克思有着更为深刻的把握和认知。在《论犹太人问题》中，马克思曾这样说道："政治国家对市民社会的关系，正像天国对尘世的关系一样，也是唯灵论的。政治国家与市民社会也处于同样的对立之中，它用以克服后者的方式也同宗教克服尘世局限性的方式相同，即它同样不得不重新承认市民社会，恢复市民社会，服从市民社会的统治。"① 马克思在这里无疑是要表达这样一个认识，即政治国家与市民社会虽然按理来说是两个界域分明乃至相互对立的领域，但在资本主义历史时代，政治国家实质却是完全按照市民社会的利益诉求而建立起来的，正是在此意义上，政治国家才不得不承认、恢复和服从市民社会的统治。马克思所获得的这个重要认识，促使他在理论认知和理论批判上作出一个重大改动，即在界分政治国家与市民社会的前提下，又将这两者认定、合并为一个由市民社会所代表的整体，因为他从政治国家与市民社会之间的发生学关系中所进一步看到的事实在于，由资本主义所表征的现代历史固然在静态结构上可界分为政治国家与市民社会这两个部分，但它归根结底就是以市民社会为本体和实体的历史，就是围绕市民社会的历史出场与在场而逐渐形成并不断展开的历史。

问题的关键就在于，"历史"自始至终都是马克思最重要的理论兴趣点之一。当他看到市民社会在现代资本主义历史中所具有的本体和核心地位进而将之与政治国家在理论认知和理论批判上合并为一体时，他必然会顺理成章地将市民社会的研究确立为切入历史的一个根本途径。这一点，与他要求借助实践思维来把握历史的本质不仅不相矛盾，而且完全一致，因为根据我的解读，马克思所讲的实践也并非一个抽象空洞的范畴，而是具体指代以市民社会为载体的历史性活动②，疏离了市民社会这条根本的历史和话语背景，我们也将注定与实践的内涵渐行渐远。马克思虽然没有在任何一个地方，对以市民社会的研究为切入历史的途径这一点予以直截了当的说明，但从文本写作来看，从《黑格尔法哲学批判》、《论犹太人

---

① 《马克思恩格斯文集》第 1 卷，人民出版社 2009 年版，第 30—31 页。
② 参见李佃来：《理解马克思实践概念的政治哲学向度》，载《哲学研究》2015 年第 10 期。

问题》到《1844年经济学哲学手稿》再到《关于费尔巴哈的提纲》及《德意志意识形态》，马克思始终就是在不断推进对市民社会的研究中，来一步一步揭示资本主义的社会关系及历史的普遍性本质的。就此而论，如果说历史唯物主义是马克思以研究现代资本主义历史为端点而创制的一个一般性的历史理论，那么我们就同样有理由认为，市民社会的研究和批判不仅没有歧出于历史唯物主义的生成路径，而且一定是历史唯物主义之生成的一个最关键起点和最重要背景。

对于这个问题，马克思和恩格斯在《德意志意识形态》作过一个隐含的说明：德国人"从来没有为历史提供世俗基础，因而也从未拥有过一个历史学家。法国人和英国人尽管对这一事实同所谓的历史之间的联系了解得非常片面——特别是因为他们受政治意识形态的束缚——，但毕竟作了一些为历史编纂学提供唯物主义基础的初步尝试，首次写出了市民社会史、商业史和工业史。"① 如果说马克思和恩格斯在这里只是借用英国人和法国人的范例来说明市民社会研究与历史唯物主义之间的理论关联，那么在《〈政治经济学批判〉序言》的如下著名论述中，马克思则直截了当地对这种关联进行了说明："为了解决使我苦恼的疑问，我写的第一部著作是对黑格尔法哲学的批判性的分析，这部著作的导言曾发表在1844年巴黎出版的《德法年鉴》上。我的研究得出这样一个结果：法的关系正像国家的形式一样，既不能从它们本身来理解，也不能从所谓人类精神的一般发展来理解，相反，它们根源于物质的生活关系，这种物质的生活关系的总和，黑格尔按照18世纪的英国人和法国人的先例，概括为'市民社会'，而对市民社会的解剖应该到政治经济学中去寻求。我在巴黎开始研究政治经济学，后来因基佐先生下令驱逐而移居布鲁塞尔，在那里继续进行研究。我所得到的，并且一经得到就用于指导我的研究工作的总的结果，可以简要地表述如下……（下面紧接着的就是关于历史唯物主义的"经典表述"——引注）。"② 有趣的是，段忠桥教授也注意到了马克思的这段说明性文字为我们理解历史唯物主义的理论生成所提供的重要信息，

---

① 《马克思恩格斯文集》第1卷，人民出版社2009年版，第531页。
② 《马克思恩格斯文集》第2卷，人民出版社2009年版，第591页。

并将这种信息解释为马克思对"物质的生活关系"或"经济事实"在社会历史中的决定作用的认识。虽然直观地看,段忠桥教授的这个解释并无不当,但深层地看,他的这个解释中所缺失的东西就是市民社会所链接到的"历史",亦即他既没有从"历史"的角度来理解市民社会研究与历史唯物主义之间的理论关联,也根本不可能真正看到它们之间的理论关联。而实际上,马克思即使是出于对"物质的生活关系"或"经济事实"在社会历史中的决定作用的认识而提出了历史唯物主义的基本原理,那么他的这个认识,也是通过考察由市民社会所代表的生动鲜活的历史而得来的,而绝不是在一种与历史相隔离的抽象思想实验中得来的。所以归根到底,相比对"物质的生活关系"或"经济事实"之决定作用的认识,马克思对市民社会研究,才是我们在把握他的历史唯物主义之创制时所应看到的更根本的东西。如果只是拘泥于前者,我们则很容易将历史唯物主义的重心锁定为唯物主义而非历史,而只有将学术视线切实投向后者,我们才既能揭示历史唯物主义的理论生成,又避免将历史唯物主义误认和错解为与之不相符合的东西。

四、为何要从政治哲学视角阐释历史唯物主义?

段忠桥教授从四个方面对我所提出的质疑,最终落脚于"是否能够从政治哲学的视角来阐释历史唯物主义"这一问题。在段忠桥教授看来,历史唯物主义既然是马克思基于对"物质的生活关系"或"经济事实"之决定作用的认识而得出的一个实证性的理论,那么这个理论在任何一个方面与马克思的政治哲学都毫无干系,前者只涉及事实判断,而后者只涉及价值判断,所以简言之,我们根本不能从政治哲学的视角来阐释历史唯物主义。事实是这样的吗?在我看来绝非如此。

由于如上所述,市民社会既是一个非实体化的历史性概念,又是一个政治哲学的概念,所以我们不仅需要从"历史"的视域,而且也需要进一步从"政治哲学"的视域,来倚重市民社会概念理解历史唯物主义。进而言之,由于市民社会代表的是一个随着商品经济和市场交换体系的发育与不断成熟而从过去的政治国家中独立出来的私人自主领域,所以与此相应,近代以来在市民社会的历史土壤上孕育出来的政治哲学所予以关切的最根本问题,就是以个人所有权为核心的权利和自由的问题。在这个问题上,洛克、斯密及穆勒等自由主义哲学家所论定的一个核心观点是,权利和自由不是归属于这个人或那个人的,而是归属于每一个人的,所以并不会因为市民社会中权利和自由的凸显,而造成个体与群体、特殊利益与普遍利益之间的冲突,相反它们是相得益彰乃至完全一致的。由于这个观点的根本旨趣之一,就在于通过对权利和自由的辩护而将市民社会刻画为一个利益均衡、井然有序的生活共同体,所以显而易见,洛克、斯密及穆勒等人并不是站在市民社会的界域之外,而完全是以市民社会为立足点来阐释权利和自由问题的,权利和自由在他们眼中,与市民社会是完全对应的。

马克思在写作《论犹太人问题》,在围绕"市民社会"开展政治哲学研究时所着重思考和力图破解的最重大问题,说到底也就是权利和自由问题。不过,与洛克、斯密及穆勒等自由主义哲学家不同的是,马克思虽然认为权利和自由从其抽象意义上看,乃是现代人的生命结构中不可或缺的组成部分,但他在《论犹太人问题》中所要做的核心工作,并不在于为市民社会中的权利和自由予以系统辩护,而在于对它们进行检省、审查与质询。马克思基于这一工作所看到的基本问题是:市民社会中的权利和自由"不是建立在人与人相结合的基础上,而是相反,建立在人与人相分隔的基础上"①,所以市民社会究其本貌,就是一个由利己主义原则所维系的利益纷争的舞台,市民社会在现代历史中的出场所造成的直接后果,就是个体与共同体、特殊利益与普遍利益之间的广泛冲突。众所周知,早在马克思之前,卢梭及黑格尔就不仅已经看到并指认过这个问题,而且还分别通过构建"公意"和"普遍伦理"来解决过这个问题。不过,需要注意的是,卢梭与黑格尔都没有因为这一点而站在市民社会的界域之外,相反他

---

① 《马克思恩格斯文集》第 1 卷,人民出版社 2009 年版,第 41 页。

们同样像洛克、斯密那样，是以市民社会为立足点来予以立论和推理的，因为不管是卢梭所构建的"公意"还是黑格尔所构建的"普遍伦理"，都不是与市民社会的利己主义原则相对立的东西，相反，它们都是以这个原则为基础故而与之完全相融通的东西。

与卢梭和黑格尔不同，马克思在《论犹太人问题》中，是从政治解放和人类解放的视域来检视和说明个体与共同体、特殊利益与普遍利益的冲突问题的。根据马克思的指认，政治解放就是市民社会的解放，其直接意义，就是使市民社会从对政治国家的依附状态中摆脱了出来，进而使生活在市民社会中的人成为拥有权利和自由的人。政治解放虽然是人的解放过程中的一个重要阶段，但市民社会中个体与共同体、特殊利益与普遍利益之不可避免的冲突表明，它并不是人的解放的终极目标和最后阶段，人类解放才是终极目标和最后阶段。马克思在《论犹太人问题》中虽然没有对"人类解放"下一个明确定义，但从其相关论述来看，这个概念的基本含义是清晰的，即它指的就是使个体与共同体、特殊利益与普遍利益之冲突得到真正和解的一种解放形式。至关重要的问题在于：作为两种完全不同的解放形式，人类解放和政治解放同时也分别对应着两个完全不同的历史位阶。如果说政治解放对应的是市民社会的历史位阶，那么人类解放对应的就是人类社会的历史位阶。这表明马克思在《论犹太人问题》中，不是以市民社会为立足点，而是以根本不同于市民社会的人类社会为立足点，来思考和解决权利和自由这个近代以来政治哲学所关切的最根本问题的。在我看来，从政治解放推进到人类解放、从市民社会推进到人类社会，这是马克思与洛克、斯密、卢梭及黑格尔等人相比在政治哲学上所取得的最重大理论突破之一。

进一步来看，马克思在政治哲学研究上所取得的这个重大理论突破，同时也是其历史唯物主义在形成过程中的一个极为重要的理论转折点。根据何在？

实际上，自洛克到马克思，政治哲学家们以何种方式来阐释权利和自由问题，与他们以何种方式来审视市民社会是一个问题的两个方面。具体而言，当洛克、斯密、卢梭及黑格尔等人站在市民社会的立足点上来阐释权利和自由问题时，他们显然只能在一个"静时态"中，用一种非历史的眼光来审视市民社会。与之相反，当马克思不以市民社会、而以人类社会为立足点来阐释权利和自由问题时，他无疑就能够将市民社会放在一个历史过程当中，从一种历史的视野来对其作进一步的审视和批判。如果说这是马克思与洛克、斯密、卢梭及黑格尔等人在市民社会研究上的一个重大分殊，那么这个分殊尤为突出地展现在《1844年经济学哲学手稿》中。

马克思在《1844年经济学哲学手稿》中批评斯密之后的英国古典政治经济学时这样指出：英国古典政治经济学"从私有财产的事实出发。它没有给我们说明这个事实。它把私有财产在现实中所经历的物质过程，放进一般的、抽象的公式，然后把这些公式当做规律。它不理解这些规律，就是说，它没有指明这些规律是怎样从私有财产的本质中产生出来的……它把应当加以阐明的东西当做前提"①。马克思在这段话中虽然没有使用"市民社会"这个术语，但他显而易见就是针对英国古典政治经济学在市民社会研究上的重大缺陷而批评后者的，因为作为后者研究出发点的私有财产，是市民社会在"物"的层面上的一个最主要构件和内容。扩而论之，马克思在这段话中所提出的批评不仅适应于英国古典政治经济学，而且也适应于与英国古典政治经济学存在家族相似性或遗传基因的洛克及黑格尔哲学，因为他实际是把这些看似不同的学思传统作为同类项合并起来加以一体化处理的，如他在《1844年经济学哲学手稿》中曾直截了当地指出，"黑格尔是站在现代国民经济学家的立场上的"②。至关重要的一点是：马克思在这里既然批评英国古典政治经济学把应当加以阐明的东西当做了前提，那么就表明他已明确看到斯密、黑格尔等人在市民社会研究上的非历史主义思维定式，同时也表明他已真正开始从历史的视野来审视市民社会，亦即"历史"已真正开始成为他的市民社会研究中最根本的东西了。如果我们把这一点视为马克思从《论犹太人问题》过渡到《1844年经济学哲学手稿》时在市民社会研究上所形成的一个重要理论推进，那么这个重要理论推进，不仅意味着马克思相比之前更进一步切近了由市民社

---

① 《马克思恩格斯文集》第1卷，人民出版社2009年版，第155页。
② 《马克思恩格斯文集》第1卷，人民出版社2009年版，第205页。

会所表征的现代资本主义历史的本质，而且意味着他开始将思维的触角切实伸向了现实的"生产关系"。

我们要指认的问题在于：洛克、斯密及黑格尔等政治哲学家，都是立足于"劳动"这个市民社会的要素来说明和证成私有财产及以之为基础的权利和自由体系的。在市民社会研究上的非历史主义思维定式，则决定了他们只能本着一种非批判性的眼光，从对劳动的一味肯定中来呈示这个问题。具体一点说，他们所要做的事情就是先把劳动归结为人的本质，继而把由劳动所生成的私有财产及因之而来的权利和自由，命定为人得以确证自我以及公正和谐的社会关系得以构建和维系的基石和基本标识物，最后达到为资本主义自由市场体系鸣锣开道的目的。与之大相径庭，从历史主义出发的马克思在《1844年经济学哲学手稿》中所要做的最关键工作，则是要通过揭示劳动的消极方面即异化劳动，来揭示私有财产和资本主义经济关系的本质。具体来讲，马克思从工人的异化劳动中所看到的基本事实是：资本主义社会中的私有财产关系，归根结底是由"劳动"和"资本"这两个市民社会的关键要素所构成的一个复合性、整体性的关系。由于在整个私有财产关系的形成与确立中，劳动与资本所经历的是一个由起初的统一到后来的分离乃至对立的运动历程，所以私有财产关系及全部资本主义经济关系就其本质而言，是由劳动和资本的分离与对立所造成的一种压迫性的社会关系。需要注意的是，马克思在《1844年经济学哲学手稿》中，虽然没有像后来在《资本论》中那样从剩余价值角度来精确地揭示资本主义的剥削关系，但他显然也已实质性地进入到由市民社会所表征的现代资本主义社会之"生产关系"层面了。相反，洛克、斯密及黑格尔等人虽然都是在市民社会的历史地平线上来构建各自的理论学说的，但由于缺少历史性思维，他们都没有真正看到"生产关系"这个历史的实体性内容，从而也只能把这个内容的一些外在表象推定为他们的立论前提和理论归宿点。就此来说，马克思之前的这些政治哲学家即便为历史唯物主义的创立作了一个长时段的思想史准备，最后也都没有真正通达历史唯物主义的思维水准，更不用说像马克思那样直接创立历史唯物主义的理论学说。而马克思在《1844年经济学哲学手稿》中对"生产关系"的把握和呈示，则显然是其历史唯物主义形成过程中的一个极为关键的环节，因为如果正如上述，马克思是通过揭示历史的本质来创立历史唯物主义的，那么最能展现历史之本质的东西也就是生产关系。

不容否认，无论就马克思在为宏观的意义上对由市民社会所表征的现代资本主义历史之本质的切近而言，还是就他在较为微观的意义上对包藏在这个历史中的现实"生产关系"的呈示来讲，他之后系统构建的历史唯物主义理论学说，都和他在《1844年经济学哲学手稿》中对市民社会的审视和批判是紧密相关的，进而追溯起来，也都和他在《论犹太人问题》中从政治解放推进到人类解放、从市民社会推进到人类社会的政治哲学探索是密不可分的。正是因为存在这样一种学术理论上的内在勾连和对应性关系，马克思才在《关于费尔巴哈的提纲》第十条中这样指出："旧唯物主义的立脚点是市民社会，新唯物主义立脚点则是人类社会或社会的人类。"[1] 而也正是出于对这种学术理论上的内在勾连和对应性关系的把握，我才认为应当从政治哲学的视角来阐释历史唯物主义。当然，历史唯物主义与政治哲学的关系是双向互动的：马克思一方面在政治哲学的研究中打开了一个通往历史唯物主义的缺口，另一方面又因为历史唯物主义的系统创立而将早期的政治哲学理论逻辑推向了纵深层面。所以我们不仅需要从政治哲学的视角来理解历史唯物主义，也需要反过来从历史唯物主义的视角来把握马克思的政治哲学。

总结上述，我与段忠桥教授的差异在于：我是从历史而非一般唯物主义的视点来理解历史唯物主义及市民社会的，而段忠桥教授则是从唯物主义而非历史的视点来界定这两者的。站在我的视点上，就需要将历史唯物主义认定为一种从市民社会所表征和指示的历史中确立起来、将事实性要素与规范性要素融为一体、与政治哲学相融通的理论。而站在段忠桥教授的视点上，则只能将历史唯物主义认定为一种与政治哲学存在严格分界线的事实性的理论。然而，这个观点既将历史唯物主义的本真内容遮蔽了起来，也将马克思政治哲学的独特理论叙事遮蔽了起来。

---

[1] 《马克思恩格斯文集》第1卷，人民出版社2009年版，第502页。

历史唯物主义的"实践"维度与"理论"维度

众所周知,根据亚里士多德对理论、实践及制作等活动类型的界划,特别是根据康德对理论理性与实践理性的界划,我们可以将古往今来的哲学在形态学的意义上区分为理论哲学与实践哲学,前者是一个以"事实"为前提、以探求固定不变的知识为宗旨的哲学分支,如认识论、形而上学等等;而后者是一个以"价值"为前提、以探索可能的好社会为宗旨的哲学分支,如政治哲学、道德哲学等等。遵照这种区分,人们通常将历史唯物主义认定为一种纯粹的理论哲学,理由就是由马克思和恩格斯所创立的这个哲学理论,归根结底是一个有关认识论或知识论的理论,其所揭示和讲述的都是一些恒久不变的历史规律和事实性原则,如社会存在决定意识、生产力决定生产关系、经济基础决定上层建筑,如此等等。事实上,对历史唯物主义哲学形态的这种认定,既容易使马克思主义哲学中价值与事实、自由与必然、主动性与受动性等对立起来,也容易使历史唯物主义乃至全部马克思主义哲学与人们的现实伦理、政治生活发生脱节和断裂。这样来看,历史唯物主义与政治哲学、道德哲学等实践哲学的形态是否相兼容的问题,无论如何都是马克思主义哲学研究中需要着力探索和解答的一个重大问题。在传统马克思主义哲学的理解结构中,这个问题自然没有得到深入的研究和令人满意的解答。本文则力图在突破传统马克思主义哲学理解结构的前提下,通过区分、辨析历史唯物主义的"实践"维度和"理论"维度及其相互关系,来实质性地解答这个问题。

一、历史唯物主义的"实践"维度

在《德意志意识形态》中,马克思和恩格斯这样说道:"在思辨终止的地方,在现实生活面前,正是描述人们实践活动和实际发展过程的真正的实证科学开始的地方。关于意识的空话将终止,它们一定会被真正的知识所代替。对现实的描述会使独立的哲学失去生存环境,能够取而代之的充其量不过是从对人类历史发展的考察中抽象出来的最一般的结果的概括。这些抽象本身离开了现实的历史就没有任何价值。"① 马克思和恩格斯的这段文字是对他们正在创立的历史唯物主义的一个说明。这里所提到的"抽象",就是指历史唯物主义的一些基本原理。马克思和恩格斯既然认为这些基本原理"离开了现实的历史就没有任何价值",那么这就暗含了一个非常深刻的问题,即历史唯物主义作为一种认识论,归根结底提供的却是一种历史观。在《唯物主义和经验批判主义》中,列宁直截了当地挑明了这个问题:"马克思和恩格斯的学说是从费尔巴哈那里产生出来的,是在与庸才们的斗争中发展起来的,自然他们所特别注意的是修盖好唯物主义哲学的上层,也就是说,他们所特别注意的不是唯物主义认识论,而是唯物主义历史观。"② 我们知道,与认识论不同,历史观已经直接涉及存在论或本体论问题,而存在论或本体论虽然在一定意义上是要把握必然的东西和探求固定的信念,但从总体来看,它却从属于实践哲学,大致说来是实践哲学中最深层次的问题。这个情况提示我们:理解和阐释历史唯物主义,不仅应当将思维的触角伸向与理论哲学相对应的理论维度,同时也应当将之伸向与实践哲学相对应的实践维度。问题在于:如果认为历史唯物主义包含了一个坚实的实践维度,那么这个实践维度是如何确立起来的?

在《卡尔·马克思〈政治经济学批判。第一分册〉》中,恩格斯将历

---

① 《马克思恩格斯文集》第1卷,人民出版社2009年版,第526页。
② 《列宁专题文集》(论辩证唯物主义和历史唯物主义),人民出版社2009年版,第115页。

史唯物主义的基本原理高度概括为如下断语——人们的意识取决于人们的存在而不是相反①。人们在理解这个断语时，通常会聚焦于其所表达的决定论关系，并将这种关系无限放大和拔高，这无疑就是从认识论和理论哲学的视域来阐释和把握历史唯物主义的一个做法。但仔细分析不难发现，如果说这个断语在认识论的意义上表达了一种决定论关系，那么这只是就其结论而言的。但把握一个原理，不仅应当注意其结论性的见解，更应当注意其结论性的见解所透射出的原则和前提。就原则和前提来讲，"人们的意识取决于人们的存在而不是相反"显然是一个存在论或本体论的问题，其坚实的内容就是"人们的存在"。在此意义上，"人们的存在"构成了历史唯物主义最为重要的一个始源性问题，而人们的存在与人们的意识之间的决定论关系，却是一个次级性的问题。

进而论之，由于历史唯物主义乃是一个与实证科学存在不可同日而语之差别的哲学理论，所以其所讲的"人们的存在"，并非指既定的、无时间性的、实体化的、可经实证方法验证的东西。而如果在"物"的意义上来理解"人们的存在"，那么它则是指在历史活动中不断生成、不断变化、不断展开的"物"。就此来看，"人们的存在"要么是以人们的感性实践活动为前提的，要么直接等同于人们的感性实践活动。马克思在《关于费尔巴哈的提纲》和《德意志意识形态》中批评费尔巴哈时，曾反复申述过这个问题。以马克思之见，费尔巴哈的错误之处，在于将感性理解为一种非历史的、直观的东西，而要从根本上纠正这个错误，就需要把感性理解为实践活动。由于马克思对费尔巴哈的批评构成了历史唯物主义之创立的一个极其重要的理论前提和逻辑端点，所以我们认为，"实践"并不是一个外在于历史唯物主义的概念，相反，它是处在历史唯物主义根基上的一个概念，如果疏离了这个概念，将注定在理解历史唯物主义的道路上越走越偏。

但是，我们并不能简单地以实践是历史唯物主义的一个根基概念，而贸然断定历史唯物主义就包含一个与实践哲学相对应的实践维度。因为问

---

① 《马克思恩格斯文集》第 2 卷，人民出版社 2009 年版，第 598 页。

题在于，如果认为实践是一个可以被先在的思维、观念和理论所完全驾驭的必然的领域，那么我们就没有确立起实践哲学所特有的以"自由"为前提和基点的致思方式，而是在用一种理论哲学的态度来审视和对待实践。所以需要进一步追问的问题是：实践在马克思那里是指一个由先在的思维、观念和理论所完全驾驭的领域，还是指相反的情况？

追根溯源，上述问题是一个关涉到"思维和存在相同质"还是"思维和存在相异质"的问题。如果说思维对应的是认识论、存在对应的是存在论或本体论，那么显而易见，只有从"思维和存在相异质"的认知结构出发，才可能根本性地为实践哲学开辟出不可撼动的一席之地。在哲学史上，康德是持有"思维和存在相异质"的认知结构的一个典范，这展现为他对现象和物自体、理论理性和实践理性的严格划界。这个认知结构虽然让康德背负上了"不可知论"的罪名，但其深刻之处在于没有将存在论或本体论问题粗暴地划归在认识论框架中，从而避免了用必然来消解自由、用事实来消解价值的可能。这既为人们讨论自由、权利、平等、公正、道德等问题提供了一个坚实的逻辑前提，也由此而划定了实践哲学与理论哲学的明确边界。后来的罗尔斯、诺齐克等人之所以相继地以康德为重要支点来发展各自的政治哲学，与这一点不无相关。在批评康德"不可知论"的基础上，黑格尔运用其辩证逻辑，将现象和物自体、理论理性和实践理性统合为一个不可分割的整体，由此建立起了一个"思维和存在相同质"的思辨唯心主义认知结构。这个认知结构虽然在一定意义上克服了"不可知论"的问题，但却显然将以"自由"为旨向的本体论问题消融在了认识论框架中，虽然在黑格尔那里，辩证逻辑既具有认识论的意义，也具有本体论的意义。

在《神圣家族》中，马克思和恩格斯对黑格尔所建立的"思维和存在相同质"的认知结构作出了深刻而有力的批判："有这样一个世界，在那里意识和存在是不同的，而当我只是扬弃了这个世界的思想存在，即这个世界作为范畴、作为观点的存在的时候，也就是说，当我改变了我自己的主观意识而并没有用真正对象性的方式改变对象性现实，即并没有改变我自己的对象性现实和其他人的对象性现实的时候，这个世界仍然还像往昔一样继续存在。因此，存在和思维的思辨的神秘的同一，在批判那里作为实践和理论的同样神秘的同一重复着。因此，批判怒气冲冲地反对那种还想同理论有所区别的实践，同时也反对那种还想同把某一特定范畴变成'自我意识的无限普遍性'的做法有所区别的理论。批判本身的理论仅限于把一切确定的东西（如国家、私有财产等）宣布为自我意识的无限普遍性的对立物，因而也就把它们宣布为微不足道的东西。其实恰好相反，必须加以说明的是，国家、私有财产等怎样把人变为抽象概念，或者它们怎样成为抽象的人的产物，而不是成为单个的、具体的人的现实。"[1] 马克思和恩格斯的这个批判表明，与黑格尔判然有别，他们所建立的乃是一个"思维和存在相异质"的认知结构。他们虽然同样在认识论意义上批评康德的"不可知论"，但其"思维和存在相异质"的认知结构，却意味着他们并没有把实践认定为一个可以由先在的思维、观念和理论所完全把握和驾驭的领域。所以概言之，马克思和恩格斯如同康德，不是把实践论定为一个认识论的问题，而是将之明确论定为一个存在论或本体论的问题。20世纪80年代后期以来，中国马克思主义哲学界所实现的一个重大学术推进，就是把关于实践的认识论阐释转换为了本体论阐释，但由于实践只是充当了一个前苏东马克思主义哲学理解模式所讲的"物质"的替代品（从"物质本体论"到"实践本体论"），所以这种本体论阐释并没有实质性地改换从理论哲学的视域论述实践的一贯套路，从而也没有由此而打开一个真正的实践哲学的研究空间。实质上，马克思和恩格斯虽然是在不同于康德纯粹道德的意义上来使用"实践"这个概念的，同时也没有直截了当地声称要基于"实践"而发展一种不同于理论哲学的实践哲学，但毋庸置疑，他们是用一种实至名归的实践哲学的态度而非理论哲学的态度来审视和对待实践的。这一实践哲学的态度，用《关于费尔巴哈的提纲》第八条的话说就是："全部社会生活在本质上是实践的。凡是把理论引向神秘主义的神秘东西，都能在人的实践中以及对这种实践的理解中得到合理的解决。"[2] 根据这种情况，我们有理由认为，实践在马克思和恩格斯的语境

---

[1]《马克思恩格斯文集》第 1 卷，人民出版社 2009 年版，第 358 页。
[2]《马克思恩格斯文集》第 1 卷，人民出版社 2009 年版，第 501 页。

中，乃是一个并非通达理论哲学而是通达实践哲学的概念。

一目了然的事实在于：如果说马克思和恩格斯是在一个并非通达理论哲学而是通达实践哲学的"实践"概念基础上，创立起历史唯物主义这个伟大的哲学理论的，那么这个哲学理论必然包含一个与实践哲学相对应的实践维度，不管这个实践维度与亚里士多德和康德等哲学家所讲的实践看起来多么不同。就此来讲，这个看似只关乎"事实"判断的哲学理论，与政治哲学、道德哲学等实践哲学的理论形态不是相互外在甚至彼此排斥的，毋宁说它们之间存在一种内在的兼容和会通关系。而在此意义上，我们既可以理直气壮地把历史唯物主义放在实践哲学的传统中来加以创造性阐发，也可以理直气壮地从中开引出当代实践哲学的诸种研究视角。

二、历史唯物主义的"理论"维度

我们固然有理由把历史唯物主义放在实践哲学的传统中来加以创造性阐发，但却不能由此而否认这样一个事实，即作为一个以科学认知为重要旨趣之一的理论，历史唯物主义不仅包含一个与实践哲学相对应的实践维度，同时也必然包含一个与理论哲学相对应的理论维度。如果无视这个理论维度从而一味地在实践哲学的意义上来对历史唯物主义进行诠释，则不仅很容易将之证成为与其理论实质相去甚远的东西，也很容易将之证成为与实践哲学格格不入的东西。所以，要在完整意义上来解答历史唯物主义与实践哲学是否相兼容的问题，就需要对其理论维度所关涉的内容予以明确说明。

我们知道，历史唯物主义是一个不可任由人们随意拆解的理论整体。但为了把握其所包含的理论维度，我们倒可以从这个理论整体中区分出两个部分，即一是"唯物主义"，二是"历史"。实际上，在马克思主义哲学发展史上，第二国际和苏俄马克思主义者（列宁除外），主要是在"唯物主义"这条线上来阐释历史唯物主义的；而卢卡奇、柯尔施及其后的西方马克思主义哲学家，则主要是在"历史"这条线上来阐释历史唯物主义的。就"唯物主义"而言，历史唯物主义所包含的理论维度，主要展现为对我们所熟知的历史规律的认知和揭示；而就"历史"来说，历史唯物主义所包含的理论维度，则主要展现为对"历史中本真的东西"的理解和把握。这两个方面，都是历史唯物主义所要揭示和说明的"事实"的内容。关于前者，人们自然不会陌生，因为人们常常将此解释为历史唯物主义的全部；关于后者，人们却很少进行有深度的追问和考究，所以基本上还是一个隐而不彰的问题。基于这种情况，我们不对前者予以进一步论述，而着力对后者加以考察和阐释。所以现在的问题是：什么是"历史中本真的东西"？

根据阿尔都塞的理解，历史中本真的东西，大致说来就是生产力、生产关系、经济基础、上层建筑等结构性的历史要素，以及这些历史要素之间所形成的必然关系，而马克思正是由于发现了这些本真的东西，才揭示了历史的全部奥秘，并由此创立了作为一种科学理论的历史唯物主义。阿尔都塞的这个理解虽然在一定意义上也是站得住脚的，但却没有触及问题的内核和本质。这一方面是因为这个理解主要还是在"唯物主义"这条线上来阐释历史唯物主义的理论维度，而没有真正就"历史"来作深入考究；另一方面则是因为它即便涉及了历史，也只是就理论结论而不是就理论前提来下判断的。如果说阿尔都塞所提到的这些历史要素及其相互关系作为一种"事实"，代表的是历史自身客观的实体性内容，那么追根溯源，历史中本真的东西就是历史自身，这才是历史唯物主义所要揭示和阐明的一个客观道理。虽然"历史中本真的东西就是历史自身"表面来看是个同语反复，相当于什么也没有说出，但实际上，在自黑格尔到马克思的哲学路线中，这是一个极端重要的问题，虽然长期以来这个问题始终处在被遮蔽的状态之下。为什么？

如果说在黑格尔"精神现象学"乃至其全部哲学中起支配作用的一个核心论断是"实体即主体"，那么在这个论断中，就蕴含着"历史中本真的东西就是历史自身"这个见解，这是因为落实到历史层面，实体就是指历史中本真的东西，而实体一旦被认定为是主体，那么历史中本真的东西，从逻辑上说也就是它自身的生成和展开。由于黑格尔是在一个充满矛盾的"正反合"的辩证历程中来指认历史的生成和展开的,所以内在地看,"历史中本真的东西就是历史自身"并不是一个同语反复的说法,而无论如何都是在揭示"何为历史"这个问题上的一个深刻而伟大的思想发现。而与此同时,在这个思想发现中,也必然蕴含着一个在思想史上具有革命意义的宣言,这就是"按照历史的原本状貌认识历史"。实质上,黑格尔为其哲学所赋予的根本使命,就是按照历史的原本状貌来认识历史,从而揭示与历史的实体或本质相对应的真理。而马克思就是根据黑格尔的这个革命性的宣言来认识历史的,其历史唯物主义则是这方面的一个伟大理论成果。根据何在?

众所周知,马克思和恩格斯在《神圣家族》中说过一段极其重要的话:"在黑格尔的体系中有三个要素:斯宾诺莎的实体,费希特的自我意识以及前两个要素在黑格尔那里的必然充满矛盾的统一,即绝对精神。第一个要素是形而上学地改了装的、同人分离的自然。第二个要素是形而上学地改了装的、同自然分离的精神。第三个要素是形而上学地改了装的以上两个要素的统一,即现实的人和现实的人类。"① 需要注意的是,作为斯宾诺莎的实体和费希特的自我意识的矛盾统一体,黑格尔的绝对精神实质上既是其"实体即主体"这个论断中所说的实体(具体一点说是活的实体),也是这个论断中所说的主体(具体一点说是现实的主体)。由此来看,马克思和恩格斯既然认为绝对精神就是现实的人和现实的人类,那么很容易推知,他们不仅认同和接受"历史中本真的东西就是历史自身"这个蕴含于黑格尔"实体即主体"中的思想发现,而且也必然要求人们按照历史的原本状貌来认识历史。这一点,既构成了历史唯物主义由以形成的一个重要思想前提,也构成了历史唯物主义的一个根本理论主张。在《德意志意识形态》中,马克思和恩格斯曾郑重地提出过这个问题:"只要这样按照事物的真实面目及其产生情况来理解事物,任何深奥的哲学问题——后面将对这一点作更清楚的说明——都可以十分简单地归结为某种经验的事实。"② 毋庸置疑,按照事物的真实面目及其产生情况来理解事

---

① 《马克思恩格斯文集》第1卷,人民出版社2009年版,第341—342页。
② 《马克思恩格斯文集》第1卷,人民出版社2009年版,第528页。

物，放大开来，就是按照历史的原本状貌认识历史，而这就是马克思和恩格斯在《德意志意识形态》中创立历史唯物主义时所提出的一个最根本的理论原则。实际上，他们在《德意志意识形态》中之所以使用"真正的实证科学"这个术语（如前所引），并不是因为他们把历史唯物主义论定为一种与孔德的实证主义相等同的理论，而正是因为他们要把它命定为一个能够按照历史的原本状貌认识历史的革命性的理论。

不过，"按照历史的原本状貌认识历史"虽然是从黑格尔那里延续下来的一个革命性宣言，但在"思维和存在相同质"的思辨唯心主义认知结构中，这个宣言必然与其表达的精神实质相背离。这是因为思维要达到存在的同质，就只能为历史赋予一种由其认可和认定的本质。但由于历史是在人类的实践活动中不断生成和展开的，所以思维所做的这项精神性的工作对于已经完成的历史虽然是有效的，但对于尚未生成和展开的历史却是极其独断的。在这种情况下，"按照历史的原本状貌认识历史"必然会下降为一个空洞的口号，而"历史中本真的东西就是历史自身"也就相应地退变一个虚假的戏言。与此相反，马克思和恩格斯是在倒转黑格尔思辨唯心主义认知结构的前提下，站在鲜活生动的历史地平线上，通过考察现实的人及其实践活动，来阐明"历史中本真的东西就是历史自身"这个道理，并兑现"按照历史的原本状貌认识历史"这个革命性宣言的。这正如他们在《德意志意识形态》中所指出的："德国哲学从天国降到人间；和它完全相反，这里我们是从人间升到天国。这就是说，我们不是从人们所说的、所设想的、所想象的东西出发，也不是从口头说的、思考出来的、设想出来的、想象出来的人出发，去理解有血有肉的人。我们的出发点是从事实际活动的人，而且从他们的现实生活过程中还可以描绘出这一生活过程在意识形态上的反射和反响的发展……只要描绘出这个能动的生活过程，历史就不再像那些本身还是抽象的经验主义者所认为的那样，是一些僵死的事实的汇集，也不再像唯心主义者所认为的那样，是想象的主体的想象活动。"① 实际上，正是在马克思和恩格斯对黑格尔思辨唯心主义予以

---

① 《马克思恩格斯文集》第 1 卷，人民出版社 2009 年版，第 525—526 页。

倒转的基础上,"按照历史的原本状貌认识历史"才真正成为一个与其精神实质相契合的革命性宣言,"历史中本真的东西就是历史自身"也才真正成为历史唯物主义的一个伟大的科学理论发现。

如果以上论述表明,历史唯物主义所包含的理论维度在"历史"这条线上,就是要揭示、理解和把握"历史自身"这个历史中本真的东西,并由此证立"按照历史的原本状貌认识历史"这条唯物主义的理论逻辑,那么,阿尔都塞所指认的那些结构性要素及其关系,其实是历史唯物主义在科学认知的层面所得出的结果,而"历史自身"以及"按照历史的原本状貌认识历史"却构成这些结果的前提。在这条从前提到结果的因果链上,前提无疑是更为根本的东西,如果仅仅停留在结果上而遗忘了前提,历史唯物主义作为一种理论哲学所具有的科学意义将很容易被遮蔽起来。

三、"实践"维度与"理论"维度的关系

作为历史唯物主义所包含的两个维度,"实践"维度与"理论"维度是相互冲突的还是彼此融通的?这是我们接下来分析的一个重要问题。

一个不争的事实是,人们通常会遵照康德对现象和物自体、理论理性和实践理性的严格区分,在一种非此即彼的"对抗性"思维和"划界"意识中来看待实践哲学与理论哲学的关系。比如,在谈到道德哲学或政治哲学等实践哲学的问题时,会有意识地把认识论、形而上学等理论哲学方面的问题剔除在外,似乎唯有如此,关于前者的讨论和研究才既是合法的,也是有效的。而反过来看,在谈到认识论或形而上学等理论哲学方面的问题时,也会有意识地避开道德哲学和政治哲学等实践哲学方面的问题,似乎只有这样,才不至于把前者降格到一个较低的思想层面。然而,实际情况远非人们通常的想象。如同自然科学的探索和发现总是能够惠及人们的现实生活,理论哲学对于"事实"的探索和揭示,往往不会是由好奇心所驱使的一种纯粹的精神消遣活动,而是潜入到实践哲学中并作为后者的形而上学前提而发生作用的一种理论沉思。比如说,在柏拉图、亚里

士多德以及黑格尔那里,实践哲学都是通过一种高位的理论思考来予以建构的,形而上学在其中就发挥着至关重要乃至不可替代的作用。再比如说,罗尔斯在以政治哲学的方式来推动20世纪实践哲学的发展时,也非常重视针对人性的理论思考和理论探索,关于"人是利己的"以及"人是有理性的"这样的理论思考,就构成了其正义理论的立论和推理前提。显而易见的事实是,并没有因为实践哲学和理论哲学的这种"越界",而在它们中间产生出一种消极的"抵消"作用,从而使它们丧失各自的底色,相反,它们通过这种"越界"而成为了相互补充、彼此借力的两个点。实质上,历史唯物主义的"实践"维度与"理论"维度,就是这样一种关系。具体说来,这种关系包括两个方面:其一,历史唯物主义并没有因为其"实践"维度的存在,而成为一种缺乏理论反思的经验主义哲学,相反正是由于它与实践哲学相兼容的理论本色,才与经验主义划清了界限;其二,历史唯物主义也没有因为其"理论"维度的存在,而阻断与实践哲学相打通的道路,相反正是由于它在理论层面对事实性和必然性的东西进行了深刻的探索并取得了科学的认知成果,才将实践层面的思考根本性地推向了纵深。

我们先来看第一个方面的关系。在近代哲学史上,理论哲学的主要形式,就是以经验主义为主导的认识论哲学。而自康德以来,理论哲学上的每一次重大推进,都展现为对经验主义的颠覆与超越,这与哲学家们在实践哲学层面的思考和探索是密不可分的。就康德来说,他虽然无意于放低经验主义的身份,也没有在高于经验主义的界面上发展一种理论哲学,但他指认经验知识的有限性并为其划定边界,实际构成了对经验主义及其代表的理论哲学的一次根本撞击。这看起来与他在实践领域中的思考和研究没有关系,但实质上他之所以指认经验知识的有限性并为其划定边界,却正是因为他把追求最高生活真理和追求无限的事务看作是实践理性而非理论理性的份内工作。就黑格尔而言,他在理论哲学上的目标之一,就是通过辩证法来超越经验主义。但他讲的辩证法不仅是一种理解事物和事情的思维方式,也是一种实践态度和生活过程。比如,他在《小逻辑》中讲到辩证逻辑的第一个方面——理智(知性)时,就曾这样说道:"在理论方面，理智固属重要，在实践方面，理智也不可少。品格是行为的要素，一个有品格的人即是一个有理智的人。"① 这个情况表明，实践不是外在于理论的东西，相反它构成了理论认识的一个最重要的源头和载体。正是因为如此，黑格尔才在《法哲学原理》中这样指出："理论的东西本质上包含于实践的东西之中。这与另一种看法，认为两者是分离的，完全相反。"② 由此可知，黑格尔在理论哲学上所取得的原创性成果和突破性进展，与他在实践哲学上的思考存在直接的关联。

上述情况，对于我们理解历史唯物主义的实践维度和理论维度的关系富有启发。历史唯物主义是康德以来理论哲学在倒转和超越经验主义上的一个最伟大的成果。无论是对历史规律的科学揭示，还是对"历史自身"这个历史中本真的东西的客观把握，历史唯物主义在理论认知上，都达到了一个经验主义所无法企及的高度。历史唯物主义与经验主义的分野在于：后者在知性界限内所形成的关于当前事物的普遍认识和知识，归根结底只是一种抽离了丰富复杂的社会历史关系的"感性直观"。而历史唯物主义由于在根基上已经关联到存在论或本体论并因此而涉入实践哲学问题域，所以这个哲学理论不是在"感性直观"而是在"感性实践活动"的基点上，来审视和认识历史事物的。历史唯物主义之所以能够成为一个揭示生产力、生产关系、经济基础、上层建筑等历史的结构性要素及其关系，并真正发现和把握"历史自身"这个历史中本真的东西的科学理论，与其实践哲学的进路恰恰是不无相关的。这一实践哲学的进路将过去纯粹的认识论，转换为了以存在论或本体论为前提的社会认识论。历史唯物主义不仅没有因此而在理论哲学的探索上退行到近代的水平，相反标志着近代以来理论哲学的最高思维水准。由此来看，疏离了与实践哲学相对应的实践维度，我们将会难以接入到历史唯物主义的思维界面。

我们再来看第二个方面的关系。人们在试图从马克思哲学中开引政治哲学、道德哲学等实践哲学的分支时，总是竭尽全力地将其事实性判断悬置起来。但实际上，马克思与所有其他政治哲学家和道德哲学家不同之

---

① ［德］黑格尔：《小逻辑》，贺麟译，商务印书馆1980年版，第174页。
② ［德］黑格尔：《法哲学原理》，范扬、张企泰译，商务印书馆1961年版，第13页。

处，就在于他不是在一个纯价值层面来讨论相关的实践哲学问题的，而是在融合事实与价值的基础上来做这项工作的。这个情况告诉我们，历史唯物主义在理论维度上的事实判断，并不是其在实践维度上的价值判断的一个天然的对立面，相反前者构成了后者得以落地生根的一个根本基础。

对于这个问题，恩格斯在《社会主义从空想到科学的发展》中曾隐含地予以指认："唯物主义历史观从下述原理出发：生产以及随生产而来的产品交换是一切社会制度的基础；在每个历史地出现的社会中，产品分配以及和它相伴随的社会之划分为阶级或等级，是由于生产什么、怎样生产以及怎样交换产品来决定的。所以，一切社会变迁和政治变革的终极原因，不应当到人们的头脑中，到人们对永恒的真理和正义的日益增进的认识中去寻找，而应当到生产方式和交换方式的变更中去寻找；不应当到有关时代的哲学中去寻找，而应当到有关时代的经济中去寻找。"① 根据恩格斯的这段指认，作为一种事实判断，历史唯物主义在理论维度上所得出的基本原理，并没有消解公正、道德以及政治变革等实践领域的问题，而是为人们思考和探索这些实践领域的问题提供了一个必不可少的认识论视角。在此意义上，这些基本原理作为一种事实判断和理论哲学层面的问题，同时也是一种价值判断和实践哲学层面的问题。早在20世纪初期，卢卡奇就敏锐地洞见到了这一点，所以他才在《历史与阶级意识》中这样说道："什么是历史唯物主义呢？无疑，它是按其真正的本质理解过去事件的一种科学方法。但是，同资产阶级的历史方法相反，它同时也使我们有能力从历史的角度（科学地）考察当代，不仅看到当代的表面现象，而且也看到实际推动事件的那些比较深层的历史动力。"②

推进一步说，上述问题不仅仅是一个关涉到实践哲学的认识论视角和方法论的问题，更是一个关涉到实践哲学在何种层面来开展的深层的历史问题。这一点，从近代以来政治哲学、道德哲学等实践哲学形态的生成背景及开展路数来看是一目了然的。

---

① 《马克思恩格斯文集》第3卷，人民出版社2009年版，第547页。
② [匈] 卢卡奇：《历史与阶级意识》，杜章智、任立、燕宏远译，商务印书馆1999年版，第317页。

在自霍布斯、洛克到黑格尔的近现代哲学史上，以政治哲学、道德哲学为主要形态的实践哲学获得了长足的发展，其现实历史基础，就是近代以来逐渐形成的以私有财产权为根基的商品生产关系和市民社会。在此意义上，近代以来实践哲学中的那些基本论题，如权利、自由、平等、公正、道德等，都是一些从现实商品生产关系和市民社会中所透射出来的问题。就此来讲，不管是政治哲学还是道德哲学，所有实践哲学的理论建构和学术探讨，都不是纯粹的学理问题，根本来看，则是如何用学术和理论来回应现实历史的问题，亦即由商品生产关系和市民社会所表征的现实历史，构成了近现代几乎全部实践哲学最需要洞察和把握的对象。由这个情况可知，只有在科学性层面上，对现代历史中丰富复杂的社会关系作出深刻考察，并植入到现实历史关系当中，才可能实质性地将实践哲学的研究推向深入。然而，毋庸讳言的事实是，无论是近现代政治哲学家还是道德哲学家，相继在契约论的框架中借助先验的自然法来立论和说理时，都走了一条漂浮于现实历史之上的学术路线，由此便将他们所面对的现实历史关系严严实实遮蔽了起来。从历史唯物主义在理论维度上对历史关系的探索、发现和认知来看，这个问题显然只是到了马克思和恩格斯这里才得到了根本解决，这不仅是因为从逻辑上说，只有根据历史唯物主义对本真的历史关系的探索、发现和认知，通过针对市民社会内在最深层矛盾的政治经济学批判这一独特的理论形式，才能够透彻地领会和把握政治和道德等实践哲学领域的问题，同时也是因为从马克思实际的理论开展来看，他在以《资本论》及其手稿为载体的政治经济学批判中，根本性地推进了近代以来实践哲学的学术探究，并由此开辟出了一条以历史批判为前提和端点的实践哲学路径。就此而论，作为一种理论哲学，历史唯物主义不仅没有疏离实践哲学，相反它将近代以来的实践哲学探索推进到针对历史的最深层面。这既是我们在审视作为一个理论整体的历史唯物主义与实践哲学的关系时所应看到的一个重要问题，也是我们在审视历史唯物主义的理论维度和实践维度的关系时所应看到的一个重要问题。

关于历史唯物主义与正义兼容的三重辩护

自罗伯特·塔克、艾伦·伍德等人挑起"马克思与正义"之争以来，历史唯物主义与正义的关系，就成为了马克思政治哲学研究中一个无法回避的根本性问题。在对这一问题的理解上，塔克、伍德等人的基本立论手法起了决定性的引导作用。众所周知，塔克、伍德提出并始终坚持的观点是，马克思并非基于正义来策动对资本主义的批判，或者说，马克思并非将资本主义批判为非正义。他们提出这一观点的根据即在于，历史唯物主义与正义处在一种正相排斥的关系当中，历史唯物主义的挺立，也就意味着正义尊贵的放低，而当历史唯物主义作为一种成熟的理论被马克思确定下来后，正义也就不复存在了。中国一些学者对马克思正义理论的研究，在很大程度上延续了塔克、伍德等人的理解，因而，要么在阐发马克思的正义思想时，有意地绕开历史唯物主义的"羁绊"，要么干脆在历史唯物主义的名下，否认了马克思正义思想的在场。可问题是，历史唯物主义作为马克思哲学的基本理论定位是无可置疑的，而在"历史唯物主义与正义相互对立"的前设下开展马克思正义理论的研究，则毋庸讳言是根本没有任何出路的。于是，我们务必本着一种求真意识来试问：历史唯物主义与正义果真是不相兼容的吗？在区隔历史唯物主义的前提下开显马克思的正义思想果真是可能的吗？可以说，答案都是否定的。而本文的基本工作，即是从三个方面来对历史唯物主义与正义的兼容性予以辩护，由此证明马克思正义思想的在场，廓清这一思想的基本出场语境，为马克思正义理论的研究开辟出新的可能性路径。

一、非实证的历史唯物主义与正义不隔阂

人们在历史唯物主义与正义之间设立对置，进而以前者的在场来推定后者的缺席，在很大程度上，是历史唯物主义实证理解的一个自然呈示。由于"物质"、"经济"、"生产"、"实践"等在马克思的文本中是作为高频词出现的，所以在马克思、恩格斯身后直到今天的哲学史上，历史唯物主义的实证诠释始终占据着很大的市场。例如，第二国际的经济决定论、苏联的物质本体论以及波普尔的历史主义批判，无一不是以实证的方式来为历史唯物主义作注解的，这在马克思哲学的诠释史上都产生了极大的影响。历史唯物主义的实证理解之所以与正义的证明是相左相斥的，在直观的意义上是因为，以"事实性"为导向的实证理论与以"规范性"为导向的政治哲学，本身就是哲学史上相互对立的两极，实证主义在20世纪上半叶的"大行其道"，几乎意味着政治哲学在此期间的"全面湮没"。如此，作为政治哲学核心论域的正义研究，是很难在实证的历史唯物主义解释结构中取得一席之地的。

如果实证的理解确实切中了历史唯物主义的要害，即如果历史唯物主义确实正像阿尔都塞所指认的那样，只是要道说历史中客观存在的一些结构性要素，那么，马克思就不可能在历史唯物主义的叙述结构中阐发其正义观念，甚至于，他根本不可能从作为意识形态之一种的正义出发来予以推理。在这种情况下，将正义与历史唯物主义区隔开来，甚至将前者从马克思的理论叙事中驱逐出去，自然就是顺理成章、无可诘责的事情。然而，真实的状况是，在马克思、恩格斯有生之年就已形成的对其理论的实证理解，在他们看来是严重偏离其所要传达的思想的。一个直接的佐证是，在经济决定论开始泛起时，恩格斯在致布洛赫的信中，就对之进行了无情的批评："根据唯物史观，历史过程中的决定性因素归根到底是现实生活的生产和再生产。无论马克思或我都从来没有肯定过比这更多的东西。如果有人在这里加以歪曲，说经济因素是唯一决定性的因素，那么他

就是把这个命题变成毫无内容的、抽象的、荒诞无稽的空话。"① 而大概主要是由于意识到这种实证理解的空泛和荒谬,恩格斯才在致拉法格的信中无不调侃地指出:"所有这些先生们都在搞马克思主义,然而是10年前你在法国就很熟悉的那一种马克思主义,关于这种马克思主义,马克思曾经说过:'我只知道我自己不是马克思主义者。'马克思大概会把海涅对自己的模仿者说的话转送给这些先生们:'我播下的是龙种,而收获的却是跳蚤。'"②

如果说,历史唯物主义的实证理解将一些真实的东西遮蔽起来了,那么,应当如何看待这一标识马克思哲学的理论形态呢?在《〈政治经济学批判〉序言》中,马克思回顾与总结自己创立历史唯物主义的心路历程时,曾这样记述道:"为了解决使我苦恼的疑问,我写的第一部著作是对黑格尔法哲学的批判性的分析,这部著作的导言曾发表在1844年巴黎出版的《德法年鉴》上。我的研究得出这样一个结果:法的关系正像国家的形式一样,既不能从它们本身来理解,也不能从所谓人类精神的一般发展来理解,相反,它们根源于物质的生活关系,这种物质的生活关系的总和,黑格尔按照18世纪的英国人和法国人的先例,概括为'市民社会',而对市民社会的解剖应该到政治经济学中去寻求。我在巴黎开始研究政治经济学,后来因基佐先生下令驱逐而移居布鲁塞尔,在那里继续进行研究。我所得到的,并且一经得到就用于指导我的研究工作的总的结果,可以简要地表述如下……(省略部分,即为历史唯物主义的经典表述——引者注)。"③ 马克思的这段记述表明,他的历史唯物主义,是在探问与质询市民社会,是在研究政治经济学的过程中创立起来的,而完全不是以科学主义的方式,借助于"显微镜"和"化学试剂"来加以创制的。既然如此,我们对于历史唯物主义的理解,就应当超越于实证主义的思维路数,应当将观察的视线收缩到关涉着经济矛盾和资本机密的现代市民社会上来。可以说,不在马克思的文本中对市民社会概念认真作一番检阅,我们

---

① 《马克思恩格斯文集》第10卷,人民出版社2009年版,第591页。
② 《马克思恩格斯文集》第10卷,人民出版社2009年版,第590页。
③ 参见《马克思恩格斯文集》第2卷,人民出版社2009年版,第591页。

是无法洞悉历史唯物主义之实质的。换言之，历史唯物主义的理论实质，乃是在把捉现代市民社会之内在矛盾与法则的过程中被彰明的；历史唯物主义所阐发的那些历史性关系，只有置放于现代市民社会的思想场域才可能被明察。作为唯物主义的现代形态，历史唯物主义的这一独特"生成"机制与"在场"机理，决定了它与过往一切唯物主义之间是存在根本分殊的，决定了它无论如何都不可能与一种单向度的、贫乏的、干瘪的决定论相对应，决定了它本质上是以政治哲学为思想底蕴的新唯物主义。

这里所应植入的一个思想史信息是，马克思并不是率先对市民社会作出理论界定的哲学家，他的这一概念确切地说是取自于黑格尔。而在黑格尔那里，有关市民社会的讨论所关涉到的是一个强大的政治哲学语境。黑格尔在政治哲学的维度内对财产权、自由、人格等论题的剖析，以及对特殊性与普遍性之关系的认证，都是在市民社会的问题域中完成的。而放大开来，我们也可以说，从洛克到黑格尔，那些自上而下的西方近代政治哲学家，大多都是在市民社会的现实支撑点上来从事理论创造的，其政治哲学的研究，大多都是在或直接或间接、或显在或隐在地回应现代市民社会的历史形成。这种情况决定了，马克思从黑格尔那里获取到这一本来系于政治哲学之创制的概念后，他也一定会在政治哲学的意义上来使用这一概念。只要对马克思1843年前后的那些重要文本（如《黑格尔法哲学批判》、《〈黑格尔法哲学批判〉导言》以及《论犹太人问题》等）作出一定的检阅与考究，我们便可以发现，市民社会正是马克思开启政治哲学的思想源地，其政治哲学的许多重要内容，正是在市民社会的理论扇面上铺展开来的。然而，马克思不仅运用市民社会概念阐述了政治哲学问题，他也运用这一概念阐述了历史唯物主义的生成机制问题。所以确凿地说，马克思是在政治哲学和历史唯物主义这两个维度上来使用市民社会概念的。不过以我之见，马克思市民社会所链接到的这两个理论维度虽然存在分殊与异质，但又不可能完全分开，而是有一种包容、互补、会通、合流的关系，因为马克思即便在理论的形式上分门别类地来探讨市民社会，他也不可能在内容上将市民社会彻底"一分为二"。如果分离了市民社会所承载的那些根本的政治哲学内容，历史唯物主义显然只能成为空洞抽象的理论教条，而这是马克思不愿也不会去做的事情。这里所涉及的一个直接的文本依据就是，马克思在政治哲学的语境下阐述了市民社会和人类社会的辩证关系，而他在《关于费尔巴哈的提纲》第十条中则直截了当地指出："旧唯物主义的立脚点是市民社会，新唯物主义的立脚点则是人类社会或社会的人类。"① 如果说，这句话中所提到的"新唯物主义"也就是历史唯物主义，那么，这样一个以人类社会或社会的人类为立脚点的历史唯物主义，在根本上是与马克思政治哲学的语境相关联的，只有理解了马克思在政治哲学的向度内所论述的基础性理论问题，才有可能真正洞见到历史唯物主义的理论旨趣。所以一言以蔽之，马克思在市民社会的支点上所创造的历史唯物主义，只能被理解为一种蕴涵着政治哲学内容的、非实证的理论，否则，会注定在对其的阐释中越走越偏。

可以说，证明了历史唯物主义的非实证性，就意味着在它与正义之关系的辩护上向前推进了一大步，因为这起码可以表明，历史唯物主义并非是排拒规范性的事实性学说，而是与作为规范性理论的政治哲学有一种相激互融的关系。不过人们可能提出的质疑是，即便澄明了历史唯物主义与政治哲学的交汇与融通，也不能由此澄明其与正义也存在此种关联。如果我们不应当将问题掩蔽在似是而非和模棱两可之间，那么，就应当进一步将之厘清道明。这里所要继续说明的情况是：作为历史唯物主义与政治哲学联姻枢纽的市民社会，其实也正是我们理解正义话语不可脱离的质点。在历史唯物主义结构中一旦突现出市民社会的理论叙事，正义问题也就会在我们的阐释中呈现出来。情形何以至此？

马克思在正义问题上的许多判断，是在与自由主义的对置中做出的，所以阐发马克思的正义理念，不能不多少阐释近代自由主义的正义理论。马克思之前的许多自由主义理论家，如休谟、斯密、康德以及黑格尔等等，都曾或直接或间接地提出正义问题。这些自由主义理论家指涉正义的基本思路，即是在"应得"的意义上来界定人与人之间的财产占有关系。而人与人之间的财产占有关系之所以成为了理论家们纷纷检讨的对象，正

---

① 《马克思恩格斯文集》第 1 卷，人民出版社 2009 年版，第 502 页。

是因为在现代市民社会形成的历史大背景下，因财产权的凸显而来的个体性伸张与普遍利益之间发生了前所未有的冲突。对于这一点，深谙现代市民社会之内在悖结的黑格尔有过如此描述：在市民社会中，"取得所有权（指财产权——引者注）即达到人格的定在"①，"所有权和人格都得到法律上承认，并具有法律上效力"②。然而，由于"具体的人作为特殊的人本身就是目的"③，所以，市民社会只能是"个人私利的战场，是一切人反对一切人的战场，同样，市民社会也是私人利益跟特殊公共事务冲突的舞台"④。如果黑格尔所描述的这一矛盾与冲突无法以自然的方式得到化解，那么就只能通过人类的协议，即通过缔结戒取他人所有物的协议来调整人们的财产占有关系，这也就是休谟所极力强调的正义规则。如果我们从这里完全可以看到，近代自由主义理论家是在市民社会的历史背景下从事正义研究的，或者说他们的正义研究是以理论的方式来回应现代市民社会的历史出场及随之而来的社会冲突，那么，马克思在正义问题上的基本思入路径，不能不说也是对接于市民社会的历史考量的。马克思总体上是批判自由主义的正义观念的，但其批判的策动，只是缘起于他与自由主义者在审理市民社会之姿态上的分道扬镳，而并非是说，他已离开市民社会的问题式来阐明其正义的基本想法。一些人并不赞同在所谓"旁出"的市民社会题域中理解马克思的正义思想，这实质是没有参透近代以来一直到马克思的正义博弈之真实的幕后景观。当马克思通过检思市民社会的内在矛盾（以不同于自由主义的方式）来洞观历史的本质、彰明现代社会的政治机理，并由此将历史唯物主义的基本创设与政治哲学的基本考量结合起来时，他的历史唯物主义同时也必定与正义的阐发形成交集、发生重合。因此，我们对马克思正义思想的理解，根本无法脱离对于历史唯物主义一定程度的探询；而在实证的历史唯物主义框架中来否定马克思的正义思想，则大大偏离了马克思哲学的基本立论方向。

---

① ［德］黑格尔：《法哲学原理》，范扬、张企泰译，商务印书馆1961年版，第59页。
② ［德］黑格尔：《法哲学原理》，范扬、张企泰译，商务印书馆1961年版，第228页。
③ ［德］黑格尔：《法哲学原理》，范扬、张企泰译，商务印书馆1961年版，第197页。
④ ［德］黑格尔：《法哲学原理》，范扬、张企泰译，商务印书馆1961年版，第309页。

二、历史必然性告诫并未消解正义

以历史唯物主义来否定马克思的正义,加拿大学者威尔·金里卡提到了另一种情况,即在历史唯物主义所认定的历史必然性面前,正义并无任何立足之地。对此,金里卡是这样表述的:"按照历史唯物主义的说法,人类社会的发展是由阶级斗争决定的,阶级斗争又被生产方式的发展所决定;而生产方式发展的必然后果就是无产阶级通过革命去推翻资本主义……当过去的马克思主义者相信社会主义是必然的(inevitable),就没有必要去解释社会主义为什么是合意的(desirable)。社会主义不过是被历史发展预先决定好了的一个阶段性终点。资本主义由于其内部矛盾将自我瓦解,因为越来越贫穷的无产者除了推翻资本主义制度将别无选择。作为革命基础的,是经济矛盾而非道德依据。"① 威尔·金里卡在这里提到的情况,以分析的马克思主义之英国代言人柯亨的描述就是,在马克思时代和共产主义运动高潮时期,工人阶级(1)构成社会的大多数;(2)生产出财富;(3)在社会中受到剥削;(4)是社会中的穷人;(5)在革命中不会失去任何东西,无论革命的结果可能是什么;(6)能够并且愿意改造社会。"当这些特征汇集在一起的时候,规范性的社会主义主张就没有那么必要了。当人们由于自己境况的紧迫性被迫进行社会主义革命并处于有望成功的良好形势之中时,你就不必去证明社会主义革命作为原则问题的正当性。"② 金里卡与柯亨的这些论述,都涉及历史必然性与正义此消彼长的对置关系,概括地说,涉及这样两个相互粘连的关系的"认定":(1)历史的行进,完全不是由正义的调节就可以推动的,在根本上,它是历史规律所决定的线性发展的必然结果;(2)在历史发展的线性序列中,革命也是

---

① [加]威尔·金里卡:《当代政治哲学》上卷,刘莘译,上海三联书店2004年版,第303—304页。
② 吕增奎编:《马克思与诺齐克之间:G. A. 柯亨文选》,江苏人民出版社2007年版,第166页。

由历史矛盾所决定的必然性结果,也是这一线性序列的必要性介质,使历史从低一阶段递推到高一阶段。而正义作为一种改良的手段,与作为必然性结果和必要性介质的革命是背道而驰的,或者在多数情况下,正义观念的播散就会带来道德的争论,而正如金里卡所言,"陷入常规和制度的道德争论只会削弱无产阶级革命的必然使命"①。

关于历史必然性与正义之对置关系的上述"认定",在一定意义上是真实的、有说服力的,甚至与马克思、恩格斯的运思也是相吻合的。一个佐证在于,马克思、恩格斯在其著作的多处,对正义采取了批判的态度。而他们批判正义的根据之一,常常是因为金里卡所言指的情况,即公正或不公正、道德或反道德等说法,"会造成一种不可救药的混乱"②,削弱无产阶级的革命意识。这样看来,金里卡、柯亨等人的论述,似乎道出了正义在马克思那里的真实命运——听奉历史必然性告诫,相信作为历史线性发展之内在环节的革命的充分可能性,就无需再诉诸于正义了。无论是金里卡还是柯亨,应当说,都未必想去否决马克思正义的在场,但他们所指认的情况,倒经常被诚心想去这样做的人当作了由头。比如,深受前苏东教科书体系影响的一些马克思主义理论家,往往就以历史必然性与正义、革命与正义之非此即彼为据,不顾一切地将正义说成是一种意识形态的呓语和幻想,并想方设法地祛除这种呓语和幻想。可是,在历史必然性告诫面前,谈论正义就完全不具有合法性了吗?在我看来,情形远非如此。

首先,关于历史必然性本身的正义判断。马克思在《资本论》第三卷阐述"生息资本"时,说过这样一段似乎有些令人匪夷所思,因而引起极大学术争议的话:"生产当事人之间进行的交易的正义性在于:这种交易是从生产关系中作为自然结果产生出来的。这种经济交易作为当事人的意志行为,作为他们的共同意志的表示,作为可以由国家强加给立约双方的契约,表现在法律形式上,这些法律形式作为单纯的形式,是不能决定这个内容本身的。这些形式只是表示这个内容。这个内容,只要与生产方式

---

① [加]威尔·金里卡:《当代政治哲学》上卷,刘莘译,上海三联书店2004年版,第319页。
② 《马克思恩格斯文集》第3卷,人民出版社2009年版,第323页。

相适应，相一致，就是正义的；只要与生产方式相矛盾，就是非正义的。在资本主义生产方式的基础上，奴隶制是非正义的；在商品质量上弄虚作假也是非正义的。"① 对于这段话的理解，至今仍是诉讼不休、悬而未决的。不过，如果我们不被那些具有争议性的推论——比如，从"与生产方式相一致是正义的"，可推出"资本家组织生产、榨取剩余价值、剥削工人是正义的"——引入旁处，那么显然可以看到，这段话已经直接涉及历史必然性与正义这一问题，而且，马克思在这一问题上给出的是一种关于正义的肯定性判断。根据就在于，与生产方式相适应、相一致的东西，实质也就是指向历史前方的、符合历史必然性的东西，而这样的东西根据马克思在这里的说明，恰恰是具有正义性的。而相反，与生产方式不一致，因而不符合历史必然性指向的东西，就不具有正义性了，如从资本主义位阶来看的奴隶制度以及违反市场交换原则的弄虚作假等。虽然基本可以断定，这段话是在"事实"的向度上来讲述正义的，与通常在"价值"的向度上来讲述正义有所不同。但只要我们充分认识到，只有在完整的意义上来开掘马克思的正义话语，才可能真实地开显他的正义思想，那么就有理由指出，历史必然性不仅没有消解正义，而且本身就被认定为是正义的。

其次，关于革命本身的正义取向。毋庸讳言，将革命视为线性历史发展的必然性结果和必要性介质，本身是对历史唯物主义作了一种实证化的处理。但正如前述，马克思的历史唯物主义并非是实证化的理论，它虽然强调历史运动中的因果和决定关系，虽然以历史必然性告诫来划定其与形形色色唯心主义的"楚河汉界"，但却没有预设线性的历史行进路径，尤其是没有在"事实给定性"的意义上来确证革命的必然性和必要性，即便革命有时的确被解释为客观历史矛盾的结果。在大多数情况下，马克思及恩格斯是在规范的意义上来提出革命问题的，具体而言，他们是在事关人类解放的政治哲学意义上来界定革命范畴的，这与此范畴也内置于历史唯物主义并不矛盾。因而，只有在规范的政治哲学向度内，或者至少在以政

---

① 《马克思恩格斯文集》第 7 卷，人民出版社 2009 年版，第 379 页。

治哲学为思想底蕴的历史唯物主义向度内，而不是在经验和实证的向度内来理解革命，才会不至于使之丢却本应背负的价值承当，才可能符合马克思的思想旨趣。如此道来，在必然性的口实下来指定革命的非正义实质，本身就是不可信的，也是不可取的，因为直觉也可以告诉我们，一个承载着强烈规范性意蕴的范畴，未必会排拒正义。

这里应予以申明，马克思政治哲学的根本问题意识，其实就是社会革命，而不是社会改良，这也是他的那句名言昭告世人的信息，即"哲学家们只是用不同的方式解释世界，问题在于改变世界"①。正因如此，他才竭尽全力地去诘伐自由主义系于社会改良的正义，这是其批判的主要正义范例。但被马克思推上被告席的这个正义，却不应当左右着我们对其正义思想的洞察。原因是，在马克思对自由主义正义的批判中，在他的革命问题意识之背后，恰恰隐匿着一个强烈的正义想法，马克思有时干脆将这一想法予以公开表达。例如，在1864年国际工人协会的《成立宣言》中，马克思庄重指出，工人阶级要"努力做到使私人关系间应该遵循的那种简单的道德和正义的准则，成为各民族之间的关系中的至高无上的准则"②。在修订于1871年的《国际工人协会共同章程》中，马克思又郑重强调："加入协会的一切团体和个人，承认真理、正义和道德是他们彼此间和对一切人的关系的基础，而不分肤色、信仰和民族。"③从这些话语来看，我们完全没有理由认为，马克思厘定革命问题意识，是以掩蔽正义为前提的；毋宁说，我们应当看到，在此一问题意识之背后，有一个强大的正义理念作为支撑。而明示了这一点，我们要继续指出，在马克思革命的视线中消失的正义，即马克思以革命为据来批判的正义，与他心目中认定的正义是处在对置面上的两个不同所指；如果不去消解前一种正义的影响，后一种正义的内在精神则根本无法得以释放。在此意义上，我们自然可以认为，视社会革命为重大目标之一的马克思，是将批判正义的矛头"指向自由主义

---

① 《马克思恩格斯文集》第1卷，人民出版社2009年版，第502页。
② 《马克思恩格斯文集》第3卷，人民出版社2009年版，第14页。
③ 《马克思恩格斯文集》第3卷，人民出版社2009年版，第227页。

而非正义本身"①。只要清楚了这一点，就可以明察，从以革命范畴为内在构件之一的历史唯物主义中，我们不仅不能得出马克思拒斥正义的论断，而且正是在其中，我们获悉到他对这一"至高无上的准则"的崇尚。

再者，关于共产主义本身的正义揭示。在历史唯物主义所预设的必然性历史链环上，共产主义构成其终点。而否定共产主义之正义性的声音，自伍德以来就一直不绝于耳。人们之所以不愿从共产主义的申言中开发马克思的正义思想，原因之一，自然就是出于对历史必然性的顾虑和敬畏，即这一历史的终点既然迟早都会到来，那么对其施以道德和正义的证明就纯属多余，甚至是有害的。不能不说，平面地审视，这种理解是有据可循的，因为至少马克思、恩格斯在《德意志意识形态》中曾这样说过："共产主义对我们来说不是应当确立的状况，不是现实应当与之相适应的理想。我们所称为共产主义的是那种消灭现存状况的现实的运动。这个运动的条件是由现有的前提产生的。"② 然而，马克思不在道德和正义的支点上来证立共产主义，并不意味着他讲的共产主义就不具有正义性了，或者不意味着我们从当代性的视野出发，将共产主义揭示为正义社会就是非法的，这是不同的两码事情。以我之见，马克思虽未像当今分析的马克思主义者那样，力图以一种显性的方式来论证共产主义的正当与合意，但在对其所作的多方面的图绘中，却包含着隐微的正义判断，因而实质上也将共产主义"另类"地证明为正义社会。一个关键的依据在于，马克思显然并不像伍德所解读的那样，完全没有将资本主义批判为非正义。相反，无论在《1844年经济学哲学手稿》还是在《资本论》及其手稿中，马克思都曾对资本主义作出过非正义的谴责：在《1844年经济学哲学手稿》中，马克思策动其批判的核心关键词是"异化"，即在他的眼中，资本主义乃是一个呈现为从劳动到人性、从无产者到有产者的全面异化的社会。而诚如艾伦·布坎南及威尔·金里卡所揭示的，在马克思的异化指证中，至少包藏着"人性"扭曲的不正义审判，甚至可以说，异化与不正义有一种不证自明的直接对等关系。既然如此，《1844年经济学哲学手稿》中的非正

---

① 李佃来：《论马克思正义观的特质》，载《中国人民大学学报》2013年第1期。
② 《马克思恩格斯文集》第1卷，人民出版社2009年版，第539页。

义谴责，就是可以被把握到的事实。在《资本论》及其手稿中，无论是对资本原始积累的考究，还是对资本生产过程的分析，马克思也都将资本主义批判为非正义，因为资本的原始积累在马克思看来，"只是意味着直接生产者的被剥夺"①，意味着"征服、奴役、劫掠、杀戮"②，而资本生产过程的全部奥秘在他看来，在于剩余价值的生产，剩余价值生产的奥秘则又在于，资本家不经交换、不支付等价物，就占有了一部分劳动。马克思的这些检视与剖解，显然正像埃尔斯特等人强调的那样，已经为资本主义贴上了"不正义"的标签。彰明了资本主义的非正义性，共产主义的正义性就一目了然了。因为不管是从历史必然性告诫来看，还是从马克思实际的问题意识来看，共产主义都是作为资本主义的对置物而出场的，因而也就构成对资本主义缺陷的彻底克服，这当中，自然也包括对其非正义性的克服。"非正义"的对立面就是"正义"，而且这个对立面也一定是会存在的，否则，这个"非正义"也难以说起了，这正如"好"和"坏"始终是对立的两极一样。这就可顺理成章地推出，作为非正义的资本主义对置面的共产主义，就是一个正义社会。马克思几乎不为这样一个正义社会提供正面的"正义"论证，是因为这样的论证方式可能会纠缠到自由主义系于改良的正义论战中，反倒与共产主义之正义性的诠注渐行渐远，这种情况如同正义与革命的关系。这又再一次证明，以历史必然性来消解正义，根本就是站不住脚的。

上面论述已经表明：马克思并不是沿着自由主义社会改良的道路来提出正义问题的，而是独辟蹊径地在革命和共产主义的语境中阐发其正义思想的。如果没有洞察到马克思指涉正义的这一独特之处，就容易从同质于自由主义因而外于马克思政治哲学的正义层面③来推定历史必然性与正义

---

① 《马克思恩格斯文集》第 5 卷，人民出版社 2009 年版，第 872 页。
② 《马克思恩格斯文集》第 5 卷，人民出版社 2009 年版，第 821 页。
③ 放大开来，马克思与自由主义在阐发正义上的分道扬镳，标志着他们在政治哲学上形成了分庭抗礼的格局，虽然他们面对着共同的历史背景、分享着共同的理论话题。因而，理解马克思全部政治哲学思想的前提之一，就是在它与自由主义政治哲学之间"划界"，展现其在政治哲学史上独善其身的理论特质和精神气质。相关论述，可参见李佃来：《西方马克思主义与马克思政治哲学的开显》，载《哲学研究》2012 年第 10 期。

的关系,与此相应,这也就容易遮蔽这两者本来的辩证联系,造成对马克思正义思想敷衍了事的检思和随心所欲的否决。

三、正义研究务必走向政治经济学批判

在"马克思与正义"的论辩中始终坚持己见的伍德曾强调,根据马克思和恩格斯的观点,"正义"乃是一个法权或法定概念,是一个与法律和依法享有的权利相联系的概念。① 而正义作为这样一个法的概念,放在众所周知的历史唯物主义理论结构中,乃是上层建筑的内容,因而它是从经济关系中产生出来的,而不是相反。这就决定了,最终定格于政治经济学研究的马克思及恩格斯,是不会在正义的断面上来发动其批判的,因而也就不可能对资本主义予以"非正义"的谴责。这种情况,正如恩格斯曾说过的:"是做一天公平的工作,得一天公平的工资吗?可是什么是一天公平的工资和一天公平的工作呢?它们是怎样由现代社会生存和发展的规律决定的呢?要回答这个问题,我们不应当应用道德学或法学,也不应当诉诸任何人道、正义甚至慈悲之类的温情。在道德上是公平的甚至在法律上是公平的,而从社会上来看很可能是很不公平的。社会的公平或不公平,只能用一种科学来断定,那就是研究生产和交换的物质事实的科学——政治经济学。"②

平心而论,从恩格斯的表述来看,不能不说伍德在一定程度上把握到了问题之实质,即如果脱离了政治经济学的本位批判而痴迷于正义的论析,就会本末倒置、是非难辨,这对于历史唯物主义理论而言,起码缺乏逻辑上的自洽性。这也就是为什么,追随伍德来体察"马克思与正义"问题的人,总有信心找到依据来证实自己的见解;而一些并非忠于前贤而有勇气挑战权威的论者,却又没有信心可以驳倒伍德。然而,我要在此指出

---

① 参见[加]艾伦·伍德:《马克思对正义的批判》,林进平译,载《马克思主义与现实》2010年第6期。
② 《马克思恩格斯全集》第19卷,人民出版社1974年版,第273页。

的是，伍德只是看到了一半的真理，继续追究下去，他的观点就经不起精推细敲了。直截了当地说，马克思、恩格斯在很多地方以政治经济学的审理来放低乃至诘难正义虽然是个公开的事实，但这个事实却往往不在于他们力求将正义驱逐出自己的思想架构，而往往在于正义的研究根据他们的检思，只有植根于政治经济学的批判才是有出路的、充满希望的。对于此，我们可从两个方面来梳解与澄明。

其一，从系于抽象自然法的正义到系于历史实在关系的正义。如果正如上文所述，自由主义理论家是在市民社会形成的历史大背景下从事正义研究的，那么，他们的这一研究自然离不开对市民社会中的人的基本理解，因为其所索求的正义，就是要处理市民社会中人与人之间的内在冲突。而自近代自由主义理论家一直到马克思、恩格斯的同时代人，如拉萨尔、蒲鲁东等，都不约而同地将现代市民社会中的"人"视为自然的人，而非社会的人，这是他们阐释政治观点的哲学基础。洞穿了这一实况的马克思，在《1857—1858年经济学手稿》中是这样来指证的：在自由竞争的市民社会里，"单个的人表现为摆脱了自然联系等等，而在过去的历史时代，自然联系等等使他成为一定的狭隘人群的附属物。这种18世纪的个人，一方面是封建社会形式解体的产物，另一方面是16世纪以来新兴生产力的产物，而在18世纪的预言家看来（斯密和李嘉图还完全以这些预言家为依据），这种个人是曾在过去存在过的理想；在他们看来，这种个人不是历史的结果，而是历史的起点。因为按照他们关于人性的观念，这种合乎自然的个人并不是从历史中产生的，而是由自然造成的。这样的错觉是到现在为止的每个新时代所具有的"①。在抽却历史性的前提下，依旧根据自然联系来解读这样一种实质上已经摆脱了自然联系的市民社会之个人，决定了自由主义理论家只能借助于抽象理性，通过诉求超历史的价值原则来阐述正义，因而，其所孜孜以求的正义原则，归根结底乃是一种适用于一切人且恒久不变的自然法的规范。自然法是从斯多葛学派开始的古希腊人以及古罗马人（如西塞罗）阐述正义的一个根本支撑点，近代自

---

① 《马克思恩格斯文集》第8卷，人民出版社2009年版，第5—6页。

由主义理论家虽是在完全不同于古希腊和古罗马历史语境的现代市民社会语境中重新提出正义问题的，但其推理支点和运思路径却没有歧出自然法传统。即使认为正义不是一种自然之德而是一种人为之德的休谟，也最终还是郑重声明："正义的规则虽然是人为的，但并不是任意的。称这些规则为自然法则，用语也并非不当，如果我们所谓'自然的'一词是指任何一个物类所共有的东西而言，或者甚至如果我们把这个词限于专指与那个物类所不能分离的事物而言。"①

蒲鲁东将系于自然法、具有超历史性的正义称为"永恒公平"，而对于"永恒公平"，恩格斯则作出过如下深刻剖析："法学家把所有这些法的体系中的多少相同的东西统称为自然法，这样便有了共同点。而衡量什么算自然法和什么不算自然法的尺度，则是法本身的最抽象的表现，即公平。于是，从此以后，在法学家和盲目相信他们的人们眼中，法的发展就只不过是使获得法的表现的人类生活状态一再接近于公平理想，即接近于永恒公平。而这个公平则始终只是现存经济关系的或者反映其保守方面，或者反映其革命方面的观念化的神圣化的表现。希腊人和罗马人的公平认为奴隶制度是公平的；1789年资产者的公平要求废除封建制度，因为据说它不公平。在普鲁士的容克看来，甚至可怜的专区法也是对永恒公平的破坏。所以，关于永恒公平的观念不仅因时因地而变，甚至也因人而异，这种东西正如米尔柏格正确说过的那样，'一个人有一个人的理解'。"② 恩格斯的剖析，不仅清楚揭示了永恒公平和超历史正义的实质，而且也隐在表明了对于这种公平、正义的基本态度，即将其放在被告席上加以审判，而不是毫无原则地接之任之。恩格斯之所以表明这一态度，其道理很简单：所谓的永恒公平在他看来，只不过是一种虚幻的观念抽象，公平、正义的真实内容不是由自然法所给定的，而是源自于经济关系和现实生活，因而正义只能是具体的、实在的历史性规范，而完全不具有超历史性的可能（英国学者杰拉斯认为马克思的正义有超历史之特质，这是一个误解）。

恩格斯所表明的这种态度，根据伍德的方式来加以理解，自然容易得

---

① ［英］休谟：《人性论》下册，关文运译，商务印书馆1996年版，第524页。
② 《马克思恩格斯文集》第3卷，人民出版社2009年版，第322—323页。

出恩格斯及马克思放逐、贬斥正义的简单结论，但这是不真实的。自由主义理论家将正义说成是自然法的规范，这只是代表了正义之阐述的一种特定路数。因而恩格斯及马克思对其的批判态度，不能被看作是他们对于正义的全部态度，他们是在批判正义的一种理解路数，但这不等于他们是在批判正义理念之本身。进而言之，恩格斯及马克思没有在批判自然法之正义的同时，以政治经济学研究为由来掩挡正义，而是在批判此一正义之基础上，厘定了一条全新的阐发正义的理论路径，即回归到实在的历史关系中，切实地开展政治经济学批判，在流变的生产活动中追寻正义之根、探问正义之源。许多人可能心存顾虑，认为如果这样来理解，就会不切实际地提升正义在历史唯物主义中的位阶，背离马克思、恩格斯的真实理论用意。但这种顾虑显然是多余的，因为马克思就曾这样说道："认识到产品是劳动能力自己的产品，并断定劳动同自己的实现条件的分离是不公平的、强制的，这是了不起的觉悟，这种觉悟是以资本为基础的生产方式的产物，而且也正是为这种生产方式送葬的丧钟，就像当奴隶觉悟到他不能作为第三者的财产，觉悟到他是一个人的时候，奴隶制度就只能人为地苟延残喘，而不能继续作为生产的基础一样。"① 毋庸置疑的事实是，马克思在这里既将生产方式确证为正义之考询的坚实基础，又将正义的考询认定为制度之迁变的巨大思想助力，这传送出正义与历史唯物主义的真实辩证关系，而与我们的理解自然也无不吻合。

其二，私有制的批判与正义的昭显。自由主义理论家们论述的正义虽林林总总、各有不同，但都没有溢出于"应得正义"之范围，即正义意味着对基本有用品的公正、合理分配，这是"应得"的实在内涵。"应得正义论"的建构不管是否像自由至上主义那样，将终极旨趣定位于对个体权利的辩护，实质都要以人的普遍权利的确证为基础和中介，因为"应得"与"权利"之间有一种难以隔绝的关系，一个人应得某种有用品，首先是由于这个人有权利（即有资格）享用它，甚至于像罗尔斯所讲述的那样，权利本身即是正义理论所假定的基本有用品和应得之物。而自由主义理论

---

① 《马克思恩格斯文集》第 8 卷，人民出版社 2009 年版，第 112 页。

家往往以为，人的普遍权利的确证在现代社会之所以是可能的，其原因之一是，随着政治解放即市民社会解放的推进和完成，私有财产在权利面前被宣布无效，即国家只会在纯粹政治层面上来认定人的权利，而不会根据人的财产状况以及其他可能存在巨大差距的因素来作出这种认定。正因为如此，以权利为基础和中介的正义，只是社会自然分工链环上不同角色之间达致和谐的关系博弈，是资本与劳动之间的和解，并不会关乎一个人是拥有财产的资本家还是身无分文的流浪者，而唯其如此，正义才在实至名归的意义上成为普泛的自然法。

然而，马克思、恩格斯审视到的情况却截然相反。马克思指出："从政治上宣布私有财产无效不仅没有废除私有财产，反而以私有财产为前提。当国家宣布出身、等级、文化程度、职业为非政治的差别，当它不考虑这些差别而宣告人民的每一位成员都是人民主权的平等享有者，当它从国家的观点来观察人民现实生活的一切要素的时候，国家是以自己的方式废除了出身、等级、文化程度、职业的差别。尽管如此，国家还是让私有财产、文化程度、职业以它们固有的方式，即作为私有财产、作为文化程度、作为职业来发挥作用并表现出它们的特殊本质。国家根本没有废除这些实际差别，相反，只有以这些差别为前提，它才存在，只有同自己的这些要素处于对立的状态，它才感到自己是政治国家，才会实现自己的普遍性。"① 马克思在这段话中所隐在揭示的深刻问题是，国家在根本上还要依傍着将人们实际区隔开的私有财产、文化程度、职业等来实现自己的普遍性，这就意味着自由主义理论家不忘宣说的权利和正义，实质是依赖于资本主义私有财产关系的，即便他们并不愿承认这一点。因而，资本主义私有财产关系未被改变之前，所谓"人民的每一位成员都是人民主权的平等享有者"，所谓"正义是适用于一切人的普遍法则"，都只能是飘荡无根的、过于理想化的，甚至是带有欺骗性的说辞，无法在现实生活中兑现成真。概括地说，私有财产关系本身就是不正义的。

马克思对上述问题的隐在揭示，决定了他关于正义的基本考究，会顺

---

① 《马克思恩格斯文集》第1卷，人民出版社2009年版，第29—30页。

理成章地落实为对私有制度本身的批判，进而落实为消灭此一制度的现实革命实践，这是一个正义探析之路向的改换的问题，而不是一个要不要正义的问题。这正如他在《工资、价格和利润》中所申明的那样，工人阶级"为工资水平而进行的斗争，同整个雇佣劳动制度有密切的联系；他们为提高工资所做的努力，在一百回中有九十九回都只是为了维持现有的劳动价值；他们必须就劳动价格与资本家讨价还价，因为他们已经把自己当做商品出卖了。他们在和资本的日常冲突中如果畏缩让步，他们就没有资格发动更大的运动。同时，即使不谈雇佣劳动制度中所包含的一般奴隶状态，工人阶级也不应当夸大这一日常斗争的最终效果。他们不应当忘记：在日常斗争中他们反对的只是结果，而不是产生这种结果的原因；他们延缓下降的趋势，而不改变它的方向；他们服用止痛剂，而不祛除病根。所以他们不应当只局限于这些不可避免的、因资本永不停止的进攻或市场的各种变动而不断引起的游击式的搏斗。他们应当懂得：现代制度给他们带来一切贫困，同时又造成对社会进行经济改造所必需的种种物质条件和社会形式。他们应当摒弃'做一天公平的工作，得一天公平的工资！'这种保守的格言，要在自己的旗帜上写上革命的口号：'消灭雇佣劳动制度！'"[1]这就是马克思在改换正义探析路向上的真实用意和全部奥秘，也是他摆脱了对黑格尔理性国家概念的皈依，进而走向政治经济学批判和历史唯物主义创建之后所要说明的核心问题。进而论之，我们甚至可以认为，马克思在转向政治经济学批判之前所阐发的正义观念，并不能概括他的正义思想，因为这一时期的马克思，还并未越出自由主义论析正义的自然法路径，还并未认识到普遍正义的实现最终取决于经济制度的批判和改弦易辙。人们对马克思正义思想的很多误解，都是源发于对其政治经济学研究和私有制批判之正义路径的遮蔽。而一旦这一路径被遮蔽起来，历史唯物主义与正义的关系也就难显其身了。

上述三重辩护表明：历史唯物主义与正义并非是互为他者乃至相互对立的，毋宁说，它们之间有一种相激互融、彼此依托的内在兼容性关系。

---

[1] 《马克思恩格斯文集》第3卷，人民出版社2009年版，第77—78页。

正因为如此，我们对马克思正义思想的开掘与开显，需要在重新解读历史唯物主义的理论路径上推进。这也不仅仅是因为此一路径是切近马克思哲学的真实思想逻辑的，同时也体现了历史唯物主义当代创生的基本要求。因为历史唯物主义这一标识马克思哲学的理论命名，如果正在当代性的境遇中被赋予了多重内涵从而面临着理论的再创造问题，那么这种理论的再创造，就有责任与当下中国充满活力的政治哲学考量，尤其是与当下中国受到普遍关注的正义之思发生链接，而不应当采取一种消极的、回避问题的姿态。

历史唯物主义与
马克思正义观的三个转向

近几年，学术界围绕"马克思与正义"的讨论之所以陷入了一种争论不休的胶着化状态，一方面是因为人们缺少一个研究的立脚点和立论基点①，另一方面则是因为人们总是有意无意地将西方通行的正义理论作为了理解马克思的范本，由此在遮蔽马克思正义思想的同时，将原本清晰的问题推置到了一种模糊不明的境地之中。实际上，只要本着一种自觉的"划界"意识，我们就能够认识到马克思是在大异于自由主义政治哲学的路向上理解正义的，因而问题并不在于马克思有没有正义观，而在于他是在何种意义上构建自己的正义观的。基于此一基本判断，本文从三个方面提出论证，以此澄明马克思正义观在政治哲学史上实现的根本转向。

一、从道德正义到历史正义

人们近些年对正义问题进行广泛探讨，如果说是罗尔斯《正义论》发表以来的学术争鸣所激起的一个回响，那么人们则很容易循着罗尔斯的基本界定，将正义顺理成章地理解为一个分配规则②，由此使"分配正义"

---

① 参见李佃来：《马克思主义正义理论研究的三个前提性问题》，载《光明日报》2014年12月17日。
② 《正义论》最引人注目的观点，往往被推认为是关于两个正义原则的论定，而这两个正义原则实质指涉的就是分配规则。

凸显为相关探讨中的主导话语。其实，西方政治哲学所讲的分配正义，更多指向了实践操作层面的问题，即应当根据何种规则来分配社会中的基本有用品。向纵深推进一步，在这个实践操作层面的问题背后，存在一个更为根本的道德论证。正是通由这个根本的道德论证，政治哲学家们才确立起了分配中的"应得"规范和标准。在此意义上，对于认识西方正义理论而言，道德正义是一个比分配正义更基础的范畴。

从道德向度来诠释正义的传统，自古希腊政治哲学就已经开始了。在柏拉图及亚里士多德那里，德性是一个高于一切的概念，一个观念、一种行为、一个国家正义与否，最后只能依据至高无上的德性加以说明，其他的说明都是无效的。在近现代政治哲学中，德性不再享有为其他东西立法的资格，但倚重道德来说明正义的传统却延续了下来。许多近现代政治哲学家所共同审理到的一个问题是，随着市民社会的出场及由之而来的权利、自由原则的凸显，个体利益开始成为凌驾于群体利益之上的东西，由此使霍布斯所描绘的"每一个人对每个人的战争"① 成为经济生活领域中的一个自然状态。近代政治哲学中的正义概念，就是在对这个问题的审理基础上构建起来的，休谟对此作出了开创性的贡献。休谟深刻地认识到，如果人们"都追求他们自己的利益，丝毫没有任何预防手段，那么他们就会横冲直撞地陷于种种非义和暴行"②。而"如果没有正义，社会必然立即解体，而每一个人必然会陷于野蛮和孤立的状态，那种状态比起我们所能设想到的社会是最坏的情况来，要坏过万倍"③。问题的关键之处在于，休谟由此构建起来的正义概念，归根结底就是一个道德范畴。在《人性论》中，正义是在"道德学"篇目下得到论述的，道德是一个更为始源的问题："道德比其他一切是更使我们关心的一个论题：我们认为，关于道德的每一个判断都与社会的安宁利害相关；并且显而易见，这种关切就必然使我们的思辨比起问题在很大程度上和我们漠不相关时，显得更为实在

---

① ［英］霍布斯：《利维坦》，黎思复、黎廷弼译，商务印书馆1985年版，第95页。
② ［英］休谟：《人性论》下册，关文运译，商务印书馆1980年版，第533页。
③ ［英］休谟：《人性论》下册，关文运译，商务印书馆1980年版，第534页。

和切实。"① 休谟置于道德问题域来阐发正义的思路，在罗尔斯的《正义论》中得到了明确回应："我希望强调，一种正义理论至少在其最初阶段只是一种理论，一种有关道德情感（重复一个18世纪的题目）的理论，它旨在建立指导我们的道德能力，或更具体地说，指导我们的正义感的原则……所以，我希望强调研究实质性道德观念的中心地位。"② 罗尔斯的这种回应表明，他在《正义论》中虽然界划出了一个清晰可见的分配规则，但正义理论的原初形态在他看来还是一个道德理论。在后来的《政治自由主义》中，罗尔斯对正义概念作了一个重大修正，把之前的"道德正义"修改为了"政治正义"。不过，这个修正只是为了规避宗教、文化和意识形态的分歧而做出的一种程序上的"在后"调整，其思想前提还是休谟所开启的以"应得"为核心的道德理念。这样说来，在两千多年以来的西方政治哲学史上，道德正义实际上构成了不同时代哲学家的一个"重叠共识"，这在将柏拉图、休谟、罗尔斯等各个时代的轴心人物串联在一起的同时，甚至也泛化出这样一个符合人们直觉的认识，即凡是正义的都是道德的，而凡是在道德上得到辩护的也都是正义的，道德与正义之间存在一种难以隔绝的依赖关系，或者这两者本来就是一回事情。

然而，这样一个柏拉图以降自上而下的道德正义概念，不管在多大程度上与人们的直觉相符合，也不是开启马克思理论世界的有效窗口，因为正是在马克思这里，阐说正义的道德主义思路遭到了根本性的拒绝，正义不再是一个通过直接的道德判断而证立的概念，而一切从道德出发来追寻马克思正义思想的工作，最后则只能是徒劳无果的。情形缘何如此？

毋庸置疑，在马克思理论中自始至终都存在一个旨在实现人类解放的规范性逻辑。这个规范性逻辑在青年马克思那里就直接落实为一种道德话语，这既体现在《莱茵报》时期他所信奉的黑格尔理性国家概念中，也体现在《1844年经济学哲学手稿》对异化劳动的批判中。从思想史上来看，这种道德话语显然不是马克思的一个"独立思考"，而是柏拉图以降整个

---

① [英] 休谟：《人性论》下册，关文运译，商务印书馆1980年版，第491页。
② [美] 罗尔斯：《正义论》修订版，何怀宏、何包钢、廖申白译，中国社会科学出版社2009年版，第39—40页。

理念论传统的一个"投影"。因而，如果说青年马克思是以道德为端点开展其批判的，那么其批判的基本思路则就深刻印证着这个理念论的步骤。然而，经过费尔巴哈一般唯物主义的洗礼以及初始的经济学探索，自写作《神圣家族》开始，马克思就逐渐认识到，这个理念论不管勾绘出多么美好的政治图景，其所发展出的也只是一种并不关切现实历史和人的感性活动的独断思想形式，故而说到底，它并不能揭示出非神圣形象的自我异化的本质，进而也不可能确立起此岸世界的真理。所以，当马克思循着这个石破天惊的认识走上历史唯物主义创制之路后，也就自觉地与这个由柏拉图所开出，并在黑格尔的绝对精神中得到发挥的理念论传统划清了边界。在这种情况下，原先肯定性的道德话语，理所当然地成为了马克思要去状告和批判的东西："共产主义根本不进行任何道德说教，施蒂纳却大量地进行道德的说教。共产主义者不向人们提出道德上的要求，例如你们应该彼此互爱呀，不要做利己主义者呀等等；相反，他们清楚地知道，无论利己主义还是自我牺牲，都是一定条件下个人自我实现的一种必要形式。"①质言之，"共产主义对我们来说不是应当确立的状况，不是现实应当与之相适应的理想。我们所称为共产主义的是那种消灭现存状况的现实的运动。这个运动的条件是由现有的前提产生的"②。

马克思在历史唯物主义创制中的这个极为根本的理论"操作"（这里需要说明的是，马克思对道德的批判，如本书前文所述，是针对形式上的、作为历史观的道德的，而并不是针对内容上的、作为思想底蕴的道德的），直接导向了他对道德正义概念的拒斥。按照休谟道德主义的理解路数，正义即意味着人道、慈悲、关爱他人，如此等等。从字面意义来看，这种对正义的理解似乎也应当是马克思所接受的观念。然而，问题在于，当马克思及恩格斯将道德说教置于控告席上后，他们就根本不可能认为正义观念能够经由道德话语构建起来。正是因为这个缘故，他们才反复重申对道德主义正义观的批判态度："是做一天公平的工作，得一天公平的工资吗？可是什么是一天公平的工资和一天公平的工作呢？它们是怎样由现

---

① 《马克思恩格斯全集》第 3 卷，人民出版社 1960 年版，第 275 页。
② 《马克思恩格斯文集》第 1 卷，人民出版社 2009 年版，第 539 页。

代社会生存和发展的规律决定的呢?要回答这个问题,我们不应当应用道德学或法学,也不应当诉诸任何人道、正义甚至慈悲之类的温情。在道德上是公平的甚至在法律上是公平的,而从社会上来看很可能是很不公平的。"①

马克思对道德主义正义概念予以批判与拒斥,并不表明他对正义范畴本身进行了彻底解构,而只是意味着他在正义理解路数上作了一次根本性的调整,将道德正义改换为了历史正义。因为问题在于,马克思在《神圣家族》及《德意志意识形态》中清算柏拉图以来整个理念论传统时,实际要求将思维的触角伸向历史实在关系,进而通过对历史实在关系的批判来揭示发生于世俗世界中的各种异化,并由之确立此岸世界的真理。如果说这就是马克思批判道德话语及道德主义正义观的真实动因,那么正义这个满载积极价值的范畴,在他看来也应当在不断变动的历史实在关系中得到说明,历史乃是正义的根本注脚。所以,马克思在其文献著作中虽然从未使用"历史正义"的术语,但他实际上通过弃绝道德正义而构建起了一个专属于他自己的历史正义概念,这是在其历史唯物主义理论语境中能够把握到的问题。

进而论之,这个专属于马克思的历史正义概念的基本要义之一,便是指在不同历史关系中正义的判断标准及实现程度是大不一样的,即如恩格斯在批驳蒲鲁东的永恒正义观时所指出的:"希腊人和罗马人的公平认为奴隶制度是公平的;1789年资产者的公平要求废除封建制度,因为据说它不公平。"② 其实,从历史正义概念的这一基本要义来看,《资本论》第三卷中那段初读起来让人匪夷所思的话,其理论指向大致是清晰的:"在这里,同吉尔巴特一起(见注)说什么天然正义,这是毫无意义的。生产当事人之间进行的交易的正义性在于:这种交易是从生产关系中作为自然结果产生出来的。这种经济交易作为当事人的意志行为,作为他们的共同意志的表示,作为可以由国家强加给立约双方的契约,表现在法律形式上,这些法律形式作为单纯的形式,是不能决定这个内容本身的。这些形式只是表示这个内容。这个内容,只要与生产方式相适应,相一致,就是

---

① 《马克思恩格斯全集》第19卷,人民出版社1974年版,第273页。
② 《马克思恩格斯文集》第3卷,人民出版社2009年版,第323页。

正义的；只要与生产方式相矛盾，就是非正义的。在资本主义生产方式的基础上，奴隶制是非正义的；在商品质量上弄虚作假也是非正义的。"① 人们在读到这段话时感到不可思议的地方在于，马克思既然指出"只要与生产方式相一致就是正义的"，那么他就相当于提出了"资本主义生产关系（在与其生产方式相一致的情况下）是正义的"这样一个与他的思想主旨发生严重冲突的观点。但其实，只要细心捕捉这段话中所隐藏的基本信息就会发现，马克思在这里并不是要指认资本主义生产关系的正义性，而是要指认正义的历史性，因为他的一个重要潜台词是，在古代奴隶社会被视为正义的东西，置于资本主义社会中则就成了非正义的东西②。马克思这一指向历史性的正义理论思路，在他写于1865年的《工资、价格和利润》中，也有一个比较直白的展现："在雇佣劳动制度的基础上要求平等的甚至是公平的报酬，就犹如在奴隶制的基础上要求自由一样。你们认为公道的和公平的东西，与问题毫无关系。问题就在于：在一定的生产制度下所必需的和不可避免的东西是什么？"③ 毋庸置疑，马克思在此并不是认为公道、公平以及自由等价值都是不值一提的，而是认为这些价值只有在相应历史条件（生产制度）下才是能够兑现成真的，这是历史正义概念的题中应有之义。

值得注意的一个问题是，马克思的历史正义概念虽然呈现在其《资本论》的研究中，但由于他是在以《德意志意识形态》为核心的理论文本中，通过批判一般道德话语进而落脚于普泛历史层面来构建起这一概念的，所以在最为直接的意义上，这个历史正义概念是针对一切社会生产关系和社会经济制度而言的，并不必然指向资本主义生产方式及其私有财产制度。然而，我们知道，对资本主义生产方式及其私有财产制度的批判，既是马克思在《德意志意识形态》中创立历史唯物主义理论的起点，也是他创立这一理论之后的一个必然落点。所以，在马克思历史唯物主义的理论语境中，存在一个从资本主义历史到普泛历史再到资本主义历史的认识

---

① 《马克思恩格斯文集》第7卷，人民出版社2009年版，第379页。
② 参见李佃来：《论马克思正义观的特质》，载《中国人民大学学报》2013年第1期。
③ 《马克思恩格斯文集》第3卷，人民出版社2009年版，第56页。

过程。而从这一认识过程来看，具有一般指向的历史正义概念，同时也会落实在马克思对资本主义生产关系的质询与批判当中，从而获得其具体内容。而正是在这里，我们又会发现马克思在正义理解路向上所实现的深刻扭转。

二、从法权正义到制度正义

检阅西方政治哲学可以发现，正义不仅是一个道德范畴，同时又是一个法权概念。这就是说，我们不仅能从正义理论史中界划出一个清晰可见的道德正义概念，也能够从中界划出一个意义分明的法权正义概念。一般说来，所谓法权正义，即是指正义的规则与关系是借助于自然法或实定法而确立起来的，离开了法的规定性，正义也便会失去有效载体，成为抽象而空洞的东西。如同道德正义概念，法权正义概念也有一个自古代而近代而现代的悠久传统。古希腊人发明了自然法概念，其核心旨趣便在于为正义确立一个本质主义的前提，因而自然法也大致等同于自然正义，法的精神实质就是正义。后来的古罗马人如西塞罗在阐述正义时，直接承接了自然法的概念，不过削弱了古希腊自然法的神圣性，赋予了更多的实定法的内容，从而将正义申述为恒久不变的命令与禁条。

在近现代以及当代政治哲学中，自然法的概念依然被人们所沿用，这时它直接成为了论证实定法之合理性和有效性的手段，即实定法所规列的那些条文律令，如同神授天赋那般正当合理，天赋人权、上帝面前人人平等这类说法即是如此。从这里来看，在内容上，实定法是中心，是将政治哲学中的基本观念与概念，如平等、自由、权利等等从理论层面运送至实践层面的一个必要中介。这正如罗尔斯所说的那样："政治哲学能够恰到好处地做到的就是，影响某些通过合法的宪法程序建立起来的机构，然后，通过说服这些机构来否决多数民主的意志……宪法确保了某些不受日常立法的多数决原则之影响的基本权利和自由。因此，学院派著作家的讨论常常是关于多数决规则的范围与极限以及最高法院在确认并保护基本宪法自由方面之作用的讨论。"① 问题之实质就在于，作为理论与实践之中介的实定法，在政治哲学家们看来就是正义规范的一个根本落实，那些在道德上得到辩护的正义原则，全都要以实定法的形式展现出来。正因如此，西方自由主义政治哲学家们在讨论正义时，时常要以法国大革命时期所颁布的《人权宣言》和《民法典》等法律典籍作为标本。

或许是出于对法与正义之对应关系的基本理解，人们在开展马克思正义理论研究时，也动辄将之放到法哲学的视域中加以阐释，似乎唯其如此，才能切合正义的原本语境。然而，这却是一种极为粗疏大意的做法，原因就在于马克思对自由主义法权正义概念亦是持有一种批判态度，因而在正义观上同样存在一个根本性的改换。对于这个问题，我们需要从现代西方实定法的核心主题上进行说明。

化繁为简地说，现代西方实定法的核心主题，就是为霍布斯、洛克以来不断彰显的权利和自由原则予以辩护。所以，法作为一个外在形式，其内容即是权利和自由。这一情况不但直接反映在法国及美国等的法律典籍当中，而且也为现代政治哲学家们所深刻认同。比如，深谙法国大革命及其精神旨趣的黑格尔，在《法哲学原理》中就对此有过一个非常明确的说明："人格一般包含着权利能力，并且构成抽象的从而是形式的法的概念、和这种法的其本身也是抽象的基础。所以法的命令是：'成为一个人，并尊敬他人为人'。"② 而与此同时，一个有趣的问题是，《法哲学原理》的英译名是 *The Philosophy of Right*，直译过来便是"权利哲学"，这其实可以表明，法与权利不仅在黑格尔政治哲学，乃至在整个现代政治哲学语境中都是一致的。

从现代西方实定法的这一核心主题来看，法之所以能够运载正义规范并将正义原则展现出来，乃是因为作为其内容的权利是现代正义理论中最不可或缺的一个元素和构件，要么从权利问题可以推出正义问题，要么以权利为支撑点而构建起来的政治哲学理论直接就是一种正义理论。对于这

---

① ［美］罗尔斯：《政治哲学史讲义》，杨通进、李丽丽、林航译，中国社会科学出版社 2011 年版，第 4 页。
② ［德］黑格尔：《法哲学原理》，范扬、张企泰译，商务印书馆 1961 年版，第 46 页。

个问题，可以从三方面来解析：其一，如果说正义的最直接意义是平等待人或人们得其应得，那么只有在确证人的权利及自由的前提下，才有可能实至名归地开展正义问题的探讨，进而本着各种旨趣来构建正义理论。从这一点来看，无论是趋向于自由的正义理论，还是趋向于平等的正义理论，都会不约而同地将权利原则设定为正义的基本规则。其二，由于权利和自由是现代人的生命架构中不可或缺的重要组成部分，所以正义与否的判断标准之一，就在于是否能够为权利和自由提出有力辩护，权利在此意义上，则不仅是正义理论得以开展的前提和规则，而且直接成为正义理论的核心主题和根本内容。其三，只要能够做到黑格尔所说的"成为一个人，并尊敬他人为人"，那么人们在现代权利结构中，就会组成一个彼此依赖、互为手段，即"个人只为别人而存在，别人也只为他而存在"①的和谐共同体，而这就是正义最为理想的模式。可以说，正是因为作为法之内容的权利与正义存在此种对应关系，法权正义才得以成为现代西方政治哲学中根深蒂固的一个概念。

我们注意到，自由主义政治哲学家阐述法权正义概念的前提之一，是借助于恒久不变的自然法来将权利论证为平等的、无差别的天赋人权。如果这是一个无可置疑的理论前提，那么法权正义也便是一个具有高度逻辑自洽性的概念，因为既然权利是平等的，那么正义也就是不言而喻的。然而问题在于，自由主义政治哲学家们所设定的这个前提并不能经得起精推细敲，所以他们反复申述的法权正义概念也是需要深刻拷问的。

问题是这样的：权利与自由凸显为现代西方政治哲学的核心主题，绝不纯粹是一个由哲学家所推进的理论层面的问题，同时更是一个因现代市民社会的历史生成而突出出来的实践层面的问题。这也就是说，政治哲学家们在理论上为权利与自由所进行的阐述与辩护，实质正深刻反映出人们在市民社会中的利益与诉求。比如，自洛克一直到黑格尔的政治哲学家们之所以始终关注所有权概念，就是因为在现代市民社会这个需要的体系中，产生出了人们占有其劳动成果的合法性的问题，而这便是所有权概念

---

① 《马克思恩格斯文集》第1卷，人民出版社2009年版，第236页。

最需要说明的内容。从这种情况来看，政治哲学家们只有站立在坚实的市民社会历史地平线上，洞察到市民社会生活中的内在矛盾，才有可能真实地把握到权利和自由的问题，否则，对于这一现代人的生命架构中最本质的东西的任何解说，都只能是无关紧要的外在假定。应当说，在这个问题上，马克思比他之前及同时代的理论家有着更为清晰的认识，而他对自由主义法权概念的全部批判，也就是从这个问题开始的。

在《论犹太人问题》这一政治哲学的宣言书中，马克思不无深刻地指出："像北美许多州所发生的情形那样，一旦国家取消了选举权和被选举权的财产资格限制，国家作为国家就宣布私有财产无效，人就以政治方式宣布私有财产已被废除……尽管如此，从政治上宣布私有财产无效不仅没有废除私有财产，反而以私有财产为前提。当国家宣布出身、等级、文化程度、职业为非政治的差别，当它不考虑这些差别而宣告人民的每一位成员都是人民主权的平等享有者，当它从国家的观点来观察人民现实生活的一切要素的时候，国家是以自己的方式废除了出身、等级、文化程度、职业的差别。尽管如此，国家还是让私有财产、文化程度、职业以它们固有的方式，即作为私有财产、作为文化程度、作为职业来发挥作用并表现出它们的特殊本质。国家根本没有废除这些实际差别，相反，只有以这些差别为前提，它才存在，只有同自己的这些要素处于对立的状态，它才感到自己是政治国家，才会实现自己的普遍性。"①

马克思在这段话中所要着力指证的问题是，站在自由主义立场上的现代资本主义国家，总是将政治解放说成是发生在市民社会经济生活之外的事件，因而也相应地把作为政治解放之成果的权利诠释为与私有财产完全无关的东西。但是，"完成了的政治国家，按其本质来说，是人的同自己物质生活相对立的类生活。这种利己生活的一切前提继续存在于国家范围以外，存在于市民社会之中，然而是作为市民社会的特性存在的。"② 这也就是说，政治国家的本质反倒不是存在于自身当中，而是存在于市民社会当中。正因如此，"即使在政治生活还充满青春的激情，而且这种激情由

---

① 《马克思恩格斯文集》第1卷，人民出版社2009年版，第29—30页。
② 《马克思恩格斯文集》第1卷，人民出版社2009年版，第30页。

于形势所迫而走向极端的时候，政治生活也宣布自己只是一种手段，而这种手段的目的是市民社会生活。"① 政治国家与市民社会之间的这种关系决定了，在实际生活层面，国家不仅不会废除私有财产，反而一定会将私有财产作为政治的根本前提，所以归根结底，看似与市民社会中的私有财产及出身、等级、文化程度、职业等千差万别的要素脱离干系的权利，实质恰恰是建立在这些要素的差别性基础上的。这样说来，自由主义政治哲学家口中的那个平等的、无差别的天赋人权，只不过是他们所编造出来的一个美妙动听的谎言，在私有财产制度下，权利只能是不平等和有差别的。

毋庸置疑，作为自由主义法权正义概念之大前提的权利学说一旦被马克思置于被告席上，那么这个扎根人们思维深处的概念，也便顺理成章地成为了他要批判和解构的对象。在《资本论》第一卷中，马克思这样说道："劳动力的买和卖是在流通领域或商品交换领域的界限以内进行的，这个领域确实是天赋人权的真正伊甸园。那里占统治地位的只是自由、平等、所有权和边沁。自由！因为商品例如劳动力的买者和卖者，只取决于自己的自由意志。他们是作为自由的、在法律上平等的人缔结契约的。契约是他们的意志借以得到共同的法律表现的最后结果。平等！因为他们彼此只是作为商品占有者发生关系，用等价物交换等价物。所有权！因为每一个人都只支配自己的东西。边沁！因为双方都只顾自己。使他们连在一起并发生关系的唯一力量，是他们的利己心，是他们的特殊利益，是他们的私人利益。正因为人人只顾自己，谁也不管别人，所以大家都是在事物的前定和谐下，或者说，在全能的神的保佑下，完成着互惠互利、共同有益、全体有利的事业。一离开这个简单流通领域或商品交换领域，——庸俗的自由贸易论者用来判断资本和雇佣劳动的社会的那些观点、概念和标准就是从这个领域得出的，——就会看到，我们的剧中人的面貌已经起了某些变化。原来的货币占有者作为资本家，昂首前行；劳动力占有者作为他的工人，尾随于后。一个笑容满面，雄心勃勃；一个战战兢兢，畏缩不前，像在市场上出卖了自己的皮一样，只有一个前途——让人家来鞣。"②

---

① 《马克思恩格斯文集》第 1 卷，人民出版社 2009 年版，第 43 页。
② 《马克思恩格斯文集》第 5 卷，人民出版社 2009 年版，第 204—205 页。

马克思在这一大段话中所揭示的一个深刻问题在于，在完成了政治解放的现代社会中，由于工人是作为自由的劳动力占有者而存在的，所以发生在简单的流通领域或商品交换领域的劳动力买卖行为，从个案来看固然是能够体现法律所论定的自由、权利、平等以及互惠等原则，因而也基本上是符合法权正义规则的。但是，流通或商品交换领域只是资本主义生产关系中的附属性的经济领域，比之更根本的乃是商品生产领域。而一旦进入到商品生产这个根本性的资本主义经济领域，或者进入到叠加了生产的交换领域，资本家和工人之间的自由和平等关系便会荡然无存，自由主义政治哲学家们深信不疑的法权正义也便成了一纸空文。

在此需要着重指出，马克思对法权正义概念的批判与解构，如同他对道德正义概念的批判与拒斥，并不是将矛头指向正义本身的，而是指向私有财产制度的，因为既然如上所示，法律所界定的权利和自由并不是自成一系的独立价值，而是在相应的社会关系和经济制度基础上突出出来的次生规范，所以法权正义在私有财产制度下之所以是不可能的，则是由于此一制度本身就是不正义的。这表明，经过这样一个指向私有财产制度的批判，马克思将理解正义的法权视角转换为了制度视角，制度正义成为隐伏于其政治哲学中的一个重要概念。对于这个问题，罗尔斯在梳理马克思政治哲学时作出了发人深省的理解："总的来看，把权利和正义的概念归结为司法性的概念是过于狭隘的。权利和正义的概念可以独立于强制性的国家制度及其法律体系而加以构思；事实上，当它们被用来评判社会的基本结构及基本的制度安排时，它们就是这样被构思的。"[①] 值得注意的一个问题是，罗尔斯不仅认为马克思是在"社会的基本结构及基本的制度安排"这个层级上来阐发正义的，将正义界定为社会制度首要美德的他其实也是这么做的。然而，这绝不表明这两位不同时代的哲学家在理解正义上是完全同质的，毋宁说他们之间的差异是远远大于相同之处的。一个最为根本的区别是，罗尔斯所讲的制度安排，主要指的是用于指导利益和负担分配的社会规范体系，而这与马克思从社会生产结构作出的理解是大相径庭

---

① [英] 罗尔斯：《政治哲学史讲义》，杨通进、李丽丽、林航译，中国社会科学出版社2011年版，第356页。

的。而实际上，只有从生产结构来把握社会制度的本质，对于正义的理解才是根本和彻底的，罗尔斯在这一点上显然还没有达到马克思的深度。而进一步说，一旦涉及生产结构，马克思的正义观又展现出第三重转向：从分配正义到生产正义。

三、从分配正义到生产正义

其实，西方政治哲学家讲述道德正义和法权正义，在很大程度上只是手段而非目的，其目的主要在于为社会基本有用品，如财富、权利、机会等的分配确立起可以遵循的规范和规则。所以，如果说道德正义是基础，法权正义是中介，那么分配正义则就是最后落点。分配正义在西方政治哲学中大致等同于应得正义，略有不同的是，后者更强调基本有用品的分配原则，而前者更注重分配结果。分配正义不仅在西方政治哲学语境中是一个显性概念，在当前中国政治哲学的研究中，也几乎是一个能够引领学术潮头的范畴，因为如果说当前中国社会公正问题主要肇源于贫富差别乃至两极分化，那么人们则会顺理成章地从收入分配视角来对此一问题予以讨论。这种由现实关切而开始的学术研究无疑是具有合法性的，但涉及马克思政治哲学理论时，情况则就变得十分复杂。问题在于：马克思有没有分配正义理论？

我们注意到，政治哲学家们在讲述分配正义时不管存在多少分歧，有一点始终是相同的，即都要根据"贡献"原则来确定基本有用品分配中的应得资格，所以大致说来，是否承认"贡献"原则，也就是判断一个政治哲学家有无分配正义理论的一个基础性标准。其实从这一点来看，我们应当承认马克思是有分配正义理论的，因为他至少在两个方面是认可"贡献"原则的，即一是在指认共产主义社会第一阶段的分配方面，二是在批判"资本家不劳而获、工人劳而不得"的方面。不过需要继续指出的是，我们虽然应当承认马克思是有分配正义理论的，但却又不宜将这种理解任意放大，因为如果不加限制地使用分配正义概念来诠释马克思的政治哲学，那么就会给我们带来一种直觉上的严重冲突：马克思政治哲学乃至其全部哲学的中心主题是改变世界，而分配正义则是要从改良的意义上提出社会不公正的补救措施，这显然是两种大异其趣甚至截然相反的理论思路。情形既然如此，我们就不应当完全停留在原理解结构当中，而应当根据马克思的"总问题"，在新的视域中来予以更全面的思考。

如果从经济学视角来看，分配正义论的一个基本前提，是将分配作为经济过程的支配环节来予以看待。然而我们知道，马克思的根本"总问题"之一，便在于历史唯物主义的理论创制，而他根据这一"总问题"开展经济学研究的一个重大突破，就是将英国古典经济学家所普遍重视的分配置于社会经济结构的下位，并将生产视为了经济学的本题："分配关系和分配方式只是表现为生产要素的背面。个人以雇佣劳动的形式参与生产，就以工资形式参与产品、生产成果的分配。分配的结构完全决定于生产的结构。分配本身是生产的产物，不仅就对象说是如此，而且就形式说也是如此。就对象说，能分配的只是生产的成果，就形式说，参与生产的一定方式决定分配的特殊形式，决定参与分配的形式。"① 如果说马克思经济学研究中的这样一个重大突破已经颠覆了分配正义论的基本前提，那么我们将马克思的正义观笼而统之地界定为分配正义观显然就不具有合法性了。或者直截了当地说，通过根本性地颠倒分配与生产的关系，马克思同样将分配正义概念置放在了审判席上。

马克思对分配正义概念所实施的这个"操作"，直接体现在他写于1875年的《哥达纲领批判》中，因为这部纲领性文献的中心思想，就是对拉萨尔"不折不扣的劳动所得"以及"公平的分配"等观念予以批驳："我较为详细地一方面谈到'不折不扣的劳动所得'，另一方面谈到'平等的权利'和'公平的分配'，是为了指出这些人犯了多么大的罪，他们一方面企图把那些在某个时期曾经有一些意义，而现在已变成陈词滥调的见解作为教条重新强加于我们党，另一方面又用民主主义者和法国社会主义者所惯用的、凭空想象的关于权利等等的废话，来歪曲那些花费了很大

---

① 《马克思恩格斯文集》第8卷，人民出版社2009年版，第19页。

力量才灌输给党而现在已在党内扎了根的现实主义观点……消费资料的任何一种分配，都不过是生产条件本身分配的结果；而生产条件的分配，则表现生产方式本身的性质。例如，资本主义生产方式的基础是：生产的物质条件以资本和地产的形式掌握在非劳动者手中，而人民大众所有的只是生产的人身条件，即劳动力。既然生产的要素是这样分配的，那么自然就产生现在这样的消费资料的分配。如果生产的物质条件是劳动者自己的集体财产，那么同样要产生一种和现在不同的消费资料的分配。庸俗的社会主义仿效资产阶级经济学家（一部分民主派又仿效庸俗社会主义）把分配看成并解释成一种不依赖于生产方式的东西，从而把社会主义描写为主要是围绕着分配兜圈子。既然真实的关系早已弄清楚了，为什么又要开倒车呢？"[1]

因为马克思对分配正义观的全部批判，都是基于他对分配与生产之关系的重新界定而展开的，所以一个不争的事实是，马克思由此所开辟出的是一条从生产来理解正义的全新理论道路。而由于生产主要是在马克思政治经济学的语境中展现出来的一个概念，主要指涉资本主义商品生产及其关系，故此这条从生产来理解正义的全新理论道路，直接通向的是对资本主义生产或整个资本主义社会之正义性的根本揭示。

挑起与推动"马克思与正义"之争的伍德以为，从历史唯物主义出发的马克思虽然批判了资本主义，但却不是基于正义观念来实施批判的。这一观点表层来看似乎并无不当，但深入剖析则会发现其缺陷也是致命的，因为至少它没有注意到投射在马克思政治经济学研究中的所有权概念，而这个概念正是理解马克思生产正义观的基石。这里的问题在于，洛克以来的政治哲学家和经济学家对于正义问题的论述，几乎都是围绕人们在市民社会中因劳动而来的所有物的归属而进行的，这使所有权成为现代正义理论乃至全部现代政治哲学中最基始的一个概念。马克思固然在批判自由主义权利话语时，一同对从洛克一直到黑格尔的所有权概念予以了深刻检讨，但他的工作主要是剔除了过往的理论家们在阐述这个概念时的自然主

---

[1] 《马克思恩格斯文集》第 3 卷，人民出版社 2009 年版，第 436 页。

义视角（无差异的自然人之间的所有权关系），并将之置于社会生产结构来给出全新考察。所以，只要翻阅一下《资本论》及其手稿就不难以现，马克思在其政治经济学的研究中不但论述了所有权问题，而且这种论述还构成了此一研究的主导性话语。而马克思对资本主义生产之非正义实质的彻底批判，就是通由他对所有权问题的论述而实现的，或者说，他关于所有权的全部论述，直接就展现为他对生产正义的根本说明。那么，马克思是如何论述所有权问题的？

马克思指出，在资本主义生产结构中，工人所始终拥有的只是自己劳动力的所有权，而正如上文所示，工人与资本家仅仅是在简单的流通或商品交换领域进行劳动力买卖时，才是可以在个案上体现等价交换以及所有权原则的，但只要涉入到生产领域中来，工人与资本家的全部关系就会完全倒转过来。在《资本论》第一卷中，马克思将这种从简单交换领域到复杂生产领域所发生的倒转，称为"商品生产所有权规律向资本主义占有规律的转变"。这种转变的实质就在于："表现为最初活动的等价物交换，已经变得仅仅在表面上是交换，因为，第一，用来交换劳动力的那部分资本本身只是不付等价物而占有的他人的劳动产品的一部分；第二，这部分资本不仅必须由它的生产者即工人来补偿，而且在补偿时还要加上新的剩余额。这样一来，资本家和工人之间的交换关系，仅仅成为属于流通过程的一种表面现象，成为一种与内容本身无关的并只是使它神秘化的形式。劳动力的不断买卖是形式。其内容则是，资本家用他总是不付等价物而占有的他人的已经对象化的劳动的一部分，来不断再换取更大量的他人的活劳动。最初，在我们看来，所有权似乎是以自己的劳动为基础的。至少我们应当承认这样的假定，因为互相对立的仅仅是权利平等的商品占有者，占有他人商品的手段只能是让渡自己的商品，而自己的商品又只能是由劳动创造的。现在，所有权对于资本家来说，表现为占有他人无酬劳动或它的产品的权利，而对于工人来说，则表现为不能占有自己的产品。所有权和劳动的分离，成了似乎是一个以它们的同一性为出发点的规律的必然结果。"① 马

---

① 《马克思恩格斯文集》第 5 卷，人民出版社 2009 年版，第 673—674 页。

克思在此实际是说，因为叠加了诸多生产环节，资本家和工人之间貌似平等和正义的交换关系只是一种表面现象，而不支付等价物便占有他人劳动以及由此造成的劳动与所有权的分离，才是隐于这种表面现象背后的内容和实质。而如果说这一内容和实质充分体现了资本主义的占有规律，那么"这种包含在资本概念中的占有，在以机器为基础的生产中，也从生产的物质要素和生产的物质运动上被确立为生产过程本身的性质"①。由此可知，在马克思的视野中，无论如何，所有权问题所标示不是自由主义政治哲学家们所讲的平等的自然人之间的一种财产归属关系，而是整个资本主义生产过程中的占有和剥削关系。这样来看，所有权在马克思政治经济学语境中，实际是一个用以揭示剩余价值生产之实质的概念。具体来说，如果认为马克思通过劳动时间而对剩余价值生产所作出的说明主要是一个"量"上的把握，那么他借助于所有权概念而对之所作出的说明则主要是一个"质"上的揭示。

因为只是看到马克思通过劳动时间而对剩余价值生产所作的"量"的把握，伍德及罗默等人才否认马克思在资本批判中持有正义观念。而一旦认识到马克思借助于所有权概念而对之所作的"质"的揭示，那么我们就应当承认，他恰恰就是基于正义而作出对资本主义的深刻批判的。不仅如此，这个基于正义的批判在马克思看来，直接就是为资本主义生产方式敲响的丧钟："认识到产品是劳动能力自己的产品，并断定劳动同自己的实现条件的分离是不公平的、强制的，这是了不起的觉悟，这种觉悟是以资本为基础的生产方式的产物，而且也正是为这种生产方式送葬的丧钟。"②进而言之，这个基于正义的资本主义批判之所以能够做到为资本主义生产方式敲响丧钟，正是因为它不是在政治哲学家们通常所重视的分配层面，而是在生产这个最为根本的社会层面来提出正义问题的。其实照此观之，"资本家不劳而获、工人劳而不得"这个被我们理解为分配不公正的问题，归根结底乃是一个生产不公正的问题，分配不公正只是一个次生问题，而生产不公正才是原生问题。这正如马克思在《1857—1858年经济学手稿》

---

① 《马克思恩格斯文集》第8卷，人民出版社2009年版，第185页。
② 《马克思恩格斯文集》第8卷，人民出版社2009年版，第112页。

中所指出的，"工人丧失所有权，而对象化劳动拥有对活劳动的所有权，或者说资本占有他人劳动——两者只是在对立的两极上表现了同一关系——，这是资产阶级生产方式的基本条件，而决不是同这种生产方式毫不相干的偶然现象。这种分配方式就是生产关系本身，不过是从分配角度来看罢了。"① 由此可见，马克思虽在某些节点上是持有分配正义基本想法的，或者说，我们虽可认为马克思是有分配正义理论的，但由于他是在生产关系中讲述分配的，所以总体来说，从分配正义到生产正义的改换，才是他的正义理论中最切实的内容。

概括以上论述不难发现，马克思之所以能够在对正义的理解上实现三方面之转向，主要是因为他是在历史唯物主义视域中来检视和把握政治原则的，历史、制度以及生产，就是其历史唯物主义从广义到狭义、从抽象到具体的三个落脚点。这也就是说，历史唯物主义不是外在于正义理论的内容，相反它是马克思正义思想得以呈现的有效载体，或者说马克思正是依托历史唯物主义才使正义理论获得有效言说的。然而，这个独特的正义言说方式却不是当代人探讨正义的"合法"形式，因为学术界几十年来对正义问题的持续关注，并不是从历史唯物主义理论研究中开引出来的学术事件，而是在从来不知道运用历史唯物主义方法的西方政治哲学传统尤其是自由主义政治哲学传统的影响与引导下形成的理论景观。由于没有在方法和范式上将马克思与自由主义政治哲学家区分开来，一些西方学者在竭力为马克思主义政治哲学这个新生理论课题证立身份进而开辟地盘时，总是有意无意遵照自由主义的套路重构出一个似是而非、不伦不类的"马克思正义理论"。如果说这种看似高明的学术手法只能将马克思的思想严严实实遮蔽起来，那么，无论可以在多大意义上参照、借鉴西方政治哲学的视角与观点来考辨马克思正义理论这个在当代语境中才凸显出来的新问题，我们也不能越过历史唯物主义这个"源体"作出解释，而是应当切入到这个理论"源体"中予以探析。

---

① 《马克思恩格斯文集》第8卷，人民出版社2009年版，第208页。

历史唯物主义中的"自由"问题

长期以来，历史唯物主义要么被阐释为一种关于历史规律和历史发展目的的决定论，要么被阐释为一种立足于事实判断进而排除价值判断的实证性理论。毋庸讳言，这两种虽有不同、实则相通的阐释，都有意无意地将自由问题从历史唯物主义中驱逐了出去。这似乎告诉人们，在历史唯物主义的框架内并不可能打开一个通向自由的缺口，如果要追寻自由，就只能置身于历史唯物主义之外或直接拒绝历史唯物主义的基本理论。然后，问题在于，"自由"是马克思哲学文本中的一个极其重要的概念，如果认为历史唯物主义与自由是不相容的，那么作为整体的马克思哲学就将处于一种内在的矛盾和撕裂当中，这不仅会造成马克思哲学解释中的诸多理论悖论和困难，而且也容易使历史唯物主义乃至全部马克思主义哲学与人们的现实伦理生活发生分离。由此来看，追问并阐发历史唯物主义中的自由问题，乃是一个关涉到如何理解马克思哲学的理论实质及如何开显马克思哲学之当代性价值的重大理论与现实问题。

一、实践与自由：一种可能性的阐释

人们通常会认为，历史唯物主义是由生产力、生产关系、经济基础、上层建筑等范畴组合而成的一个理论，与实践概念并无实质性关联。然而，我们认为，这是人们在一种"顺向思维"中理解历史唯物主义时所必然形成的一个认识，而理解历史唯物主义，不仅需要一种"顺向思维"，更需要一种"逆向思维"。按照"顺向思维",人们往往只会注意到那些结论性的原理,从而很容易将需要得到根本澄清的前提性问题遮蔽起来,而这个问题只有通过"逆向思维"才能够得到解决。在历史唯物主义的理解中,"逆向思维"的根本任务,就是追寻马克思和恩格斯创立历史唯物主义的逻辑起点,由此锁定和确立历史唯物主义真正的"根"问题和"原生"问题。而至关重要的一点就是,按照"逆向思维",实践问题不仅不是外于历史唯物主义的,而且恰恰就是历史唯物主义最重要的"根"问题和"原生"问题。为什么?

作为一种关于历史规律的理论,历史唯物主义所蕴含的最根本要求之一,就是站在历史内部,按照历史的本来样貌来理解历史,从而不加修饰地揭示和还原历史的本质。在马克思和恩格斯看来,经验主义者将历史理解为僵死的事实汇集,以及唯心主义者将历史命定为主体的想象活动,实际都不可能达到这一要求,因为这两种做法实质都是站在历史外部来理解和说明历史的。由于历史是从人们的现实实践活动开始,又随着人们现实实践活动的不断推进而形成和展开的,所以要达到按历史的本貌来理解历史并还原其本质的要求,唯一可行的路径,就是充分运用实践思维,将历史事物和历史现象整体性地置放于人类实践活动中来加以阐释和把握。从这一点来看,马克思和恩格斯提出历史唯物主义的基本理论,与他们对实践问题的论析是完全分不开的。就此而言,马克思和恩格斯创立系统的历史唯物主义,虽然大致是从《德意志意识形态》开始的,但在我们看来,之前《关于费尔巴哈的提纲》及更早的《1844年经济学哲学手稿》等直接或间接论及实践问题的文本,对于历史唯物主义的创立而言具有更为重要的奠基意义。而就《德意志意识形态》来说,众所周知,马克思和恩格斯在很大意义上,实际就是接着《关于费尔巴哈的提纲》,通过批判费尔巴哈实践思维的缺乏,提出"从生活到意识"而非"从意识到生活"这一历史唯物主义的基本主张的。这些情况告诉我们,马克思和恩格斯在对定格后的历史唯物主义进行概括和表述时,虽然没有直接提到实践概念,但在历史唯物主义的理论结构中,实践却显然是一个具有前提意义的"原生"概念,因而一旦将这个概念从历史唯物主义的理论结构中剔除出去,就很容易对生产力、生产关系、经济基础、上层建筑及相互之间的关系做出生硬而教条的理解，从而无法真正把握历史唯物主义的理论实质。所以，按照"逆向思维"，我们不能被历史唯物主义的那些基本范畴和结论所束缚，而应回溯到"实践"这个更为根本的概念和问题上来，进而在此基础上来阐释历史唯物主义。就此来讲，考察历史唯物主义中的自由问题，我们需要进一步追问的是：实践是否是自由的？

人们可能会不过思索地认为，实践作为人的活动的展开，其标志性特质之一就是自由。但在马克思主义哲学的研究中，这个问题的复杂程度远远超出了人们通常的想象。众所周知，在传统物质本体论的理解模式中，实践总是被相沿成习地认定为以既定的物质条件为基础的整理性活动。而按照这种理解模式，实践与自由无疑是两相隔绝的，在前者中并不存在一个向后者敞开的空间。我们知道，这种理解的重大缺陷之一，就在于是从单一的客体性维度界定实践的，而没有注意到实践的主体性维度，或者将主体性维度包裹在客体性维度中了，这并不符合马克思的本意。马克思在《关于费尔巴哈的提纲》第一条这样指出："从前的一切唯物主义（包括费尔巴哈的唯物主义）的主要缺点是：对对象、现实、感性，只是从客体的或者直观的形式去理解，而不是把它们当做感性的人的活动，当做实践去理解，不是从主体方面去理解。因此，和唯物主义相反，唯心主义却把能动的方面抽象地发展了，当然，唯心主义是不知道现实的、感性的活动本身的。"① 根据马克思的这一著名指认，实践既包含了客体性维度，也包含了主体性维度，因而是主体见之于客体的活动。

不过，认识到实践的主体性维度，我们还不足以由此认定实践就是自由的。在西方哲学史上，对于自由，康德作出过最为严格和最为纯粹的界定和规定。以康德之见，自由是在不掺杂任何经验事物的前提下才可得到的东西，因而是一种绝对的主体"自律"，是主体自己为自己立法，自己命令自己。这种观点虽然由于排除了外界事物而使自由变成了一种没有对象，因而处在真空状态下的不可实现的东西，但却至少提示我们，只有在

---

① 《马克思恩格斯文集》第 1 卷，人民出版社 2009 年版，第 499 页。

具有自律性的主体参与的条件下，自由才是可能的，即自律性主体的在场，是自由之不可或缺的先决条件。这样来看，实践是自由的还是不自由的，并不直接取决于实践是否包含了主体性维度，而是取决于实践所包含的主体性维度是自律的还是他律的。

根据康德的观点，自律与他律的根本界标，就在于主体是受自己内在生命的支配还是受外在自然事物和经验事物的支配，前者对应的是自律，而后者对应的是他律。人们可能会顺理成章地认为，马克思由于是在强调人的吃、喝、住、穿等自然需要和自然生命这个重要的端点上，建立起实践概念并由此走向历史唯物主义之创立的，所以他所讲的主体和实践，归根结底乃是听命于自然必然性即遵从他律的。然而，我们认为，马克思从人的自然需要和自然生命中所进一步引申出的，并不是一种自然的必然性，而是一种超越这种自然必然性的生命创造活动。对于这种生命创造活动，马克思在《1844年经济学哲学手稿》中作出过如下论述："动物的生产是片面的，而人的生产是全面的；动物只是在直接的肉体需要的支配下生产，而人甚至不受肉体需要的影响也进行生产，并且只有不受这种需要的影响才进行真正的生产；动物只是生产自身，而人再生产整个自然界；动物的产品直接属于它的肉体，而人则自由地面对自己的产品。动物只是按照它所属的那个种的尺度和需要来构造，而人却懂得按照任何一个种的尺度来进行生产，并且懂得处处都把固有的尺度运用于对象；因此，人也按照美的规律来构造……正是在改造对象世界的过程中，人才真正地证明自己是类存在物。这种生产是人的能动的类生活。通过这种生产，自然界才表现为他的作品和他的现实。"[①] 马克思通过这段论述就是要表明，作为区别于动物的类存在物，人所从事的生产活动，并非由自己的肉体需要所支配的受动性活动，而是在摆脱这种肉体需要的基础上所形成的能动的创造性活动。由马克思的这个观点可知，作为主体的人及其实践活动，在本体论的意义上是贴近康德的自律要求的，虽然前者与康德所假定的那种完全自我同一的主体及其实践（道德）并不等同。而正是基于这一点，我们

---

① 《马克思恩格斯文集》第1卷，人民出版社2009年版，第162—163页。

认为，虽然历史唯物主义的基本要求之一，是将实践置于具体的历史境遇和历史条件下加以理解，但在本体论的意义上，实践却是通向自由而非甘愿服从命运摆布的。

进而言之，在马克思和恩格斯那里，实践之通向自由的问题，说到底也是一个关联到康德的物自体的问题。我们知道，康德主要是在道德这个独特的实践理性领域来界定自由的，而由于道德在一定意义上是对理论理性领域中物自体问题的解决，所以自由实际是与物自体相对应的东西。从这个意义上讲，承不承认自由，在很大意义上取决于承不承认物自体的存在。换言之，只有当人们承认在经验事物之外存在物自体并努力去接近或实现物自体时，人们才不至于因为受制于经验事物而处在不自由的状态。马克思和恩格斯虽然批评康德在物自体问题上的不可知论，但在他们的思想意识深处，并不简单否定物自体的存在，而是认为通过实践活动完全可以解决物自体的问题。根据这个观点，实践就绝不可能是一种受经验事物所任意支配的操作过程，而是一种开放性的、追求无限的自由创造活动。卢卡奇正是由于认识到了这一点，才在《历史与阶级意识》中反复重申康德物自体问题的重要性，并由此郑重指出："马克思在他的《关于费尔巴哈的提纲》里所提出的答案在于使哲学变为实践。但是，正如我们已经看到的，这实践具有它的客观的结构上的前提，具有它的另一面，那就是认为现实是'过程的集合体'，认为较之经验的僵化的物化的事实，历史发展的倾向代表的虽然是产生于经验本身的，因此决不是彼岸的，但确实是一个更高级的、真正的现实。对于反映论来讲，这就意味着，思维、意识虽然必须是指向现实的，真理的标准虽然就在于切中现实，然而这现实决不与经验的事实的存在相同一。这现实并不是现成的，而是生成的。"① 显而易见，卢卡奇在这里从过程和生成的角度来理解现实及实践，表明实践在他眼中代表的就不是一个决定论的领域，而是一个自由的领域。

人们通过决定论或事实判断来否定历史唯物主义中的自由问题的一个重要依据，就是客观性原则。然而，鉴于实践概念在历史唯物主义中的基

---

① ［匈］卢卡奇:《历史与阶级意识》，杜章智、任立、燕宏远译，商务印书馆1999年版，第307页。

础性地位，以及实践与自由之间的相通性问题，我们以为：历史唯物主义绝没有因为强调历史的客观性而否定自由的可能性及其意义，相反，历史唯物主义的基本定位之一，就在于在承认人的自由的前提下，对人所自由创造的历史予以客观把握和诠释。承不承认自由是一回事，对这种自由及其所创造的东西是否给出客观性诠释是另一回事，这是两个处在不同层面上，故此不可混为一谈或以一方来否定另一方的问题。

二、形而上学的解构与自由的奠基

众所周知，在否定历史唯物主义之自由问题上，卡尔·波普尔是一个极端重要的代表人物。在这个问题上，波普尔不仅将矛头指向马克思，同时也指向黑格尔，因为以波普尔之见，历史唯物主义之所以与自由不相兼容，乃是因为它是一种以预测历史为最终指向的历史主义理论，而这种历史主义在某种意义上又源自于黑格尔乃至更为久远的柏拉图。平心而论，波普尔对黑格尔及柏拉图的批评是不无深刻的，但对马克思的指责却是粗疏大意乃至极其偏颇的。波普尔的重大失误就在于只看到了马克思与黑格尔之间的某种同质，而没有洞见到他们之间的重大殊异和根本不同。马克思与黑格尔的不同自然表现在多个方面，但在形而上学问题上的不同是尤为显著的。而这一不同，对于我们理解历史唯物主义中的自由问题具有非凡意义。为什么？

从哲学史的前后关系来看，康德以自律的主体或主体的自律为前提来界定自由，是对近代经验主义自由观的一种深刻反拨。根据霍布斯、洛克等经验主义哲学家的指认，自由是源自于人的自然生活或与人的自然生活直接相等同的东西，除此之外的所谓自由都是没有意义或不具有合法性的。由于自康德到黑格尔的德国古典哲学家都面对一个如何以主体性哲学来克服经验主义的理论任务，所以康德以不同于近代经验主义的方式来界定自由的做法，也被黑格尔所效仿，亦即在黑格尔看来，自由并不是因人的自然生活而确立起来的东西，而是主体尤其是自律的主体所把握的东西。在《法哲学原理》中，黑格尔是这样表述这个观点的："有这样一种观念，仿佛人在所谓自然状态中，就需要说，其生活是自由的；在自然状态中，他只有所谓简单的自然需要，为了满足需要，他仅仅使用自然的偶然性直接提供给他的手段……自然需要本身及其直接满足只是潜伏在自然中的精神性的状态，从而是粗野的和不自由的状态，至于自由则仅存在于精神在自己内部的反思中，存在于精神同自然的差别中，以及存在于精神对自然的反射中。"[①] 黑格尔在这里既然认为自然需要及其满足只是处在一种前自由和非自由的状态，而自由只栖息于精神对自己和外部自然的反思和反射中，那么显而易见，他同样也是以自律的主体或主体的自律为前提来界定和规定自由的，只不过这个自律的主体并不是康德所说的那个完全向内的自我同一的主体，而是在主体和客体的二元认知结构中所确立起来的理性精神。

进而言之，理性精神追求和实现自由的过程，也就是达到理性的反思水平，在概念中理解存在的东西，从而透过事物的现象来把握事物的本质的过程。所以对于黑格尔而言，自由是一个与现象和本质、特殊和普遍、偶然和必然的关系紧密关联在一起的问题。黑格尔虽然并不同意柏拉图和康德将现象和本质区隔开来的做法，而是要求将这二者作为一个整体来进行对待，但由于他又将偶然和特殊的现象看作是本质在外部的具体显现，所以，他的工作重心绝不在于对现象世界进行周详的考察与探索，而在于通过辩证思维来把握和呈现包藏在现象世界中的普遍必然的本质。这正如他在《法哲学原理》的"序言"中所强调的："最关紧要的是，在有时间性的瞬即消逝的假象中，去认识内在的实体和现在事物中的永久东西。其实，由于理性的东西（与理念同义）在它的现实中同时达到外部实存，所以它显现出无限丰富的形式、现象和形态。它把它的核心用各色包皮裹起来，开始时意识在包皮里安家，而概念则首先贯穿这层包皮以便发现内部的脉搏，同时感觉到在各种外部形态中脉搏仍在跳动。但是，通过本质在外界中的映现所形成的无限繁复的情况，即这些无限的材料及其调整，并

[①] ［英］黑格尔：《法哲学原理》，范扬、张企泰译，商务印书馆1961年版，第208页。

不是哲学的对象。"① 由此来看，如果说自由就是对普遍必然的本质的认识，那么，各种偶然和特殊的感性存在既不是理解自由的基点，也不包含在自由的范围之内。这倒不是说黑格尔将各种偶然和特殊的感性存在与自由绝对对立了起来，而是说他从一种思维和存在的同质性结构出发，将各种偶然和特殊的感性存在消融在了思维所能达到的理性反思水平即自由之中了。

可是，我们知道，自由的要义之一就在于追求各种可能的善的生活，而这又是以承认各种偶然和特殊的感性存在的独立性为必要前提的。从这一点来看，黑格尔所讲的自由虽然在精神性层面构成了对近代经验主义者所讲的自由的某种超越，但与自由的原本精神却又是渐行渐远的。如果说这是黑格尔在自由问题上的一个重大理论缺陷，那么，这个缺陷归根结底是由其形而上学所导致的。因为问题在于，虽然黑格尔所承担的一个重要理论任务是借助于逻辑学和辩证法来消解传统独断的、非反思的形而上学，但将现象视为本质的外在显现的观点，又决定了他所最终遵从的还是以"一"（当然这是一个蕴含了自我差别的"一"）来注解和说明"多"的形而上学路数，尽管这种归于"一"的形而上学是在一个历史的过程之中，通过理性的反思能力所确立起来的。由于在一般意义上，形而上学所导向的就是排斥或吞噬偶然性、特殊性和差异性的本质主义，所以在形而上学的思维结构中，自由只能是有限和残缺不全的。这一点不仅对于柏拉图以降的传统形而上学而言是成立的，对于黑格尔的思辨形而上学来说自然也不例外。

然而，在马克思的历史唯物主义理论叙事中，情形截然相反，这与马克思对黑格尔思辨形而上学的解构是密不可分的。

在马克思看来，黑格尔思辨形而上学的全部秘密，就在于其思维和存在的同质性认知结构。具体一点说，这个认知结构大致分为两个步骤：一是从各种现实事物中抽象出作为"实体"的一般观念（如从苹果、梨、葡萄等各种具体果实中抽象出"果品"这个一般观念），二是将这个作为

---

① ［英］黑格尔：《法哲学原理》，范扬、张企泰译，商务印书馆1961年版，序言第11页。

"实体"的一般观念视为存在自我差别的统一体,进而反过来引申出实体的具体显现即各种现实事物。在由这两个步骤所组成的认知结构中,现实事物并不构成一个独立自存的世界,它们只是实体即一般观念的具体规定,所以只能以后者来说明前者而不是相反。然而,在马克思看来:"有这样一个世界,在那里意识和存在是不同的,而当我只是扬弃了这个世界的思想存在,即这个世界作为范畴、作为观点的存在的时候,也就是说,当我改变了我自己的主观意识而并没有用真正对象性的方式改变对象性现实,即并没有改变我自己的对象性现实和其他人的对象性现实的时候,这个世界仍然还像往昔一样继续存在。因此,存在和思维的思辨的神秘的同一,在批判那里作为实践和理论的同样神秘的同一重复着。因此,批判怒气冲冲地反对那种还想同理论有所区别的实践,同时也反对那种还想同把某一特定范畴变成'自我意识的无限普遍性'的做法有所区别的理论。批判本身的理论仅限于把一切确定的东西(如国家、私有财产等)宣布为自我意识的无限普遍性的对立物,因而也就把它们宣布为微不足道的东西。其实恰好相反,必须加以说明的是,国家、私有财产等怎样把人变为抽象概念,或者它们怎样成为抽象的人的产物,而不是成为单个的、具体的人的现实。"① 从这段论述来看,马克思并没有继续停留在思维和存在的同质性认知结构中,而是深刻认识到了存在与思维、实践与理论之间的差异乃至断裂。所以,通过剖析黑格尔的思辨形而上学,马克思所确立起来的是一种思维和存在的异质性认知结构。根据思维和存在的同质性认知结构,现实的东西总是包含在观念之中,而相反,根据思维和存在的异质性认知结构,任何观念都不具备为现实的东西立法的先天资格,后者的情况,只能借助于针对自身的深入考究才可得到真实展现。由此可以看到,马克思通过确立思维和存在的异质性认知结构,不仅根本性地解构了黑格尔的思辨形而上学,而且也一并解构了过往全部形而上学(尤其是各种观念形而上学),虽然我们认为他依然具有某种形而上学情结或保留了某种形而上学思维。

---

① 《马克思恩格斯文集》第 1 卷,人民出版社 2009 年版,第 358 页。

由于马克思解构黑格尔思辨形而上学乃至过往全部形而上学的一个直接理论要求,就是将现实感性的生活世界作为研究的出发点并给予持续性关注和批判,而不是像黑格尔或柏拉图那样用一种一劳永逸的观念来统摄感性生活世界并消解其中的矛盾,所以进一步来看,这个理论要求既导向了一条切实的实践哲学的思维路径和"从生活到意识"而非"从意识到生活"的历史唯物主义理论逻辑,又因为对各种偶然和特殊的感性存在的某种开放性承认而为自由开辟了广阔空间。如果我们把这两个方面视为马克思解构形而上学所带来的两个结果,那么这两个结果自然不是相互外在、彼此无关的,而是相辅相成的一体之两面。只要认识到这两个结果之间的相辅相成性,我们就有理由认为:历史唯物主义不仅没有因为对历史之本质的探察而走向一种消解自由的本质主义,相反,其解构形而上学的理论前提,及由之而确立起来的面向流变的现实生活世界而非以抽象观念为端点的开展路数,为自由的实现提供了无限可能。不过,我们不能由此而将历史唯物主义中的自由,简单地降格为康德和黑格尔所批评过的近代经验主义的自由,这一则是因为总体来看,历史唯物主义与经验主义是两种存在不可同日而语之差别的理论形式,二则是因为具体来讲,历史唯物主义在面向现实生活世界中所承认的偶然和特殊的感性存在,并不是一种在经验主义的视野中所呈现出来的任意和散漫的东西,而是遵从客观历史规律或根据既有的历史的条件来行动的东西。这涉及历史唯物主义之自由问题的第三个方面。

三、历史唯物主义与行动主义:自由的第三种可能

由于自由首先不是一个关涉到如何获取固定知识的理论性问题,而是一个关涉到如何在主体意志的指导下行动的实践性问题,所以在一定意义上,只有落脚于行动主义,自由才是可能的。而众所周知,马克思为其哲学所制定的总原则和总目标,就是不同于解释世界的改变世界。从这一总

原则和总目标来看，马克思哲学至少包含了一种行动主义的成分。这样说来，考察历史唯物主义中的自由问题，一个关键性的难题是：历史唯物主义与行动主义的关系是什么样的？具体一点说，是互为他者的还是相互关联的？如果是前者，我们就没有资格将历史唯物主义与自由相提并论，而如果是后者，历史唯物主义就没有将自由排拒在外。

在理解上述问题上，一个通行的观点是，历史唯物主义作为一个探求不变的历史规律的理论，是与康德所界划的理论理性相对应的，而行动主义作为一种自由的原则，则是与康德所界划的实践理性相对应的，所以，历史唯物主义与行动主义之间并不存在一种实质性的关联，它们只是代表了马克思哲学中两种不同的理论定位和理论倾向，故而并不能根据行动主义来确证历史唯物主义是否包含了一个自由的维度。然而在我们看来，问题并非如此。为什么？

如果说在马克思的语境中，行动主义对应的不是亚里士多德所讲的实践和制作活动，而是旨在改变世界的革命活动，那么这种行动主义的一个不可或缺的前提就是"批判"。在此意义上，行动主义代表的是一种理论批判的逻辑。而我们知道，马克思最早是在《〈黑格尔法哲学批判〉导言》的如下著名论断中，明确提出理论批判的纲领、任务和目标的："真理的彼岸世界消逝以后，历史的任务就是确立此岸世界的真理。人的自我异化的神圣形象被揭穿以后，揭露具有非神圣形象的自我异化，就成了为历史服务的哲学的迫切任务。于是，对天国的批判变成对尘世的批判，对宗教的批判变成对法的批判，对神学的批判变成对政治的批判。"① 根据这一论断，马克思理论批判的纲领、任务和目标，就是揭露具有非神圣形象的自我异化，进而确立此岸世界的真理。不难发现，除了由揭露具有非神圣形象的自我异化所表征的"理论批判"，这一纲领、任务和目标还包含了另外一个方面，这就是由确立此岸世界的真理所表征的"科学认知"。我们承认，历史唯物主义的首要意义，就是通过揭示历史发展规律和历史的本质而达到科学认知，只不过，人们通常是将其科学认知的功能加以无

---

① 《马克思恩格斯文集》第1卷，人民出版社2009年版，第4页。

限放大或作孤立化处理，而很少注意到这一功能与理论批判之间的内在联系。但实际上，马克思推进科学认知直到创立历史唯物主义的整个过程，与其理论批判的渐次深化过程是完全同步并且始终紧密结合在一起的。

具体说来，在写作《黑格尔法哲学批判》时期，马克思理论批判的矛头主要指向政治领域，这是因为在科学认知的层面上，马克思此时是将法和国家视为非神圣形象的自我异化发生的场域和此岸世界之真理的栖息之地。但随着对法和国家的批判的深化，特别是随着对市民社会与国家之关系的深入考察，马克思在科学认知上发生了一个重大转换，即认识到非神圣形象的自我异化并非根本性地发生在由法和国家所代表的政治领域，而是发生在由市民社会所代表的经济领域，所以只有实质性地置于经济生产领域，才可能根本性地确立起此岸世界的真理。这个科学认知上的重大转换，促使马克思在理论批判上也作出了重大调整，这便是将先前的政治批判决然推进到经济批判。而与此同时，由于马克思所开启的经济批判是要以系统的政治经济学研究为基础和载体的，所以这个理论批判上的重大调整，又反过来促进了其科学认知的步伐。根据马克思在写于1859年的《〈政治经济学批判〉序言》中的记述，其历史唯物主义就是随着以政治经济学研究为中轴的科学认知的进展而创立起来的，同时也代表了其科学认知的一个总的结果："我在巴黎开始研究政治经济学，后来因基佐先生下令驱逐而移居布鲁塞尔，在那里继续进行研究。我所得到的，并且一经得到就用于指导我的研究工作的总的结果，可以简要地表述如下……（接下来就是关于历史唯物主义的'经典表述'——引者注）。"[①]

以上论述充分表明，作为一种科学认知逻辑的历史唯物主义，与作为一种理论批判逻辑的行动主义，既不是两条互不搭界的平行线，更不是两条存在此消彼长之对抗关系的哲学线索，实为马克思思想探索过程中不可分解的一体之两面，它们在某种意义上存在着互为因果的关系。由此可以看到，在科学认知的意义上，历史唯物主义不仅没有像波普尔所以为的那样弱化或消解了行动主义，相反它是面向行动主义的一个开放性理论框

[①]《马克思恩格斯文集》第2卷，人民出版社2009年版，第591页。

架,行动主义在某种意义上既是它的一个深刻动因,也是它的一个必然归宿。对于此,恩格斯曾在不同场合多次予以申明。在《在马克思墓前的讲话》中,恩格斯指认了马克思的两大发现(即唯物史观所揭示的普遍历史规律和资本主义社会的剩余价值规律)之后接着强调:"他作为科学家就是这样。但是这在他身上远不是主要的。在马克思看来,科学是一种在历史上起推动作用的、革命的力量……因为马克思首先是一个革命家。他毕生的真正使命,就是以这种或那种方式参加推翻资本主义社会及其所建立的国家设施的事业,参加现代无产阶级的解放事业,正是他第一次使现代无产阶级意识到自身的地位和需要,意识到自身解放的条件。斗争是他的生命要素。很少有人像他那样满腔热情、坚韧不拔和卓有成效地进行斗争。"① 在这段意味深长的文字中,恩格斯要告诉人们的一个重要问题就是,马克思作为一位革命家,其所从事的科学理论研究及取得的成果,包括历史唯物主义这个最重大的科学研究成果,在价值上都不会是中立的,而是与其关注和参与的革命事业紧密结合在一起的,因为马克思最看重的不是科学认知本身的价值,而是这种科学认知所可能带来的革命性结果。如果在这段文字中恩格斯只是间接地阐述了历史唯物主义和行动主义之间的关系,那么在《卡尔·马克思〈政治经济学批判。第一分册〉》中,恩格斯则是直截了当地对这种关系进行了指认:"在历史上出现的一切社会关系和国家关系,一切宗教制度和法律制度,一切理论观点,只有理解了每一个与之相应的时代的物质生活条件,并且从这些物质条件中被引申出来的时候,才能理解……但是,这个事实不仅对于理论,而且对于实践都是最革命的结论……由此可见,只要进一步发挥我们的唯物主义论点,并且把它应用于现时代,一个强大的、一切时代中最强大的革命远景就会立即展现在我们面前。"②

根据历史唯物主义与行动主义的关系,认定历史唯物主义中包含了一个自由的维度,应当是没有疑义的。不过,尚未得到根本澄清的一个难点问题在于:历史唯物主义作为一种科学认知的逻辑,其所揭示的是蕴藏于

---

① 《马克思恩格斯文集》第3卷,人民出版社2009年版,第602页。
② 《马克思恩格斯文集》第2卷,人民出版社2009年版,第597—598页。

社会历史中不以人的意志为转移的客观规律。而从客观规律来看，行动主义与自由似乎又是一种可以预见到的，故而与自由的本意和宗旨正相背离的东西。这到底是一个要么规律要么自由的非此即彼的问题，还是两者可以很好相融的问题？

不容否认，自由在一定意义上就是做某事的权利，所以在西方政治哲学中，自由与权利往往是等义的。一个显而易见的事实是，当人们在凸显权利的价值和重要性时，人们不可能仅仅就权利来谈论权利，而应当结合义务来为之，这是因为只讲权利而不讲义务，权利反而最终只会成为飘荡无根的浮萍，义务看似是对权利的一种限定，但实质上却构成了权利的最根本保障。在政治哲学史上，卢梭、休谟、黑格尔以及罗尔斯等政治哲学家，都持有类似的观点和主张。由此来说，自由就像黑格尔所指示的那样，不应当是一种散漫和任意的原则，缺乏任何规定性的自由，实质只是一种伪自由和反自由的东西。这倒不是说，自由只能按照黑格尔的规定，在认识论的意义上展现为对必然的认识。如上所示，这种黑格尔式的自由一旦被封闭在一个形而上学的框架中，就会走向自由的反面。毋宁说，在克服散漫性和任意性基础上的自由，只能是有条件的自由，这大概才是自由的本真内涵之一。就此而言，自由的条件与自由本身至少具有同等重要的意义。

对于这个问题，马克思和恩格斯都曾进行过明确说明。比如说，在《路易·波拿巴的雾月十八日》中，马克思就曾这样指出："人们自己创造自己的历史，但是他们并不是随心所欲地创造，并不是在他们自己选定的条件下创造，而是在直接碰到的、既定的、从过去承继下来的条件下创造。"① 在1890年9月21日致约瑟夫·布洛赫的信中，恩格斯则不仅重申了马克思的意思，而且还作了进一步发挥，把有条件的自由创造性地阐释为一种历史的"合力"："我们自己创造着我们的历史，但是第一，我们是在十分确定的前提和条件下创造的……但是第二，历史是这样创造的：最终的结果总是从许多单个的意志的相互冲突中产生出来的，而其中每一

---

① 《马克思恩格斯文集》第2卷，人民出版社2009年版，第470—471页。

个意志，又是由于许多特殊的生活条件，才成为它所成为的那样。这样就有无数互相交错的力量，有无数个力的平行四边形，由此就产生出一个合力，即历史结果，而这个结果又可以看做一个作为整体的、不自觉地和不自主地起着作用的力量的产物。因为任何一个人的愿望都会受到任何另一个人的妨碍，而最后出现的结果就是谁都没有希望过的事物。所以到目前为止的历史总是像一种自然过程一样地进行，而且实质上也是服从于同一运动规律的。但是，各个人的意志——其中的每一个都希望得到他的体质和外部的、归根到底是经济的情况（或是他个人的，或是一般社会性的）使他向往的东西——虽然都达不到自己的愿望，而是融合为一个总的平均数，一个总的合力，然而从这一事实中决不应作出结论说，这些意志等于零。相反，每个意志都对合力有所贡献，因而是包括在这个合力里面的。"①

马克思和恩格斯的以上论述是在一般历史的层面上来谈论自由及其条件的，这个自由的条件指的就是社会历史中客观的东西，而非意志自身或由意志所任意引申出来的东西，借用阿尔都塞的观点，就是作为科学的历史唯物主义所揭示的结构性的要素。这告诉我们，在历史唯物主义与自由问题上，与其说前者所揭示的历史规律构成了对自由的一种抑制，倒不如说它充当的就是自由之所以可能的一种现实条件，因为历史规律及其相关联的要素就是马克思和恩格斯所谈论的社会历史中真正客观的东西。毋庸置疑，马克思和恩格斯虽然也关心人们创造历史的一般自由问题，但对他们来讲，最重大的自由问题还是作为行动主义的革命。而就作为行动主义的革命而言，历史规律充当自由的条件，其意义就在于："一切社会变迁和政治变革的终极原因，不应当到人们的头脑中，到人们对永恒的真理和正义的日益增进的认识中去寻找，而应当到生产方式和交换方式的变更中去寻找；不应当到有关时代的哲学中去寻找，而应当到有关时代的经济中去寻找。"② 这也就是说，只有遵照历史唯物主义所揭示的历史规律，扎根作为历史根基的生产方式和经济关系，由自由意志所推动的社会变迁和政

---

① 《马克思恩格斯文集》第10卷，人民出版社2009年版，第592—593页。
② 《马克思恩格斯文集》第3卷，人民出版社2009年版，第547页。

治变革才是可能的。在此意义上，我们认为，历史唯物主义作为无产阶级的理论和思想武器，其最重大的价值之一，就在于揭示了无产阶级革命和人的解放这项人类历史中伟大的自由事业的历史条件，从而使空想社会主义变成了科学社会主义。这正如恩格斯在《社会主义从空想到科学的发展》中所郑重指出的："完成这一解放世界的事业，是现代无产阶级的历史使命。深入考察这一事业的历史条件以及这一事业的性质本身，从而使负有使命完成这一事业的今天受压迫的阶级认识到自己的行动的条件和性质，这就是无产阶级运动的理论表现即科学社会主义的任务。"[①] 需要注意的是，恩格斯在这里所讲的科学社会主义的任务，实际也是历史唯物主义的任务，因为前者的最重要理论基础就是历史唯物主义。进一步说，正因为建立在历史唯物主义的坚实基础上，社会主义才从空想变成了科学，所以相应地，体现在作为行动主义的革命中的自由，也正因为随着历史规律的科学认知和揭示而被规划为一种有条件的自由，它才成为一种真正现实的自由。扩而论之，历史中任何领域的自由，大概也只有放在一定的社会条件下，才不至于最后变成虚无缥缈的东西。这是从历史唯物主义的理论视域来理解自由的一个重大启示。

本文以上论述表明，历史唯物主义并不是一种与自由不相兼容的决定论或预言论，而是在多种意义上向自由敞开的一个科学理论结构。澄清这个问题，对于我们全面而准确地理解和把握马克思主义哲学中长期以来始终困扰人们的一些基础理论问题，如受动性与能动性、事实与价值、实证科学与规范科学等的关系问题，无疑具有重大意义。

[①] 《马克思恩格斯文集》第3卷，人民出版社2009年版，第566—567页。

重新理解历史唯物主义的理论起源

毋庸置疑,历史唯物主义的理论起源问题,是历史唯物主义乃至全部马克思主义哲学研究中的一个基础性和根本性的学术问题。中外学术界虽然长期以来对这个问题进行了诸多探讨,但由于受既有的学术视野、思维方式、理论模式以及一些难以清除的学术偏见的影响,这个问题迄今却依然没有得到完整而准确的理解和把握。这不仅不利于在文本学和哲学史的意义上深化历史唯物主义以及整个马克思主义哲学的研究,而且也不利于在当代的理论与现实语境中发展历史唯物主义。鉴于这个情况,我试图从以下三个视角来重新追索和理解历史唯物主义的理论起源:一是政治哲学的视角,二是实践哲学的视角,三是辩证法的视角。

一、政治哲学与历史唯物主义

学术界长期以来存在一种用实证科学来阐释马克思主义哲学的错误倾向,其结果之一,就是将历史唯物主义片面地解读和还原为一种纯粹事实性和描述性的理论,从而将之与规范性的问题隔离了开来。与此相反,我则极力主张在事实性与规范性相结合的视域中来开展马克思主义哲学的研究,并特别提出了"历史唯物主义与政治哲学相会通"的学术观点[①]。我

---

① 参见李佃来:《论历史唯物主义与政治哲学的内在会通》,载《中国人民大学学报》2015年第1期;李佃来:《关于历史唯物主义与正义兼容的三重辩护》,载《华中师范大学学报》2013年第6期。

提出这个学术观点主要有两个目的：一是力图根据历史唯物主义这个借力点来阐发马克思的政治哲学①，二是反过来力图根据作为规范科学的政治哲学这个借力点来阐释历史唯物主义。从政治哲学的视角来追索历史唯物主义的理论起源，自然属于后者。问题的关键是：在政治哲学的视域中，历史唯物主义的创立何以是可能的？

在《唯物主义和经验批判主义》一书中，列宁曾郑重指出："马克思和恩格斯的学说是从费尔巴哈那里产生出来的，是在与庸才们的斗争中发展起来的，自然他们所特别注意的是修盖好唯物主义哲学的上层，也就是说，他们所特别注意的不是唯物主义认识论，而是唯物主义历史观。因此，马克思和恩格斯和他们的著作中特别强调的是**辩证**唯物主义，而不是辩证**唯物主义**，特别坚持的是**历史**唯物主义，而不是历史**唯物主义**。"② 按照传统的理解模式，历史唯物主义是唯物主义原则在历史领域中的贯彻和运用，所以"历史"只是一个起限定作用的术语，唯物主义才是核心。然而，列宁的这段语重心长的话却告诉我们，历史唯物主义的理论中心点并不是唯物主义，而是历史。由此来看，历史唯物主义从何处而来的问题，涉及马克思面对和考察的是何种历史的问题。我们知道，历史唯物主义是一个具有普遍适用性的理论，而马克思和恩格斯在《德意志意识形态》中，也是在一般历史的层面提出历史唯物主义的基本原则的，这似乎表明他们所首先面对和考察的历史，就是跨越一切时代的普泛一般的历史。然而，马克思在《1857—1858年经济学手稿》中所提出的"人体解剖对于猴体解剖是一把钥匙"③ 的著名论断，却深刻表明他是以解读现代资本主义历史为坚实踏脚石而进入一般历史的。所以，追索历史唯物主义的理论起源，一个至关重要的问题就是：马克思是如何锁定现代资本主义历史的？

毋庸置疑，任何一个时代的历史，包括现代资本主义历史，总是由本质的东西和现象的东西、核心的东西和边缘的东西、关键的东西和从属的

---

① 参见李佃来：《历史唯物主义与马克思正义观的三个转向》，载《南京大学学报》2015年第5期。
② 《列宁专题文集》（论辩证唯物主义和历史唯物主义），人民出版社2009年版，第115—116页。
③ 《马克思恩格斯文集》第8卷，人民出版社2009年版，第29页。

东西所构成的。因而，任何一个人想要真正进入到历史中来，就必须首先把握住历史中本质的、核心的和关键的部分。对于现代资本主义历史而言，本质的、核心的和关键的部分是什么？不可否认，现代资本主义历史在相当大的意义上，是随着商品经济和私有财产关系的形成而展开的，所以显而易见，从内容上来看，其本质的、核心的和关键的部分就是商品经济和私有财产关系。而由于商品经济和私有财产关系的社会组织形式就是市民社会，所以追根溯源，马克思是借助于市民社会而锁定现代资本主义历史，进而创立历史唯物主义理论的。市民社会虽然看似是一个经济科学的概念，但就其本来意义，它是一个近现代政治哲学的根基性概念。

之所以说市民社会在本来意义上是一个近现代政治哲学的根基性概念，乃是因为人们首先不是从经济科学的层面，而是从政治哲学层面，以权利和自由的主题来回应市民社会这一新生事物的。反过来说，霍布斯、洛克以来的近现代政治哲学的根本母题是权利和自由问题，而这一根本母题虽然被洛克等政治哲学家们论定为由自然法所证成的东西，但归根结底却是在市民社会这一现实历史土壤上滋生出来的，反映的是市民社会的基本利益诉求。所以我始终认为，虽然霍布斯、洛克、休谟、卢梭、康德、穆勒等政治哲学家们都没有使用过"市民社会"这一术语，但实际上，我们只有置于由市民社会所表征的历史背景中，才能够从源头上理解和把握他们的政治哲学思想。但毋庸讳言的一个事实是，大部分近现代政治哲学家——如洛克、斯密——是从一种静时态的理性主义出发，本着一种建构主义的旨趣来开展政治哲学研究的，所以他们的核心工作之一，是对市民社会这个现代新生事物所透射出的精神性原则予以肯定和修缮，以此达到为现代社会构建伦理规则的目标。在这种情况下，市民社会虽然是近现代政治哲学所由以形成的现实土壤，但它却不可能作为研究和探察的对象而进入到政治哲学家们的理论视野之中，所以黑格尔之前近现代政治哲学并未将历史向人们呈现出来。

在近现代政治哲学史上，黑格尔率先把市民社会作为一个明确的对象加以探究，这是霍布斯、洛克以来政治哲学发展过程中的一个重大理论推进，标志着政治哲学家们开始进入自觉的理论反思的层面。在《法哲学原理》中，黑格尔把市民社会设定为"伦理"篇中的一个上承家庭、下接国家的中间环节。这个由家庭而市民社会而国家的篇目安排，在一定意义上是其逻辑学的思辨结构的一个展现，但由于黑格尔从来没有把逻辑学仅仅视为一种形式的东西，而是将其看作"一切事物的自在自为地存在着的根据"①，所以这个看似形式上的篇目安排，实质充分反映了黑格尔对市民社会问题的一种异常深刻的把握。可以这么说，黑格尔之所以把国家设定为市民社会的一个下游环节，目标并不在于从一种并列结构来阐释它们之间的平行关系，而是要求站在国家所代表的普遍伦理精神的至高点上，来高屋建瓴地审视和批判市民社会。具体来讲，黑格尔从市民社会中所看到的最核心的东西，就是没有节制、没有尺度的利己主义原则，以及由这一原则而进一步导致的匮乏、贫困乃至阶层和阶级的分化等社会现象。不容否认，作为一位谙知英国古典政治经济学和资本主义发展史的德国哲学家，黑格尔对市民社会的这番考察和审视，表明他比自洛克到斯密的政治哲学家更敏锐地洞察到了从资本主义经济生产关系中所折射出来的现代历史的内在矛盾，从而在一定意义上向人们呈示了历史。不过，黑格尔由于是在一种思维和存在的同质性理论结构中来解决他所看到的矛盾的，所以，他至多只是将现代资本主义历史最核心的部分——市民社会的利己主义原则消融在了伦理国家当中，而并不可能发展出一种真正指向市民社会的历史主义理论。在此意义上，黑格尔对于现代资本主义历史的呈示，说到底也只是一种浅尝辄止的努力。

以上论述表明，市民社会虽然是近现代政治哲学的一个根基性概念，但要根据这个概念来锁定、理解和呈示现代历史，一个必要的前提就是对这个概念所指涉的对象进行实质性的检思和批判，而这项工作最终是由马克思完成的。我们知道，马克思始终将其所从事的理论活动称为"批判活动"，而但凡成为他的考察对象的东西，往往都是在他看来需要着力加以批判的东西。在写于1843年秋冬之际的《〈黑格尔法哲学批判〉导言》中，马克思对自己的批判活动的目标和任务进行了明确的说明："真理的

---

① ［德］黑格尔：《小逻辑》，贺麟译，商务印书馆1980年版，第85页。

彼岸世界消逝以后，历史的任务就是确立此岸世界的真理。人的自我异化的神圣形象被揭穿以后，揭露具有非神圣形象的自我异化，就成了为历史服务的哲学的迫切任务。于是，对天国的批判变成对尘世的批判，对宗教的批判变成对法的批判，对神学的批判变成对政治的批判。"① 根据这一说明，马克思的批判活动的目标和任务，就是通过揭露具有非神圣形象的自我异化来确立此岸世界的真理。详细追问会发现，在这一目标和任务中包含了两个关键性的问题：一就是如何揭露具有非神圣形象的自我异化的问题，二则是在何处揭露这种具有非神圣形象的自我异化的问题。显而易见，相比第一个问题，第二个问题更具有前提性的意义，而且这个问题也直接关涉到马克思是否能够借助于市民社会来锁定现代资本主义历史。但由于马克思在写作《〈黑格尔法哲学批判〉导言》之际还缺乏系统的政治经济学知识，所以此时对第二个问题的认识尚不是特别清晰的，虽然他是要求将批判的矛头对准法和政治的领域。不过，有趣的是，在马克思大致写于同一时期的《论犹太人问题》中，这个问题最终有了答案，而这正是其政治哲学研究的一个重大结果。

宽泛地说，马克思终其一生都在从事政治哲学的理论批判工作，但严格来讲，马克思是从《论犹太人问题》开始，才真正进入到政治哲学领域中的。在此前的《黑格尔法哲学批判》中，马克思虽然已经提出了"市民社会决定政治国家"的观点，但一是由于在这一著作中马克思的主要工作是批判黑格尔所崇尚的理性国家，二是由于马克思在其中并未对市民社会的内在矛盾作出深刻的考察，所以与此相应，他也没有真正意识到应当在市民社会中来揭露具有非神圣形象的自我异化，这也就是为什么在《〈黑格尔法哲学批判〉导言》中，他仍然要求将法和政治作为批判的首要对象。而在《论犹太人问题》中的考索与探究，实质上使马克思在对这个问题的认识上发生了根本性的改变。在这部政治哲学的"宣言书"中，马克思取得了两个重大的理论成果：一是在对写入在资产阶级法典中的权利和自由予以追根溯源的检视中，明确看到了政治生活是手段、市民社会生活

---

① 《马克思恩格斯文集》第1卷，人民出版社2009年版，第4页。

是目的的事实，从而深化和推进了之前提出的"市民社会决定政治国家"的认识；二是在黑格尔的基础上对市民社会的利己主义原则进行通透彻底的批判中，明确看到了资本主义社会中个体与共同体、特殊利益与普遍利益之间不可自解的对立关系，并由此提出了将政治解放推进到人类解放、将市民社会推进到人类社会的伟大政治主张。第一个理论成果是一个从属于科学认知范围内的事实判断，第二个理论成果是一个从属于哲学批判范围内的价值判断。这两个重大理论成果，让马克思深刻认识到针对市民社会的研究和批判对于揭露具有非神圣形象的自我异化，以及对于破解现代资本主义历史之秘密的基础性意义。正是基于这个在政治哲学研究上所获得的认识，从《论犹太人问题》之后的《1844年经济学哲学手稿》开始，马克思才实质性地投身于以政治经济学批判为载体的市民社会研究（后来的《资本论》及其手稿的写作，就是市民社会研究的一个推进和聚焦），由此一方面锁定并打开了通往现代历史的根本入口，另一方面也因之而为历史唯物主义的创立作了充分的理论准备。

在1859年的《〈政治经济学批判〉序言》中，在对历史唯物主义创立的旅程进行回顾和记述时，马克思曾对以政治经济学批判为载体的市民社会研究与历史唯物主义的关系作过粗线条的勾勒。① 但由于马克思没有明确地指出并说明其以《论犹太人问题》为主要文本的政治哲学研究对创立历史唯物主义所具有的影响，所以这个说明上的空白，导致长期以来人们在对历史唯物主义与政治哲学关系的认识上存在严重不足。但只要我们自觉地将市民社会概念放置在政治哲学的视域中来认真加以梳理并看到马克思的创造性探索，我们就一定可以理直气壮地承认历史唯物主义与政治哲学之间的紧密联系，进而在政治哲学的理论线索中来追寻历史唯物主义的源头。

二、实践哲学与历史唯物主义

追索一个理论的起源，一个重要的前提就是辨明这个理论的形态归属

---

① 参见《马克思恩格斯文集》第2卷，人民出版社2009年版，第591页。

问题，因为道理不难理解，形态归属问题直接涉及理论谱系问题，而我们只有切实进入到一个理论相应的谱系中，才可能准确地梳理出它的来龙去脉，从而找到它的真正源头。就历史唯物主义的形态归属而言，其所关乎到的一个我们必须要认真对待和谨慎处理的根本性问题是：它是从属于理论哲学的还是从属于实践哲学的？

我们都知道，关于理论哲学与实践哲学的划分，最早可追溯到亚里士多德。亚里士多德将人的活动区分为理论思考、实践与制作三种类型，其中理论思考涉及的是人们对事物的本性和普遍必然的东西的探察，而实践与制作涉及的则是朝向人们的目的、且会因人们的主观意志和能力而改变的现实行动。虽然亚里士多德是将实践界定为伦理学和政治学的范畴、将制作界定为技艺与修辞学的范畴，但其实我们可将这两者作为同类项合并起来并作进一步扩充，根据其可变性这一点而将它们共同界划和指示为一种广义上的实践。这样来看，如果与理论思考这一活动类型相对应的就是理论哲学、与广义的实践这一活动类型相对应的就是实践哲学，那么理论哲学与实践哲学的差异大致可概括为：前者是要求用一种不变的观念和理论来对事物予以解释，而后者则是要求打破一切观念和理论教条的束缚，在流动的生活世界中去追求和创造可能性的善的世界。从理论哲学与实践哲学的这种差异来看，我们似乎没有理由将历史唯物主义归属于实践哲学的范围，而应将之归属于理论哲学的范围，因为历史唯物主义在直接的意义上是关于历史发展规律的学说（马克思甚至于认为人们对这些规律的认识至多只能"缩短和减轻分娩的痛苦"①），其最根本的理论关切是求知而非行善。不过我们注意到，历史唯物主义所讲的规律本身固然是一些不变的知识信条，但与自然界的规律截然不同，其所阐述的是一条"从存在到思维"和"从生活到意识"的认知和行为原则。对于界划历史唯物主义的形态归属及确立其理论起源来讲，规律所阐述的原则无疑比规律本身远为重要，前者是一个更具有前提性意义的问题。从这条"从存在到思维"和"从生活到意识"的原则来看，历史唯物主义在形态上实质是从属实践

---

① 《马克思恩格斯文集》第5卷，人民出版社2009年版，第10页。

哲学的。相反，在"从思维到存在"和"从意识到生活"的思维路线上发展起来的思辨唯心主义，则是在形态上从属于理论哲学的。过去，人们虽然未必会自觉地根据理论哲学和实践哲学的界分来阐释历史唯物主义，但实际上大多都是按照理解理论哲学的方式来作出阐释的，由此所导致的一个结果，就是将历史唯物主义不由分说地还原为一些结论性的原理和僵死的教条，而这也注定在对其理论起源的把握上总是不得要领的。现在的问题是：作为一种从属于实践哲学的理论，历史唯物主义是怎样创立起来的？

从思想史来看，马克思虽然从来没有像康德那样明确地沿着亚里士多德对理论与实践的区分来规划自己的研究志趣，但从踏上学术征程的一开始，他实际就一直行走在一条不折不扣的实践哲学的道路上。在完成于1841年初的《博士论文》中，马克思曾将哲学形象地比喻为"吞噬外部世界的火焰"，并明确地提出了"哲学的世界化"的口号。在1843年9月写给卢格的信中，马克思将《博士论文》中所指示出来的这样一条以外部世界为端点的哲学路线确立为一条批判哲学的路线："新思潮的优点又恰恰在于我们不想教条地预期未来，而只是想通过批判旧世界发现新世界。以前，哲学家们把一切谜底都放在自己的书桌里，愚昧的凡俗世界只需张开嘴等着绝对科学这只烤乳鸽掉进来就得了。而现在哲学已经世俗化了，最令人信服的证明就是：哲学意识本身，不但从外部，而且从内部来说都卷入了斗争的漩涡。如果我们的任务不是构想未来并使它适合于任何时候，我们便会更明确地知道，我们现在应该做些什么，我指的就是要对现存的一切进行无情的批判……所以我不主张我们树起任何教条主义的旗帜，而是相反。我们应当设法帮助教条主义者认清他们自己的原理。"① 马克思在这段文字中虽然没有直接谈到理论和实践之间的差异性问题，但他所表明的非教条主义的批判性态度，却显然已经根本性地涉及了这个问题。具体一点说，在马克思的心目中，实践是一个与作为观念形态的理论并不等同的领域，因而并不能教条地根据后者所提供的样本来解释和规定

---

① 《马克思恩格斯文集》第10卷，人民出版社2009年版，第7页。

前者，而应当在哲学的世俗化过程中具体地针对前者来加以研究和批判。

在思维根源上，马克思之所以能够看到理论与实践的差异性问题，乃是因为他建立的是一种思维和存在的异质性认知结构。而我们知道，在哲学史上，以柏拉图和黑格尔为代表的哲学家抱持的是一种思维和存在的同质性认知结构。需要注意的是，思维和存在的同质性认知结构，并不是要求思维努力地接近或达到存在，而是让思维具备为存在立法的先天地位和资格，从而使具有差异性的存在统一在作为最终根据的思维的层面。显而易见，这种思维和存在的同质性认知结构虽然能够做到在精神性层面上来审视和反思现实世界，但却难以发展出一种针对现实世界最鲜活的矛盾的批判理论。作为一位批判理论家，马克思正是由于深刻洞察到了思维和存在的同质性认知结构所存在的重大偏蔽和缺陷，他才要求建立一种思维和存在的异质性认知结构。对于这个问题，在写于1844年秋的《神圣家族》中，马克思与恩格斯作出了明确的说明："有这样一个世界，在那里意识和存在是不同的，而当我只是扬弃了这个世界的思想存在，即这个世界作为范畴、作为观点的存在的时候，也就是说，当我改变了我自己的主观意识而并没有用真正对象性的方式改变对象性现实，即并没有改变我自己的对象性现实和其他人的对象性现实的时候，这个世界仍然还像往昔一样继续存在。因此，存在和思维的思辨的神秘的同一，在批判那里作为实践和理论的同样神秘的同一重复着。因此，批判怒气冲冲地反对那种还想同理论有所区别的实践，同时也反对那种还想同把某一特定范畴变成'自我意识的无限普遍性'的做法有所区别的理论。"①

毋庸置疑，马克思建立思维和存在的异质性认知结构，目的并不在于简单地将理论与实践区分开来，甚至使它们成为互不搭界的两个领域，而是要求在把握理论和实践的差异性的前提下，将思维的触角切实伸向实践领域，进而以实践为端点来开展哲学的研究和批判。所以，一目了然的事实在于，基于思维和存在的异质性认知结构，马克思所确立起来的就是一种实践哲学的思维路线而非理论哲学的思维路线。与之相反，柏拉图和黑

---

① 《马克思恩格斯文集》第1卷，人民出版社2009年版，第358页。

格尔等哲学家根据思维和存在的同质性认知结构所确立起来的，就是典型的理论哲学的思维路线。需要注意的是，我们不能简单地在理论哲学和实践哲学之间通过贴标签的方式来进行优和劣的价值排序，因为仅从科学认知的层面来看，理论哲学对必然性的知识的探求也是人类精神活动的一种重要形式。甚至也可以说，马克思面向实践的哲学路数本身也是一种理论的开展方式。所以推进一步看，这里又存在一个如何将实践哲学转化为理论的问题。这个问题在马克思那里最后是通过实践概念的提出和厘定而展现出来的，最重要的文本就是《关于费尔巴哈的提纲》。

众所周知，在《关于费尔巴哈的提纲》中，马克思反复重申的一个概念就是"实践"概念，这既是其之前确立的实践哲学思维路线的一个体现，也是这一思维路线的一个重要推进：在《提纲》之前，马克思主要是从批判理论的层面来强调实践相对于理论的独立性问题的，目的之一就是从既定的观念和理论教条下解放出来，把被这些观念和理论教条所消融的现实矛盾当作批判的出发点。而在《提纲》中，马克思则是从元哲学的层面来强调实践相对于理论的独立性问题的。无论是《提纲》第二条所提到的"人的思维是具有客观的真理性，这不是一个理论的问题，而是一个实践的问题"，还是第八条所讲到的"全部社会生活在本质上是实践的"，都鲜明地体现了这一点。这一方面表明马克思已开始自觉地在理论层面来统合和概括之前的实践哲学思维路线，另一方面也标志着这一实践哲学的思维路线已转化为了一种具有普遍指导意义的历史观。我认为这是马克思向历史唯物主义迈进的重要一步，这不仅是因为历史唯物主义所强调的"从生活到意识"和"从存在到思维"的原则，正是其实践哲学的思维路线贯彻到底的一个结果，而且也是因为《关于费尔巴哈的提纲》中的实践概念解决了如何从特定历史向一般历史过渡的问题。

我们要指认的问题在于：马克思和恩格斯创立历史唯物主义的标志性文献是《德意志意识形态》，尽管这一伟大的理论在这个文献中还没有最终得到系统的阐述。翻阅这个文献不难发现，马克思和恩格斯实际是从分析现实的人及其实践活动开始，一步一步揭示历史的生成机制及历史各构件、各要素之间丰富复杂的关系，进而提出历史唯物主义相关原理的。就此而论，实践构成了马克思和恩格斯在《德意志意识形态》中创立历史唯物主义的一个最重要的逻辑起点。问题是，这个作为逻辑起点的实践是一个具有特定指向的概念还是一个具有一般指向的概念？虽然如上所示，马克思是在市民社会这个突破点上通过考察现代资本主义历史而进入一般历史层面，进而创立历史唯物主义理论的，但历史唯物主义毕竟是一个关涉全部人类历史，因而具有普遍解释力的理论，所以马克思和恩格斯在《德意志意识形态》所讲的实践，就是一个具有一般指向的概念，它不仅指涉到全部人类历史中的生活和生产活动，而且也表征着一种具有普遍意义的历史观。照此来看，马克思在《关于费尔巴哈的提纲》中从元哲学层面所提出和论述的实践概念，与《德意志意识形态》中的实践概念构成的是一种互文关系，具体地说，前者为后者奠立了一个进入一般历史境遇的理论前提（即解决了从特定历史向一般历史过渡的问题）。恩格斯将《关于费尔巴哈的提纲》赞誉为"包含着新世界观的天才萌芽的第一个文件"，大概也正是考虑到了这一点。

以上论述表明，历史唯物主义作为一个有着相对独立的思想原则和逻辑构架的理论，虽然是在《德意志意识形态》中最先呈现出来的，但《关于费尔巴哈的提纲》及更早的关涉到实践哲学思维路线的文本，显然也是我们在把握历史唯物主义时应认真对待的第一手资料。过去学术界围绕"马克思哲学是历史唯物主义还是实践唯物主义"这个问题进行了诸多争论。这种争论的意义在于看到了历史唯物主义与实践概念之间的某种关联，但由于人们缺乏一种继续向前追溯的问题意识，所以并没有真正看到实践乃是马克思在其实践哲学的思维路向上所确立起来的一个概念，进而也没有真正发现历史唯物主义与实践哲学之间内在的思想联系。但毋庸讳言，只要将这种思想联系遮蔽在我们的视野之外，我们就既不能完整地理解历史唯物主义的理论起源问题，也不能准确地把握它的形态归属及理论实质等问题。

三、辩证法与历史唯物主义

不可否认，无论在传统教科书体系所界划的"辩证唯物主义 + 历史唯物主义"这两大板块中,还是在"唯物论+辩证法+认识论+历史观"这四大板块中,历史唯物主义与辩证法都是互不相关的两个不同的部分,作为辩证法和唯物主义结合体的辩证唯物主义也只是被限定在一般自然领域,而基本没有关涉到历史领域的问题。但实际上,辩证法在马克思那里是一种思维方法和研究方法,所以马克思并没有将之作为一个与其他理论相并列的部件独立出来单独论述(虽然他晚年想去写一部关于辩证法的完整著作),而是灵活运用它来分析自然和社会领域中的理论问题。这不仅表明马克思对辩证法的运用是一个比辩证法本身更为基础和更为重要的问题,而且也进一步提示我们:辩证法与历史唯物主义不仅不是隔河相望、互为他者的两个部分,而且前者应当也是我们理解后者的理论起源的一个重要线索。

从辩证法的角度来理解历史唯物主义的理论起源之所以是可能的,究其原因,就在于历史唯物主义并不是人们通常所认定的那种经验科学或实证科学。在《德意志意识形态》中,马克思和恩格斯在几个地方的确使用了"经验"和"实证科学"这样的字眼。比如,他们曾这样说道:"这是一些现实的个人,是他们的活动和他们的物质生活条件,包括他们已有的和由他们自己的活动创造出来的物质生活条件。因此,这些前提可以用纯粹经验的方法来确认。"① 再比如,他们还曾这样说道:"在思辨终止的地方,在现实生活面前,正是描述人们实践活动和实际发展过程的真正的实证科学开始的地方。"② 需要特别注意的是,马克思和恩格斯使用"经验"和"实证科学"等字眼,是为了更直截了当地表明他们的世界观与德国思辨唯心主义世界观的根本不同,而不是要发展一种早在黑格尔那里就遭到批判的经验主义理论,也不是要发展一种与他们的同时代人、法国社会学家孔德所开创的实证主义相类似的学说。这是因为:第一,就经验科学来说,马克思和恩格斯在《德意志意识形态》中使用"经验"这个字眼的同时,也明确了提出了对抽象的经验主义者的批评:"只要描绘出这个能动的生活过程,历史就不再像那些本身还是抽象的经验主义者所认为的那

---

① 《马克思恩格斯文集》第1卷,人民出版社2009年版,第519页。
② 《马克思恩格斯文集》第1卷,人民出版社2009年版,第526页。

样，是一些僵死的事实的汇集，也不再像唯心主义者所认为的那样，是想象的主体的想象活动。"① 第二，就实证科学来看，正如孔德在《论实证精神》一书中所指出的："真正的实证精神主要在于为了预测而观察，根据自然规律不变的普遍信条研究现状，以便推断未来。"② 但如上所述，预测和推断未来，恰恰是马克思在实践哲学的思维路线上所极力反对的东西。

如果历史唯物主义既不是经验科学也不是实证科学，那么它是一种什么样的理论？如果正如上文所述，历史唯物主义的理论中心点是历史，那么就其内涵来讲，这个作为中心点的历史主要是指历史的本真面貌或历史的本质。在此意义上，历史唯物主义中的"唯物主义"一词的一个深层要求，就是遵照历史的本真面貌来客观地理解和呈现历史。马克思和恩格斯在《德意志意识形态》中，曾对这个问题隐含地予以说明："只要这样按照事物的真实面目及其产生情况来理解事物，任何深奥的哲学问题——后面将对这一点作更清楚的说明——都可以十分简单地归结为某种经验的事实。"③ 根据这个情况，我们可以顺理成章地将历史唯物主义认定为一种关于历史之本质的哲学理论。而一旦澄明了这个问题，我们就不仅应当运用辩证法来理解历史唯物主义本身，而且也会看到马克思正是由于充分运用了辩证的理论思维方法，才最终创立了历史唯物主义。

我们知道，在哲学史上，对辩证法作出最系统和最具有原创性阐发的人是黑格尔，马克思的辩证法在一定意义上就是黑格尔辩证法的一个延续。而实际上，黑格尔之所以把辩证法问题作为一个极端重要的方法论问题和理论问题予以认真对待，与他为哲学所赋予的任务是紧密相关的。黑格尔认为哲学的第一要务是在概念中理解存在的事物，具体说来则是透过事物各种外在现象来揭示和把握事物的本质，或者用他在《法哲学原理》"序言"中的话说就是："在有时间性的瞬即消逝的假象中，去认识内在的实体和现在事物中的永久东西。"④ 以黑格尔之见，哲学要揭示和把握事

---

① 《马克思恩格斯文集》第 1 卷，人民出版社 2009 年版，第 525—526 页。
② [法] 奥古斯特·孔德：《论实证精神》，黄建华译，译林出版社 2011 年版，第 12 页。
③ 《马克思恩格斯文集》第 1 卷，人民出版社 2009 年版，第 528 页。
④ [德] 黑格尔：《法哲学原理》，范扬、张企泰译，商务印书馆 1961 年版，序言第 11 页。

物的内在实体或本质从而完成其任务，必不可少的一套思维方法和理论工具就是作为逻辑思想的辩证法。在完整的意义上，黑格尔的辩证逻辑是由知性、否定的理性和肯定的理性这三个环节所组成的一个"正、反、合"的过程性和立体式架构。经验主义和实证主义由于只是基于事物当前可见的情况来获取知识和下判断，所以这两种理论形式都是停留在知性层面、缺少辩证思维的知性科学。作为刨根问底、澄清前提的学问，哲学与知性科学的最大区别就在于前者超越了纯粹的知性确定性的环节，而达到了辩证法的思维高度。正是在这个意义上，哲学才能够把握事物的内在实体或本质，而知性科学却难以做到这一点。

不难以现，作为一种关于历史之本质的哲学理论，历史唯物主义与黑格尔心目中的哲学存在着不谋而合之处，即它们都承担着探索事物之本质的理论使命。这说明，历史唯物主义与辩证法本来就是一个不可分离的合体，因为缺少辩证法的"历史唯物主义"，就只能是停留在康德所界划的现象领域、与历史唯物主义的本真精神渐行渐远的知性科学。从马克思思想演进的历程来看，在创立历史唯物主义之前，他就已经非常重视黑格尔的辩证法这个人类思想史上的伟大理论成果了。在《1844年经济学哲学手稿》中，马克思就曾这样指出："对于我们如何对待黑格尔的辩证法这一表面上看来是形式的问题，而实际上是本质的问题，则完全缺乏认识。"[①] "黑格尔的《现象学》及其最后成果——辩证法，作为推动原则和创造原则的否定性——的伟大之处首先在于，黑格尔把人的自我产生看做一个过程，把对象化看做非对象化，看做外化和这种外化的扬弃；可见，他抓住了劳动的本质，把对象性的人、现实的因而是真正的人理解为人自己的劳动的结果。"[②] 在《神圣家族》中剖析和批判黑格尔的思辨唯心主义神秘结构时，马克思和恩格斯还曾以公允的口吻特别指出，黑格尔的《现象学》虽然有其思辨的原罪，但是在许多方面却提供了真实地评述人的关系的要素。[③] 马克思和恩格斯在写作《德意志意识形态》前后，黑格

---

① 《马克思恩格斯文集》第1卷，人民出版社2009年版，第197页。
② 《马克思恩格斯文集》第1卷，人民出版社2009年版，第205页。
③ 参见《马克思恩格斯文集》第1卷，人民出版社2009年版，第358页。

尔的思辨唯心主义是他们的一个主要批判对象。因为亟待与后者在理论前提上划清界限，马克思和恩格斯并没有再特意突出黑格尔的辩证法，但他们却非常注重运用辩证思维来考察和整理历史资料。在《德意志意识形态》的一处文字中，马克思和恩格斯这样写道："只是在人们着手考察和整理资料——不管是有关过去时代的还是有关当代的资料——的时候，在实际阐述资料的时候，困难才开始出现。这些困难的排除受到种种前提的制约，这些前提在这里是根本不可能提供出来的，而只能从对每个时代的个人的现实生活过程和活动的研究中产生。"① 在这段意味深长的话中，马克思和恩格斯虽然没有直接提到辩证法，但他们显然清楚地意识到，考察和整理历史资料就是一项需要在辩证思维的引导下来澄清前提的工作。可以这么说，马克思和恩格斯之所以能够拨开历史的各种迷帐，从而发现以人们的吃喝住穿等基本生存需求为逻辑起点的历史展开过程及其内在规律，与他们的辩证思维是密不可分的，而追根溯源，这又是他们之前一贯重视辩证法的一个必然结果。

进而论之，马克思和恩格斯虽然在《德意志意识形态》中已经初步提出了历史唯物主义的最基本原则和原理，但这个理论的不断完善与成熟则是之后的事情。在创作《资本论》时期，马克思一方面将业已提出的历史唯物主义原理作为方法论的指导，另一方面也通过具体针对资本主义生产关系的深刻解剖而将历史唯物主义理论推向纵深。而与此同时，马克思在这个时期，也自觉而明确地将辩证法确立自己不可或缺的研究方法。在《资本论》第二版跋中，马克思曾恳切的口吻这样说道："研究必须充分地占有材料，分析它的各种发展形式，探寻这些形式的内在联系。只有这项工作完成以后，现实的运动才能适当地叙述出来。这点一旦做到，材料的生命一旦在观念上反映出来，呈现在我们面前的就好像是一个先验的结构了……将近30年前，当黑格尔辩证法还很流行的时候，我就批判过黑格尔辩证法的神秘方面。但是，正当我写《资本论》第一卷时，今天在德国知识界发号施令的、愤懑的、自负的、平庸的模仿者们，却已高兴地像

---

① 《马克思恩格斯文集》第1卷，人民出版社2009年版，第526页。

莱辛时代大胆的莫泽斯·门德尔松对待斯宾诺莎那样对待黑格尔，即把他当做一条'死狗'了。因此，我公开承认我是这位大思想家的学生，并且在关于价值理论的一章中，有些地方我甚至卖弄起黑格尔特有的表达方式。"① 马克思的这段叙述充分表明，相比之前，他在《资本论》创作时期更加重视黑格尔的辩证法思想及对这一思想成果的吸取和使用。鉴于《资本论》及其手稿与历史唯物主义的特殊关系，我们依然应当置于辩证法的视域中来把握历史唯物主义相关理论问题，包括其理论起源问题。

对于上述问题，恩格斯在为马克思的《政治经济学批判。第一分册》所写的书评中作出过十分确定性的说明："黑格尔的思维方式不同于所有其他哲学家的地方，就是他的思维方式有巨大的历史感做基础……他是第一个想证明历史中有一种发展、有一种内在联系的人，尽管他的历史哲学中的许多东西现在在我们看来十分古怪，如果把他的前辈，甚至把那些在他以后敢于对历史作总的思考的人同他相比，他的基本观点的宏伟，就是在今天也还值得钦佩……这个划时代的历史观是新的唯物主义世界的直接的理论前提，单单由于这种历史观，也就为逻辑方法提供了一个出发点。"② 恩格斯的这段话蕴含的一个重要意思就是，他和马克思所创立的历史唯物主义，实质是以黑格尔所提供的"划时代的历史观"为直接理论前提的，而这个"划时代的历史观"的直接方法论前提则就是辩证法。由此可见，如果正像列宁曾经指出的，不理解黑格尔的逻辑学和辩证法就无法理解马克思的《资本论》，那么同样，不进入到辩证法的视域之中，我们也将注定会在历史唯物主义的理论起源这个问题上迷失方向。

总体上看，历史唯物主义的起源问题是一个远未得到根本澄清和解决的开放性的理论问题。本文从政治哲学、实践哲学以及辩证法三个角度所作的理解，也只是解决这个问题的一种新的思路和努力，而不是具有终极意义的方案。但只要我们本着一种自觉而真诚的求真意识，敢于突破一些既有的知识框架和学术信条，就一定会将这个问题及其他相关理论问题的探究不断推向纵深。

---

① 《马克思恩格斯文集》第 5 卷，人民出版社 2009 年版，第 21—22 页。
② 《马克思恩格斯文集》第 2 卷，人民出版社 2009 年版，第 602 页。

第四篇

比较视域中的马克思政治哲学

施特劳斯、罗尔斯、马克思：政治哲学的谱系及其内在关系

翻检中西思想史可知，政治哲学几乎是人类自开始智识活动以来形成的最具有影响力和最为悠久的学术支脉之一，我们只要一提到那些彪炳千古的哲学大家，如柏拉图、亚里士多德、西塞罗、洛克、康德以及黑格尔等，首先想到的就是他们在政治哲学上的贡献，以及各极其致的政治哲学观点。就此而言，我们在今天似乎已完全没有必要提出并讨论"何为政治哲学"这样的初始性学术问题了，因为直觉大致告诉我们，几千年的政治哲学历史，早已给出了这一问题的明确答案，而若要在这一问题上继续纠缠下去，则就有些倒行逆施甚至是离经叛道的意味了。但真实的情形显然远非如此：政治哲学在今天中国学术界不断走向复兴，并逐渐成为当仁不让的强大显学，并不是几千年的政治哲学脉络延伸至今的结果，而是当下市场化改革的历史进程在理论上激起的回响。故此，政治哲学之于中国学术界，基本上还是一个有待澄明的全新学术领域，而"何为政治哲学"，也仍是一个需要深入检思的全新学术话题。进而论之，在"当下"的实践语境中所凸显出来的这样一个全新学术话题，从学术史与现实诉求的双重维度来看，则应当转换为描述意义上"我们现在面对哪些政治哲学传统"，以及规范意义上"我们需要何种政治哲学资源"的问题。而对于这两个既相互粘连又彼此分殊的问题的审思与回答，又应当坐落于施特劳斯、罗尔斯以及马克思所代表的政治哲学谱系中，通过盘点他们的政治哲学话语来进行，这倒不是因为他们在政治哲学史上代表了三个最伟大的理论轴心，而是因为从当下的学术语境来看，他们在政治哲学上的学术界定与理论伸

展,已无可争辩地成为我们政治哲学学术讨论之或显在或隐在的前提,我们即便要去探究其他政治哲学家的思想观点,往往也会自觉不自觉地参照这三位政治哲学家所织构的理论坐标,或者至少会植入到他们的理论所关涉的政治哲学背景当中。据此而论,对施特劳斯、罗尔斯、马克思所代表的政治哲学谱系及其内在关系予以梳理与考辨,会比较真实地将"何为政治哲学"的质询推向实质性的理论层面,从而也有助于我们开辟政治哲学研究的可能性路径。

一、施特劳斯:政治哲学的一般规定性与特殊规定性

虽然自古希腊以来,哲学家们从不忘记在政治哲学的学科门下开展思想的创造,但诚如甘阳先生所说,在大多数情况下,政治哲学家们并不事先告诉读者什么是政治哲学,以及为什么需要政治哲学。① 与这种情况相对照,施特劳斯在政治哲学史上的重大贡献之一,则就在于他从一般性和特殊性的双重向度,对这一古老的学科门类进行了明确的理论界定,从而使政治哲学研究由缺乏自我规定性的散漫和不自觉状态,走向了一种自觉的质性概括和深层理论反思,这不仅确立起辨识政治哲学与非政治哲学的基本界标,也为政治哲学的理论构制提供了一种内在的标准,因而在政治哲学史上有着划时代的学术意义。

施特劳斯对政治哲学的理论界定,尽管在他的许多著作中都依稀可见,但《什么是政治哲学》显然是我们把握其政治哲学概念的最主要文献。这自然是一部主要由讲稿修订而成,因而内容编序并不严谨的著作,不过它处处展现着施特劳斯在政治哲学上的精察洞思及其卓尔不群的理论见识,其中对政治哲学之特质的揭示及由之而来的概念界定,就见证了施

---

① 参见甘阳:《政治哲人施特劳斯:古典保守主义政治哲学的复兴》,见[德]施特劳斯:《自然权利与历史》,彭刚译,北京三联书店2003年版,"列奥·施特劳斯政治哲学选刊"导言,第57页。

特劳斯非同寻常的理论洞察力与高远的思想眼界。他在这部著作中开宗明义地指出："自政治哲学在雅典萌生以来，政治哲学的意义及重要特点在今天同过去一样明显。所有政治行动的目标不是保守就是变革。当渴望保守时，我们希望不要变得更糟；当渴望变革时，我们希望能带来更好的东西。所有的政治行动因而都由某种更好或更糟的思想引导。但关于更好或更糟的思想隐含着关于善（the good）的思考。引导着我们所有行动的对善的意识（the awareness of the good）具有意见的特点：对善的意识不再受到质疑，但经过反思，它又证明自己是可疑的。我们能够质疑对善的意识，恰恰这一事实把我们指向不再可疑的关于善的这样一种思想——指向一种不再是意见而是知识的思想。然后，所有的政治行动本身都指向了善的知识：关于好的生活或好的社会……如果人们把获得有关好的生活、好的社会的知识作为他们明确的目标，政治哲学就出现了。"① 这是一段施特劳斯在界定政治哲学上极其重要的论述，而根据这段论述，所谓政治哲学，归根结底就是关于善的知识，即好生活或好社会之理念的学说。从这一基本界定出发，施特劳斯对政治哲学之特质作了一种扩展性的阐发。他指出，关于好生活或好社会的深度思考，实质也就是对政治事物或政治现象之本性的一种全面洞观，或者前者至少要建立在后者的基础之上，因为政治哲学作为探求智慧的学问，本质上就是对普遍知识和整全知识的探求②，而且只有全面洞观到政治事物或政治现象的本性，进而获得了与之相关的普遍知识，我们才有可能提出衡量好生活与坏生活、好社会与坏社会的标准，否则这种标准的设定未必是客观而真实的。施特劳斯对政治哲学的这样一种扩展性阐发，显然隐在地运用了在黑格尔那里较早呈现，在马克思那里具体彰显，在卢卡奇那里直接挑明的总体性思想方法。而根据这种隐在的总体性思想方法，施特劳斯强调了政治哲学与实证科学的根本异质，由此在政治哲学的界定上走向了更为具体的层面。

施特劳斯指出，政治哲学因为要在好的东西与坏的东西之间进行划界，它因为要去全面地把握一个对象的特性，所以它也就在"事实性"与

---

① ［德］施特劳斯：《什么是政治哲学》，李世祥等译，华夏出版社 2011 年版，第 1—2 页。
② 参见［德］施特劳斯：《什么是政治哲学》，李世祥等译，华夏出版社 2011 年版，第 2 页。

"价值性"之间保持着一种必要的张力,甚至于它就是用价值论的方式来关照事实。与之相反,实证科学由于"不再像神学和形而上学那样是关于为什么的绝对知识,而是关于如何做的相对知识"①,所以一切实证科学都将事实性索求认定为知识的最高形式,由此在区隔事实与价值的前提下,把价值关切的向度完全驱逐在外。实证科学这样一种只关注事实而不考量价值的做法,意味着它已完全不可能在总体性的意义上来把捉一个事物的特质,因而也基本不会去拷问这个事物优与劣的诸种方面及其未来可能性,即便要如此为之,也仅仅是关心这样做的"实际效应"。照此说来,从属于实证传统的所有社会科学,如政治学、政治社会学、历史考古学、经济学、法学等等,都与政治哲学有着根本不同的思维方法和理论范式,因而它们也都是作为政治哲学的对置面和消解者的角色而存在的,成为了驯服乃至吞噬政治哲学的强大力量。

切入到施特劳斯的问题意识会发现,他对政治哲学的上述界定,是在其"怀古抑今"的心绪下作出的,因而毋庸置疑烙着深深的古希腊政治哲学的印记,甚至直接就是古希腊政治哲学所追寻的"什么是最好的政治秩序"的一种当代转译和推演。不过,古希腊政治哲学作为后来西方政治哲学的"母体",其所提出的关于好社会的理论思考,以及对于感性世界和超感性世界的区分(这相当于后来的科学理性和价值理性的区分),在政治哲学的自我规范性上是有普泛指导意义的,亦即一种理论只有在形下的世俗生活与形上的超越性存在之间予以一定的划界,并根据好与坏、进步与倒退的标准去对政治事物和政治现象予以深层检思,这种理论才会实至名归地成为一种政治哲学。就此而论,施特劳斯的上述界定,是对政治哲学所作的一般性理论概括和规定,为人们理解什么是政治哲学,提供了一个基础性范本。在此的有力佐证是,施特劳斯所代表的政治哲学,与罗尔斯以及马克思所代表的政治哲学,总体上属于不同的理论形态,但前者对政治哲学理论特质的指认和确证,却要么在前(相对于罗尔斯)要么在后(相对于马克思),见证或印证了后二者政治哲学研究的基本轨迹。例如,

---

① [德] 施特劳斯:《什么是政治哲学》,李世祥等译,华夏出版社2011年版,第9页。

在罗尔斯之前的 20 世纪理论史上,随着"实证主义知识原则和科学主义话语取代价值原则和人文主义话语"①,规范性的理论诉求开始被视为非法的知识表达,于是政治哲学基本湮没在了扑面而来的政治社会学和行政管理学的大潮当中。这一一直持续到 70 年代初期的情况,则又随着罗尔斯《正义论》的发表而发生了根本转折,因为正如哈贝马斯所言,罗尔斯在《正义论》中提出了有关现代生活条件下"组织良好的"社会之观念②,这使规范性的道德研究在一个新的水平上获得了其曾有过的理论地位,进而也使政治哲学在摆脱实证主义思维方式的禁锢之后重新得以复兴。这些情况说明,罗尔斯《正义论》的理论开展,恰恰是符合施特劳斯对政治哲学的一般界定的,而施特劳斯通过区分政治哲学与实证科学来反证前者的做法,正是罗尔斯始终贯彻的基本思路。

然而跟进一步说,施特劳斯之所以成为了我们当前政治哲学讨论的一个基本介入点,不仅仅是因为他率先给出了一个政治哲学的一般性定义,从而打破了政治哲学轻视学科自我反思的通规,为我们在当下语境确立政治哲学的学科规范树立了标尺。同时,更是因为他从对政治哲学的一般规定走向了对其的特殊规定,进而在现代性之困境完全暴露的历史局面下,重新挑起了最早始自于 17 世纪末文学界的"古今之争",并将这一争论推向一个前所未有的高点,为单向度的现代性致思方式增补进一个古代的视角,也确立起了独树一帜的当代政治哲学理论范式。

这里的问题在于:施特劳斯在政治哲学研究上留给人们的最大印象,自然就是其驻足于"保守主义"的立场,提出了在现代社会如何激活古典政治哲学传统并吸取其思想智慧的问题。因而,施特劳斯对政治哲学的特殊规定,乃在于他将政治哲学的最高形式,推定为苏格拉底、柏拉图等开创的古典政治哲学,而将马基雅维利、霍布斯、洛克以降的理论创制,视为政治哲学的走火入魔和变异。所以,我们虽然可依施特劳斯对政治哲学的一般界定,来梳理两年多年的政治哲学史,并在"同类项"的意义上,

---

① 李佃来:《政治哲学:西方马克思主义研究的新路径》,载《求是学刊》2006 年第 5 期。
② 参见 [德] 哈贝马斯:《在事实与规范之间》,童世骏译,生活·读书·新知三联书店 2003 年版,第 71 页。

归纳不同时代政治哲学的共有特质，发现现代政治哲学与古典政治哲学之间的沿接、顺承、融通之关系，但施特劳斯思想意识深处根深蒂固的意见，却又是反对在打通古今的前提下来理解政治哲学，因为以他之见，在古典政治哲学与现代政治哲学之间，存在着根本无法缝合的断裂，政治哲学的最高成就，只能归属于断裂之前的古代哲人，而断裂之后自命清高的现代哲学家，则在越来越微弱的意义上回归古典政治哲学的思想高度，因而也在一步一步断送掉政治哲学的发展前途。

如果说施特劳斯在其特殊规定性中，锁定、凸显和放大的即是在哲学史上业已存在的古典政治哲学，那么其理论研究的创造性部分似乎就是暗淡的、不起眼的，因而他也似乎至多只能算作是政治哲学史家，离政治哲学家还有一些距离。但要注意的是，施特劳斯在古典政治哲学的界面上来彰明何为政治哲学，是其政治哲学概念之特殊规定性的形式而非内容。其特殊规定性的内容，则在于通过照亮古典政治哲学，来深刻批判不断行进和推延的现代性。这也就是说，施特劳斯作为一个清醒的现代人，绝不会无缘无故折返到古希腊语境以表达其政治哲学的观点，虽然正如黑格尔所说，欧洲人一提到古希腊就有家园之感。毋宁说，施特劳斯如此为之，乃出于他对现代性的根本检视，即他的古典政治哲学研究，既根源于他对现代性危机的基本审理，又最终归于如何有效地克服现代性的一切偏蔽。因此他的著名断言是：彻底质疑近三、四百年来的西方思想学说，是一切智慧追求的起点。在这番意义上，我们倒是可以看到，施特劳斯政治哲学的特殊规定性，根本不是在话语层面对古人言说方式的一种简单重复，而是假以古人高扬德性和卓越性的理论智慧，来开启一条全新的政治哲学追问路径，以区别于马基雅维利以来互有不同但又一脉相承地推动现代性之展开的政治哲学，进而纠正现代人沉湎于科学主义和工具理性的凡俗生活，这也就是"古今之争"在施特劳斯这里的真实内容和最终归宿。这一点，恰恰表征着施特劳斯作为一位政治哲学家的思想智慧，说明其回归过去的古典研究，仍是指向未来的、有强烈问题意识和高度理论创见性的政治哲学路数。

从这里，我们可进一步归纳出的知识信息是：如果说施特劳斯在西方素来被视为特立独行的政治哲学怪人,那么这其实不仅仅是因为,他将古代社会的理论问题令人讶异地搬弄到了现代社会,同时也是因为,他在这样做的过程中,厘定了一种独具特色的政治哲学理论范式,这即是系于现代性批判的政治哲学范式。虽然扩而论之,这种范式的政治哲学在卢梭、黑格尔那里即已开始,并在20世纪,因为西方马克思主义的工具理性批判以及阿伦特的极权主义挞伐而全面展开,但一则是由于施特劳斯"借古疑今"这一与众不同的手法使他站在了检讨现代性的最前端,二则是由于他将现代性的检讨直接提升到"何为政治哲学"的理论高度上予以展开,故此施特劳斯对政治哲学的特殊规定,也就代表了现代性批判之政治哲学理论范式的典范,甚至也可说是此一范式发展的高点,这使他不仅在20世纪政治哲学史上,而且在整个政治哲学史上,奠立起难以动摇的独特地位。

在政治哲学的理论图谱上,施特劳斯所代表的现代性批判政治哲学的范式,与近代以来一直到罗尔斯的自由主义范式之间的关系,显得最为特殊和微妙。根据施特劳斯对政治哲学的一般规定,我们自然不易辨清他与自由主义在理论探求上的分殊与异质,这是因为如上所示,在价值性的向度上追求好的政治生活,不仅是施特劳斯,也是包括罗尔斯理论在内的自由主义政治哲学的核心主张。但施特劳斯的标志性思想成就,并不是通由其对政治哲学的一般规定,而是通由其特殊规定而展现出来的,所以毋庸讳言的事实是,施特劳斯与自由主义发展的乃是相当不同的政治哲学理论范式(当然自由主义内部的观点也不尽一致),在关切的维度和理论的终极旨趣上,相互之间存在着一目了然的差异。或许正因如此,罗尔斯在施特劳斯之后发展其基于公平的正义理论时,对施特劳斯的观点几乎从来不予理会,即使面对施特劳斯弟子布鲁姆指名道姓的批评,罗尔斯及其追随者也基本不加回应,好像施特劳斯与其开创的学派从来就没有讨论过政治哲学。然而,需要注意的是,施特劳斯从提出重新开审现代人与古代人之争这桩公案伊始,就始终强调德性、卓越、永恒等形而上学层面上的政治标准,而反对一切相对主义、历史主义,以及一切以权利、自由为名的现代政治价值。我们大致可以这样说,施特劳斯所珍视的东西,恰恰是近现代自由主义有意回避的东西,而他所反对的东西,则恰恰是后者极力发展的东西。如果我们进而可以指出,施特劳斯政治哲学与自由主义政治哲学在理论范式上的异质,根源于两者在关键主张上的直接对置(这种情况,在阿伦特等同样发展现代性批判之政治哲学范式的理论家那里并不突出),那么这对置的双方,也就不会是彼此无涉、相互无关的,至少从第三者的角度来看,它们在理论的完满性上恰恰形成了互补:人们可以从罗尔斯的主流观点出发对施特劳斯提出这样那样的批评,但施特劳斯既然是在诊断现代政治哲学、诘问现代性的基础上发展政治哲学的,那么他提出的诸如"德性优先于自由"、"善优先于权利"等的理论见解,显然值得孤注一掷地在形下层面上兑换自由、权利(或权力)的现代人深入反思。当然,反过来说,施特劳斯彻头彻尾排斥现代政治原则的做法,实质也已矫枉过正。不难看到的事实是:在政治结构上,现代社会与古代城邦社会已是大相异质,因而在生活原则和价值目标上,彼此之间也注定会各有分别。施特劳斯所追求的高绝政治标准,对于现代社会来说固然有其难以估量的意义,但从属于现代社会的那些基本政治构件,如自由、权利、平等、民主、正义等等,也将始终为现代人所追寻。这实质上,也就是以罗尔斯为代表的西方主流政治哲学家所要回答和解决的问题,这涉及另外一种形式的政治哲学。

二、罗尔斯:政治哲学的下降路线与程序主义政治

《正义论》发表之后直到今天的学术研究状况表明,罗尔斯在政治哲学史上的重要地位,正如他的对手诺齐克所诚恳指出的那样:"现在,政治哲学家们或者必须在罗尔斯的理论框架内工作,或者必须解释不这样做的理由。"① 因而,并不夸张地说,当代大部分政治哲学讨论,几乎都是在

---

① [美]罗伯特·诺齐克:《无政府、国家和乌托邦》,姚大志译,中国社会科学出版社 2008 年版,第 218 页。

罗尔斯理论工作的基础上衍推出来的，不管是肯定他的观点，还是否定他的观点。追究起来，这种状况的形成，主要在于如下原因：虽然在罗尔斯之前，施特劳斯、阿伦特等执着于现代性批判的哲学家已经将政治哲学的研究推向高潮，但由于他们所开创的政治哲学在西方一向被视为食古不化的"异类"和"怪胎"，因而并未真正引起人们的思想共鸣，相反之后罗尔斯的正义研究，真正打破了实证主义风行以来政治哲学长期沉寂的局面，从而根本扭转了20世纪的政治哲学理论史，成为当代政治哲学研究的一个源头起点。在这种意义上，罗尔斯的正义理论及其相关研究，无疑代表着当代政治哲学谱系重要范型之一种，并且正像威尔·金里卡所说的那样："要了解当代的各种正义理论，罗尔斯的理论是一个自然的出发点。"① 然而，罗尔斯的理论之所以具有如此强大的代表性，它之所以成为了理解当代政治哲学的一个基本窗口，它对当代政治哲学研究的刺激及由此引发的学术效应，只能算是一个外部的理由。对于梳理政治哲学的谱系而言，内部的理由无疑更为根本。其内部的理由在于：罗尔斯的正义理论作为自由主义政治哲学的一种新近探究，其实综合了近代以来自由主义的各种资源，以及与自由主义展开直接对话的各种学思传统，进而在此基础上，将自由主义政治哲学的理论范式推向最高点，以至于若想理解几百年来西方政治哲学发展的基本脉络，罗尔斯将是一个必然的落点，甚至于在逻辑上，将是一个必然的起点。情形何以至此？

在《正义论》初版序言中，罗尔斯以谦恭的口吻说道："我试图做的就是要进一步概括洛克、卢梭和康德所代表的社会契约理论，使之上升到一种更高的抽象水平。借此，我希望能把这种理论发展得能经受住那些常常被认为对它是致命的明显攻击。而且，这一理论看来提供了一种对正义的系统解释，这种解释在我看来不仅可以替换，而且还优于（或至少我将如此论证）占支配地位的传统的功利主义解释。作为这种解释之结果的正义论在性质上是高度康德式的。确实，我并不认为我提出的观点具有创始性，相反我承认其中主要的观念都是传统的和众所周知的。我的意图是要

---

① ［加］威尔·金里卡：《当代政治哲学》上卷，刘莘译，上海三联书店2004年版，第19页。

通过某些简化的手段把它们组织成一个一般的体系，以便它们的丰富内涵能被人们赏识。"① 由罗尔斯的这段话可知，真实的情况虽然不像他所说的，他的观点并不具有创始性，而是众所周知的，但这也说明，他的确是在概括、总结传统政治哲学理论，尤其是传统社会契约理论的基础之上来推进当代正义研究的，这是其政治哲学出场的一个重要思想史奠基。这一思想史奠基，在其《政治哲学史讲义》中也体现得淋漓尽致。《政治哲学史讲义》虽然看上去是一部教科书式的哲学史著作，与罗尔斯本人的政治哲学理论创制似乎关系不大，但书中对霍布斯、洛克、休谟、卢梭、密尔等的政治哲学的梳理，实质是以"六经注我"的方式来进行的②。于是，这些政治哲学家提出的基本论题，几乎全都流向了罗尔斯，变成了后者在自己的新自由主义理论框架中所要申述和推进的问题。在如此这般的意义上，我们自然可以不计其细地指出，从政治哲学的理论谱系上讲，如果说施特劳斯的考索在问题意识上代表着现代性批判的政治哲学，在思维形式上代表着古典特别是古希腊的政治哲学，那么罗尔斯的探究则由于很好地完成了对近代以来政治哲学史的当代整合，因而无论在问题意识还是思维形式上，都代表着古典之后统称的自由主义政治哲学。自由主义作为一个宽泛的所指，其内部不同理论支脉之间，如契约论与功利主义之间，自由至上主义与平等的自由主义之间，在具体观点上当然是互不相同甚至是截然对立的，但这只不过是同一政治哲学范式内部的不同乃至对立，而并未上升到范式与范式的相互歧异，所以罗尔斯政治哲学与施特劳斯等的政治哲学之间的分殊，一定标识着各种自由主义政治哲学与后者之间的区别。从罗尔斯这里，我们可以看到施特劳斯之外另一种具有高度理论概括性的政治哲学形式。

罗尔斯所代表的自由主义政治哲学，与施特劳斯在问题意识上所代表的现代性批判政治哲学，以及与其在思维形式上所倚重的古典政治哲学相

---

① ［美］罗尔斯：《正义论》（修订版），何怀宏、何包钢、廖申白译，中国社会科学出版社 2009 年版，"初版序言"，第 1—2 页。
② 参见［美］罗尔斯：《政治哲学史讲义》，杨通进、李丽丽、林航译，中国社会科学出版社 2011 年版，译者前言，第 11 页。

比，笼统看来，也可归为一种现代性政治哲学。现代性政治哲学与现代性批判政治哲学作为相互对衡的两极，自然有着清晰可见的差异，而前者与古典政治哲学作为在历史逻辑上前后衔接的理论形态，实质也存在着显而易见的差别，这归根结底导源于"现代"与"古代"在社会和政治层面上的根本异质。追溯起来，古典政治哲学之所以注重在形而上学的界面上，突出德性、自然权利以及普遍价值，并要求根据超越性的理念世界来为世俗世界立法，主要是因为在古希腊、古罗马时代，并不存在现代意义上与国家形成相对划界、并充分展现世俗生活之状貌的市民社会，故此，政治是大于经济的，公共领域是优于私人领域的，社会普遍利益是高于个体特殊利益的。然而，西方14、15世纪之后不断展开的现代性历史逻辑，彻底颠覆了古代社会的基本政治结构，其突出表征即在于，现代市民社会逐渐生成并获致其独立形态，被黑格尔形容为"地上行进的神"的国家[①]开始下降到社会结构的下位，政治与经济、公共领域与私人领域、社会普遍利益与个体特殊利益之间的关系，与古代相比完全颠倒了过来。在这种社会和政治结构发生巨大变化的历史语境中形成的现代性政治哲学，大致从马基雅维利使德性服从于政治从而有意调低社会行动之标准开始，就顺理成章地从形而上转向了形而下，从超验转向了经验，由此也就理所当然地围绕社会制度的基本政治问题开展研究。现代性政治哲学之不同于古典政治哲学的这种"下降路向"，自马基雅维利之后就一泻千里，自上而下地延伸到20世纪，融聚到罗尔斯集大成式的政治哲学研究中，成就了其以自由民主、公平正义之良序社会为目标的正义理论，为当代政治哲学的开显、复兴和推进树立了标尺。

化繁为简地说，罗尔斯所代表的自由主义作为一种现代性政治哲学，自突破古典政治哲学"围城"的那一刻起，就将理论主题重点锁定为两组问题：一是昭显特殊性原则和个体价值的自由与权利，二是展现普遍性原则与群体价值的平等与民主。首先，自由与权利之进入到政治哲学家的视野当中，成为政治哲学的基础乃至首要论题，并决定着政治哲学讨论的基

[①] 参见［德］黑格尔：《法哲学原理》，范扬、张企泰译，商务印书馆1961年版，第259页。

本取向，自然应当归结到市民社会在现代世界中的形成。市民社会的形成既然如上所示，使经济开始大于政治、私人领域开始优于公共领域、个体特殊利益开始高于社会普遍利益，那么，自由与权利对于现代社会来说，就不是可有可无的东西，而是现代人必不可少的政治生活要素。所以，现代性政治哲学的中心理论任务之一，必然会是或从道德向度或从政治向度来为自由与权利提出辩护，进而，自由与权利也必然会成为各种自由主义在理论主题上的基始性"重叠共识"。这种情况，无论在施特劳斯政治哲学，还是在原汁原味的古典政治哲学中，都是不存在的。其次，从现代性政治哲学的界域来看，自由与权利固然构成现代社会不可或缺的价值规范，但平等与民主也构成现代政治制度极其重要的价值主张。从自由与权利本可直接推演出平等与民主，即若是人人都享有自由与权利，平等与民主看上去也不成问题。但由于个体之间在先天因素和后天因素上千差万别，因而，有的权利会因为过度放大而歧变为权力，由此导致个人主义大行其道，以及普遍性伦理规则逐步沦丧，这进而也会导致自由与自由之间、权利与权利之间高度紧张，从而使自由、权利及由之而衍生出来的财富在分配上不尽平等。所以，权利平等并不代表实质平等和实质民主，因而平等与民主的主题，不会因为自由与权利的申言而取消，相反，会作为相对独立的问题而被反复申说。现代性政治哲学对平等与民主的此番重视，在施特劳斯及古典政治哲学家那里当然也未曾有过，这也就是一些现代政治哲学家指责古人没有为民主留有一席之地的"真凭实据"。

粗略概括，罗尔斯之前，现代性政治哲学之权利问题与平等问题，时常处在一种非此即彼的对立当中，如洛克着重论述了前设权利，但对结果平等却几乎不予关注；而与之相反，卢梭深刻认识到了结果平等的价值，却对权利提出了一些质疑。与这种情形相对照，罗尔斯则欲求将这两方面的问题结合起来，既如他第一个正义原则那样兼顾到权利，又如他第二个正义原则那样兼顾到平等。正是基于此种目标，他才在《政治自由主义》中彰明公平正义的作用时这样指出："公平正义是给公民提供一种将其共同而有保证的身份设想成平等公民的方式，并力图将一种特殊的自由和平等的理解与一种特殊的个人观念联系起来……这种个人观念乃是一种政治和社会之正义观念的一部分。这也就是说，它刻画了公民们是如何在其政治关系和社会关系中考虑他们自己，如何相互考虑对方，因之又是如何把他们自己和对方看作是拥有成为自由而平等的、能够终身充分参与合作的社会成员之基本自由的。"① 从这段话中，我们可真切地感受到，作为现代性政治哲学立论推理之核心的权利问题与平等问题，在罗尔斯这里已经较好地融为一体，这似乎表征着现代性政治哲学从肯定（权利）到否定（平等）再到否定之否定（权利＋平等）的理论指向，而这种指向与诺齐克将自由与权利推向极致而置实质平等于不顾相比，自然更容易得到来自各方自由主义，甚至是自由主义之外政治哲学学说的认同与支持。

罗尔斯所代表的自由主义作为一种走下降路线的现代性政治哲学，由于其所讨论的自由、权利、平等、民主等主题，都是一些直接关乎现代政治和社会制度的根本性问题，所以其与走上升路线的施特劳斯政治哲学及古典政治哲学相较的标志性特征，还在于它是一种将学术付诸实践的程序主义理论构制。其实，古典政治哲学也从不回避学术与实践的关系问题，而施特劳斯攀附古典理论来策动现代性批判，同样是想改变现代政治的基本走向。在这一问题上，正如罗尔斯所指，古典模式的最高表达是柏拉图式的政治理想，即哲学王手握政治真理的"尚方宝剑"，因而他能够作为"政治代表人来把这种真理转化成制度安排，不管这一真理能否被人们自由地接受甚或理解"②。但这种"清高自傲"的政治理想，在罗尔斯等现代性政治哲学家看来，只不过是一种无视复杂的日常政治，并且也没有下限的乌托邦空谈，因而根本无法实质性地推动现代政治制度走向完善。罗尔斯实际上并没有否定乌托邦的政治意义，他甚至还直接将政治哲学称为"现实主义的乌托邦"③，认为社会之未来希望也要依赖于它。就此而论，我们自然可以认为，罗尔斯对政治哲学的理解，是符合施特劳斯政治哲学的一般定义的。但问题是，罗尔斯并不想以一幅盛气凌人的姿态，来傲慢

---

① ［美］罗尔斯：《政治自由主义》，万俊人译，译林出版社2000年版，第391页。
② ［美］罗尔斯：《政治哲学史讲义》，杨通进、李丽丽、林航译，中国社会科学出版社2011年版，第3页。
③ ［美］罗尔斯：《政治哲学史讲义》，杨通进、李丽丽、林航译，中国社会科学出版社2011年版，第10页。

地审视现实的政治,其真实的理论用意,则在于划清与柏拉图式政治理想的界限,从而实际地介入到现实政治中来,并影响日常政治的结果。而在罗尔斯看来,要实现这一目的,恰到好处的做法,就是将政治哲学讨论的权利、自由等问题转化到宪法之中,从而在法律制度的层面上,保护这些属于现代人政治生活的基本构件,因为"在具有司法复审制度的体制中,政治哲学常常扮演着比较重要的公共角色,特别是在宪法问题上;它经常讨论的政治问题是涉及民主公民之基本权利与自由的宪法问题"[①]。罗尔斯在学术与政治实践上的这种程序主义做法,以施特劳斯之见,只是一种捉襟见肘的修补工作,因为一种法律程式可以暂时解决眼前的一个问题,但却没有能力应对层出不穷的新问题,而恒久不变的德性却可以做到这一点,故此德性一定是高于律法的,而政治哲学唯有上升到德性,才能够为人们提供终极的真理,使学术不至于变成残片式的程序政治,避免现代政治陷入积重难返的困局。施特劳斯的意见自然有其不可否认的合理之处,但他大概没有深入思考这样一个经验问题,即霍布斯、洛克以来的西方法律制度,为何从来没有与自由主义政治哲学发生脱节,而是始终与之保持着一种必要的张力。这个经验问题至少可以表明,罗尔斯所提出的程序主义思路,与现代性政治的内在逻辑是相契合的。所以,现代性政治哲学关涉的已经不是纯粹的理论问题了,而本身就是以现实政治为启端,也以现实政治为终端的实践问题了。据此论之,罗尔斯对施特劳斯学派及其观点置若罔闻、不加理睬,也有其充分而正当的理由。

无论就自由、权利、平等、民主等理论主题而言,还是就程序主义的理论思路来说,罗尔斯所代表的走下降路线的现代性政治哲学,应当是最容易引起现代人思想共鸣的学术脉径之一,原因是这些主题所蕴涵的价值已是当今世界具有普泛意义的诉求,并且也需要在程序上将之转入到法律制度中来予以守护。这或许,也是人们在当前研究政治哲学问题时,总不忘记从罗尔斯来切入其中的一个重要原由。但人们也应当看到,毕竟在施特劳斯的政治哲学以及原汁原味的古典政治哲学中,情形与在罗尔斯这里

[①] [美]罗尔斯:《政治哲学史讲义》,杨通进、李丽丽、林航译,中国社会科学出版社2011年版,第5页。

完全相反，即自由、平等诸主题并没有上升到理论逻辑的高阶，甚至于以施特劳斯之见，这些主题只能加速政治哲学"走火入魔"，而不会使之明朗起来。如果这可说明，罗尔斯政治哲学所涉及的那些看上去具有普遍性的理论问题，也只有在其所属的范式与谱系中才是有效的，那么谁都无法否认，并非任何政治哲学的学术研究，都只能借助于罗尔斯的问题式来予以展开。除罗尔斯之外，不仅施特劳斯的理论应当有其当下的市场，而且马克思的政治哲学也需要我们深入开掘。

三、马克思：政治哲学的现实性与超越性

在政治哲学学术复兴的大背景下，马克思的政治哲学也已出场，并越来越成为引人注目的强势显学。但一个需要深长思之的问题是，由于传统的马克思主义哲学研究框架并没有为政治哲学留有合法性的理论空间，因而，马克思政治哲学的出场，在很大程度上是西方政治哲学刺激中国学术界的一个结果。这种在理论上"由外而内"而非"由内而外"的研究进路，决定了许多学术论析，会不可避免地陷入到"罗尔斯效应"当中，即只是简单套用罗尔斯所代表的西方政治哲学的话语架构，而不去首先廓清马克思政治哲学的独特运思取径。这种情况，不仅会一而再、再而三地将马克思的原初见解掩蔽起来，导致马克思政治哲学思想之本身的失语，使之成为名副其实的"不在场的在场者"，而且也注定无法开显马克思理论之不能绕过的当代性价值，因为毋庸讳言的事实是，就公平、正义这些显性政治哲学论题而言，如以罗尔斯的模式为标准来判断，马克思的研究就没有超过休谟以来自由主义的精细理论构制，甚至与之相较有着不可同日而语的差距。然而，学界对马克思政治哲学的研究却是充满了期待的，即希望打破马克思主义在政治哲学面前的"无语"状态，从马克思那里开发积极的思想资源，推动政治哲学重大理论问题的再研究，有效回应中国市场化改革为政治生活所带来的深刻变革。而要实现这种期待，前提便无疑是摈除西方政治哲学这一先进入为主的理论启点，厘清马克思政治哲学作为学术谱系的临界线、问题域、意义值。

这里的首要问题是，马克思的政治哲学是既不同于施特劳斯的政治哲学，也相异于罗尔斯的政治哲学的。如果说施特劳斯是从一种高端的超越性界面来予以说理的，罗尔斯是从一种低端的现实性界面来加以论证的，那么马克思则在这两位政治哲学家之前，将现实性与超越性有机地结合在了一起，从而在事实与规范、经验与超验、形下与形上的双重视域内，开辟了以历史性为祈向的政治哲学理论路数，完成了政治哲学史上的一次重大突破与转折。

其一，马克思政治哲学的现实性维度。

施特劳斯在盘点现代政治哲学发展史时指认，马克思同马基雅维利之后的自由主义政治哲学家一样，在现代性的行进中起到了推波助澜的作用，因而他与现代政治哲学之父马基雅维利存在"隔代遗传"的"血脉"关系，后者因使德性服从于政治而开出的往下沉降的政治哲学，同样延伸到了马克思强调历史当下性和经验直观感知的理论思路中，促成了政治哲学与历史主义的"联姻"，使政治哲学与古代人的高远思想眼界渐行渐远。施特劳斯当然是带着一种怨责的口吻来表达这一观点的。不过，除却其情绪化的不客观一面，他也在一定程度上真实地把捉到了马克思政治哲学的形态所属，即这一政治哲学亦是从属于颠覆古典理论形态的现代性形态，现实性对其而言自然是一个极为根本的伸张维度。施特劳斯的观点说来并不难理解，因为马克思生活在现代性不断展开的历史境遇中，而在这一历史境遇中呈现出来的那些现代社会无法规避的历史性问题，如市民社会及其矛盾，以及自由、权利、平等、正义等，不仅为自由主义政治哲学家所关注，进而成为其所讨论的核心理论主题，而且也一定为将哲学视为烧向外部世界之"火焰"的马克思所重视，由此也会成为他的政治哲学的中心理论议题。质言之，马克思的政治哲学一如自由主义政治哲学，其理论创造的逻辑起点，已经不是古典政治哲学可以完全不顾日常政治结果的德性智慧和理念王国，而是以市民社会的形成及矛盾的张开为标志性出场事件的历史叙事。"因此，真理的彼岸世界消逝以后，历史的任务就是确立此岸世界的真理。"[①] 只要理解了这一点，我们就不难发现马克思的政治哲学

[①] 《马克思恩格斯文集》第1卷，人民出版社2009年版，第4页。

与现代性理论形态之间的归属关系,也很容易看到现实性伸张维度之于其政治哲学的根本规定性。

不过,我们应当立时指出的问题是,马克思的政治哲学与自由主义政治哲学虽然在现实性上存在相通之处,但现实性对于这两者而言却具有截然不同的意义,由之而开引出的具体政治哲学路数也是迥然有异的。大致可以这样说,马克思与自由主义者都是通过对现代市民社会的审视与理解而创造政治哲学理论的,因而现代市民社会正是他们所共同面对的最直接现实。可正如罗尔斯在《政治哲学史讲义》中所指,自由主义是在宪政民主的框架之内来研究政治哲学的①,故此其目标不过在于构建、修补、完善资本主义的价值体系,而不是要发展一套外于此一体系的理论学说,于是各派自由主义几乎都在市民社会内部,遵从知性思维和实证思维来理解由市民社会所映射出来的自由、权利、平等、正义诸种问题,进而几乎都在伦理主义的路向上来界定这些问题(这里所讲伦理主义路向并非等同于古典政治哲学的德性思路,后者要求从道德的至高维度来推出现实政治的基本规则,而前者却始终是将现实政治作为出发点的),将这些问题所链接到的价值说成是现代社会不可或缺的"普适规范"。马克思与自由主义的重大分殊在于,他在现代市民社会的内在矛盾中,敏锐地洞察到了穷人与富人、工人与资本家、无产阶级与资产阶级之间的对立,因此"揭露具有非神圣形式的自我异化",批判现代剥削制度的社会经济基础,就顺理成章地成为他的政治哲学的基本任务。而这一基本任务决定了,马克思是站在市民社会外部,遵从批判思维和辩证思维来审视市民社会的,于是他也就不再导入到纯粹伦理主义的路向来论述自由、权利、平等、正义诸种价值规范,而是将对这些价值规范的说明改换为对它们的历史基础的揭示。② 所

---

① 参见[美]罗尔斯:《政治哲学史讲义》,杨通进、李丽丽、林航译,中国社会科学出版社2011年版,第1页。
② 需要指出的是,罗尔斯在《政治自由主义》中将之前《正义论》中的"道德正义"修正为"政治正义",似乎与马克思改伦理主义路向为历史主义路向是内在会通的,但实质上,由于没有像马克思那样深入到经济关系层面来说明政治问题,罗尔斯话语结构的铺排方式说到底仍然是伦理主义的。如果认为政治正义是西方三百年来整个公共文化与思想运动的最后结果,那么这只是就自由主义政治哲学所倚重的"程序"来说的,而其理论前提,还是霍布斯、洛克等哲学家所开启的以"应得"为核心理念的道德思路。

以马克思并不关心现代社会为何需要这些价值规范，以及如何捍卫这些价值规范之类的问题，而是要在批判性视阈中来追问，这些价值规范在何种历史条件下才是可能的？这是与自由主义政治哲学相比在问题域上的重大转换，而这一问题域的转换，使马克思思入到了远非自由主义所能触及的深层现实，使其政治哲学在现实性维度上落归于更为坚实的历史地平。由此可见，马克思政治哲学与自由主义政治哲学产生交集的地方，也正是它们分道扬镳之处；施特劳斯将马克思委身于马基雅维利以降自由主义政治哲学家之列，虽见证了其解读政治哲学史的独到功夫，但无疑同时也是一种粗疏乃至粗暴的做法。而颇有反讽意味的是，马克思政治哲学在现实性维度上张开的批判性视野及其问题域的转换，甚至已使其现代性的理论形态推递为现代性批判的理论形态，但以现代性批判为根本座架来发展政治哲学的施特劳斯，却并未发现自己与马克思的这种一致，所以只能在理解马克思的道路上越走越偏。

其二，马克思政治哲学的超越性维度。

施特劳斯对马克思政治哲学与自由主义政治哲学作同质化处理的失误，不仅在于没有看到两者在现实性维度上的"同而不合"，而且也在于没有意识到它们之间的此一分殊，即在程序主义上走得过远的自由主义，是倾向于消解政治形而上学的（康德、黑格尔等哲学家的形而上学之思，则是另一码事），而马克思则在解构传统形而上学的过程中，在一定程度上回归到古典政治哲学的思维路向，建构起基于历史分析的新形而上学，使政治哲学的超越性维度在历史性界面上重新开显。这里的问题是，施特劳斯是像第二国际理论家及波普尔那样，将马克思的哲学解释为决定论套路中的实证理论，因而在他看来，马克思根本不可能像古人那样，预设不可被实证化的超越性政治目标，而只是根据历史的流变来不断调节其政治主张。但思想史的实情，却证明施特劳斯犯下了低级错误。马克思的现代性致思方式尽管已翻转了古希腊、古罗马人的整个哲学路数，但这在一定意义上，展现了哲学思维上的"否定之否定"，即古代哲学的某些既素朴又高贵的东西，在马克思这里又以全新的面孔得以昭显，保持了思想史自古代而现代的连续性，使现代人不至于在颠倒古代人上过于彻底而误入歧途。至少，马克思"儿童"与"成人"的形象比喻，就生动地说明了这一点：马克思曾将古希腊人比作"儿童"，将现代人比作"成人"。"一个成人不能再变成儿童，否则就变得稚气了。但是，儿童的天真不使成人感到愉快吗？他自己不该努力在一个更高的阶梯上把儿童的真实再现出来吗？在每一个时代，它固有的性格不是以其纯真性又活跃在儿童的天性中吗？为什么历史上的人类童年时代，在它发展得最完美的地方，不该作为永不复返的阶段而显示出永久的魅力呢？"①

如果可以这样说，古希腊人的"天真"和"真实"在政治哲学上的最高体现，是以自然正义来为政治的合法性奠基，那么自然正义虽被马克思推到了被告席上，但他最终崇尚的却又是自然性的政治生活。这是因为马克思政治哲学的口号之一，是在批判旧世界中发现新世界，而新世界具体化为共产主义后，马克思给出的描绘就是："作为完成了的自然主义，等于人道主义，而作为完成了的人道主义，等于自然主义，它是人和自然之间、人和人之间的矛盾的真正解决，是存在和本质、对象化和自我确证、自由和必然、个体和类之间的斗争的真正解决。"② 马克思描绘的理想图景，几乎就是柏拉图超感性世界的一个现代版本，而其最深刻的思想基础，则无疑就是一种向上升腾的自然性政治。这种自然性政治克服了古典自然正义无视地面政治存在的非历史性，但却保留了后者的形而上学特质与超越性思想指向。所以，我们不仅会在马克思的政治哲学中，发现因其现实性维度而与自由主义政治哲学共享的一些价值原则，如自由、平等，而且也会发现，马克思对这些价值原则的理解与规定，已上升到一个远非罗尔斯等自由主义政治哲学家所能企及的高度，超越性维度与现实性维度，在马克思这里实质已结合为政治哲学的一体两面。

进而论之，超越性与现实性这双重维度之所以在马克思的政治哲学中合而为一，是因为从《博士论文》开始，马克思就始终既强调哲学应当世界化，又强调世界应当哲学化；既强调思想应当力求成为现实，又强调现实应当力求趋向思想。无论是强调世界的哲学化，还是强调现实对于思想

---

① 《马克思恩格斯文集》第8卷，人民出版社2009年版，第35—36页。
② 《马克思恩格斯文集》第1卷，人民出版社2009年版，第185页。

的趋同，都说明马克思并非在"从物质到意识"的决定论中理解理论与实践的关系，而实情毋宁是，他一方面看到了改变世界的历史实践对于理论具有巨大推动作用；另一方面也看到了理论创造活动对于现实历史实践具有难以限量的引导意义。可以这么说，正是对理论与实践之关系的此番深刻理解，才决定了马克思在其政治哲学的理论创造中，不但像所有现代性政治哲学家那样直面不断展开的历史逻辑，而且也像大部分古典政治哲学家那样，在至高至上的理论层面来"一览众山小"地审视现实政治。如果说政治哲学超越性维度与现实性维度及其结合，归根结底就是导源于马克思对理论与实践之关系的上述双向厘定，那么我们由此可推出的事实是，在政治哲学的谱系上，施特劳斯的核心目标以及罗尔斯的关键主张，其实在马克思的政治哲学中早有一些呈现，根据是施特劳斯与罗尔斯，分别是在理论一极和实践一极中来申说其观点的（虽然如上所述，他们都强调学术与实践的关系，但实践在施特劳斯那里却还是要从理论导出，而学术在罗尔斯那里则一定要兑现为实践），而前者所诉求的一些理论的东西及后者所追求的一些实践的东西，都可在马克思政治哲学的超越性维度与现实性维度中得到开掘。当然，这并不意味着马克思政治哲学是同质于施特劳斯及罗尔斯政治哲学的，而相反只能意味着，完全以施特劳斯的方式或罗尔斯的方式来解释马克思的政治哲学，是根本行不通的。

根据以上论述可见，施特劳斯、罗尔斯、马克思所代表的这三种政治哲学并非完全互为他者，而是彼此之间存在一些交集，特别是施特劳斯对政治哲学的一般界定，更是提供了一个认识几乎所有政治哲学的普泛标准，但它们总体上，则还是归属于三种不同的理论谱系，对应着三种不可等而视之的理论范式。所以从描述和经验意义上讲，把握这三种政治哲学及其相互关系，厘清何为政治哲学，需要在它们之间予以必要"划界"，即切切实实回到各自的理论语境，认认真真考询各自特定的开展方式、叙述结构、求取目标，而不是赋予某一政治哲学以"唯我独尊"的地位，并据之通观其他政治哲学的内涵及特质。然而从规范和价值意义上讲，我们又应在"划界"前提下予以必要"越界"，即穿越这三种政治哲学固有的理论边界，补入他者的视角来洞观它们的优长与短缺，进而根据当代性问题意识作出价值排序与选择。这种"越界"之所以必要，主要是因为在现代性逻辑全面展开、社会历史矛盾日趋复杂的当今时日，打破单向度的政治哲学思维路数，全方位地开发过往政治哲学的思想资源，在总体性界域中构建政治哲学的学术话语与理论体系，积极而有效地回应中国市场化改革所带来的深刻社会变革，已成为追问"何为政治哲学"以及推动政治哲学再研究的首要问题，而同时这也是只有"越界"才能够实现的问题。而从"越界"来看，施特劳斯式的政治哲学以及罗尔斯式的政治哲学，都有其被人们认同与接受的深刻理由，但马克思的政治哲学应当是最值得我们深入开发的思想宝藏，这一来是因为马克思政治哲学超越性与现实性的双重维度，兼济到古典与现代的思想智慧，包容了理论与实践的辩证张力，因此具有更为开阔的思想敞开空间，更能游刃有余地回应现实不断提出的新问题；二来则是因为其他两种政治哲学固然可以成为人们学术研究的支点，但其根深蒂固的西方历史与文化背景，决定了其所提出的问题难以在中国语境下产生积极的"化学反应"，难以为中国的社会改革提供实质性的理论指导。与此不同的情况是，理论和实践层面不断开展和推进的马克思主义中国化，已为中国政治哲学研究奠立了最为深厚的思想与社会基础，因而马克思主义政治哲学的中国化，将是一个崭新但意义深远的重大理论课题，而马克思的政治哲学，也必将会为这一课题的开展提供取之不尽、用之不竭的思想资源。

现代国家观的历史嬗变与
马克思国家理论的构建

过去，人们研究马克思国家理论的一种既定路数，是从元政治学的视角，围绕国家的起源、本质、功能等问题，对马克思的相关论述进行检索、概括与阐释。遵从这一研究路数，人们固然可以刻画出一个内容完整、逻辑严密的马克思国家理论的模型，然而问题在于，马克思并非是在一般政治学层面上阐述国家问题并构建国家理论的，毋宁说，他的这一工作是通过批判性地继承洛克以来的现代国家观，以及通过深刻把握现代资本主义国家的发生学原理、批判现代资本主义社会制度而完成的。所以，我们只有本着一种历史主义的眼光，从关涉现代国家问题的理论和现实语境出发，通过梳理、考察现代国家观的历史嬗变，才能够真正进入马克思国家理论的问题域，实现对这一理论的根本把握。相反，如果只是在元政治学的视界内孤立地、非历史地阐释马克思关于国家问题的论述，则容易停留在话语表面而与马克思深层的、真实的理论表达失之交臂，甚至将其严严实实遮蔽起来。

一、从国家本位到社会本位：
洛克的国家观及其传统

作为一种人造的政治事物和政治现象，国家的合法性基础是什么，其活动的边界有多大？如果说这是人们在探讨国家理论要予以追问的最根本问题之一，那么这一问题所关涉的实质性内容，即在于如何在"国家—社会"的二元分析框架内去把握这两者的关系。进而言之，根据对国家与社会之关系的界划与把握，我们大致可以区分出两种迥然不同甚至截然相反的国家观，即一为国家本位的国家观，一为社会本位的国家观。在对国家的合法性基础和活动边界的理解与界定上，这两种国家观存在一目了然的差异。

在西方近代以前的传统社会中，如在古希腊或中世纪基督教社会中，国家的合法性并不真正取决于世俗社会的支持，而是取决于其自身的绝对权威或上帝的启示。因而严格来说，无论是古希腊城邦还是中世纪基督教国家，都是实至名归的"政治共同体"，而非"社会共同体"。在这种类型的国家中，就像马克思所指认的那样，社会并不具有自身的独立性，而是直接具有政治性质①。所以相对于社会这样一个有限的、被包裹的领域来说，国家则是一个不仅为自己立法、也为社会立法的无限的领域。如果说理论并非真正能够置身于现实历史之外，而总是以某种方式参与到现实历史的阐释与建构之中，那么毋庸置疑，近代以前的政治哲学家们所普遍发展的国家观，就根本不可能是社会本位的国家观，而只能是强调政治为大的国家本位的国家观。比如说，这种情况在亚里士多德那里就是显而易见的，因为在亚里士多德看来，人本质上就是一个政治动物，而人只有在行使议事和审判等权力之后，才能够成为城邦的公民。② 这种观点其实就是从国家本位的国家观中衍推出来的，或者本身就是国家本位的国家观的一个核心主张。

然而，近代之后直至当代，政治哲学家们在阐述国家问题上与过去相比发生了根本性倒转，具体地说就是从国家本位的国家观普遍性地转向了社会本位的国家观。无论从外延还是从内涵来看，国家本位的国家观都不属于我们所讲的现代国家观的范畴，现代国家观毋宁说是以社会本位的国家观为端点发展起来的。从国家本位的国家观到社会本位的国家观，这一政治哲学领域中的变化犹如康德在认识论领域所策动的"哥白尼式革命"，

---

① 《马克思恩格斯文集》第1卷，人民出版社2009年版，第44页。
② [古希腊] 亚里士多德：《政治学》，吴寿彭译，商务印书馆1983年版，第113页。

标志着一种理论轴心和理解支点的根本转换，即人们不再以国家本身为轴心和支点来把握和阐释国家存在的基础及理由，而是以国家之外的社会为轴心和支点来做这项工作。梳理近代以来的政治哲学史可以发现，社会本位的国家观大致是从洛克开始才成为一种政治哲学的主流见解的，因而我们也大致可以将洛克推认为现代国家理论的一个重要开创者和奠基人。

如果说洛克关于国家问题的几乎全部重要观点都是在《政府论》中提出来的，那么这部著作对于国家理论之发展的重大贡献，与霍布斯的《利维坦》十分相似，是由以"自然状态"学说为逻辑端点来考察国家的起源、范围及目的而造就的："为了正确地了解政治权力，并追溯它的起源，我们必须考究人类原来自然地处在什么状态。"① 具体而言，通过追索"自然状态"来探析国家的起源、范围及目的，洛克的突破性贡献主要在于：他由于没有像霍布斯那样将自然状态描绘为人与人相对抗的战争状态，而是将之描绘为人们根据自然法并遵从自我意志去享有和行使自己权利的自由状态②。所以相应地，当他将自然状态说成是现代国家的发生学本源，从而认为现代社会应当完全按照自然状态去进行政治规则与制度设计时，他便不会循着霍布斯的路数，或像任何一位持有国家本位国家观的政治哲学家那样，理所当然地赋予国家这个巨大的"利维坦"以一种绝对不可撼动的权威，而是顺理成章地在祛除国家的绝对权威性的前提下，使之始终以权利和自由的实现为基准去界定自己的功能并划定自己的活动边界。如果概括地说，洛克在政治哲学史上确立起来的乃是一条并非倚重权力，而是倚重权利和自由来证成国家合法性的全新理论思路，那么毋庸置疑，洛克的这一理论思路已经摧毁了传统"由上而下"的国家本位国家观的全部理论前提，并由此创造性地构建起了一个"自下而上"的社会本位的国家观。根据这一社会本位的国家观，政治国家并不具有高于个体尊严、个体价值和个体自由的先天地位，相反，后者不仅是比前者更为始源和更加根本的东西，而且前者只有以后者为基础或围绕后者来加以建构，其权力的行使才是合法和有效的。

---

① ［英］洛克：《政府论》下篇，叶启芳、瞿菊农译，商务印书馆1964年版，第3页。
② ［英］洛克：《政府论》下篇，叶启芳、瞿菊农译，商务印书馆1964年版，第3页。

从思想史来看，洛克的国家学说为其后整个自由主义理解和说明国家问题奠定了一个几乎是牢不可摧的理论传统。自由主义的各种表现形式，不管是功利主义还是自由至上主义抑或是平等的自由主义，其实都是或直接或间接、或显地或隐在地遵照洛克传统来指认国家的合法性及其权力边界的。比如，功利主义的重要代表人物穆勒在《论自由》中，就承接着洛克以权利和自由来论证国家合法性的思路而强调了这样的观点："某种政府功能，如果不妨碍而是能够帮助和激励个人的努力和发展，那无论如何是不嫌其多的。一旦它非但不去激发个人和团体的活力与力量，反而要以它自己的功能去替代；一旦它非但不予提示、忠告乃或在必要时给以批评，反而要使人们在束缚下工作，或者干脆命令他们靠边，而由它代替人们工作，危害就开始了。从长远来看，国家的价值，归根结底还是组成这个国家的个人的价值；一个国家为了在各项具体事务中使管理更加得心应手，或为了从这种具体实践中获取更多类似技能，而把国民智力拓展和精神提升的利益放在一旁；一个国家为了要使它的人民成为它手中更为驯服的工具，哪怕是为了有益的目的，而使人民渺小，终将会发现，弱小的国民毕竟不能成就任何伟业；它为了达到机器的完善而不惜牺牲一切，到头来却将一无所获，因为它缺少活力，那活力已然为了机器更加顺利地运转而宁可扼杀掉了。"[①] 如果说这段论述表明穆勒不仅没有旁出于洛克在《政府论》中所缔造的国家理论传统，而且还通过提出并强化"国家的价值在于个人的价值"的观点而将这一传统的理论叙事推向更微观和细致的层面，那么当代自由至上主义代言人诺齐克则在《无政府、国家和乌托邦》中，直接发展了隐含在洛克思想中的"最小国家"的观点："我们关于国家的主要结论是：能够得到证明的是一种最低限度的国家（minimal state），其功能仅限于保护人们免于暴力、偷窃、欺诈以及强制履行契约等等；任何更多功能的国家都会侵犯人们的权利，都会强迫人们去做某些事情，从而也都无法得到证明；这种最低限度的国家既是令人鼓舞的，也

[①] ［英］穆勒：《论自由》，孟凡礼译，广西师范大学出版社2011年版，第137—138页。

是正当的。"①

至关重要的问题在于：这一围绕权利和自由来评价国家的本质、功能、边界及合法性的思路及传统，不仅仅只是传递和表达了自洛克直到诺齐克的政治哲学家们的理论声音和思想要求，同时也表征着现代国家在真实历史层面上的发生学原理和建构原则。这一方面是因为，现代西方政治和法律制度实际受到了洛克以来政治哲学的深刻影响，在某种意义上，就是参照后者的理论样本建构起来并不断加以自我修正的；另一方面更是因为，洛克、穆勒、诺齐克等人，是在现实市民社会这一坚实的历史地平上来申述权利和自由的理论主张，并由此而为国家划定权力的行使区间的。后一方面意味着，根本来看，权利和自由并不是因为这些政治哲学家的理论阐释而成为现代人生命架构的核心元素的，而是由于现代市民社会的历史生成，使这些在古代社会并未真正占有一席之地的价值凸显了出来，并决定性地改变了人们对权力和权利、国家与社会之关系的理解。故而，归根结底，从洛克到诺齐克的政治哲学家们所构建起的从权利到权力、从社会到国家的社会本位的国家观，从来就不是脱离西方历史根基和政治实践的一种学术建构，而是对现实市民社会根本利益诉求及其与政治国家之关系的一种理论回应，亦即，从这种社会本位的国家观中，我们所看到的是一种不同于古代"政治共同体"的"社会共同体"的历史性在场。概括地说，如果说资本主义历史叙事是随着商品经济和市场经济的不断发展而建立起来并逐次展开的，作为西方近代以来商品经济和市场经济之质性规定的市民社会实际构成了资本主义历史的真正"本体"，那么，包括政治和法律制度在内的现代西方几乎全部历史性机体，实际都是由这个本体所派生出来的。在这个意义上，政治国家不管在其内容上还是在形式上，则都扮演着"社会共同体"而非"政治共同体"的角色。这个问题，才是隐匿于洛克政治哲学背后的一个"根问题"，而马克思对于国家问题的全部阐释，就是从洞察这个"根问题"开始的。

---

① [美] 罗伯特·诺齐克：《无政府、国家和乌托邦》，姚大志译，中国社会科学出版社2008年版，前言第1页。

二、国家的至上性与社会的非至上性：黑格尔对现代国家理论的再阐释

毋庸讳言，洛克的国家理论由于是在个体权利和个体自由的基石上建立起来的，故而，特殊性原则和个人价值成为这一理论在道德论证上的最后落点。根据洛克及穆勒等的构想，只要国家能够平等地尊重每个人的价值而不以权利之外的强权来任意干预人们的生活，市民社会就完全可以成为一个"既利己又利他"的和谐共同体。然而，资本主义实际的历史行进过程却充分表明，在一定意义上，洛克等人所勾绘的只是一幅遥不可及的、过于理想化的图景，因为霍布斯所指认的那种"每一个人按照自己所愿意的方式运用自己的力量保全自己的天性"①，在商品经济中总是被淋漓尽致地展现出来，从而使得市民社会的利己主义及其精神性原则，定格为政治哲学家们所宣讲的权利和自由话语的最终旨趣，进而造成了个体与共同体、特殊利益与普遍利益的两极对立格局，甚至于将"每一个人对每个人的战争"这一为霍布斯所预设的自然状态，兑现为资本主义的真实历史状态。这种情况，让一些近现代政治哲学家们不得不去反思被洛克传统所深深遮蔽的另一个问题，即除了促进和维护个体的权利与自由，国家还能够（或还应当）干什么？或者更具体一点说，如果市民社会的利己本性是不可自行改变的，国家是否能够（或应当）去克服这种利己本性？此一问题固然是困扰一个甚至几个时代政治哲学家的重大政治性课题，但不可否认的事实是，在对此一问题的反思和解答上，黑格尔不仅是最为自觉和主动的，而且他在阐释此一问题中所提出的观点，更让我们看到了一种大异于洛克传统的现代国家理论传统。

针对上述问题，在《法哲学原理》中，黑格尔这样指出："如果把国家同市民社会混淆起来，而把它的使命规定为保证和保护所有权和个人自

---

① ［英］霍布斯：《利维坦》，黎思复、黎廷弼译，商务印书馆1985年版，第97页。

由，那末单个人本身的利益就成为这些人结合的最后目的。由此产生的结果是，成为国家成员是任意的事。但是国家对个人的关系，完全不是这样。由于国家是客观精神，所以个人本身只有成为国家成员才具有客观性、真理性和伦理性。"① 更进一步说："对私权和私人福利，即对家庭和市民社会这两个领域来说，国家一方面是外在必然性和它们的最高权力，它们的法规和利益都从属于这种权力的本性，并依存于这种权力；但是，另一方面，国家又是它们的内在目的，国家的力量在于它的普遍和最终目的和个人的特殊利益的统一，即个人对国家尽多少义务，同时也就享有多少权利。"② 简而言之，市民社会"必须以国家为前提，而为了巩固地存在，它也必须有一个国家作为独立的东西在它面前。"③

不难发现，为了克服市民社会的利己主义本性，解决个体与共同体、特殊利益与普遍利益之间的两极对立，黑格尔在这些论述中，已经完全改换了洛克从权利到权力、从社会到国家的理论阐释路向，国家由此被论说为在逻辑上优先于市民社会与个人、因而具有至上性品格的领域，相反市民社会则被命定为以国家为前提和目的的非至上性领域。概括地说，黑格尔所做的基础性工作之一，是上承霍布斯"利维坦"的思想，来思考除保护个体权利和自由之外的更多国家职能。如上所示，根据洛克传统，保护和促进个体权利与自由之外的任何国家职能都不具有合法性，因而国家并不必然具有介入和干预人们社会生活的道德或法律资格，而这一点，却是黑格尔所要着重证成的问题。从思想史来看，黑格尔的国家观点与洛克传统的这种差异与分野，对于当代西方政治哲学的学术争鸣产生了潜移默化的影响。具体而言，如果正如上述，当代自由至上主义代言人诺齐克是在洛克传统中分析国家功能，因而总是要质疑国家对人们社会生活进行干预的合法性，那么，以罗尔斯、德沃金为代表的平等的自由主义者，则在某种意义上吸收了黑格尔的思想（虽然他们未必这么承认），认为国家在一定范围内完全可以（甚至应该）以共同体的角色，通过各种合理的方式

---

① ［德］黑格尔：《法哲学原理》，范扬、张企泰译，商务印书馆1961年版，第253—254页。
② ［德］黑格尔：《法哲学原理》，范扬、张企泰译，商务印书馆1961年版，第261页。
③ ［德］黑格尔：《法哲学原理》，范扬、张企泰译，商务印书馆1961年版，第197页。

（如再分配），来校正和平衡人们由出身、禀赋、选择等因素所造成的机会、资源、财富等的分配上的不平等。

不过，显而易见的事实是，当代平等的自由主义者并非是要在权利之外来确立理解国家的支点，原因是他们之所以认为国家有介入和干预人们社会生活的资格，乃是由于这样做在他们看来，恰恰能够保证人们平等地享受应该享有的基本权利。这种观点，大致也正是霍布斯在赋予"利维坦"（即国家）以强大权威时的一个基本见解，因为在《利维坦》的引言中，霍布斯曾开宗明义地指出，国家作为一个人造的人，虽然比自然人远为强大，但其目标只是在于保护自然人的利益，故此人民的安全是它的事业。① 如果我们有理由将霍布斯及当代平等的自由主义者与黑格尔置于同一思想传统之中，进而认为他们在前和在后印证了黑格尔的基本思想，那么我们同样有理由认为，国家的至上性与社会的非至上性，在黑格尔那里其实只具有相对的意义，即不管黑格尔赋予国家以多大的权威、怎样诠证国家相对于市民社会在逻辑上的优先性，其本意也并不在于在现代社会来复活或重建古代国家本位的国家观。相反，他清晰地认识到，市民社会的历史形成不仅深刻改变了现代历史的基本走向，而且对人们理解国家的本质也产生了深远影响："市民社会是在现代世界中形成的，现代世界第一次使理念的一切规定各得其所。如果把国家想象为各个不同的人的统一，亦即仅仅是共同性的统一，其所想象的只是指市民社会的规定而言。许多现代的国家法学者都不能对国家提出除此之外任何其他看法。"② 从这一点来看，黑格尔对于从市民社会到国家这一现代国家的发生学原理其实心知肚明，因而其国家理论的重心并不像人们通常理解的那样在于国家，而是在于市民社会，甚至在某种意义上依然可以将之归结为一种社会本位的国家观。所以，构建一个绝对不可撼动的、具有本体地位的国家绝不是这一理论的终极旨趣，其终极旨趣毋宁说是以国家的形式来解决市民社会所难以自解的矛盾，从而为现代社会构建新的伦理规范秩序。据此，我们应当承认，黑格尔的国家理论不仅不像人们既往所苛责的那样有太多倒行逆施

---

① ［英］霍布斯：《利维坦》，黎思复、黎廷弼译，商务印书馆1985年版，第1页。
② ［德］黑格尔：《法哲学原理》，范扬、张企泰译，商务印书馆1961年版，第197页。

的保守性，反而代表了一种在洛克传统之后所发展起来的具有批判性的政治哲学力量。为了更清楚地认识这个问题，我们有必要链接到黑格尔的逻辑学来作进一步分析。

众所周知，黑格尔沿着康德批判哲学的路线，在辩证法的思维结构中界划出了知性和理性的逻辑环节，并将此运用到对几乎是一切事物和现象的认识和说明当中。在黑格尔看来，从知性到理性，并非像康德所界划的那样，意味着两个完全不同的领域或事物之间的割裂，而恰恰是一个事物前后相接并逐次上升的不同环节（或阶段）。具体一点说，知性是这个逻辑思维环节中较初始的阶段，理性则是一个不仅包含了知性的基本要素、同时又高于知性的逻辑阶段，而只有上升到理性而不是仅仅停留在知性阶段，才能够洞观一个事物的本真内容及全部特质。黑格尔的逻辑学在本质上不是形式逻辑，而是思想逻辑，因而实际构成了他探究历史、社会与政治问题的思维前提和方法。在《法哲学原理》中，黑格尔把国家与市民社会（还有家庭）一体放在"伦理"中加以阐释。他在"序言"中直截了当地指出，这部著作"是以国家学为内容的，既然如此，它就是把国家作为其自身是一种理性的东西来理解和叙述的尝试，除此以外，它什么也不是"①。这表明，在"伦理"中，国家处在理性阶段，而市民社会则处在知性阶段。尤其要注意的是，黑格尔的逻辑学既是认识论，也是存在论，所以从知性阶段过渡到理性阶段，不仅具有理论理性方面的认识论意义，同时更具有实践理性方面存在论意义和批判性品格，这大概是黑格尔逻辑学和精神哲学中最宝贵的财富之一。依此来看，在洛克传统中，政治哲学家们的思维水平只是停留在市民社会这个初始的知性阶段，从而根本不会想到去对权利、自由及以之为内容的法加以任何质疑，所以其所发展的国家理论的批判性仅是相较于传统国家本位的国家观而言的，对于现代社会来说，则是缺乏批判性的。与此不同，黑格尔从更高的理性阶段来审视知性，则不仅承认了市民社会及权利、自由等现代社会标志性政治原则的合法性在场，而且又将它们推置到一个洛克等人所无法达到的新位阶。这既

---

① ［德］黑格尔：《法哲学原理》，范扬、张企泰译，商务印书馆1961年版，序言第12页。

形成了对市民社会及其精神性原则的反思与批判，其实也形成了对现代国家政治和法律制度的检思与质询。就此而论，黑格尔的国家理论应当是马克思之前近现代政治哲学中最为重大的推进之一，其进步意义主要在于为现代人思考权利、自由及制度安排增补进一个"伦理性"和"社会性"的视角。如果承认罗尔斯从社会制度上来探寻正义在一定意义上乃是沿袭了黑格尔的思想，那么前者在当代政治哲学中的非凡影响与难以撼动的地位，其实也从一个侧面证明了后者的国家理论所具有的进步意义。对于这一进步意义，马克思予以了充分肯定。在《〈黑格尔法哲学批判〉导言》中，马克思不无恳切地指出，黑格尔的法哲学和国家哲学是唯一与欧洲历史保持在同等水平上的德国历史①，甚至在某种意义上代表了一种超前性的政治哲学思维，即"表现了现代国家的未完成，表现了现代国家的机体本身的缺陷"②。不过，由于黑格尔只是在市民社会的视域之内来构建新的社会伦理体系和探询最佳的制度安排，所以无论对于市民社会还是对于国家，他的批判又都是有限度的，这决定了他并不可能到达马克思所到达的地界。

三、市民社会批判与国家理论的新构建：马克思的创造性阐发

在现代国家观的历史嬗变中，马克思的国家理论是继黑格尔之后的一个新的高点。当然，马克思是以洛克及黑格尔的理论为踏脚石达到这个高点的。

虽然没有文本依据可以表明，马克思在理解国家问题上受到了洛克理论传统的直接影响，但这一传统所折射出的从市民社会到国家这一现代国家的发生学原理，却是马克思1842—1843年在《莱茵报》工作期间就开始体悟到的一个深刻道理。在1843年写作《黑格尔法哲学批判》时，马

---

① 《马克思恩格斯文集》第1卷，人民出版社2009年版，第9页。
② 《马克思恩格斯文集》第1卷，人民出版社2009年版，第11页。

克思所得出的一个人们耳熟能详的结论就是:"实际上,家庭和市民社会是国家的前提,它们才是真正的活动者;而思辨的思维却把这一切头足倒置。"① 或者说,"政治国家没有家庭的天然基础和市民社会的人为基础就不可能存在。它们是国家的 conditio sine qua non〔必要条件〕"②。

马克思在《黑格尔法哲学批判》中的上述结论,对于总结洛克以来政治国家的形成机理固然是不无精准而深刻的,甚至也构成了他的历史唯物主义的一个重要的历史和逻辑起点,但需要论明的问题是,他当时对市民社会与国家关系的阐述,主要是在认识论和本体论意义上进行的,并没有真正进入近代以来以市民社会为中轴而展开的历史境遇中,故而不管是对市民社会还是对国家,他的理解都不可能达到后来的思维水平和理论高度。比如说,马克思后来在国家问题上的核心观点是"国家是阶级统治的工具",而仅从认识论或本体论的科学性上,他是无法得出这样一个具有强烈价值判断意味的观点的。与此同时,我们也不能仅仅从认识论或本体论维度来阐释马克思的国家理论,因为这样容易将我们的思维引向实证主义和科学主义,从而将这一理论的规范性内涵掩蔽起来。其实,从这个问题来看,在《黑格尔法哲学批判》中,马克思实际做到的是对洛克传统所透射出来的现实问题的一种元哲学概括,这种概括由于还处在思想实验的初始阶段,还没有对市民社会中的内在矛盾作出实质性的审视与批判,所以他此时的国家观也并未完全超越黑格尔,虽然这部著作是以批判后者为标题和内容的。

不过,随着对黑格尔《法哲学原理》理解程度的加深,以及对政治经济学研究的初步涉入,马克思对市民社会及其与国家关系的认识,在短时间内便有了质性的飞跃。在《论犹太人问题》中,马克思这样指出:"完成了的政治国家,按其本质来说,是人的同自己物质生活相对立的类生活。这种利己生活的一切前提继续存在于国家范围以外,存在于市民社会之中,然而是作为市民社会的特性存在的。在政治国家真正形成的地方,人不仅在思想中,在意识中,而且在现实中,在生活中,都过着双重的生

---

① 《马克思恩格斯全集》第 1 卷,人民出版社 1956 年版,第 250—251 页。
② 《马克思恩格斯全集》第 1 卷,人民出版社 1956 年版,第 252 页。

活——天国的生活和尘世的生活。前一种是政治共同体中的生活,在这个共同体中,人把自己看做社会存在物;后一种是市民社会中的生活,在这个社会中,人作为私人进行活动,把他人看做工具,把自己降为工具,并成为异己力量的玩物。政治国家对市民社会的关系,正像天国对尘世的关系一样,也是唯灵论的。政治国家与市民社会也处于同样的对立之中,它用以克服后者的方式也同宗教克服尘世局限性的方式相同,即它同样不得不重新承认市民社会,恢复市民社会,服从市民社会的统治。人在其最直接的现实中,在市民社会中,是尘世存在物。在这里,即在人把自己并把别人看做是现实的个人的地方,人是一种不真实的现象。相反,在国家中,即在人被看做是类存在物的地方,人是想象的主权中虚构的成员;在这里,他被剥夺了自己现实的个人生活,却充满了非现实的普遍性。"① 在这段论述中,马克思所指出的问题是:市民社会与政治国家在现代历史中形成二元分野之后,人本应既作为类存在物(或社会存在物)又作为尘世存在物而过着天国和尘世两种生活。然而,市民社会与政治国家的分野,实际意味着前者脱离了后者从而褪去了中世纪时的那种政治性质后,又开始使后者服从于自己的统治,原因是人并非是以类存在物,而是以尘世存在物的身份进入到国家之中去天国生活的。这种情况,使天国生活所代表的普遍性蜕变为尘世生活所代表的特殊性,使国家成为了人和人的自由之间的中介者,人由此"把自己的全部非神性、自己的全部人的自由寄托在它(指国家——引者注)身上"②。

马克思在这里对市民社会与国家关系的确证看似与之前并无不同,即都认为是市民社会决定国家而不是相反,但实际上,此时马克思的重大推进在于他已不再从本体论意义,而是从一种存在论意义来界定这两者的关系。这使他不仅像黑格尔那样敏锐地洞见到"把他人看做工具,把自己也降为工具"③ 这一市民社会的利己主义本性,从而形成了对市民社会的批判性考察,而且还改变了自由主义哲学家将这种利己主义本性阐说为自然

---

① 《马克思恩格斯文集》第1卷,人民出版社2009年版,第30—31页。
② 《马克思恩格斯文集》第1卷,人民出版社2009年版,第29页。
③ 《马克思恩格斯文集》第1卷,人民出版社2009年版,第30页。

人的本能的一贯套路，由此确立起从社会人特别是阶级人的观点来解读市民社会的思路。这一重大推进让马克思得以澄明国家理论中的如下根本问题：如果说现代国家是在市民社会的历史地基上建立起来的，那么作为国家表现形式的法权的本质是什么？在这个问题上，马克思实现了对洛克传统及黑格尔的双重超越。

对于洛克传统的政治哲学家来讲，一个吊诡的问题在于：他们虽然是在现代市民社会的历史背景下强调权利和自由对于国家存在的基础性意义，从而真实折射出现实市民社会与政治国家之间的历史性关系，但他们诉诸适应于同质化的人的自然法去为权利和自由提出辩护，则又一方面将权利与自由诠证为超历史的和永恒的人类价值，另一方面又把根据权利和自由而建立起来的法说成是听由人的意志所摆布的东西。这似乎告诉人们，不管你是工人还是资本家，只要出于自己的自由本性和主观意愿，都可以根据法权来订立并随时解除相互间的契约关系。对于这一现象，马克思在《德意志意识形态》中作出了如下指证："由于私有制摆脱了共同体，国家获得了和市民社会并列并且在市民社会之外的独立存在……一切共同的规章都是以国家为中介的，都获得了政治形式。由此便产生了一种错觉，好像法律是以意志为基础的，而且是以脱离其现实基础的意志即自由意志为基础的。同样，法随后也被归结为法律。"①

问题就在于：洛克传统中的政治哲学家们的这种观点，是以预设"市民社会作为既利己又利他的和谐共同体"为大前提的，而马克思从社会人特别是阶级人的视界所看到的，却是与这一预设完全相反的情形，即生活在市民社会中的人不仅是唯利是图的，而且这种唯利是图的本性的真正始作俑者，乃是私有财产关系及制度。既然现代国家是在市民社会的历史地基上建立起来的，那么法权这一国家的重要表现形式，实质只是表征着处在私有财产关系及制度链环中的人的自由。这意味着，写入到资产阶级法典中的权利不管具有多大的涵盖范围，其本质只是在于保护有产者的利益，故此它根本无法经由普遍有效的自然法来得到证成，也并不可能表达

---

① 《马克思恩格斯文集》第1卷，人民出版社2009年版，第584页。

所谓超历史的和永恒的人类存在经验。现代法权的这一本质，自然也代表了现代国家的全部实质，即如马克思在《德意志意识形态》中所揭示的那样，"国家不外是资产者为了在国内外相互保障各自的财产和利益所必然要采取的一种组织形式……国家是统治阶级的各个人借以实现其共同利益的形式，是该时代的整个市民社会获得集中表现的形式……资产者之所以必须在法律中使自己得到普遍表现，正因为他们是作为阶级进行统治的"①。至此，"国家是阶级统治的工具"的观点，才被旗帜鲜明地提了出来。这一观点不仅没有背离"市民社会决定国家"这一在现代社会中所折射出来的基本原理，而且还是这一原理在理论上的最彻底或最精致的形式。理由之一在于，这一观点既代表了对现代国家发生学原理和形成机制的科学性认识，也代表了对现代历史境遇和社会矛盾的最深刻检视与拷问。不管是就前一方面而言还是就后一方面来讲，马克思显然都已经与洛克传统的政治哲学家们形成了根本分野。西方不少学者往往站在洛克传统上，批评马克思将国家理论中最重要的问题即权利和自由的问题遮蔽了起来。但其实，马克思最深刻的地方恰恰就在于，在《黑格尔法哲学批判》中形成"市民社会决定国家"的认识之后，并没有像洛克、穆勒那样借助于自然法来为所谓永恒不变的天赋人权予以辩护，而是对权利的真实历史基础即市民社会作出了最彻底的剖析。就此来讲，马克思的国家理论并没有遮蔽权利和自由的问题，而是将权利和自由问题推置到社会历史结构中来予以审察与论析。而这一点，恰好是洛克以降自由主义哲学家所缺失的东西。

进而论之，马克思的国家理论不仅根本性地与洛克传统划清了界限，最终也决定性地与黑格尔分道扬镳：黑格尔将其国家学说建立在逻辑学的思维前提之上，虽然让他洞见到洛克之后政治哲学家们所遵从的知性思维方式的重大局限，并由此形成了对现实市民社会及现代国家制度的检思与重构，但最终又造成了其阐释思路的一种闭合，从而使批判的理论空间无法向外部世界持续性敞开。因为根据逻辑思想形式的自我推演，市民社会

---

① 《马克思恩格斯文集》第 1 卷，人民出版社 2009 年版，第 584—586 页。

的知性阶段过渡到国家的理性阶段，并不意味着现代历史向未来的无限伸展，而是意味着现代历史在逻辑上的终结，在逻辑与历史、思维与存在的同质性解释框架内，这种逻辑上的终结必然会同时被认定为是全部现代社会制度的最后完成。根据这种逻辑推演，人们并不能将国家完全置于一种批判性的向度来加以质询，而只能按其完成了的本貌来加以理解和认知。《法哲学原理》"序言"中的那个著名隐喻，即"密纳发的猫头鹰要等黄昏到来，才会起飞"①，讲的就是这个问题。与这种思辨逻辑结构判然有别，从在《黑格尔法哲学批判》中提出"市民社会决定国家"到对这一原理的认识渐次深化再到证成"国家是阶级统治的工具"的命题，马克思最终确立起来的是一条首先指向最粗糙的经验世界即市民社会、然后指向国家的批判性理论路线。这条理论路线由于没有被黑格尔那种最终与现实达成和解的理性逻辑所支配，所以在私有财产关系及与之相应的政治制度消亡之前，它对于市民社会与国家的批判，都是持久开放性的而不是闭合的。因此，如果说黑格尔的国家学说构成了对洛克国家观的一次深刻批判，那么，马克思的国家理论则又构成了对黑格尔国家学说的一次深刻批判。经过这三个阶段、两次批判的理论推进，以社会为本位的现代国家观在马克思这里获得了最深刻的理论表达，并在历史唯物主义的叙事中实现了最彻底的理论形式。

四、余论

在《哲学的贫困》、《共产党宣言》、《路易·波拿巴的雾月十八日》、《法兰西内战》及《哥达纲领批判》等《德意志意识形态》之后的著作中，马克思曾反复申述"国家是阶级统治的工具""无产阶级专政"及"国家消亡"等论题，从而比较集中地表达了他在国家问题上的基本观点。人们过去通常就是根据这些文本来理解、阐释马克思的国家理论的，因为

---

① ［德］黑格尔：《法哲学原理》，范扬、张企泰译，商务印书馆1961年版，序言，第14页。

这样做的一个最大好处是比较容易捕获这一理论的关键内容。然而，需要注意的是，这些著作并不应当成为研究马克思国家理论的"原点"，原因是马克思在这些著作中论述国家问题时，并未经历一个具有历史大跨度的思想实验过程，而主要是在之前所形成的对国家问题的理解基础上来具体分析欧洲革命、预测未来社会发展时讲述了一些结论性的观点。这些结论性的观点固然能够让人一目了然地获知马克思国家理论的核心命意，但如果拘泥于这些结论而不去追索马克思得出这些结论的前提性批判和理论准备，则要么有可能将我们引向一种硬性的、干瘪的、倾向于实证主义的本体论解读模式，从而有意无意地将其国家学说中丰富的、牵涉几乎全部现代历史最重大问题的思想史信息掩蔽起来，要么有可能使我们陷入到一种国家形而上学的思维泥沼中，从而将国家解释为一种在人们的社会生活之外所独立架构起来的政治存在物。这两种情况都从属于本文开头所讲的元政治学的研究路数，而它们在把握马克思国家理论上显然都是极其不得要领的。为了避免这两种情况的发生，我们唯一应当做的事情就是将思维的触角切实伸向洛克以来关涉现代国家观的思想史过程，认真考察马克思在这一过程中所形成的重大理论推进。这一工作的重要性已经远远超出了如何准确理解马克思著作的纯粹文本学意义，而是根本性地关乎如何使马克思政治哲学与西方主流政治哲学进行对话这一在当前凸显出来的重大学术问题，以及如何运用马克思的理论来分析经过自我大调整之后的当代资本主义国家的实质这一重大现实问题。

第五篇

马克思政治哲学与
当代中国政治哲学建构

从马克思政治哲学
看当代中国政治哲学建构

马克思政治哲学研究的兴起与建构当代中国政治哲学理论自觉的形成，是近几年中国政治哲学界尤为引人注目的两个重大学术事件。从表层来看，这是两个具有各自独立性的学术事件，相互之间没有必然联系。但实际情况恰恰相反。无论在逻辑上还是在理论上，这两个学术事件之间都有着深刻而复杂的内在关联。梳理并阐明这种内在关联具有双重学术意义，亦即一方面有助于深化马克思政治哲学的研究，另一方面又有助于厘清当代中国政治哲学建构的学术前提。

一、马克思政治哲学研究的逻辑起点是"当代中国"

任何一个学术热点的形成，都不是偶然的，而是有其必然性的原因作为支撑。作为当前方兴未艾的一个学术热点，马克思政治哲学在中国学术界的出场，既有理论层面的深刻原因，更有现实层面的深刻原因。从理论层面来看，这是中国马克思主义哲学界积极回应20多年来的政治哲学研究热，并由此探索新的学术生长点的结果。从现实层面来看，这是改革开放以来，特别是市场化改革以来新的社会历史实践的全面展开在理论上激起的强烈回响。政治哲学是一门现实感很强的实践哲学，所以，理论层面的原因实质又是以现实层面的原因为原因的。这个情况告诉我们，"马克思政治哲学"并不是一个在纯然哲学史的维度内凸显出来的论题，在根本意义上，它是一个生成和植根于当代中国社会历史实践的重要论题。基于这一点，我们必须承认，马克思政治哲学研究的逻辑起点并不是某个学理问题，也不是马克思的历史性文本，而是当代中国。

众所周知，在如何面对传统这个问题上，冯友兰曾经提出过两种思路：一是"照着讲"，二是"接着讲"。我们开展马克思政治哲学的研究，自然应当在忠实于马克思的前提下"照着讲"，但同时更应当在容纳当代中国重大理论与现实问题的前提下"接着讲"。就"接着讲"来说，马克思政治哲学的研究已远远超出了纯粹文本解读的意义，而与当代中国政治哲学的建构取得了本质性的关联。这种关联的核心要义，自然不在于将马克思政治哲学的研究直接等同于当代中国政治哲学的建构，而在于通过开展马克思政治哲学的研究，来确立当代中国政治哲学建构的理论基础和思想前提。这便是说，马克思政治哲学不仅是作为一个思想史的个案，同时又是作为当代中国政治哲学建构的思想资源而成为我们的研究对象的。

当代中国政治哲学的建构不是一件凌空蹈虚的、纯然学术概念层面的工作，而是以深刻把握和解答当代中国重大现实政治哲学问题为前提、为目标的一项任务。所以，进而论之，马克思政治哲学要真正成为我们建构当代中国政治哲学的思想资源，一个必不可少的前提，就是它能够有效地回应当代中国重大现实政治哲学问题，如果缺少了这个前提，我们就没有理由将马克思政治哲学作为有效的思想资源而对接到当代中国政治哲学建构中来。然而，在"当代中国"这个历史方位上，哪些问题是最亟待从学术理论上来回应和解决的重大现实政治哲学问题？政治哲学研究者基于自己的学理背景，完全有可能对这个问题作出根本不同的回答。然而在我看来，最亟待从学术理论上来回应和解决的重大现实政治哲学问题，主要包括以下两个方面：一是收入分配领域中的公平正义问题，二是如何重新树立现代社会规范性目标的问题。这两个方面的问题，是在改革开放以来的历史实践中生成和凸显出来的，而对于它们的解决，也是进一步推动改革开放的历史步伐的重要前提。目前，我们强调"共享"发展，在很大意义上就是为了解决前一个问题；而强调法治社会的建设，在很大意义上则就是为了解决后一个问题。

历史地看，近代之后的西方规范性政治哲学，实际主要就是围绕这两个方面的问题而开展的。具体言之，自洛克到黑格尔的近现代政治哲学家所关注的主要问题，就是如何为现代商品经济和市场社会提供伦理道义辩护和确立规范性目标。洛克基于所有权、休谟基于道德、康德基于自由意志和实践理性、亚当·斯密基于"看不见的手"、黑格尔基于市民社会和国家所进行的理论探索和思想建构，都深刻表征着这一点。而20世纪70年代以来的当代西方政治哲学，重点讨论的问题之一就是公平正义问题。罗尔斯、诺齐克以及德沃金等政治哲学家的重点工作之一，就是从各自的学术视角、本着各自的价值取向来构建各自的正义理论。不过，如何确立现代社会规范性目标的问题与公平正义问题，在西方规范性政治哲学中并不是相互分离的，而是紧密地耦合在一起的：自洛克到黑格尔的近现代政治哲学虽然主要探讨的是前者，但也隐在地包含了后者；而罗尔斯《正义论》发表以来的当代政治哲学虽然明确地将后者论定为最显性的问题，但其关于正义理论的建构，也是要在新的历史时代，以一种新的方式来思考前者。

与在西方政治哲学中的情况不同，在"当代中国"这个特定的历史语境中，上述两个方面的问题具有较大的差异性，故而它们并不是完全耦合在一起的。具体说来，公平正义是30多年来随着"贫富分化"的渐次形成而逐渐凸显出来的一个重大现实问题。这个问题并不是在一个矛盾点上所生成的，而是由多个矛盾点所共同促生出来的。它既可以追溯到改革开放之初所确立的"效率优先、兼顾公平"的社会发展逻辑，也可以追溯到长期以来存在的城市与乡村、工业与农业之间的"二元结构"，还可以追溯到东部与西部、沿海与内地之间的不平衡发展，如此等等。而如何重新树立现代社会规范性目标的问题，则关联到大不相同的情形。根本来讲，这是一个在传统社会向现代社会、计划经济向市场经济的转型中所产生出来的重大现实问题，其实质就在于确立与现代市场社会相匹配的政治和伦理规范体系，并由此为人们的社会生活提供一种价值论上的言说和引导。

这个问题自然与如何建立一个公平正义的社会良序结构紧密关联在一起，但它并不涉及在特定的矛盾点上所生成的、具体的公正或不公正的问题。

然而，需要注意的是，在"当代中国"的历史语境中，上述两个重大现实政治哲学问题虽然具有如此之大的差异性，但一种能够对它们作出有效回应的政治哲学，则必须具备一个共同的前提，这就是支持或拥有一种以平等的权利为价值基点的规范性理论结构。因为无论是要为现代市场社会树立一种规范性目标，还是要解决具体的不公正问题，这种规范性理论结构都是不可或缺的。这样来看，马克思政治哲学是否能够有效地回应当代中国重大现实政治哲学问题，进而它是否能够成为我们建构当代中国政治哲学的思想资源，关键之处就在于它是否支持或包含了这个规范性的理论结构。然而，这个问题的悖论和难点在于：根据传统的理解，马克思政治哲学或整个马克思主义政治哲学的核心问题是改变世界和革命，其主导性的理论和思想范式是"阶级斗争"。而如果遵照这种理解，我们就没有理由认为马克思政治哲学支持或包含一个以平等的权利为价值基点的规范性理论结构。进一步说，中国学术界近几年来虽然接着"塔克—伍德"命题，围绕"马克思与正义"进行了诸多学术探讨，但一是由于这些学术探讨大都将"正义"视为一个独立的价值和问题，二是由于这些学术探讨大都缺少历史性的纵深剖析，所以总体来看，学术界并没有在以正义理论为中心问题的马克思政治哲学研究中，指认出一个以平等的权利为价值基点的规范性理论结构。不过，这些情况的存在，并不妨碍我们重新去思索和探讨这个具有悖论意义的难点问题。

二、马克思的政治哲学能够作为当代中国政治哲学建构的立论前提

近代以来围绕上述两个方面的问题——如何确立现代社会规范性目标的问题与公平正义问题——而开展的西方政治哲学，是支持并包含一个以平等的权利为价值基点的规范性理论结构的。这既体现在政治哲学家们对

"平等的权利"之理念的信任,也体现在他们对"平等的权利"之价值的论证。概括起来,政治哲学家们对"平等的权利"之价值所进行的论证,主要是借助于两个东西完成的,一是自然法,二是公共理性。以洛克为代表的近代政治哲学家,主要是借助于自然法来完成其论证的,而以罗尔斯为代表的当代政治哲学家,则主要是借助于公共理性来完成其论证的。然而,问题就在于:我们在马克思以及恩格斯的文本中,不仅找不到认同洛克以来的西方政治哲学家所讲的自然法和公共理性的话语,甚至还会看到,这两者恰恰是马克思和恩格斯要质疑和清除的东西。对于自然法,恩格斯就曾作出如下质疑:"法学家把所有这些法的体系中的多少相同的东西统称为自然法,这样便有了共同点。而衡量什么算自然法和什么不算自然法的尺度,则是法本身的最抽象的表现,即公平。于是,从此以后,在法学家和盲目相信他们的人们眼中,法的发展就不只是使获得法的表现的人类生活状态一再接近于公平理想,即接近于永恒公平。而这个公平则始终只是现存经济关系的或者反映其保守方面,或者反映其革命方面的观念化的神圣化的表现……关于永恒公平的观念不仅因时因地而变,甚至也因人而异,这种东西正如米尔柏格正确说过的那样,'一个人有一个人的理解'。"[①] 而至于罗尔斯等当代政治哲学家所借助的公共理性,实际是一个来自于康德实践理性和道德自由意志的概念,但我们知道,马克思和恩格斯在《德意志意识形态》中,对康德的实践理性和善良意志同样进行过无情的批判。从对自然法和公共理性的这种态度来看,马克思的政治哲学并不支持或包含一个以平等的权利为价值基点的规范性理论结构。而且从《论犹太人问题》及《哥达纲领批判》等文本来看,马克思是将"平等的权利"直接作为质疑和指责的对象而予以对待的。

可是我们知道,无论是自然法还是公共理性,总是具有抽象普遍性和非历史性。而根据自然法和公共理性获得论证的"平等的权利",似乎应当是任何时代的政治哲学都有可能予以辩护的价值。但在古典政治哲学如柏拉图和亚里士多德的政治哲学中,"平等的权利"不仅不是被辩护的价

---

① 《马克思恩格斯文集》第3卷,人民出版社2009年版,第322—323页。

值，甚至还被视为等而下之的东西。我们不能仅仅从政治哲学家的偏好和个例差异上来审视这一直觉上的"反差"，而应在历史性的视域中予以阐释。从历史性的视域来看，"平等的权利"并非像自然法和公共理性那样具有抽象普遍性和非历史性，恰恰相反，它是一个在现代政治哲学中确立起来的、彰显着时代要求的历史性价值。进而言之，作为一个历史性价值，"平等的权利"的最坚实历史基础，是由商品和市场经济所表征的现代社会关系领域。这个现代社会关系领域，就是被黑格尔描绘为"劳动和需要的体系"的市民社会。西方古典政治哲学之所以不重视"平等的权利"，是因为在西方古代社会并不存在一个实质性的市民社会；而现代西方政治哲学之所以又普遍重视这个价值，则就是因为西方现代社会在很大程度上是随着市民社会的形成而发展起来的，市民社会成为了政治哲学新的历史性根基。

由上可见，马克思的政治哲学是否支持或包含一个以平等的权利为价值基点的规范性理论结构，并不取决于它是否将自然法和公共理性作为基本的立论前提，而是取决于它是否在理论上容纳由市民社会所表征的历史位阶。众所周知，马克思在《关于费尔巴哈的提纲》第十条中，曾将市民社会指认为旧唯物主义的立脚点，同时又将人类社会或社会的人类指认为新唯物主义的立脚点。[①] 从这一指认来看，市民社会似乎既是马克思站在人类社会的至高点上加以批判和解构的一种社会关系体，也是他在理论上要跨过的一个历史位阶。但在我看来，把握这个问题的关键，就在于辨明市民社会和人类社会的辩证关系。市民社会与人类社会并不是同一个历史位阶上的两种非此即彼的社会组合形式，而是代表了前后相接的两种社会关系模式。所以，人类社会实质上是一个具有宽广解释力的概念，它既构成了对市民社会的历史性超越，也容纳了后者的积极要素。对于这一点，马克思在《论犹太人问题》以及《1857—1858 年经济学手稿》中，都曾作出过指认。

在《论犹太人问题》中，马克思是从政治解放和人的解放的关系角度

---

① 参见《马克思恩格斯文集》第 1 卷，人民出版社 2009 年版，第 502 页。

来予以指认的。政治解放对应的历史位阶是市民社会，而人的解放对应的历史位阶是人类社会。马克思的最高问题或最终目标是人的解放，但人的解放是只有经过一个历史性的过程才可以达到，而不可能在某个点上直接性地得到实现。而政治解放在马克思看来，就是达到人的解放这个过程的一个必经环节，而非可以越过的阶段。正是因为如此，马克思才这样指出："政治解放当然是一大进步；尽管它不是普遍的人的解放的最后形式，但在迄今为止的世界制度内，它是人的解放的最后形式。不言而喻，我们这里指的是现实的、实际的解放。"①

到了《1857—1858年经济学手稿》中，马克思又从人的发展的角度，再一次申述了上述观点。根据马克思的勾绘和描述，人的发展作为一个历史性过程，必然要经历三个阶段，这就是人的依赖关系阶段、以物的依赖性为基础的人的独立性阶段以及建立在个人全面发展和他们共同的、社会的生产能力成为从属于他们的社会财富这一基础上的自由个性阶段。其中第二个阶段是市民社会的阶段，而第三个阶段是人类社会的阶段。与人的解放相对应，马克思的最后落点是第三个阶段，但他明确地指出："第二个阶段为第三个阶段创造条件。因此，家长制的，古代的（以及封建的）状态随着商业、奢侈、货币、交换价值的发展而沿落下去，现代社会则随着这些东西同步发展起来。"② "全面发展的个人——他们的社会关系作为他们自己的共同的关系，也是服从于他们自己的共同的控制的——不是自然的产物，而是历史的产物。要使这种个性成为可能，能力的发展就要达到一定的程度和全面性，这正是以建立在交换价值基础上的生产为前提的，这种生产才在产生出个人同自己和同别人相异化的普遍性的同时，也产生出个人关系和个人能力的普遍性和全面性。在发展的早期阶段，单个人显得比较全面，那正是因为他还没有造成自己丰富的关系，并且还没有使这种关系作为独立于他自身之外的社会权力的社会关系同他自己相对立。留恋那种原始的丰富，是可笑的，相信必须停留在那种完全的空虚化

---

① 《马克思恩格斯文集》第1卷，人民出版社2009年版，第32页。
② 《马克思恩格斯文集》第8卷，人民出版社2009年版，第52页。

之中，也是可笑的。"①

马克思在《论犹太人问题》和《1857—1858年经济学手稿》中的上述指认和论述深刻表明，市民社会固然是马克思要批判和解构的一种社会关系体，但却并不是他要在理论上跨过的一个历史位阶。马克思对于历史的思考具有连续性。他实质上认为，每一个新的历史阶段的到来，都是以前一个历史阶段为坚实基石的。所以，市民社会虽然并不是马克思建构其理论的根本立足点，但由市民社会所表征的历史位阶，却是他在理论上必然要保留的一个环节。

由于马克思在以《资本论》为代表的文本中对于资本主义实体所进行的批判，在逻辑上起始于对于市民社会的研究和批判，所以人们会很容易将市民社会与资本主义社会简单地等同起来。在西方历史中，市民社会所表征的历史位阶自然是指资本主义阶段。但就其质性规定而言，市民社会指的是以劳动和所有权为前提和内核的商品生产和交换关系领域。所以，在社会形态上，市民社会所表征的历史位阶，实质就是指遵守契约精神和等价交换原则，以按劳分配为主要分配方式的商品社会或市场社会。正是由于马克思在其理论中容纳、保留了由市民社会所表征的历史位阶，所以他在《哥达纲领批判》中思考未来共产主义的发展时，非常慎重地界划、安置了一个以按劳分配为前提、具有过渡性质的商品社会或市场社会："我们这里所说的是这样的共产主义社会，它不是在它自身基础上已经发展了的，恰好相反，是刚刚从资本主义社会中产生出来的，因此它在各方面，在经济、道德和精神方面都还带着它脱胎出来的那个旧社会的痕迹。所以，每一个生产者，在作了各项扣除以后，从社会领回的，正好是他给予社会的。他给予社会的，就是他个人的劳动量。例如，社会劳动日是由全部个人劳动小时构成的；各个生产者的个人劳动时间就是社会劳动日中他所提供的部分，就是社会劳动日中他的一份。他从社会领得一张凭证，证明他提供了多少劳动（扣除他为公共基金而进行的劳动），他根据这张凭证从社会储存中领得一份耗费同等劳动量的消费资料。他以一种形式给

---

① 《马克思恩格斯文集》第8卷，人民出版社2009年版，第56—57页。

予社会的劳动量，又以另一种形式领回来……这里通行的是调节商品交换（就它是等价的交换而言）的同一原则。内容和形式都改变了，因为在改变了的情况下，除了自己的劳动，谁都不能提供其他任何东西，另一方面，除了个人的消费资料，没有任何东西可以转化为个人的财产。至于消费资料在各个生产者中间的分配，那么这里通行的是商品等价物的交换中通行的同一原则，即一种形式的一定量劳动同另一种形式的同量劳动相交换。"① 马克思所界划和安置的这样一个商品社会或市场社会，对应的就着他所讲的共产主义社会第一阶段。马克思所界定的人类社会，在严格意义上指的是以"按需分配"为根本分配方式的共产主义社会高级阶段。与按需分配相比，按劳分配还有难以克服的一些弊病。"但是这些弊病，在经过长久阵痛刚刚从资本主义社会产生出来的共产主义社会第一阶段，是不可避免的。权利决不能超出社会的经济结构以及由经济结构制约的社会的文化发展。"②

一个以商品生产和交换为基础和实体的市场社会，应当具有一个良性的社会交往结构，这是自洛克直到罗尔斯的政治哲学家一直在理论上思考和解决的问题。而一个良性的社会交往结构彰显的就是规范性的问题。这种规范性必然要建立在自由、平等、所有权等价值及价值载体的基础之上，这些价值及价值载体对于一个良性的市场社会来说是不可或缺的。马克思虽然在《论犹太人问题》和《资本论》中对商品交换关系中的自由、平等、所有权进行了批判，但我始终认为，这种批判是一种"抽象肯定"基础上的"具体否定"③，而不是对这些现代市场社会的基本价值及价值载体的根本而彻底的否弃。马克思既然在其理论中容纳、保留了由市民社会所表征的历史位阶，并且又界划、安置了具有商品社会和市场社会特色的共产主义社会第一阶段，那么，我们就有充足的理由相信，马克思的政治哲学实际上是支持并包含自由、平等、所有权等现代社会的基本价值及

---

① 《马克思恩格斯文集》第3卷，人民出版社2009年版，第434页。
② 《马克思恩格斯文集》第3卷，人民出版社2009年版，第435页。
③ 参见李佃来：《〈资本论〉的叙事结构与马克思正义思想》，载《华中师范大学学报》2015年第4期。

价值载体的，亦即，它实际上是支持并包含一个以平等的权利为价值基点的规范性理论结构的。

中国特色社会主义进入到了新时代，但我们依然处在并将长期处在社会主义初级阶段。我们所处的社会主义初级阶段与马克思在《哥达纲领批判》中所设想和界划的共产主义社会第一阶段具有对应性，市场经济将是社会主义初级阶段的主要经济形式。在以市场经济为主要经济形式的社会主义初级阶段，根本的规范性问题并不存在于"道德爬坡还是道德滑坡"及"姓社还是姓资"的争论中，而是存在于如何为自由、平等、所有权及以之为前提的公正性提供论证的理论建构中。在此意义上，建构当代中国政治哲学，必须要确立一个以平等的权利为价值基点的规范性理论结构。唯有如此，当代中国政治哲学才能够成为一种与市场社会相匹配，并能为之提供规范性目标的理论。我们自然可以在当代西方政治哲学的参照点上，获取建构当代中国政治哲学所需要的理论和思想资源，但绝不能由此而否认马克思政治哲学对于建构当代中国政治哲学的意义。由以上分析可以推知，马克思的政治哲学既能够为我们提供思考和探索社会主义初级阶段和市场经济之规范性问题的理论依据，也能够成为我们建构与市场社会相匹配的当代中国政治哲学的立论前提。

三、马克思政治哲学的历史批判性与当代中国政治哲学的超越性

政治哲学不同于政治学、社会学等描述性和实证性的科学，它的主要职责并不在于对现实的政治现象和政治活动作出事实性的说明，而在于对政治现象和政治活动予以前提性追问，并由此建构一种基于价值判断的理想化的政治模型。但与此同时，政治哲学对于理想化的政治模型的建构，又不可能完全是凌空蹈虚的，而总是会以各种不同的方式介入现实政治。所以，政治哲学实际存在两个端点，一是理想，二是现实。根据理想与现实这两个端点，我们可以相应地把古今中外的政治哲学在理论形态上界分

为两大类，一是理想性政治哲学，二是现实性政治哲学。我们建构当代中国政治哲学，必然要思考和确立其理论形态：是理想性的还是现实性的，抑或是二者兼存的？

从政治哲学史来看，理想性政治哲学的典范，就是以柏拉图的政治哲学为代表的西方古典政治哲学。我们知道，柏拉图是以"理想国"为样本来建构其政治哲学理论的，而"理想国"具有超越经验的先验本质。这种先验的理论建构也与现实感性世界和现实政治发生关联，这种关联主要体现为以理想国为范型来改造现实感性世界和现实政治。但由于这种关联是在自理想而现实的过程中发生的，而且现实永远不能作为政治哲学建构的第一参照点，所以，我们才将柏拉图的政治哲学界定为理想性政治哲学。需要特别注意的是，柏拉图理想性政治哲学的建构，实际是以一种形而上学的方式完成的，理想国的先验性与形而上学的追求保持了一致，或者说，正是出于对形上世界的追求，才需要以先验的方式来建构理想国。追溯起来，形而上学与政治哲学的结合，始于苏格拉底。苏格拉底提出"德性就是知识"的观点，将巴门尼德的形而上学引入到伦理道德和政治领域，政治哲学自此之后不仅成为了第一哲学，而且与形而上学发生了实质性关联。政治哲学由此成为关于最佳政制的学说，而最佳政制则包含了强烈的形上意蕴，这便是柏拉图政治哲学的一个显著特点。柏拉图对于理想国的塑造，就是在探寻最佳政制，而这种探寻则是在形而上学的基点上进行的，展现了他对于最高知识和真理的追求。人们通常会认为，形而上学是一种约束和窒息人们的批判性精神的东西。但在我看来，形而上学确保了政治哲学的先验性和理想性，因而恰恰为政治哲学赋予了一种批判性的精神品格和力量。正是因为如此，柏拉图的政治哲学在朝向现实感性世界上，具有强烈的批判性品格。

近代之后，特别是马基雅维利之后，政治哲学在逐渐消解形而上学的根基，这与政治哲学的现实性趋向有直接关系。近现代政治哲学虽然也通过确立价值和规范基点来建构理想化的政治模型，但这一工作完全是根据现实利益诉求而开展的，所以建构理想化的政治模型，实质上就是确立与现实要求相顺应的伦理规范。在此意义上，近现代政治哲学成为了实至名归的现实性政治哲学。由于消解了形而上学的根基，作为现实性政治哲学的近现代政治哲学也逐渐丧失了批判性，由此成为为资本主义关系作辩护的意识形态。马克思对以自由主义为代表的西方近现代政治哲学所进行的批判，深刻揭示了后者的非批判性和意识形态本性。康德在政治哲学史上的一个重大贡献，在于在政治哲学家们相继消解形而上学的时代，通过将实践理性证成为一种先验力量而为道德和政治作了新的形而上学奠基。后来的罗尔斯、哈贝马斯等政治哲学家在康德的基础上所进行的理论建构，也都具有某种先验特色，但这种先验又是与现实紧密联系在一起的，以先验的方式建构起来的理论，最后还要通过现实的经验世界来加以验证。在此意义上，形而上学实际上并没有在政治哲学的建构中占有一席之地，所以罗尔斯、哈贝马斯等人的政治哲学，依然是一种缺乏批判性的现实性政治哲学。

从支持并包含一个以平等的权利为价值基点的规范性理论结构来看，马克思的政治哲学包含了一个现实性维度。但除了现实性维度，马克思的政治哲学也包含一个理想性维度，而这个理想性维度，是在人类社会、人的解放、人的自由而全面发展之视点上建立起来的。马克思政治哲学的这个理想性维度不仅像柏拉图政治哲学那样具有先验性，而且也像后者那样具有形上特色。按照通行的学术理解，马克思作为一位实践哲学家，是倾向于消解一切形而上学的。马克思固然是要打破观念论和形而上学的束缚，要求将批判的矛头指向现实生活世界。但马克思政治哲学乃至其全部哲学的最高问题是人的解放，而如果说人的解放是一个规范问题，那么这个规范问题则同时又是一个真理问题和形而上学问题，这展现为马克思对人的最高本质或人之根本的追问和探索。在《〈黑格尔法哲学批判〉导言》中，马克思这样说道："理论一经掌握群众，也会变成物质力量。理论只要说服人，就能掌握群众；而理论只要彻底，就能说服人。所谓彻底，就是抓住事物的根本。而人的根本就是人本身。"[①] "德国唯一实际可能的解放是以宣布人是人的最高本质这个理论为立足点的解放……德国人

[①]《马克思恩格斯文集》第1卷，人民出版社2009年版，第11页。

的解放就是人的解放。"① 马克思在此所讲的"抓住事物的根本"的"彻底",首先就是一个真理问题和形而上学问题,而正是出于对真理的探知和对形而上学的追求,马克思才确立起人的解放这个最高问题,亦即,人的解放是以"人是人的最高本质"这个形上问题为立足点的。所以一言以蔽之,马克思政治哲学的理想性维度保留了形而上学。

进而言之,马克思在人的本质这个问题上所保留的形而上学,不仅没有使其政治哲学沦落为一种缺乏批判性的"玄学",相反为之赋予了一种强烈的批判性力量。这是因为在形而上学的基点上,人作为人的最高本质,是一种完满性的存在,是马克思在《1844年经济学哲学手稿》中所提出的"人和自然界之间、人和人之间的矛盾的真正解决,是存在和本质、对象化和自我确证、自由和必然、个体和类之间的斗争的真正解决"②。而人的存在的这种完满性,相对于不完满的现实存在来说,无疑是具有批判性的。马克思政治哲学的这种批判性来自于其理想性,反过来也确保了其理想性。

马克思政治哲学在理想性维度上所具有的批判性,与柏拉图政治哲学所具有的批判性既有相同之处,又有重大差别。相同之处自然一目了然,而重大差别则主要在于:前者所构成的是一种历史性的批判,而后者则缺乏历史性的关照。我们之所以认为马克思政治哲学具有历史的批判性,理由就在于马克思是在历史发展的纵向界面上,是在人的发展所经历的三阶段(从人的依赖关系阶段,到以物的依赖性为基础的人的独立性阶段,再到人的自由而全面发展阶段)的历史过程中,是在深刻考察和批判资本逻辑的前提下,来具体地呈现"人是人的最高本质"这个形上问题的。这一点,与其在1843年9月致卢格的信中所提出的"通过批判旧世界发现新世界"是完全一致的,都透射了马克思政治哲学的历史批判性。而柏拉图政治哲学的批判性来自于他在先验与经验、理性与感性、超感性世界与感性世界之间所作的二元界分,但一是由于这种二元界分不是历时性的而是共时性的,二是由于这种界分不是自下而上的而是自上而下的(自先验到

---

① 《马克思恩格斯文集》第1卷,人民出版社2009年版,第18页。
② 《马克思恩格斯文集》第1卷,人民出版社2009年版,第185页。

经验、自理性到感性、自超感性世界到感性世界），所以，柏拉图政治哲学的批判性不仅不具有历史性，而且在某种意义上还容易因思维霸权的形成而走向其反面。

学术界主流的观点认为，当代中国政治哲学要与现代市场社会相符合，就应当是一种与西方洛克以来直到罗尔斯的政治哲学相类似的理论形态，即它应当是一种现实性政治哲学。这种观点具有一定合理性，对于我们建构当代中国政治哲学具有一定指导意义，当代中国政治哲学所要确立的以平等的权利为价值基点的规范性理论结构，就是一种现实性政治哲学所不可或缺的关键部分。不过，对于这个问题的理解，我们还需要继续推进。

上述表明，在政治哲学史上，马克思政治哲学最独特的地方之一，就在于它是一种兼理想性与现实性于一体的理论。而以柏拉图的政治哲学为代表的西方古典政治哲学，以及洛克之后的近现代政治哲学，都只是在或理想性或现实性的单向度中建构起来的。马克思政治哲学的这种独特性启示我们，建构当代中国政治哲学，应当在理想性与现实性之间保持一种必要的张力，即不仅应当思考如何形成与市场社会直接相匹配的理论言说，而且还要思考如何形成对市场社会起思想引领意义的理论言说。政治哲学作为一种规范性理论，在某种意义上只有上升到理想性层面，并建构起相应的"乌托邦世界"，才能充分彰显其非经验、非实证的理论本色。洛克之后所发展起来的现实性政治哲学虽然也注重对于"现实主义乌托邦"（罗尔斯语）的建构，但总体来看，其对于形而上学的拒斥态度，使其在理想性和超越性世界的建构上明显不足，这容易导向一种工具主义和技术主义，从而与政治哲学的理论品格相背离。当代中国政治哲学要避免西方政治哲学的弊端，就应当切实形成一种超越性的思考，从而在现实性和理想性的双重维度内，把握和回应当代中国重大现实问题。这种政治哲学的致思方式和思维路数不仅有助于实现学术理论的完备性，而且对于反思现实生活也具有不可替代的重大意义。这种现实性意义主要在于：今日时代，是一个普遍怀疑、仇恨和排斥形而上学的时代。对于形而上学的排斥虽然可能会人们更加务实，但显然不利于建立意义世界，也容易导向价值虚无主义。所以，如何在市场经济时代构建形而上学，是哲学工作者应当努力探索的一个重大问题。而当代中国政治哲学的超越性的思考和理想性维度的建立，则是探索和解决这个问题的一个重要方案。

不过，建构当代中国政治哲学的形上关怀和超越性致思路数，不应当是柏拉图式的，而应当是马克思式的。在最直接的意义上，这是因为马克思所提供的是一种具有历史批判性的思维视野，而当代中国政治哲学也应当在打通"现在"与"未来"的历史大跨度中，来形成形而上的、超越性的思考。再具体一点说则是因为，马克思是直接针对以物的依赖性为基础的人的独立性这个历史阶段，或接着这个历史阶段来讲述"人是人的最高本质"这个形上问题，并确立起人的解放和人的自由而全面发展之目标的，而当代中国政治哲学在形而上学这个理想性界面上所要进行的超越性思考，恰恰就是要以"人的解放"和"人的自由而全面发展"为目标，来形成对于"以物的依赖性为基础的人的独立性"的历史性批判。这样来看，马克思政治哲学对于当代中国政治哲学建构的意义，就不仅仅在于能够在现实性层面上作为后者的立论前提，而且还在于能够在理想性层面上为后者提供一个建立形而上学和超越性视界的思想框架。

把马克思政治哲学视为当代中国政治哲学建构的思想资源，意味着对于前者的研究，可以在两条方向相反的路径上推进：一是由后而前，即从当代中国走向思想史和历史性文本的路径；二是由前而后，即从思想史和历史性文本走向当代中国的路径。前一条路径强调的是"带着我们的问题去作创造性阐发并由此寻找思想资源"，而后一条路径强调的是"把通过解读思想史和历史性文本而得到的问题带到当代中国"。本文第二部分和第三部分，分别就是在"由后而前"和"由前而后"的路径上展开的。而这两条路径上的研究告诉我们，马克思虽然没有构建一个像罗尔斯的"正义论"那样的完备的政治哲学体系，但他的政治哲学思想，却是我们建构当代中国政治哲学极其重要的理论资源和参照系。

当代中国政治哲学建构的价值前提

中国学术界近些年政治哲学研究所发生的一个重大变化和飞跃，就是开始从"我注六经"式的单一学术译介和学术阐释，自觉地转向"六经注我"式的独立性理论阐释和原创性思想探索。在这一情境下，如何建构当代中国本土的政治哲学话语和理论体系，开始凸显为一个备受关注的重大理论课题。整体来看，当代中国政治哲学的建构尚属一个全新的理论课题，有许多基础性的理论问题尚未得到澄清，这为这一课题的开展设置了前置性的困难。只有从根本上澄清关乎本课题的那些基础性的理论问题，才可能实质性地推进这一课题。我们需要着力澄清哪些问题？其中之一就是价值理论问题。

我们知道，不同于描述性的实证理论，政治哲学是一种实至名归的规范性理论，其主要工作，就是通过证立某种或某些价值，来提供一种规范性目标或勾画一种理想的政治和生活图景。所以简言之，价值理论是所有政治哲学最关键的内容和灵魂。在研究对象上，政治哲学理论往往各不相同，有的主要研究国家，有的主要研究社会分配，而有的主要研究身份认同。然而，这些研究不同对象的政治哲学理论，都是建立在某种或某些政治价值基础上的，最后都可以归结和还原到价值这个共识性平台上，价值问题构成了其原则性的"根"问题。这样来看，建构当代中国政治哲学的关键工作之一和最终目标之一，就是确立价值论上的主张，并设计完备的价值理论。不过，我们不应当轻描淡写地来对待和处理这个问题，而应当本着哲学本有的一种"前提性追问"的问题意识来从纵深层面予以把握，也就是要辨析、厘清与这个问题根本相关的前提性问题。

一、当代中国政治哲学的价值理论必须基于对"当代中国"的历史性考察加以设计

众所周知,在理论形态上,哲学可区分为实践哲学和理论哲学,而政治哲学就从属于实践哲学。实践哲学与理论哲学的最根本不同之一,就在于它的现实感和历史感比后者更强,而这也是我们把握作为实践哲学的政治哲学时所应看到的一个根本问题。从政治哲学史来看,古往今来的几乎所有政治哲学,都是在把握各自历史时代之问题的基础上建构起来的,都是各自历史时代之精神性原则的理论表征。这一点,不仅体现在具有宏大历史视野的黑格尔政治哲学或马克思政治哲学中,而且也体现在看似最不具有历史性的柏拉图政治哲学中。理由就在于,柏拉图虽然是通过勾绘理想国这个超感性世界来建构其政治哲学的,但这个理想国所表达的主导性观念和原则,却是和古希腊时代的社会历史正相吻合的。权利和自由等近现代政治哲学所强调的价值原则之所以没有在柏拉图的理想国中占有一席之地,并不是因为理想国本身与现实感性世界保持着不可打通的超越性,而是因为在古希腊时代,缺少权利和自由所由以滋生的社会历史基础。在此意义上,柏拉图的政治哲学依然是一个历史的产物,它依然将古希腊时代的精神性原则完整地展现了出来。黑格尔正是由于洞见到这个事实,才这样指出,"甚至柏拉图的理想国(已成为一个成语,指空虚理想而言)本质上也无非是对希腊伦理的本性的解释"①。这个情况,对于我们把握当代中国政治哲学建构的价值理论具有根本启示。

我始终认为,20世纪80年代中后期以来政治哲学研究在中国学术界的兴起,绝不是一个偶然的学术事件,而是改革开放的历史进程在理论上所激起的一个必然回响,是以市场化转型为中轴的社会全面转型在学术层面上的一个必然反映。所以,当代中国政治哲学要确立什么样的价值理

---

① [德]黑格尔:《法哲学原理》,范扬、张企泰译,商务印书馆1961年版,"序言"第10页。

论，这不是一个纯粹学理层面的问题，而是一个如何用学理来回应和概括现实的问题。要言之，当代中国政治哲学的价值理论，必须通过针对"当代中国"所关涉的历史语境的深刻考察来加以设计，在这一语境中所展开的重大现实性问题，构成了当代中国政治哲学的实体性内容。问题在于："当代中国"关涉到的是一个什么样的历史语境？我们应当从何种视角来对这个语境进行考察？

由于当代中国正经历着我国历史上最为广泛而深刻的社会变革，所以总体判断，其所关涉的历史语境，乃是一个多维度的、多层级的、包含多重矛盾性背景的历史语境，而要考察和廓清这个历史语境，就特别需要综合分析以下四个点：一是现代化转型，二是社会主义市场经济，三是中国特色社会主义，四是全球化。

首先是现代化转型。毋庸置疑，当代中国正处在一个社会全面转型时期。虽然人们会从多种角度来概括和界定这个转型，但都应当承认，这个转型的实质，就是现代化转型。我们虽然不能在一种非此即彼的排他心态下将传统与现代绝对对立起来，但我们也应当充分认识到，当代中国政治哲学的问题，在很大意义上，就是在从传统向现代的转型中产生出来的。历史地看，五四新文化运动之后，马克思主义政治哲学、新儒家的政治哲学以及自由主义等各种政治哲学思潮在中华大地上的先后出场及相互激荡，在一定意义上，也反映了"传统与现代"这个背景性的问题。而西方近代之后的政治哲学，同样也是"现代化"转型的产物，我们之所以将这个阶段的政治哲学统称为"现代政治哲学"，根本原因也就在此。然而，正如现代性并非一个单数概念，而是在不同的民族和国家有其不同的表现形式一样，现代化转型也并不是只有一种模式，在不同的历史情境中，这种转型往往是大不相同的。当代中国所面对的现代化转型，既具有一般社会现代化转型的特点，又是一种在特殊社会基础上、以特殊的方式进行、具有自身独特性的转型。比如说，在这一转型中，我们既要确立现代社会的价值准则，也面对继承和弘扬中华优秀传统文化的重任；这一转型既与改革开放的历史实践相对应，也在一定意义上与改革开放之前的社会主义建设实践特别是工业化实践相衔接。这个情况决定了，在这一转型过程中所形成的政治哲学问题，必然与西方社会现代化转型中所形成的政治哲学问题有着重大不同。而设计和构建当代中国政治哲学的价值理论，既要考虑到现代化转型的一般性，也要考虑到其特殊性。

其次是社会主义市场经济。在一定意义上，市场经济是中国 20 多年来现代化转型的主要推动力量和中轴。但我们又不能仅仅用市场经济来描述现代化转型，在市场经济体制确立之前，中国社会就开始了自己的现代化转型，同时也不能仅仅用现代化转型来概括市场经济，中国的市场经济是社会主义市场经济，是一个独特的实践创新。历史表明，政治哲学与市场经济向来存在一种紧密关联。西方近代之后，特别是霍布斯、洛克之后的政治哲学，实质就是伴随现代市场经济的建立和发展而建构起来的，因为不同于传统自给自足的小农经济，现代市场经济的一个基本要求，就是按照契约原则进行平等的商品交换。这个要求本身就蕴含了所有权、契约精神以及公共理性等现代政治哲学的重大原则和主导性价值观念。市场经济在中国的发展，催生出的绝不仅仅是经济层面的问题，而必然同时也包含了重大的规范性问题，亦即政治哲学层面的问题。这方面的问题也还不单单是道德"爬坡"还是"滑坡"这样的表层问题，更根本来看，则是如何确立与市场社会相适应的价值原则这样的深层规范性问题。这样的规范性问题，决定着当代中国政治哲学的基本论域和价值目标。

再次是中国特色社会主义。中国特色社会主义是改革开放以来党的全部理论和实践的主题，现代化转型和社会主义市场经济，都要与这一理论和实践的主题相符合。中国特色社会主义有其自身的内在发展逻辑，或者用黑格尔的观点来说，就是有其必然性和最切实的内在真理。而中国特色社会主义的内在发展逻辑、必然性及其所表征的真理，同时也包含着重大的政治哲学问题，需要政治哲学研究者们从理论上来加以回应和研究。而当代中国政治哲学的价值理论，既要与中国特色社会主义内在逻辑相一致，也要用其特定的方式来概括和表达这一逻辑。

最后是全球化。改革开放以来的当代中国，自然是一个处于全球化背景中的中国，我们对于"当代中国"的界定，不能仅仅局限于国内，而应建立"向外看"的视界，放眼于全球。大致说来，当代政治哲学的研究是从罗尔斯开始的。在契约论的框架内，罗尔斯将其正义理论主要限定在他所界定的"组织良好的社会"中。但罗尔斯始料未及的是，随着全球化的全面展开，全球正义和全球治理越来越成为国际政治哲学界普遍关注的前沿和热点问题。中国在全球治理中扮演着越来越重要的角色，"构建人类命运共同体"理念成为推动世界文明进步的独特中国智慧。在这种历史语境下，中国政治哲学研究者就应责无旁贷地建立一种全球化的视野和高度，遵照"人类命运共同体"的思维来构建自己的价值和规范。

二、当代中国政治哲学的价值理论必须基于对现代价值的把握加以证成

在历史形态上，我们可以将古往今来的政治哲学区分为两种，一是古典和传统政治哲学，二是现代政治哲学。以柏拉图的理想国为代表的古希腊政治哲学，及以儒家的道义论政治哲学为代表的中国传统政治哲学，都属于前者。而西方近代之后所逐次发展起来的政治哲学，如霍布斯、洛克、休谟、卢梭、康德、黑格尔、马克思、罗尔斯、诺齐克等人的政治哲学，基本都属于后者。这两种政治哲学的区别，不仅仅只是在于它们是在根本相异的历史时段形成的，同时更在于它们在价值理论上，论定和讲述的是殊为不同的价值规范。具体来看，西方古典政治哲学论定和讲述的，主要是德性、卓越、目的、永恒等超越性价值规范，中国传统政治哲学论定和讲述的，主要是仁爱、诚信、民本、和合等入世性价值规范。而现代政治哲学论定和讲述的，则主要是权利、自由、平等、公共理性、公正、民主、法治等现实性价值规范。与政治哲学的历史形态相对应，西方古典政治哲学和中国传统政治哲学所讲述的价值规范，可统称为古典和传统价值，而现代政治哲学所讲述的价值规范，可统称为现代价值。古典和传统价值与现代价值的不同，主要不是字面上的，而是内涵上的。在内涵上，现代价值之所以不同于古典和传统价值，根本原因就在于这些价值所赖以生成的社会历史基础存在根本差异，故而其所包含和表达的问题也判然有

别。具体一点说，现代价值主要是在现代性和市场社会的历史基础上生成和凸显出来的，其所包含和表达的问题之一，就是如何为平等的权利及以之为基础的公正分配作辩护，而古典和传统政治哲学中之所以不讲现代价值，根本原因也就在于缺少现代性和市场社会的历史基础。

从现代化转型、社会主义市场经济、中国特色社会主义以及全球化等方面来看，我们无疑要把"当代中国"置于现代社会的历史界面上加以把握，故而当代中国政治哲学的建构，也必然是一项在现代社会的历史基础上所进行的理论事业。从这个意义上讲，当代中国政治哲学的价值理论，应当是一种基于现代价值而得到证立的理论，宽泛地说，这一价值理论所要容纳的价值规范，应当包括平等的政治人格和权利、自由、理性、契约精神、公民意识、公正、法治等等。这一结论大体来讲是正确的，在一个现代社会的历史地基上构建的政治哲学，无论如何都应当是一种与现代社会之要求相顺应的理论，而不应当是一种"倒行逆施"的复古理论。然而，这个问题绝不是一个简单的、平面的、可以一目了然的问题，而是一个包含了多个维度和多个层次的复杂问题。要对这个问题作出透彻的把握，则又需要从以下几个方面对其进行"细化"。

第一，权利、自由、平等、公共理性、公正、民主、法治等价值虽然都可以被一体视为现代价值，但历史地看，这些现代价值并不是平行出现的，有些价值实质是"前端"价值，而有些价值则是"后端"价值。可被视为"前端"价值的，主要是权利和自由，而可被视为"后端"价值的，则主要是平等、公共理性、契约精神、公正及法治等。这种区分的理由何在？

大致可以认为，西方近现代具有强规范意义的政治哲学起始于霍布斯和洛克。霍布斯和洛克的政治哲学确立起来的主要价值原则，就是权利和自由的原则，洛克虽然也重视平等这一价值，但他是围绕权利来界定平等的，具体来说，其所讲的平等是指"平等的权利"，而基本不具有我们通常所理解的"平等"二字的内涵。实质上，霍布斯和洛克的政治哲学是顺应早期市场社会的利益诉求和历史要求而建立起来的理论，其主要功能之一就在于为早期市场社会确立了基础性的规范。但西方市场社会是通过资本主义的形式而得以确立的，在现实层面上，资本主义的历史发展过程，就是一个各种社会矛盾不断生成和积累的过程，其显性的矛盾之一，就是个体主义和群体主义、特殊性原则和普遍性原则之间的矛盾。休谟在《人性论》、黑格尔在《法哲学原理》中，都曾对这一矛盾作出过深刻说明。如果说这一矛盾的形成，在很大程度上与权利和自由这一现代市场社会的主导性价值原则的不断膨胀存在因果关系，那么如何在政治哲学层面重建现代市场社会的价值规范，则就凸显为一个重大的历史性课题。政治哲学家们自然不会通过简单地取消权利和自由的方式来探索这个课题，事实上，近代以来几乎所有政治哲学，无论是诺齐克代表的自由至上主义，还是罗尔斯代表的平等的自由主义，甚至还包括穆勒代表的功利主义，都是以权利和自由为立论基础的。毋宁说，政治哲学家们要做的重点工作，就是如何在权利和自由的基础上为现代社会补入新的价值，从而也为权利和自由赋予更加丰富的内涵。卢梭建构平等，以及康德建构公共理性，实际都是在做这项工作。从西方政治哲学的发展来看，平等、公共理性、契约精神以及法治等现代价值，实际是在卢梭及康德之后才逐步确立起来的。正是在此意义上，我们才把权利和自由视为近现代政治哲学的"前端"价值，并把平等、公共理性、契约精神、公正及法治视为"后端"价值。20世纪70年代以来，以罗尔斯为代表的当代政治哲学家，不仅是基于"前端"价值，同时也是基于"后端"价值来建构各自的理论体系的。

需要注意的是，"前端"价值和"后端"价值的区别，绝不仅仅是时间上的，更根本来看，则是内涵上的。在内涵上，"后端"价值的确立，在一定意义上代表了一种更高的理论反思水平。这是因为不同于传统人依附于人的社会结构，现代市场社会结构的一个根本要求，就是在政治解放的视界内，确立起权利和自由的原则，从而使人成为有人格、有自身独立性的人。然而，要使权利和自由成为针对每一个人的价值原则，由此构建一个既利己又利他的和谐关系结构，又不能仅仅就权利和自由来强调其重要性，而恰恰应当把平等、公共理性等"后端"价值纳入进来作整体性考量，特别是在一种相对复杂的社会关系中，这一点更为重要。这个情况启示我们，基于现代价值来建构当代中国政治哲学的价值理论，我们特别需要把握"前端"价值和"后端"价值的层次性及其关系,因为在一定意义上只有这样,当代中国政治哲学的价值理论才能够既具有理论的概括力,又具有现实的解释力。

第二,近代以来的西方政治哲学总体来看,是在一种价值性与事实性相统一的关系结构中建立起来的,其基本理论要求之一,就是使理论与现实保持一致,具体一点说,就是理论要能很好地反映现实。然而,现实历史的发展却常常打破这种一致性,从而使理论总是难以跟上现实的步伐,体现出某种滞后性。这个问题不能简单地归结为价值设定上的片面和褊狭,最根本的原因在于历史性视野的缺失。亦即,西方政治哲学家们通常是通过一种自然论证的方式来静态地把握复杂的社会政治问题及据此提炼价值原则的,而基本没有通过历史性的考察来为之。① 马克思的一个重大贡献,就在于从历史性的视域来考察近代以来政治哲学所讲的基本价值,由此不仅追溯到了政治哲学的根基之处,而且也建立起了一种从市民社会到人类社会的、具有历史大跨度的思维视野,从而根本性地解决了理论相对于现实的滞后性问题。当代中国政治哲学要克服西方政治哲学所不能克服的弊病,就应当按照马克思所确立的历史性原则来确立自己的价值理论,不仅要深刻考察当代中国所发生的历史性变迁,而且也需要做到这一点,即当为某种价值积极立言和为之提供辩护时,还应本着一种长远的、历史性的眼界,思考是否能够为这种价值赋予新的内涵或是否能够以其他价值来作补充的问题。例如,当我们为与市场经济相顺应的价值提供辩护时,我们还要将超越市场社会的价值包容进来。大概只有在这种长远的、历史性的眼界中来探索价值理论的建构问题,才真正能够使当代中国政治哲学成为一种既具有现实针对性、又具有思想引领性的理论。

第三,政治哲学所讲的价值在一般意义上,总是具有抽象性的特点,而抽象地来看,价值实际就是没有指涉面和内容的。但价值不能成为抽象的原则和概念,而应处理和解决现实问题,现实问题才是其内容。这样说来,只有将抽象的价值落实到具体的历史情境和特定的社会中,其内涵和

---

① 参见李佃来:《马克思在何种意义上开创了政治哲学的传统》,载《江海学刊》2016 年第 6 期。

意义才能得到彰显，否则只能成为与现实社会、与人们的现实生活隔河相望的、外在的东西。所以，我们基于现代价值来确立当代中国政治哲学的价值理论，绝不能仅仅满足于对现代政治哲学所阐述的那些价值及其相互之间的关系在通常意义上予以一般性的界定和认定，而应结合当代中国的现实社会生活和我们的具体国情加以具体的理解，使其获得切实的内容。如果说这是确立当代中国政治哲学的价值理论所应贯彻的一个原则，那么这个原则概括地说，就是抽象与具体相结合或从抽象到具体的原则。在哲学史上，黑格尔和马克思都是贯彻从抽象到具体的原则的典范，而他们在政治哲学上所取得的突破性思想创造，与这一原则的贯彻是密不可分的。

在我看来，只有把握和处理好以上三个方面的问题，我们才能够对"什么是现代价值"这个问题作出更具有反思性的说明，进而也才能够对"应当如何基于现代价值来证成当代中国政治哲学的价值理论"作出更具有整体意义的把握。

三、当代中国政治哲学的价值理论需要通过哲学史的研究得以确立

人们通常认为，哲学研究有两种基本工作：一是立足于当下问题的原创性探索工作，二是回到文本和思想史的解释性工作，前一种工作意味着理论创新，而后一种工作只是意味着一种哲学史的研究。很显然，这种观点将哲学理论创新与哲学史的研究在某种意义上对立了起来。但实际上，哲学理论创新与哲学史研究恰恰有着密切联系，因为前者所需要的思想资源和理论根据，都不可能是凭空设想出来的，而是在认真踏实研究前人思想成果的基础上获取的。黑格尔以及冯友兰先生，都非常重视哲学史的研究，甚至在黑格尔看来，哲学就是哲学史。我们都知道，黑格尔在哲学理论的原创性建构上是一个标杆式的人物，而他的哲学建构显然就是在哲学史研究的坚实基础上进行的，这也使他的哲学具有一种恩格斯所指认的

"巨大的历史感"①。建构当代中国政治哲学特别是确立其价值理论,是一项创新性的重大课题。我们无论如何都应当通过开展相关的哲学史研究来推进这一课题,而绝不可能在隔绝哲学史和思想史的前提下进行。

在对待传统思想上,冯友兰先生提出了"照着讲"和"接着讲"的研究思路。通过开展哲学史研究来确立当代中国政治哲学的价值理论,我们要做的关键工作,不是简单地"照着讲",而是在"照着讲"的基础上创造性地"接着讲"。对于确立当代中国政治哲学的价值理论而言,"接着讲"的核心要义之一,就是寻找哲学史与当代中国之间的对接点,在一定意义上也可以理解为寻找思想资源。我们建构当代中国政治哲学,面对着三种政治哲学传统或思潮,一是马克思主义政治哲学,二是中国传统政治哲学,三是西方政治哲学。问题的关键在于:这三大不同的政治哲学传统或思潮,与当代中国之间的对接是否可能以及何以可能?这个问题不是一个很容易回答的问题,相反在实际的学术研究中,人们在对这个问题的认识上存在很大争议。

首先,关于马克思主义政治哲学。学术界普遍意识到,马克思主义哲学在建构当代中国政治哲学这个重大课题面前不仅不应当采取回避的态度,而且应当积极介入其中。由于根据过去的理解,马克思主义政治哲学的中心问题和核心范式是"阶级斗争",而平等的权利和社会公正等现代价值并不占有一席之地,所以马克思主义政治哲学能否与当代中国相对接,能否从中开出思想资源的问题,就转换成了以下在逻辑上相互关联的两个方面的问题:一是马克思有没有与现代规范性政治哲学相通约、且能有效回应当代中国现实问题的政治哲学?二是是否需要构建一种规范性的马克思主义政治哲学?

对于第一个问题,学术界虽然也有人因为受到挑起"马克思与正义"之争的艾伦·伍德的影响而提出否定性见解,但大部分对这个问题保持高度敏感性的学者,都通过对马克思文本的解读而给予了肯定性的解答。但与此同时,学术界也普遍认识到,不管马克思的政治哲学能够在多大意义

---

① 《马克思恩格斯文集》第2卷,人民出版社2009年版,第602页。

上回应当代中国现实问题，也需要把握好一个从马克思到当代中国的"变"字。社会主义市场经济是一种前所未有的、独特的实践创新，确立当代中国马克思主义政治哲学的价值理论，我们不仅不能回避这一实践创新，而且应当责无旁贷地来回应、概括这一实践创新。这样一来，上述第二个问题就凸显了出来。也正是因为这一点，当代中国马克思主义政治哲学的建构，目前也成为一个学术界高度关注的理论课题。

在我看来，马克思主义政治哲学与建构当代中国政治哲学之间的关系，已经远远超出了是否能够提供思想资源的问题。根本说来，马克思主义政治哲学应当成为当代中国政治哲学建构的立论基点，原因至少在于以下几点：其一，五四运动以来近百年的时间内，无论在新民主主义革命时期、社会主义建设时期，还是改革开放以来的新时期，中国人始终是在一条"既非复古亦非西化"的独特道路上，塑造自己的政治生活和政治制度以及建构政治哲学理论的。在这一过程中，马克思主义虽然与中国传统政治哲学以及西方以自由主义为主的政治哲学形成了相激互融的关系格局，但总体来看，前者无疑发挥着基础性和主导性的作用。这既是中国道路的一条独特生成逻辑，也必定是当代中国政治哲学理论的一条独特生成逻辑。第二，当代中国政治哲学的建构，是在"当代中国"这个特定的历史方位和时空中进行的，而唯有对这个历史方位和时空作出综合判断和深刻把握，才能有的放矢地开展政治哲学理论的建构工作。与其他理论相比，马克思主义的一个巨大优势，就在于始终运用唯物史观和历史主义方法，不仅将问题投置于具体的历史情境中，而且又从人类历史发展的不同阶段和不同层级来建立研究和叙事结构。在一定意义上，只有遵照马克思主义的唯物史观和历史主义方法，才能够真正把握"当代中国"所关涉到的历史语境、矛盾性背景、真实社会基础、实践逻辑及其所蕴含和链接到的"中国问题"，当代中国政治哲学的建构才能够获得一个坚实的前提。第三，如果说建构当代中国政治哲学的目标之一，就在于从理论上来回应和呼应社会主义市场经济这一重大实践创新，并形成关于这一实践创新的高度理论概括，那么显而易见，当代中国政治哲学，应当是一种与社会主义市场经济相匹配的政治哲学理论。而事实上，无论是西方以自由主义为主的政治哲学，还是中国传统儒家的道义论政治哲学，都不能从根本上来回应和呼应社会主义市场经济这一实践创新，而唯有马克思主义政治哲学才能够做到这一点，原因就在于马克思主义政治哲学是一种具有极大包容性的理论，它既承认以权利为内核的个体性价值，也强调以平等为主旨的集体性价值；它既能够为市场经济下的社会生活提供伦理规范目标和积极建设性言说，又能够对资本逻辑和工具理性进行历史性的批判，而这正是与社会主义市场经济相匹配的政治哲学的题中应有之义。

实际上，"当代中国政治哲学的理论建构"这一课题，在已有的学术研究中，主要还是通过马克思主义政治哲学的理论建构得到开展的，这不仅是因为马克思主义政治哲学研究者们明确提出了"建构当代中国政治哲学"的任务和目标，从而将"马克思主义政治哲学的理论建构"直接定位在"当代中国政治哲学的理论建构"上，而且马克思主义政治哲学理论建构所关涉的问题，也正是当代中国政治哲学的理论建构所指涉到的核心问题，这两者具有深刻的内在逻辑一致性。我认为，马克思主义政治哲学的学术开展及其理论建构，不仅构成了当代中国政治哲学理论建构的一个核心组成部分，而且也为后者确立了一个根本基调，这就是：无论要借助于何种思想资源和理论传统来建构当代中国政治哲学，都要坚实地立足于"当代中国"这个特定的历史方位和时空，在唯物史观的视域内，运用历史主义的方法，对我们正在经历着的社会主义市场经济这个独特的实践创新予以历史性的把握。我们确立当代中国政治哲学的价值理论，务必要看到这一点。

其次，关于中国传统政治哲学。如上所述，当代中国政治哲学的价值理论，应当是一种基于现代价值而构建的理论。由于中国传统政治哲学本身并没有直接讲述任何一种现代价值，所以，中国传统政治哲学与当代中国之间是否能够对接亦即是否能够从前者中开出思想资源的问题，是一个相对复杂的问题。在这个问题上，存在一种全盘否定的观点。持此观点的学者，通常是在"传统和现代"这个二元对立框架中来立论的。他们往往认为，以儒家以核心的传统政治哲学是在宗族血亲、纲常人伦的关系系统中建立起来的，反过来也要为这种关系系统作辩护，既无法与现代以平等的权利为价值基准的法治社会相融通，也不可能与现代政治哲学相对接。不仅封建传统的"礼教"是今天一定要清除的东西，而且"仁"的理念也无法成为现代法治社会的有益补充，甚至于传统政治哲学所提倡和尊崇的"民本"观念，与现代的民主和权利等价值也存在不可同日而语的差别。

以我之见，尽管以儒家政治哲学为核心的中国传统政治哲学不是现代政治哲学，它讲述不是现代价值，但在中国传统政治哲学中，却恰恰包含了与现代政治哲学和现代价值相对接的丰富思想要素，这至少展现在以下两个方面：

一是以"仁"为核心的民本思想。这里关键是要区分权利这个现代政治哲学价值的两种含义，一是基于自我决定的权利（by people），二是基于人们福利的权利（for people）。儒家虽然没有第一种意义上的权利观念，但却包含了第二种意义上权利观念，这主要指的是以"仁"为核心的民本思想。西方政治哲学家，特别是当代西方政治哲学家，向来都比较注重将第一种意义上的权利说成是真正的权利，从而忽视了第二种意义上的权利。但其实，无论从西方社会权利概念提出的现实历史基础即市民社会来看，还是从洛克、马克思等政治哲学家的权利概念来看，第二种意义上的权利，都具有基础性的意义。比如说，作为近现代政治哲学的重要开创者之一，洛克所阐述的权利概念，主要指的是生存权、劳动权和财产权，而这些权利形式的原初含义，就是人们在占有自然物品上的福利。这正如洛克在《政府论》中所强调的，"人类一出生即享有生存权利，因而可以享用肉食和饮料以及自然所供应的以维持他们的生存的其他物品"[①]。我们今天从儒家思想中挖掘第二种意义上的权利之思想资源，有助于我们澄清权利这一价值的完整内涵，从而构建一个既由人民做主也为人民服务的价值体系。这与我国以人民为中心的社会发展思想，与中国特色社会主义的理论与实践逻辑恰恰是完全一致的。

二是儒家哲学特别是心性儒学通过本体论和形而上学所构建的既有经

[①] ［英］洛克：《政府论》下篇，叶启芳、瞿菊农译，商务印书馆1964年版，第17页。

验性更有先验性的同情心和良知概念。当代中国政治哲学首先要突出权利这一价值，但不应当强调自私自利，而应当在突出权利的同时，强调公共权利、公民意识、公共理性和自律，这其实也是在卢梭和康德的基础上建构起来的当代西方规范性政治哲学不同于近代政治哲学的一个根本点。自由与义务和责任是紧密关联在一起的，仅有自由而没有自律，并不能带来真正的自由，自康德之后，政治哲学就一直强调这一点。从这一点来看，中国传统儒学虽然没有个体权利观念，但其所建构的同情心、良知及自律等概念和原则，却与我们今天所说的公民意识和公共理性正相融通。在此意义上，中国传统政治哲学与当代中国政治哲学在价值理论上的对接，就不仅是可能的，而且这种对接具有十分重大的意义。

再次，关于西方政治哲学。在西方政治哲学与当代中国是否能够对接这个问题上，学术界虽然存在否定和肯定这两种迥然有异的见解，但比较起来，后者的声音要远远大于前者。否定者通常不是在古今之争而是在中西之争中申述自己的观点的，故而其立论基点往往不是现代市场社会结构，而是中国传统思想文化。但因为由市场化转型及其由此所带动的社会全面转型已经成为今天中国最为鲜活的历史实践，而西方近代以来的政治哲学就是在市场社会的历史界面上发展起来的，两者之间存在不可否认的历史联系，所以，主张个人权利的优先性和社会分配的公正性的西方规范性政治哲学，很容易在价值排序上被认定为是建构当代中国政治哲学最优的思想资源和理论基础。正是因为这一点，不少学者都倾向于弱化中西之间的差异而强调两者的同质性，不仅对西方政治哲学的概念、命题进行了深入细致的考究，而且将这些概念和命题认定为中西政治哲学研究的"常项"，从而在此基础上，自觉不自觉地借助于西方政治哲学的范畴，或以西方政治哲学作为基本的理论参照系，来分析中国现实政治哲学问题，以及思考中国本土政治哲学理论的构建问题。然而，我们在这个问题上必须要看到，近代以来的西方政治哲学尽管都是作为现代形态的政治哲学出场的，对于我们建构自己的政治哲学尽管具有多方面的积极参照意义，但当代中国政治哲学的问题是植根于当代中国的历史实践的，问题决定了理论建构的方位，所以，我们应当始终以"当代中国"为核心和坚实支点，来设计和确立当代中国政治哲学的价值理论,而不应当简单移用西方规范性政治哲学的既定结论。这个道理不难理解,对于我们建构当代中国本土的政治哲学话语和理论体系意义十分重大。

当代中国政治哲学建构的
三个重大理论问题

建构当代中国本土的政治哲学，是近几年中国学术界形成的一个重大理论自觉和问题意识。虽然在以儒家为代表的中国传统哲学中，包含了许多重要的政治哲学思想，甚至传统儒家哲学就其本质而言，就是一种面向伦理世界的政治哲学，但由于当代中国政治哲学并非中国传统政治哲学在逻辑上的自然延伸，而是基于改革开放以来，特别是市场化改革以来当代中国特定的理论和现实语境而予以建构的全新理论形态，所以总体来看，当代中国政治哲学的建构，是一项没有先在经验和基础，故此需要通过厘清学术和理论前提而从头开始的艰巨工作。进而论之，要厘清当代中国政治哲学建构的学术和理论前提，就必须对一些基础而重大的、关涉全局的"前端"理论问题予以考察和辨析，而不是将这些问题掩蔽起来。基于这种审视，本文集中追问和探讨三个问题：一是，当代中国政治哲学应是一种实践哲学还是理论哲学？二是，当代中国政治哲学应是一种单一型理论还是复合型理论？三是，建构当代中国政治哲学应从具体到抽象还是从抽象到具体？

一、当代中国政治哲学应是一种
实践哲学还是理论哲学？

众所周知，亚里士多德关于理论、实践及制作这三种活动类型的界分，以及康德关于理论理性与实践理性这两种理性形式的界分，造成了理论哲学与实践哲学这两大哲学形态的基本分野。简单概括，理论哲学主要探求的是具有不变性特征的规律和知识，而实践哲学主要探讨的是具有可变性特征的自由意志和善观念。前者主要包括认识论、知识论、本体论和形而上学，而后者则主要包括伦理学、道德哲学和政治哲学。从目前的学术开展来看，人们通常是以亚里士多德和康德为范导，在严格区隔理论哲学和实践哲学的前提下，来从事政治哲学研究的。而由此一来，政治哲学就被先在命定为一门仅仅关乎自由意志和善观念，而与认识论、知识论、本体论和形而上学无关的实践哲学。这似乎告诉我们，唯有在一条纯粹实践哲学的道路上，我们才有资格谈论当代中国政治哲学的建构问题，而一旦夹杂进理论哲学的内容，当代中国政治哲学的建构就可能会走向歧途。但在我看来，这个问题绝非如此简单，其复杂性实际上远远超出了人们通常的想象。

从哲学史来看，作为实践哲学的政治哲学，与理论哲学的问题并不总是相互分离和隔绝的，相反，它们经常是交织和糅合在一起的。这种交织和糅合的情况，从苏格拉底就开始了。苏格拉底之前，古希腊哲学主要探索的是知识论、本体论和形而上学等理论哲学方面的问题。苏格拉底所实现的一个重大转折，就是开启了政治哲学。但"德性就是知识"这个口号表明，苏格拉底并没有由此而改换古希腊哲人对于最高知识和形上世界的探索，而只是将这种探索从自然领域推置到了政治和道德领域。在这个意义上，政治哲学作为一种实践哲学，实质又是以理论哲学的方式得以实现的，形而上学在其中起着奠基作用。这一点，同样显而易见地体现在柏拉图的政治哲学中。柏拉图是在"理想国"的界面上阐述其政治哲学思想的，而理想国作为他所讲的超感性世界，代表的就是真理而非一般性的意见。所以，柏拉图的政治哲学既关涉到善观念的意志，也关涉到善观念的认识和知识，体现了实践哲学与理论哲学、政治哲学与形而上学的高度融合。而至于亚里士多德，他虽然区分了理论、实践及制作并把实践指定为伦理和政治活动，而人们也总是据此来为理论哲学和实践哲学划界，但在亚里士多德看来，伦理和政治活动并非具有任意性，相反，要符合事物的本性，所以从事政治学研究（在亚里士多德时代，政治学与政治哲学并未发生分化）的人，应当是具有丰富生活经验的、理性的、能够对事物作出正确判断的人。亚里士多德的这个观点表明，政治哲学作为一门实践哲学，虽然与追求确定知识为旨趣的理论哲学形成了基本分殊，但也保留了理论哲学所具有的"求真"意识。由此可见，从苏格拉底到亚里士多德，政治哲学始终都是在一条实践哲学与理论哲学相交融的路线上开展和推进的，亚里士多德的划界只具有相对的意义。正是基于对古希腊政治哲学这一独特开展路线的把握，20世纪政治哲学家施特劳斯才将政治哲学直截了当地界定为"有关好的生活和好的社会的知识"："如果人们把获得有关好的生活、好的社会的知识作为他们明确的目标，政治哲学就出现了。"①

在排除理论哲学问题的前提下从事政治哲学的研究，严格说来是近代之后的事情，这与西方近现代政治哲学家对形而上学的普遍拒斥直接相关。以洛克为代表的近现代政治哲学家关切的最根本问题之一，就是所有权的合法性问题，以及根据这一问题而确立起来的分配正义问题。以施特劳斯之见，合法的所有权就其正义性而言，与古希腊政治哲学所讲的正义有着天壤之别。在正义性上，合法的所有权讲的是"得其应得"，其立论基点是人在物质利益上的占有关系。古希腊政治哲学也将正义界定为"得其应得"，但其立论基点是自然本性和真理："正义首先要求的就是，每个人被赋予一份他能够很好地履行的职能或工作。但是，每个人能够做得最好的，是依据自然他最为适合的事情。于是，正义就只存在这样的社会中，在其中，每个人都在从事他能做好的事情，每个人都拥有他能够很好利用的东西。正义就等同于在这样的社会中的成员身份并献身于这样的社会——一个合于自然的社会。"② 以自然本性和真理为基点的正义观念，彰显的是古希腊政治哲学的形上关怀及其以理论哲学问题为底蕴的特质。而近现代政治哲学围绕合法的所有权而确立的正义观念，则将自然本性、真理、形而上学等理论哲学的问题和内容，统统视为遥不可及乃至无用的东

---

① ［德］施特劳斯：《什么是政治哲学》，李世祥等译，华夏出版社2011年版，第1—2页。
② ［德］施特劳斯：《自然权利与历史》，彭刚译，生活·读书·新知三联书店2003年版，第150页。

西予以疏远和抛弃。①

　　古希腊政治哲学与近现代政治哲学的不同，根源于历史基础的根本差异。具体一点说，近现代政治哲学是在商品经济和市场社会的历史基础上生成和发展起来的，而古希腊政治哲学则缺少这一历史基础。在一定意义上，近现代政治哲学对理论哲学问题的拒斥，与其历史基础是相适应的，因为在商品经济和市场社会中，首要的理论任务的确不在于追求真理和构建形上世界，而在于确证所有权的合法性及分配的公正性。作为一个重大理论课题，当代中国政治哲学的建构，既是在中国市场化改革的历史实践中凸显出来的，也要切实对接这一历史实践所提供的现实问题，反过来对这一历史实践作出必要的回应。中国的市场化过程必然与西方近代以来的市场社会有着质的不同，但都作为市场社会，它们又会在某些方面具有相似性。这种相似性，也使得当代中国政治哲学在问题和形态上，与西方近现代政治哲学保持了某种"一致"。比如说，如同西方近现代政治哲学，当代中国政治哲学的核心问题之一，亦应是所有权的合法性及分配的公正性问题，而其价值内核或价值主干，也应是前者所反复讲述的那些现代价值，如理性、契约精神、公民意识、平等的政治人格和权利、公正、法治等等。然而，这种情况绝不意味着，理论哲学对于当代中国政治哲学的建构而言是非法的，从而也绝不意味着，我们应当像诸多西方近现代政治哲学家那样，在保持与理论哲学严格划界的前提下，来建构我们的政治哲学。

　　我们知道，政治哲学的最大特色之一，就在于其非实证性和超越性。政治哲学的非实证性和超越性，主要体现为对于理想化政治存在的向往和对于政治"乌托邦"的塑造。人们之所以把以柏拉图的政治哲学为代表的古希腊政治哲学称为理想性政治哲学，根本依据之一，就是其所塑造的乌托邦世界及因之而得以展现的超越性。至关重要的一点是，古希腊政治哲学的乌托邦和超越性，恰恰是在理论哲学的至高点上，借助于自然本性、

---

① 近现代政治哲学虽然普遍拒斥形而上学，但其主导性的思维方式，却又是一种以"知性"为根本的形而上学。这种形而上学并不涉及最高知识、自然本性和真理，而是一种对最直接的经验世界所作出的抽象把握，它与经验主义是相对应、相暗合的。

真理、最高知识和形而上学等问题建立起来的。在此意义上，理论哲学的内容，恰恰成就和确保了政治哲学，而不是使后者成为远离自身的东西。由此反观近代之后的政治哲学，我们看到一种相反的情形。西方近现代政治哲学对于理论哲学的疏远，在某种意义上，也就是对于理想化的乌托邦的疏远。从理想走向现实，由此成为近现代政治哲学的最大特点之一。然而毋庸置疑，这一现实性的走向，与政治哲学非实证性和超越性的本色又必然是相矛盾的，站在施特劳斯回归古典的立场上，这一现实性走向实质是在断送政治哲学的命途。或许也正是因为这一点，在近现代政治哲学的发展中，内在地又形成了一种"反拨"的力量。

　　对近现代政治哲学的内在"反拨"，大致始自于康德。康德虽然严格区分了理论理性与实践理性，但有趣的是，他讲的实践理性作为一种纯粹的自由意志，又在先验的界面上获得了一个形而上学的奠基，从而以一种独特的方式回到了理论哲学的问题。这样来看，康德实质是在形而上学的先验基点上，来切入洛克以来的权利、自由、平等、公正等问题的。这一做法，对于在现代世界中重构政治哲学的理想性和超越性，从而恢复政治哲学的思想本色具有重大意义。当代政治哲学家罗尔斯在研究和建构政治哲学时，自觉继承了康德的思想遗产。受康德的影响，罗尔斯认为，现代政治哲学虽然不可能是柏拉图式的，但却应当成为一种追求合宜政治秩序的"现实主义的乌托邦"：政治哲学的重要功能之一，"是探讨实践政治之可能性的极限。根据这一功能，我们把政治哲学视为现实主义的乌托邦。我们对于我们社会之未来的希望依赖于这一信念：我们的社会制度至少允许一种合宜的政治秩序的存在，从而，一种足够正义，但不完美的民主体制是可能的。因此，我们要询问：在足够合理，但仍只具有历史可能性的条件（现实社会的法律和趋势能够提供的条件）下，一个正义的民主社会将会是什么样的？在如我们所知的民主文化所提供的正义环境的制约下，这样一个社会力图实现的将会是什么样的理想和原则？"① 如果说在自康德到罗尔斯的传统中，政治哲学形成了一种向理想性和超越性回归的趋

---

① 参见［美］罗尔斯：《政治哲学史讲义》，杨通进、李丽丽、林航译，中国社会科学出版社2011年版，第10页。

势,那么这种回归,又在一定意义上印证了作为实践哲学的政治哲学与理论哲学问题的复杂关系。

要充分彰显非实证性和超越性的本色,当代中国政治哲学就必须要建立自己的"乌托邦"。在市场社会的条件下,当代中国政治哲学的建构不可能完全走古希腊政治哲学的道路,所以,其"乌托邦"也不可能是纯粹理想型的,而必然是一种"现实主义的乌托邦"。尽管如此,要建立这种"现实主义的乌托邦",当代中国政治哲学也应当要关注理论哲学的问题,特别是要注重构建自己的形而上学,或者至少要形成一种形上关怀。形而上学虽然看似与市场社会格格不入,但对于建构当代中国政治哲学所具有的重大意义是毋庸怀疑的。这种意义的最直接体现,就是确保了政治哲学非实证性和超越性的本色。但这一本色绝不仅仅只是学理上的,而是有其现实针对性。这种现实针对性在于:如果说在"当代中国"这个特定历史方位上,我们建构政治哲学所面对的最大背景就是市场经济,那么中国政治哲学责无旁贷的使命和工作主要包含两个方面:一是顺应市场经济的要求,为其提供规范性的论证和辩护;二是立于市场经济之外,为其提供价值和思想的指引。洛克之后的西方政治哲学在前一方面做了大量工作,但在后一方面明显不足,即便从康德到罗尔斯的传统,也不外于此。仅仅停留于前一方面,难以从马克思所指认的"以物的依赖性为基础的人的独立性"中走出来,上升到人的自由而全面发展的界面。我们不仅要建构与西方规范性政治哲学相对话的政治哲学,而且也要建构比前者更优的政治哲学。要做到这一点,就需要切实地认识到,当代中国政治哲学所要最终回答和解决的问题,并不是"以物的依赖性为基础的人的独立性"的问题,而是构建"人的美好生活"与实现"人的全面发展"的问题。就此来讲,当代中国政治哲学就必须要在上述第二个方面有所作为,亦即必须要确立能够有效引导市场经济的思想性维度。而要做到这一点,当代中国政治哲学就不可能将形而上学视为与自己无关乃至与自己对立的东西,而需要将之纳入到自身的建构中来。张岱年先生曾经说过,根据生活实践创立伟大切实的理想,是哲学的重要任务。哲学可以不谈具体的事实,但却不能不谈理想。张岱年先生所说的这个问题,对于我们理解和把握当代中国政治哲学的建构显然富有启示。在一定意义上，形而上学就表征着当代中国政治哲学"伟大切实的理想"，这个理想虽然未必会直接关乎具体的事实，但它却不是虚无缥缈的东西，而是在市场经济这一生活实践基础上所确立起来的"切实的"思想向度。如果说总体来看，这一思想向度在西方近代之后的规范性政治哲学是缺失的，那么当代中国政治哲学优于前者的一个根本点，就是实质性地确立起这一思想向度。由此来看，当代中国政治哲学的建构，并不仅仅只是一个实践哲学的问题，同时在相当大的意义上，也是一个理论哲学的问题。

需要说明的是，以上论述并不是要取消实践哲学与理论哲学划界的基础性意义，而是要求在保持两者划界的前提下，又应注重它们之间的内在打通。这不仅不是一个悖论和矛盾，而且恰恰正是建构一种在理论形态和理论功能上皆完备的政治哲学的题中应有之义。

二、当代中国政治哲学应是一种单一型理论还是复合型理论？

众所周知，在构建政治哲学上，罗尔斯是一个典范乃至表率。其《正义论》的核心工作，就是在"理论"、"制度"及"目的"的篇目下构建一个逻辑自洽、体系完整的正义理论。作为罗尔斯的对手，诺齐克都曾说过，"政治哲学家们或者必须在罗尔斯的理论框架内工作，或者必须解释不这样做的理由。"[①] 这个情况很容易让人们以为，建构当代中国政治哲学的最佳参照点和模板，应当就是罗尔斯。然而，我认为，这种"理所当然"的推论缺少一个重要前提，这就是对罗尔斯的政治哲学与当代中国政治哲学之同质性与异质性的说明。毋庸讳言，这两种政治哲学是存在同质之处的，如它们都属于现代形态的政治哲学，都需要确立"现实主义的乌托邦"。但在我看来，它们之间的异质性要远远大于同质性。这种异质性

---

① [美]罗伯特·诺齐克：《无政府、国家和乌托邦》，姚大志译，中国社会科学出版社2008年版，第218页。

一方面来自于文化背景、历史基础和价值观念的差异,另一方面也来自于论域和边界的差异。就后一方面来看,罗尔斯的政治哲学是一种单一型理论,而当代中国政治哲学则应是一种复合型理论。为什么?

如果说罗尔斯的政治哲学就是指他的正义理论,那么按照他在《正义论》中的界定,这一理论的根本主题,是社会基本结构的正义。具体一点说,这一正义理论所处理的核心问题,是权利和义务之分配以及社会利益之划分的方式。基于契约论方法,罗尔斯对这一正义理论作了两个限定:"首先,我关心的是正义问题的一种特殊情形。我不想普遍地考虑制度和社会实践的正义,也不想考虑国际法的正义和国际关系的正义。因此,即便有人假定正义的概念适用于一切有利害关系的分配,我们也只感兴趣于其中的一种……如果可能的话,只需做到下一点我就满足了:为一个暂时被理解为同其它社会隔绝的封闭社会的基本结构,概括出一种合理的正义观来……我们为我们的讨论规定的另一个限制是:我们主要考察那些调节着一个良序社会(a well-ordered society)的正义原则。每个人都被假定是在符合正义地行动,在支持正义的制度中尽他的职责。虽然正义可能像休谟评论的是一种谨慎的、嫉妒的德性,我们还是可以追问一个完全正义的社会是什么情形。这样,我主要考虑的就是我所称的严格的服从(strict compliance),它对立于部分服从(partial compliance)的理论。"① 根据第一个限定,罗尔斯的正义理论只是一种"向内"和"封闭"的,亦即并不关乎国际法和国际关系的政治哲学理论;根据第二个限定,这一理论只是一种有关良序社会的、严格服从的理论,而非部分服从的理论。这里所讲的"严格服从",指涉的是整个社会结构的正义,而"部分服从",则指涉的是紧迫的、具体的正义或不正义问题。综合这两个限定,我们可以看到,罗尔斯所规划和建构的政治哲学,是一个仅仅适应于美国特定文化语境,并且仅仅考虑美国整体社会结构的理论,其核心目标,就是在假定的"良序社会"条件下,构造一个真正得到广泛而普遍认同的正义制度和"良序社会"。简言之,罗尔斯的政治哲学,就是要为作为一个整体结构的

---

① [美]罗尔斯:《正义论》修订版,何怀宏、何包钢、廖申白译,中国社会科学出版社2009年版,第6—7页。

美国社会确立一个规范性目标，从而用以指导社会善品的分配和制度的设计。罗尔斯所探讨的自然是一个很大的问题，但就其论域来说，则又是一个狭小的问题。正是在此意义上，我将罗尔斯的政治哲学指认为一种单一型理论。

当代中国政治哲学的建构，是在"当代中国"这个历史语境中所凸显出来的一个论题，其所包含的问题，也必然是这个历史语境所提供和映射的问题。然而，与罗尔斯所假定的语境不同，作为改革开放以来的一个特定历史方位，"当代中国"处在一个社会全面转型和深刻的社会变革时期，总体来看，这是一个多维度的、多层次的、包含多点矛盾的复杂历史语境。政治哲学的一个重要职能，就是能够对重大现实问题作出全面而有效的回应。要发挥这个职能，我们就不应当像罗尔斯那样，将当代中国政治哲学命定为一种单一型理论，而应当在多个向度和多重问题的复合结构中来对之予以界定。进而言之，作为一种复合型理论，当代中国政治哲学所涵盖的问题，展现在向内、向外、向前、向后这四个时空维度中。

首先，我们来看"向内"这个维度。在这个维度上，当代中国政治哲学所应思考、回答和解决的问题，也就是改革开放以来的历史实践所给出的"中国自身"的问题。这样的问题，与罗尔斯所讲的"封闭的"美国社会问题形成对照。但"中国自身"的政治哲学问题，依然在界域上不同于罗尔斯所界定的美国社会的问题。如果说后者仅仅关涉社会的基本结构，那么，前者则超出了这个界域，呈现出一种交织叠加的状况。具体来看，"中国自身"的政治哲学问题，至少包含两个方面：一是如何为市场社会提供规范性论证和树立规范性目标；二是如何解决紧迫的社会公正问题。前一方面，大致相当于罗尔斯所讲的"严格服从"的理论，其目的，也就在于塑造一个以公共认同和公共价值观念为基础的"良序社会"结构，这是一个现代市场社会必然孕育的一个重大而根本的规范性问题。不仅是罗尔斯，洛克以来的政治哲学家们，实际上都在思考和探索这个问题。后一方面，大致类似于罗尔斯所讲的"部分服从"的理论，其所要解决的"紧迫的社会公正问题"，既包括长期以来在城乡、区域、行业的不平衡发展中所造成的收入差距拉大和贫富不均问题，也包括从医疗、司法、教育等领域中所折射出来的社会公正问题，还包括在权力缺乏监管与制约所呈现出来的社会腐败问题，等等。罗尔斯之所以将其正义理论仅仅界定为"严格服从"的理论，原因之一是在他看来，"严格服从"的理论作为一种关涉社会总体架构的理论，恰恰为人们思考和解决紧迫的、"部分服从"的问题提供了基础。这个观点有一定道理，但在当代中国的特定语境中，如果说社会结构的规范性问题，是在传统社会向现代社会、计划经济向市场经济、人治社会向法治社会的转型中所生成的问题，那么，上述几类紧迫的、具体的社会公正问题，则未必与这种社会转型存在关系，所以后者并不能完全纳入到前者中来加以认识和解决，而是必须要有针对性地加以探讨。这样来看，当代中国政治哲学在"向内"这个维度上，已经呈现为一种复合型的问题结构。

其次，我们来看"向外"这个维度。如上所示，罗尔斯并没有把国际法和国际关系的正义作为他的考察对象，所以其政治哲学并不包含一个实质性的"向外"的维度。一般而言，在契约论的框架内所建立起来的政治哲学，都会缺少这个维度，这是因为契约论的一个重要前提，就是假定一个用以推理的均衡状态，而这样的均衡状态通常只是针对一个相对封闭的社会情境来讲的，一旦超出了这个情境而涉入到全然不同的历史和文化背景，就没有理由去假定这样的状态了。但当代中国政治哲学的建构，并不需要契约论作理论的奠基，所以在逻辑上并没有把"向外"的维度堵死。进一步说，这个问题不仅仅只是一个理论逻辑的问题，而同时更是一个价值担当和思想内容的问题。"当代中国"不同于"传统中国"的一个重要方面，就是在改革开放的历史进程中，始终面对全球化运动及由之而来的全球治理的问题。从现实层面来看，中国改革开放近40年来所取得的历史性成就，为世界的发展提供了重要参照和方案。在理论上，当代中国政治哲学也应当积极对接"构建人类命运共同体"理念，以一种开放包容的心态和博大宽广的视野，介入全球治理问题，构建和开辟一个实质性的"向外"的维度，为世界政治哲学的发展以及世界政治性难题的解决提供中国智慧。这既是我们对当代中国政治哲学的一种期许，也是当代中国政治哲学能够超越于西方规范性政治哲学的一个重要方面。

再次，我们来看"向前"这个维度。如果说"向内"和"向外"是两个空间性的维度，那么"向前"及"向后"则是两个时间性的维度。作为一个时间性的维度，"向前"所涉及的是一种历史性的思考。古往今来的大多数政治哲学家，不管是苏格拉底、柏拉图、亚里士多德等古希腊政治哲学家，还是霍布斯、洛克、休谟、卢梭、边沁等近现代政治哲学家，抑或是罗尔斯、诺齐克、德沃金、哈贝马斯等当代政治哲学家，基本都把既定的社会视为恒久不变的社会以及立论和推理的前提，所以与此相应，他们基本都没有建立起一种历史性的理论视野和"向前"的理论维度。但从黑格尔到马克思，政治哲学开始成为了一种历史性理论，"向前"的维度也由此建立了起来。不过，黑格尔的政治哲学由于是以绝对精神为立论和推理支点的，所以他所建立的历史性思考和"向前"的维度，更多是精神性层面而非现实性层面（当然，我们不能否认也有现实性层面的内容）。马克思的伟大创造和贡献，就在于在对现实市民社会这个旧世界的批判中发现了新世界，从而将政治哲学的立脚点由市民社会推置为朝向未来的人类社会，由此也建立起了一种具有历史大跨度的理论叙事和思想架构。马克思政治哲学优于近代以来西方规范性政治哲学的一个重要方面，就是这种"向前"的历史性阐释维度的建立。由于缺少这个维度，近现代以致当代的西方政治哲学，都可被归结为以市民社会为立脚点的理论。这种政治哲学理论注定难以克服"以物的依赖性为基础的人的独立性"所包含的弊端，故而也难以与马克思讲的"人的自由而全面发展"，以及我们今天讲的"美好生活"形成对接。如果正如上文所述，当代中国政治哲学所要最终回答和解决的问题，就是构建"人的美好生活"与实现"人的全面发展"的问题，那么，它就应当以马克思的政治哲学为样本，来建立一种超越当下的历史性思考和"向前"的维度。这一点，与通过形而上学来创立"伟大切实的理想"，从而彰显政治哲学的超越性本色是一致的。

最后，我们来看"向后"这个维度。作为一个时间性的维度，"向后"主要指的是如何看待中国传统政治哲学的问题。进一步剖析，这个问题又包含两个子问题，一是中国传统政治哲学能否作为建构当代中国政治哲学的思想资源，二是如何在建构当代中国政治哲学中继承和弘扬中华优秀传统文化。这两个子问题虽有不同，但又是关联在一起的。我的基本看法是，当代中国政治哲学是在现代市场社会的历史地基上予以建构的理论形态，而以儒家为核心的中国传统政治哲学，总体上与现代市场社会并不匹配，所以也不可能成为建构当代中国政治哲学的最根本理论支点。但是，我们不能因此而断然否定中国传统政治哲学的现代价值，而应看到它是我们建构当代中国政治哲学不可忽视的思想资源。一个直接的例子是，人们通常会认为，我们建构当代中国政治哲学的最根本价值和立论基点，应当是以自由、权利为内核的现代价值，而非儒家所讲的仁爱、民本、和合等传统价值。但实际上，自由、权利作为现代价值，又负载着一个更深层和更重要的价值，这就是公共理性。自由和权利在其初始和原本意义上，是指向个体性的。但仅仅强调个体性而掩蔽了社会性和公共性，个体性实质也难以得到保证。正是因为如此，康德之后直到罗尔斯的政治哲学家，都在思考如何在自由和权利的基础上构建公共理性的问题。在以平等为重要价值取向和价值目标的社会主义市场经济条件下，公共理性具有更加重要的地位，所以它也理所当然地成为我们建构当代中国政治哲学最不可或缺的立论基点之一。至关重要的问题就在于，中国传统政治哲学所讲的仁爱、和合等价值，从其基始性内涵来看，恰恰又蕴含了与公共理性相对接的要素，甚至于通过"现代转化"这个环节，这些价值可以直接作为今天建构公共理性的前提。如果说从这个例子能够看到，中国传统政治哲学完全可以作为珍贵的思想资源而对接到当代中国政治哲学的建构中来，那么通过这种对接，我们实际上也肩负起了继承和弘扬中华优秀传统文化的历史重任。

以上四个维度足以表明，当代中国政治哲学在理论模式上，绝不是单一型的，而必然是复合型的。这倒不是说我们应当把四个维度的所有问题都生硬地压缩在一个统一的理论体系中，而是说当代中国政治哲学至少应当将其思维的触角伸向这四个维度，从而展现其应有的理论解释力和思想张力。

三、建构当代中国政治哲学应从具体到抽象还是从抽象到具体?

几乎任何一种政治哲学的建构,都会面对这样一个路径选择的问题,这就是从具体到抽象还是从抽象到具体。从政治哲学史来看,大致说来,近代之后的西方政治哲学,是在从具体到抽象的路径上构建起来的。这条路径的要旨就是,从对具体事物的"知性"认识和规定中,抽象出一般性的价值原则和理论结论,进而在此基础上完成整个理论体系的构建。就内容来讲,政治哲学家们在这一从具体到抽象的路径上所确立的价值和和证成的问题,主要有权利、自由、平等、公正、道德、伦理、国家、法等等。从历史性的角度来看,这些价值和问题,都是随着现代市民社会的形成而得以凸显的,其根基也就是现代市民社会所包含的社会生产关系。但以洛克和亚当·斯密为代表的近现代政治哲学家,以体认和把握现代市民社会的利益诉求为前提引申出这些价值和问题后,又借助于先验的自然法来为之作辩护,而不是回到具体的生产关系来从根基上作考察。这一套路,必然将这些价值和问题证立为抽象的、普遍适用的原则和范畴。而在这个意义上,"抽象"既成为了近现代政治哲学的一个基本落点,也成为了其基本特点之一。

从黑格尔开始,政治哲学的思考和建构路向发生了倒转,"从具体到抽象"被颠倒为"从抽象到具体"。黑格尔的这个颠倒,是基于其辩证法完成的。在黑格尔看来,一个事物若是仅仅停留在抽象知性的环节,它就只是一种既定的实存而不具有现实性可言。而唯有在辩证法所开显的生成论和存在论视域内被人们所理解,从而变为具体的东西,这个事物才是现实的。这个从抽象到具体的过程,实质也就是人们把握事物内在实体、本质及其所表征的真理,从而又将其实体、本质和真理加以实现的过程。根据这个过程,近现代政治哲学所讲的那些基本概念和原则,并不能借助于先验的自然法或者抽象的自身获得直接性的证明,而只有经过辩证法这个环节进入到实体和自身的内在真理中,才能够得到根本性的说明。对于这个观点,黑格尔在《法哲学原理》中有这样一段指认:"不言而喻,自从法律、公共道德和宗教被公开表述和承认,就有了关于法、伦理和国家的真理。但是,如果能思维的精神不满足于用这样近便的方法取得真理,那末真理还需要什么呢?它还需要被理解,并使本身已是合理的内容获得合理的形式,从而对自由思维说来显得有根有据。这种自由思维不死抱住现成的东西,不问这种现成的东西是得到国家或公意这类外实证的权威的支持,或是得到内心情感的权威以及精神直接赞同的证言的支持都好。相反地,这种自由思维是从其自身出发,因而就要求知道在内心深处自己与真理是一致的。"① 在这段话中,黑格尔所提到的"近便的方法",其实就是从具体到抽象的方法。而以他之见,这一方法并不能达及真理,而真正能够达及真理的方法,也就是自由思维理解合理的内容并以合理的形式实现这一内容的方法,亦即从抽象到具体的方法。

黑格尔关于从抽象到具体的说明,无疑是依附于其逻辑学的思辨结构的。但这并不意味着他的这种说明本身又是一种抽象,而是在很大程度上意味着,他开始将近现代政治哲学的问题投置和还原于历史的根基之处。因为黑格尔之所以要把实体作为他的一个最高根据,从现实来看,是因为他洞见到了这样一个深刻的问题,即近现代政治哲学所讲的价值不能只是一种应然,而更应当具有其现实性和历史性。也就是说,黑格尔的工作之一,是要以实体为根据,来为权利、自由、法、道德等问题确立现实性和历史性的根基。这样来看,黑格尔在从抽象到具体的路向上,重点解决的问题之一,就是政治哲学的条件和历史基础问题。哈贝马斯在《在事实与规范之间》中,对此作出过一个准确的判断和深刻的指认:"至少从约翰·罗尔斯开始的《正义论》(1971年)开始……不仅在哲学家和法学家中间,而且在经济学家中间,人们已经习惯于毫无拘束地采纳那些17、18世纪的理论,似乎人们可以用不着重视社会科学对法的解魅了。由于没有在元批判层次上涉及政治经济学和社会理论所造成的视角变化,在直接恢

---

① [德]黑格尔:《法哲学原理》,范扬、张企泰译,商务印书馆1961年版,序言,第3页。

复理性法论证的同时,把这两个商谈域之间的桥梁给拆除了。但是,在规范性商谈的领域内,关于应当之软弱性的问题同时也紧迫地提了出来。这个问题曾经促使黑格尔去研究亚当·斯密和大卫·李嘉图,以便确切了解作为伦理理念之现实性的环节之一的现代市民社会的结构。"①

我们知道,在黑格尔之后,马克思是一位明确地要求从抽象走向具体的哲学家。从抽象到具体,就是马克思政治哲学的根本思维路向。如同黑格尔,这一从抽象到具体的思维路向,将马克思引向了近现代政治哲学的世俗基础——市民社会。所以,在马克思的眼中,权利、自由、平等、公正、法权等近代以来的政治哲学所反复申述的问题,只有在政治经济学的框架内,通过针对市民社会的历史性批判,才能够得到透彻的把握和实质性的规定。② 由于马克思在研究和批判市民社会上比黑格尔更加彻底,所以,他在政治哲学的条件和历史基础问题上所进行的追问也更加深刻。

总体来看,在当代政治哲学走向复兴的过程中,占主导地位的建构路径依然是从具体到抽象,在契约论传统中尤其如此。这一点也大致表明了这样一个基本事实,即当代政治哲学如同近现代政治哲学,大都没有把工作的重点放在追问政治哲学的条件和历史基础上,而是放在如何有效地证明和辩护抽象的价值原则上。然而,当政治哲学家们在思考如何为一个抽象价值提供有效证明的时候,他们又总是回避不了这样一个问题,即抽象的原则何以能够被人们所接受,从而成为一种公共政治规范和制度设计的文化背景。而实质上,这个问题所涉及的就是政治哲学的条件和历史基础。所以,有趣的是,当代政治哲学家们一方面在从具体到抽象的路向上,从对正义的直觉出发来建立正义的普遍原则,另一方面又不得不从抽象走向具体,来使正义的普遍原则能够落地生根。这个情况,尤为鲜明地体现在罗尔斯政治哲学的建构逻辑中。众所周知,罗尔斯本着对人们生活经验中正义之基础性意义的直觉理解,在原初状态这个契约论所预设的点

---

① [德]哈贝马斯:《在事实与规范之间》,童世骏译,生活·读书·新知三联书店2003年版,第70页。
② 对于这一观点,我在前期的论著中曾经作出过较详尽的论述和说明。相关内容,可参见李佃来:《马克思的政治哲学:理论与现实》,人民出版社2015年版。

上，提出了正义的两条基本原则，即平等的权利原则和差异原则。然而，罗尔斯并不满足于提出这两条正义原则，而是要进一步思考其被人们所认同和接受的问题。这个问题用罗尔斯自己的话说，就是正义的稳定性问题。"稳定性包含着两个问题：第一，在正义的制度（这些制度是按照政治正义观念来界定的）下成长起来的人是否获得了一种正常而充分的正义感，以使他们都能服膺这些制度。第二，考虑到表现一民主社会之公共文化特征的普遍事实，尤其是理性多元论的事实，该政治观念是否能够成为重叠共识的核心。"① 从这段话来看，罗尔斯在这里所着重考虑的一个问题，就是正义如何在理性多元论的背景下获得共识从而达到稳定。他之所以在《政治自由主义》中将正义修正为政治正义，就是要避开理性多元论给正义的稳定性所提出的挑战，换言之，就是要重构正义原则的社会条件和稳定性基础。

如果以上论述表明，与"从具体到抽象"相比，"从抽象到具体"更有助于我们追溯到政治哲学的根基和始点，那么这一点对于当代中国政治哲学的建构，具有至关重要的意义。总体判断，先前中国政治哲学界的相关讨论和探索，大都是在从具体到抽象甚至从抽象到抽象的路径上进行的。这一研究路径的一个基本体现，就是用一些看似具有普遍意义的概念，来诠释所谓永恒不变的问题。这一路径所折射出的一个必须要克服和解决的致命问题，就是对西方政治哲学的"话语依赖症"，及由之而造成的中国政治哲学研究的"源头失语症"。这个问题的实质在于：改革开放以来中国学术界政治哲学的研究，几乎是在没有任何独立的学术资料和理论框架的"空白"状态下开始的，所以，在译介西方政治哲学的基础上，人们很容易依据于西方理论话语来确立自身的问题域和范式，并从中获取其所需要的原始资料，这就使政治哲学研究难以根本摆脱简单地向西方政治哲学取经的学徒和依赖状态，从而也容易将中国政治哲学研究的真正源头遮蔽起来。

我始终认为，政治哲学研究在中国的兴起，绝不仅仅是西方政治哲学

---

① ［美］罗尔斯：《政治自由主义》，万俊人译，译林出版社 2011 年版，第 130 页。

的学术刺激和辐射所致，也不仅仅是中国学术界有意识地寻求新的学术生长点的结果，在根本上，这是中国改革开放尤其是市场经济的历史实践的全面展开在学术和理论上所激起的一个必然回响。所以，我们建构当代中国政治哲学的理论准备和坚实基础，来自于我们对中国历史实践和中国问题的深刻考察。由此而论，只有从政治哲学的基本理论、范畴、命题，走向对当代中国具体历史情境和具体社会问题的分析，我们才既能够根本性地摆脱"话语依赖症"和"源头失语症"，也能够建构起兼描述功能与规范功能于一体的政治哲学理念和理论模型。不过，从程序上说，要建构一种完备的理论，最后总是要落实到理论的抽象上，以此形成概念和范畴以及由这些概念和范畴所组合而成的理论体系。在这种情况下，我们又需要从具体走向抽象。当然，正像马克思所指出的，这个具体已不是一个"混沌的表象"，而是一个"具有许多规定和关系的丰富的总体"。①

　　基于以上种种论述，我认为当代中国政治哲学的理论建构，确切地说，应当走一条从抽象到具体再到抽象的路径（从抽象到具体是最关键的环节）。这条路径既可以防止理论论证上的缺环，也可以防止理论与现实之间的可能性断裂。

---

① 参见《马克思恩格斯文集》第8卷，人民出版社2009年版，第24页。

索　引

外国人名

F. 费迪耶　136
阿伦特　117，118，120，275，276，277
柏拉图　3，5，7，9，47，53，54，56，61，84，93，101，116，117，192，217，218，219，220，239，240，241，243，258，258，269，273，281，282，287，313，319，320，321，322，323，325，328，340，342，343，349
边沁　7，9，10，23，26，27，104，124，226，226，349
伯恩施坦　128
伯尔基　21，169，170
伯尔基　21，169，170
达尔文　130，143
德沃金　121，296，311，349
恩格斯　7，9，10，11，12，13，15，16，17，18，23，24，25，32，34，36，37，38，40，41，42，43，45，46，47，57，58，59，62，63，65，65，67，72，78，79，80，81，82，84，87，90，91，93，94，95，96，97，99，100，101，102，107，108，112，114，118，125，129，130，134，138，143，144，145，146，147，149，150，152，153，154，155，156，157，158，162，163，164，165，166，167，171，172，173，175，176，178，180，182，183，184，185，186，187，188，190，191，195，196，198，199，201，204，205，206，207，208，209，210，211，212，213，214，219，220，221，224，225，226，229，230，231，232，233，235，236，237，238，242，244，245，246，247，248，249，251，254，

索 引

255, 256, 257, 258, 259, 260, 261, 262, 263, 264, 265, 284, 287, 291, 299, 300, 301, 302, 303, 313, 314, 315, 316, 317, 320, 321, 332, 333, 355

范扬 16, 17, 21, 40, 44, 47, 104, 105, 145, 168, 170, 174, 194, 202, 223, 240, 241, 262, 279, 296, 297, 298, 304, 325, 352

葛兰西 129, 132

哈贝马斯 136, 137, 273, 320, 349, 352, 353

海德格尔 41, 136

海涅 199

黑格尔 3, 6, 7, 9, 10, 13, 14, 16, 17, 19, 21, 22, 23, 24, 25, 26, 27, 35, 36, 37, 38, 39, 40, 41, 42, 44, 46, 47, 57, 86, 87, 103, 104, 105, 106, 108, 109, 113, 119, 120, 121, 124, 125, 126, 127, 130, 136, 145, 148, 150, 151, 152, 155, 158, 164, 168, 170, 171, 174, 175, 176, 178, 179, 180, 181, 186, 187, 189, 190, 191, 193, 194, 196, 199, 200, 201, 202, 214, 218, 219, 223, 224, 230, 239, 240, 241, 242, 243, 244, 245, 247, 252, 253, 254, 255, 258, 261, 262, 263, 264, 265, 269, 271, 274, 275, 279, 286, 295, 296, 297, 298, 299, 300, 301, 302, 303, 304, 311, 314, 320, 325, 327, 328, 330, 332, 349, 351, 352, 353

胡萨米 159

霍布斯 8, 9, 10, 13, 14, 15, 23, 24, 25, 27, 39, 44, 45, 52, 57, 62, 84, 103, 104, 105, 106, 110, 113, 117, 120, 124, 145, 150, 151, 196, 217, 223, 239, 252, 273, 278, 282, 285, 292, 295, 296, 297, 327, 328, 329, 349

霍克海默 136

杰拉斯 69, 211

卡尔·波普尔 239

康德 3, 4, 5, 6, 7, 8, 9, 12, 14, 15, 19, 22, 26, 35, 46, 47, 85, 86, 120, 121, 124, 125, 183, 186, 187, 188, 192, 193, 194, 201, 236, 237, 238, 239, 240, 243, 244, 252, 257, 263, 269, 277, 286, 291, 298, 311, 313, 320, 328, 330, 337, 340, 343, 344, 350

考茨基 128, 130, 131, 137, 159

柯尔施 129, 136, 137, 188

柯亨 20, 69, 91, 92, 95, 123, 159, 203, 204

孔德 191, 261, 262

拉法格 128, 199

列宁 127, 128, 129, 130, 131, 132, 133, 137, 138, 163, 184, 188, 251, 265

卢卡奇 116, 132, 134, 136, 188, 195, 238, 271

卢森堡　131

卢梭　17，57，58，65，83，105，106，113，125，151，155，171，178，179，180，247，252，275，277，278，280，328，330，337，349

罗尔斯　19，29，52，53，56，57，58，60，65，66，68，69，75，76，82，83，84，85，87，98，102，105，106，110，111，116，117，118，120，121，186，193，212，216，218，222，223，227，228，247，269，270，272，273，275，276，277，278，279，280，281，282，283，284，285，287，288，289，296，299，311，313，317，320，322，323，328，330，343，344，345，346，347，348，349，350，352，353，354

洛克　8，9，10，13，14，22，23，24，25，26，27，39，40，41，42，44，45，52，57，58，62，63，65，73，74，77，78，79，80，82，83，84，88，89，90，103，104，105，106，110，117，120，124，145，150，151，152，174，178，179，180，181，196，200，223，224，230，239，252，253，269，273，277，278，280，282，285，290，292，293，294，295，296，298，299，300，302，303，304，305，311，313，317，322，327，328，329，336，341，343，344，347，349，351

马基雅维利　273，274，279，284，286，319

马克思（卡尔·马克思）　184，246

麦金太尔　87，94，122，123

麦卡锡　21，26，28

米尔柏格　157，211，313

穆勒　105，178，252，293，294，295，303，330

诺齐克　52，57，58，63，65，73，75，84，85，87，92，95，105，106，110，120，121，123，186，203，276，281，293，294，296，311，328，330，345，349

帕·瓦·安年科夫　167

蒲鲁东　210，211，220

普列汉诺夫　130，131

乔恩·埃尔斯特　18

萨特　134，136

施特劳斯（列奥·施特劳斯）　9，270

斯密　26，27，63，78，79，80，86，105，113，124，171，178，179，180，181，201，210，252，253，311，351，353

苏格拉底　273，319，340，341，349

塔克　159，197，312

威尔·金里卡　75，99，203，204，207，277

威廉·麦克布莱德　18

伍德　90，159，197，207，209，210，211，230，232，312，333

休谟　3，9，10，14，15，16，17，18，19，22，23，24，26，27，86，98，

102,113,124,125,126,145,151,152,201,202,211,217,218,219,247,252,278,283,311,328,330,346,349

亚里士多德 3,73,117,118,183,188,217,244,256,257,269,291,313,339,340,341,349

伊安·夏皮罗 89

中国人名

甘阳 270
关文运 14,98,126,151,211,217,218
郭官义 137
何包钢 75,76,110,218,278,346
何怀宏 75,76,110,218,278,346
贺麟 6,7,19,47,119,121,194,253
黄建华 262
姜丽 132
瞿菊农 41,44,74,88,292,336
孔子 3
黎思复 217,295,297
黎廷弼 217,295,297
李佃来 9,11,123,133,135,137,161,175,207,208,216,221,250,251,273,317,331,353
李丽丽 60,68,69,223,227,278,281,282,285,343
李秋零 4,5
李世祥 271,272,341
廖申白 75,76,110,218,278,346
林航 60,68,69,223,227,278,281,282,285,343
林骧华 134
刘莘 75,99,203,204,277
吕增奎 92,95,203
孟子 3
彭刚 270,341
任立 116,132,134,195,238
荣新海 129
宋国友 89
孙传钊 117,120
童世骏 273,353
万俊人 87,123,281,354
王南湜 129
王文扬 26,28,169
吴寿彭 73,291
伍庆 169
燕宏远 116,132,134,195,238
杨通进 60,68,69,223,227,278,281,282,285,343
姚大志 73,276,294,345
姚建华 89
叶启芳 41,44,74,88,292,336
张岱年 344

张企泰 16, 17, 21, 40, 44, 47, 104, 105, 145, 168, 170, 174, 194, 202, 223, 240, 241, 262, 279, 296, 297, 298, 304, 325, 352

张跣 132

专业词汇

"从后思索"逻辑 69

"塔克–伍德"命题 312

"贡献"原则 93, 94, 95, 96, 97, 228

"后端"价值 329, 330, 331

"接着讲" 310, 333

"前端"价值 329, 330, 331

"物本"向"人本" 99

"物权"向"人权" 99

"物性"思维结构 134

"应得"原则 65

"照着讲" 310, 333

按劳分配 53, 65, 69, 72, 93, 94, 95, 316, 317

按需分配 58, 59, 60, 69, 83, 84, 94, 96, 97, 99, 100, 317

保守主义 270, 273

剥削 7, 42, 62, 63, 64, 81, 83, 88, 89, 90, 91, 92, 95, 127, 147, 152, 153, 181, 203, 205, 232, 285

不平等 53, 59, 65, 72, 74, 75, 76, 77, 78, 79, 80, 81, 82, 84, 92, 93, 94, 97, 111, 226, 297, 不应得 74, 75, 76, 77, 78, 79, 80, 81

不正义（非正义） 54, 63, 90, 91, 92, 100, 101, 197, 205, 206, 207, 208, 209, 213, 221, 227, 231, 346

部分服从 346, 347, 348

差异原则（第二个正义原则） 53

超越性的正义 97

超越性价值规范 328

从抽象到具体 233, 332, 339, 351, 352, 353, 354, 355

从具体到抽象 339, 351, 352, 353, 354

道德 3, 4, 5, 6, 7, 8, 9, 10, 11, 12, 13, 14, 15, 16, 17, 18, 19, 26, 28, 29, 37, 40, 46, 47, 70, 73, 89, 91, 92, 101, 106, 114, 120, 128, 143, 150, 151, 156, 157, 169, 170, 183, 186, 187, 188, 192, 194, 195, 196, 203, 204, 206, 207, 209, 216, 217, 218, 219, 220, 221, 222, 223, 227, 228, 237, 238, 273, 280, 285, 295, 296, 311, 313, 316, 318, 319, 320, 327, 340, 351, 352

道德判断 12, 19, 218

索 引

道德正义 216，217，218，219，220，222，227，228，285

得其应得 77，224，341，341

德性就是知识 319，340

德性王国 9

德性优先于自由 276

低位正义 101，102

对象化劳动 42，63，89，90，95，233

法权正义 222，223，224，226，227，228

分配正义 86，92，93，94，95，96，97，100，101，102，216，217，228，229，230，233，341

改变世界 43，47，91，127，136，153，154，206，229，243，244，288，312

感性的人的活动 10，32，35，36，38，39，40，41，236

感性直观 35，36，39，194

高位正义 100，102

革命与正义 204

个人私利的战场 125，202

个人所有权 86，88，89，90，91，92，94，95，97，98，99，101，102，178

个体的平等 68

个体性 17，18，202，335，350

公共理性 106，313，314，327，328，329，330，337，350

公意 106，125，151，178，179，352

公正 28，29，40，42，51，52，53，54，58，59，62，63，64，66，74，77，83，95，106，109，112，113，114，115，116，120，143，172，181，186，195，196，204，212，228，229，232，312，318，328，329，330，333，337，342，343，347，348，351，353

公正分配 59，95，329

共产主义初级阶段 52，64，65，69，70，76，81，82，83，84

共产主义高级阶段 60，64，68，76，81，83，96

共同体 13，15，16，17，44，57，59，67，87，108，125，178，179，224，255，291，294，295，296，301，302，328，348

规范性 3，20，24，25，27，29，32，33，51，52，53，56，59，60，65，71，72，89，90，100，111，112，115，116，117，128，182，198，201，203，206，218，250，272，273，300，310，311，312，313，314，317，318，320，322，324，327，333，337，338，344，345，347，348，349，353

规则伦理 18，19

国家 14，15，16，18，22，24，25，26，27，36，37，40，47，62，73，104，105，106，107，108，114，124，126，132，133，138，144，148，149，150，153，154，155，167，168，170，174，175，176，178，179，187，199，204，213，214，217，218，220，225，226，

227，242，245，246，253，254，255，276，279，290，291，292，293，294，295，296，297，298，299，300，301，302，303，304，305，311，324，326，345，351，352

国家本位　290，291，292，297，298

话语依赖症　354，355

活劳动　42，63，89，90，95，231，233

解构传统形而上学（解构形而上学/消解形而上学）　54，243，286，319，320

经济批判　23，25，27，158，159，245

经济事实　131，173，177

旧唯物主义的立脚点　17，43，45，107，151，182，201，314

劳动力　63，79，80，89，92，169，226，227，230，231

劳动异化　89

理想性政治哲学　53，54，55，56，57，58，59，61，62，64，66，67，68，70，84，85，319，342

历史　3，7，8，11，12，15，18，19，21，22，23，25，26，27，28，29，30，32，33，34，35，36，37，38，39，44，47，51，52，56，57，58，61，64，67，68，69，76，77，79，80，81，83，85，87，88，91，93，94，96，97，102，105，107，109，111，112，113，115，116，118，121，122，123，124，125，126，127，129，130，131，132，134，137，138，141，143，144，145，147，148，149，150，152，153，154，155，156，157，158，159，160，161，162，163，164，165，166，167，168，169，170，171，172，173，174，175，176，177，178，179，180，181，182，183，184，185，188，189，190，191，192，193，194，195，196，197，198，199，200，201，202，203，204，205，206，207，208，209，210，211，212，214，215，216，219，220，221，222，224，225，229，230，233，234，235，236，237，238，239，241，243，244，245，246，247，248，249，250，251，252，253，254，255，256，257，259，260，261，262，263，264，265，269，270，272，273，275，279，284，285，286，287，288，289，290，291，294，295，297，298，299，300，301，302，303，304，305，309，310，311，312，313，314，315，316，317，318，321，322，323，325，326，327，328，329，330，331，333，334，335，336，337，341，342，343，344，346，347，348，349，350，351，352，353，355

历史必然性　203，204，205，207，208

历史判断　12

历史批判　196，318，321，323

历史唯物主义　3，12，23，26，27，

28, 29, 30, 36, 52, 107, 115, 125, 129, 130, 131, 137, 141, 143, 144, 147, 148, 149, 150, 152, 153, 154, 155, 157, 158, 159, 160, 161, 162, 163, 165, 166, 169, 172, 173, 174, 176, 177, 178, 179, 181, 182, 183, 184, 185, 188, 189, 190, 191, 192, 193, 194, 195, 196, 197, 198, 199, 200, 201, 202, 203, 205, 206, 207, 209, 212, 214, 215, 216, 219, 220, 221, 229, 230, 233, 234, 235, 236, 237, 238, 239, 241, 243, 244, 245, 246, 248, 249, 250, 251, 252, 255, 256, 257, 259, 260, 261, 262, 263, 264, 265, 300, 304

历史正义 211, 216, 220, 221, 222

历史中本真的东西 189, 190, 191, 192, 194

利己主义 12, 105, 125, 178, 179, 219, 253, 255, 295, 296, 301

良序社会 279, 346, 347

伦理主义 86, 91, 92, 157, 160, 285

马克思与道德 3

马克思与康德 4

马克思与正义 86, 159, 197, 209, 216, 230, 312, 333

平等 21, 22, 24, 28, 29, 38, 40, 45, 46, 51, 52, 53, 54, 55, 58, 59, 62, 63, 64, 65, 66, 68, 69, 70, 71, 72, 73, 74, 75, 76, 77, 78, 79, 80, 81, 82, 83, 84, 85, 87, 92, 93, 94, 96, 97, 104, 106, 109, 110, 111, 112, 113, 114, 115, 116, 120, 123, 124, 126, 127, 135, 139, 143, 147, 151, 152, 153, 157, 169, 172, 186, 196, 213, 221, 222, 224, 225, 226, 227, 229, 231, 232, 276, 278, 279, 280, 281, 282, 283, 284, 285, 287, 293, 295, 296, 297, 312, 313, 314, 317, 318, 320, 322, 327, 328, 329, 330, 333, 335, 342, 343, 350, 351, 353, 354

普遍伦理 125, 150, 151, 174, 178, 179, 253

契约 24, 39, 52, 104, 106, 110, 124, 145, 155, 171, 196, 204, 220, 226, 277, 278, 293, 302, 316, 327, 328, 329, 330, 342, 346, 348, 353

前历史唯物主义 27

权利 8, 9, 10, 11, 13, 14, 15, 16, 17, 18, 19, 20, 21, 22, 24, 27, 28, 29, 39, 40, 41, 44, 45, 46, 47, 51, 52, 53, 54, 57, 58, 59, 60, 61, 62, 63, 64, 65, 66, 68, 69, 70, 71, 72, 73, 74, 75, 76, 77, 78, 79, 80, 81, 82, 83, 84, 85, 87, 88, 89, 91, 92, 93, 94, 96, 98, 101, 102, 104, 105, 106, 109, 110, 111, 112, 113, 114,

115, 118, 119, 120, 124, 125, 126, 133, 135, 143, 145, 146, 147, 148, 150, 151, 152, 153, 157, 169, 170, 171, 172, 174, 178, 179, 180, 181, 186, 196, 209, 212, 213, 217, 222, 223, 224, 225, 226, 227, 228, 229, 230, 231, 247, 252, 254, 270, 275, 276, 279, 280, 281, 282, 284, 285, 292, 293, 294, 295, 296, 297, 298, 299, 302, 303, 312, 313, 314, 317, 318, 320, 322, 325, 328, 329, 330, 333, 335, 336, 337, 341, 342, 343, 346, 350, 351, 352, 353, 354

权利悖论　14, 16, 17, 18

权利平等　51, 52, 53, 54, 71, 72, 75, 76, 80, 81, 82, 83, 84, 85, 106, 231, 280

权利优先于善　69

全球化　326, 327, 328, 329, 348

人道主义　11, 287

人的独立性和个性　101, 127

人的活动的实践本体　33

人的解放　10, 11, 17, 58, 59, 60, 61, 88, 119, 179, 249, 314, 315, 320, 321, 323

人的偏私的天性　106

人的自我实现　51, 53, 54, 83, 84, 86, 97, 98, 99, 100, 101, 102, 119, 126

人的自由而全面发展　58, 59, 64, 67,
68, 69, 98, 126, 320, 321, 323, 344, 349

人类命运共同体　328, 348

人类社会　17, 42, 43, 46, 47, 57, 58, 59, 60, 61, 64, 67, 68, 83, 86, 97, 104, 107, 108, 109, 115, 117, 118, 119, 121, 127, 135, 147, 151, 179, 180, 182, 201, 203, 255, 314, 315, 317, 320, 331, 349

人人相互为战　15

入世性价值规范　328

善观念　340

善良意志　7, 12, 313

善优先于权利　69, 276

商品经济　21, 22, 23, 57, 61, 104, 116, 124, 168, 169, 178, 252, 294, 295, 311, 342

社会本位　290, 291, 292, 294, 297

社会的非至上性　295, 297

社会改良　128, 206, 208

社会公正　51, 52, 53, 54, 228, 333, 347, 348

社会关系批判　138

社会论证　109, 112, 113, 114, 115, 121

社会人　28, 46, 110, 113, 302

社会物质关系　167, 169, 171, 172

社会性　17, 18, 28, 40, 47, 72, 111, 113, 114, 171, 248, 299, 350

社会主义市场经济　70, 326, 327, 329, 334, 335, 350

生产正义 228，230，231，233

生存 8，11，13，15，36，41，66，67，69，98，99，104，105，114，121，126，130，136，144，147，155，170，184，209，220，264，336

生活决定意识 157

实践 4，5，6，7，8，10，14，18，22，31，32，33，34，35，36，38，39，40，42，43，44，46，47，48，54，60，102，103，120，121，127，128，129，131，132，133，134，135，136，137，138，139，160，164，165，166，175，183，184，185，186，187，188，191，192，193，194，195，196，198，214，217，222，223，224，234，235，236，237，238，239，242，243，244，246，250，255，256，257，258，259，260，261，262，265，269，281，282，288，289，293，294，298，309，310，311，313，320，325，326，327，334，335，336，337，339，340，341，342，343，344，345，346，347，355

实践唯物主义 31，32，33，35，43，47，48，260

市民社会 11，14，15，16，17，18，21，22，23，24，25，26，27，28，35，36，37，38，39，40，41，42，43，44，45，46，47，57，58，61，67，68，77，86，87，97，98，104，105，106，107，108，109，110，112，113，114，115，116，117，119，121，124，125，126，127，133，135，138，145，146，147，148，149，150，151，152，154，158，161，166，167，168，169，170，171，172，173，174，175，176，177，178，179，180，181，182，196，199，200，201，202，210，211，213，217，224，225，226，230，245，252，253，254，255，260，279，280，284，285，294，295，296，297，298，299，300，301，302，303，304，311，314，315，316，317，331，336，349，351，353

市民社会决定国家 301，303，304

私有财产 18，19，47，63，65，78，79，86，88，97，126，146，169，170，180，181，187，196，213，221，225，226，227，242，252，302，304

思维和存在相同质 186，191

思维和存在相异质 186，187

所有权 11，14，24，26，39，40，41，42，52，63，64，65，66，77，79，80，86，87，88，89，90，91，92，94，95，97，98，99，101，102，104，105，123，126，145，150，171，178，202，224，226，230，231，232，233，295，311，316，317，318，327，341，342

所有权的合法性 341，342

所有权原则　63，64，65，66，88，89，91，101，231

所有制　28，90，93

唯物主义历史观　149，152，153，154，156，157，158，159，163，184，195，251

物质的生活关系　25，36，148，173，176，177，199

西方马克思主义　127，129，131，133，134，135，136，137，138，159，188，208，273，275

显性的道德问题（显性道德问题）　8，14，18

现代化转型　326，327，329

现代性的理论形态　286

现代性批判的理论形态　286

现实性价值规范　328

现实性政治哲学　55，56，59，60，61，62，63，64，66，67，68，70，84，85，109，319，320，322

现实主义的乌托邦　56，281，343，344，345

宪政民主　285

新唯物主义立脚点　17，43，107，182

行善　8，14，16，18，256

幸福　4，5，6，7，8，9，28，106，124，155，156

严格服从　346，347，348

一般人类实践　34

异化　22，23，41，89，100，101，125，127，147，158，159，181，207，218，219，220，244，245，254，255，285，315

隐性的道德问题（隐性道德问题）　8，9，10，11，12，13，14，15

应得　65，72，73，74，75，76，77，78，79，80，81，82，84，87，93，94，101，201，212，217，218，224，228，285，341

应得权利（应得的权利）　73，74，75，76，77，78，79，80，81，82，84

源头失语症　354，355

正义　9，11，12，19，20，22，24，26，27，28，29，45，47，48，53，54，59，60，61，63，69，70，75，76，83，86，87，88，89，90，91，92，93，94，95，96，97，98，99，100，101，102，106，110，111，116，122，123，125，126，127，133，135，139，151，152，153，154，155，156，157，159，169，193，195，197，198，201，202，203，204，205，206，207，208，209，210，211，212，213，214，215，216，217，218，219，220，221，222，223，224，226，227，228，229，230，231，232，233，248，250，251，273，275，276，277，278，279，280，281，283，284，285，287，299，310，311，312，317，323，328，333，341，343，345，346，348，352，353，354

正义的稳定性　354

政治解放　10，11，16，47，57，58，

61, 62, 77, 126, 127, 135, 138, 147, 179, 182, 213, 225, 227, 255, 314, 315, 330

政治批判 18, 23, 25, 62, 63, 64, 68, 125, 158, 159, 245

政治形而上学 133, 135, 137, 286

政治哲学传统 53, 54, 109, 117, 121, 122, 127, 132, 133, 137, 138, 233, 269, 273, 333

政治正义 218, 285, 354

直观 32, 35, 36, 38, 39, 45, 113, 129, 164, 165, 177, 185, 194, 198, 236, 284

制度伦理 19

制度正义 222, 227

中国特色社会主义 318, 326, 327, 329, 336

主体的想象活动 164, 191, 235, 262

主体能动性 128, 129, 131, 132

主体性 22, 32, 33, 105, 106, 236, 237, 239

资本 9, 11, 13, 16, 18, 19, 20, 21, 22, 27, 28, 34, 36, 38, 41, 42, 44, 46, 47, 52, 62, 63, 64, 65, 69, 76, 77, 78, 79, 80, 81, 83, 86, 88, 89, 90, 91, 92, 94, 95, 96, 98, 99, 100, 101, 105, 114, 115, 117, 118, 124, 125, 126, 127, 134, 135, 138, 146, 147, 152, 153, 154, 155, 158, 159, 168, 171, 172, 173, 174, 175, 176, 181, 182, 196, 197, 199, 203, 204, 205, 207, 208, 209, 212, 213, 214, 220, 221, 222, 225, 226, 227, 228, 230, 231, 232, 233, 246, 251, 252, 253, 254, 255, 260, 264, 265, 285, 290, 294, 295, 302, 305, 316, 317, 320, 321, 330, 335

资本逻辑批判 138

资本主义生产关系 41, 52, 63, 86, 88, 89, 90, 94, 95, 96, 126, 147, 152, 153, 221, 222, 227, 264

自然的物质本体（物质本体论） 31, 33, 34, 35, 128, 135, 162, 163, 187, 198, 236

自然的意识 9

自然法 52, 77, 88, 104, 196, 210, 211, 212, 213, 214, 222, 224, 252, 292, 302, 303, 313, 314, 351

自然个人 28, 113

自然进化论 131

自然论证 109, 110, 111, 112, 113, 115, 121, 331

自然人 28, 45, 46, 110, 111, 112, 113, 231, 232, 297

自然人的平等权利 45, 46

自然唯物主义 162, 163

自然正义 222, 287

自然之德 211

自然主义 11, 131, 143, 171, 287

自我实现 12, 51, 53, 54, 83, 84, 86, 97, 98, 99, 100, 101, 102, 119, 126, 219

自我所有权　92，98，123

自由　4，5，6，8，10，11，13，19，20，21，22，24，26，27，28，29，39，40，44，45，46，47，51，53，54，55，56，57，58，59，61，62，63，64，65，66，67，68，69，73，74，75，76，77，78，79，80，81，82，83，84，86，87，88，92，98，99，100，101，102，103，104，105，106，108，109，110，111，112，113，114，115，116，118，119，120，121，122，123，124，125，126，127，128，132，133，135，137，138，139，143，145，146，147，148，150，151，152，153，154，155，156，157，158，169，170，171，172，174，178，179，180，181，183，186，196，200，201，202，206，208，210，212，213，214，216，217，218，221，222，223，224，225，226，227，230，232，233，234，236，237，238，239，240，241，243，244，246，247，248，249，252，254，275，276，277，278，279，280，281，282，283，284，285，286，287，292，293，294，295，296，297，298，299，301，302，303，311，313，315，317，318，320，321，323，325，326，328，329，330，334，337，340，343，344，349，350，351，352，353，354

自由和权利原则（第一个正义原则）　44，53，110，280

自由主义　20，26，29，44，45，46，55，56，59，73，77，78，80，83，86，88，98，101，102，103，104，105，106，108，110，112，115，121，122，123，124，125，126，127，128，132，133，135，137，138，139，146，151，155，156，157，169，170，174，178，201，202，206，208，210，212，213，214，216，218，223，224，225，226，227，230，232，233，275，276，277，278，279，280，281，282，283，284，285，286，287，293，296，297，301，303，320，326，330，334，354

宗教批判　22，23，25

（本索引词条由杜永明编制）